汉代河西经略史

History of Manipulation Strategy for
Hexi Region in Han Dynasty

贾文丽 著

中国社会科学出版社

图书在版编目（CIP）数据

汉代河西经略史/贾文丽著. —北京：中国社会科学出版社，2017.9（2019.2重印）
ISBN 978–7–5203–0584–6

Ⅰ.①汉…　Ⅱ.①贾…　Ⅲ.①军事史—研究—中国—汉代
Ⅳ.①E293.4

中国版本图书馆 CIP 数据核字（2017）第 141478 号

出 版 人	赵剑英
责任编辑	张 浩
责任校对	闫 翠
责任印制	李寡寡

出　　版	中国社会科学出版社
社　　址	北京鼓楼西大街甲 158 号
邮　　编	100720
网　　址	http://www.csspw.cn
发 行 部	010–84083685
门 市 部	010–84029450
经　　销	新华书店及其他书店
印　　刷	北京君升印刷有限公司
装　　订	廊坊市广阳区广增装订厂
版　　次	2017 年 9 月第 1 版
印　　次	2019 年 2 月第 2 次印刷
开　　本	710×1000　1/16
印　　张	19.75
插　　页	2
字　　数	365 千字
定　　价	85.00 元

凡购买中国社会科学出版社图书，如有质量问题请与本社营销中心联系调换
电话：010–84083683
版权所有　侵权必究

国家社科基金后期资助项目
出　版　说　明

后期资助项目是国家社科基金设立的一类重要项目，旨在鼓励广大社科研究者潜心治学，支持基础研究多出优秀成果。它是经过严格评审，从接近完成的科研成果中遴选立项的。为扩大后期资助项目的影响，更好地推动学术发展，促进成果转化，全国哲学社会科学工作办公室按照"统一设计、统一标识、统一版式、形成系列"的总体要求，组织出版国家社科基金后期资助项目成果。

全国哲学社会科学工作办公室

前　言

近年来，区域历史地理研究成果斐然，区域历史军事地理作为其研究方向之一亦颇受关注。它是以历史上特定的区域为研究对象，对该区域内所发生的军事现象进行分析，从而找出地理条件对军事行动，乃至对敌对双方对峙格局、生死存亡的影响。已故著名史学大师史念海先生的《河山集》（第四集），开启了中国现代意义上的历史军事地理研究的先河，宋杰先生的《中国古代战争的地理枢纽》，可谓这一领域的一部精品之作。

在中国古代历史上，河西是一个重要而独特的地理单元，它"东连关陇，西通西域，南接种羌（后为吐谷浑、吐蕃），北达匈奴（后为突厥），恰似中原王朝的一支手臂，汉代就被称为'天下要冲，国家藩卫'"。秦陇、河西、西域三者密不可分，能否控制和经营好河西，不仅直接左右着秦陇和西域的安危，也是衡量历代中原王朝政权兴衰的风向标。因而许多影响中国历史进程的重大事件都与这里紧密相关，如张骞通西域、汉匈河西之战、汉设河西四郡、唐张议潮收复河西、西夏建置西凉府、明修长城等。河西既是各民族和谐共处、交会融合的美好家园，也是各民族反复争夺的重要战场。

河西自汉武帝元狩二年（前121）归汉以来，终两汉之世，一直是汉朝重点经营的战略区域。河西四郡的设置，不仅起到了隔绝匈羌、拱卫秦陇，沟通西域的重要作用，而且成为汉朝西征西域、北伐匈奴的军事基地，引导了汉匈战争的最终走向，其军事战略地位远非其他区域所能比拟。目前关于河西的专题研究，主要集中在政治、经济、交通、文化等方面，研究成果也非常丰硕，为研究和开发河西提供了一定的借鉴。但从军事地理角度关注者甚少，仅在军事史和为数不多的学术论文中有所涉及，但也往往侧重于综述或介绍境内所发生过的某场战争而已，未有从战略层面全面审视河西军事战略地位的研究。毋庸置疑，汉代的河西首先是一个军事战略区域，所以该角度的研究不可或缺。

汉代河西的军事战略价值，与其所处的地理位置具有重要的关联性，相关的地理条件如高山、大河、险关、要隘以及地缘关系等，对军事行动或整个国家以及更广大的地区，又有怎样的作用和影响，也是值得深入思考和研究的问题。值得注意的是，除地理因素外，国力的强弱、将帅的谋略、敌对势力的政治稳定与否等，对河西的军事战略价值也有着直接或间接的影响，是多种因素综合作用的结果。

《汉代河西经略史》一书是在我的博士毕业论文的基础上补充修改完成的。该书选取两汉时期的河西作为研究对象，深入探讨该地区的经济环境、地理特点对汉匈百年战争的影响进行深入地分析与探讨。与此同时，引入现代军事地理学的有关理论，从国家战略层面审视河西的战略地位及其作用，并从中总结出其价值演变规律。因本人学识浅薄，水平有限，书中错误和疏漏在所难免，恳请各位专家学者批评指正。

2017 年 4 月

目　　录

绪论 ·· (1)
 一　学术史综述 ·· (1)
  (一)文献史料及学科研究情况的梳理 ···················· (1)
  (二)相关研究成果的介绍 ·································· (4)
 二　研究意义和研究方法 ······································ (14)
  (一)选题目的及意义 ·· (14)
  (二)研究方法及创新点 ···································· (17)
  (三)本书的主要内容 ·· (18)

第一章　"河西"的含义及其地理特点 ···················· (20)
 一　"河西"的地望及其历史演变 ·························· (20)
  (一)先秦时期的"河西" ···································· (20)
  (二)两汉时期的"河西" ···································· (22)
 二　"河西"的地理特点 ·· (25)
  (一)发达的农牧业经济及丰富的资源 ···················· (28)
  (二)攻守兼备的地理条件 ·································· (37)
  (三)四通八达的交通枢纽 ·································· (44)

第二章　西汉前期汉匈双方的军事形势 ···················· (65)
 一　汉匈双方国力的对比 ······································ (65)
 二　匈奴采取的军事战略措施 ································ (67)
  (一)匈奴军事力量的分布特点 ···························· (67)
  (二)西击月氏、抢占河西 ·································· (69)
  (三)在西域设置僮仆都尉 ·································· (73)
  (四)频繁侵扰汉之陇西、北地边郡 ······················ (74)
 三　汉朝对匈奴采取的应对策略 ···························· (77)

(一)推行汉匈和亲政策 …………………………………………… (77)
　　(二)增强政治、经济和军事实力 ………………………………… (79)
　　(三)联络月氏、张骞两通西域 …………………………………… (83)
　　(四)汉朝打破匈奴东西联合的几大战役 ………………………… (88)

第三章　汉朝河西之战的胜利与汉匈军事态势的变化 ………… (92)
　一　汉武帝战略方向的转移 ………………………………………… (92)
　二　汉匈河西之战 …………………………………………………… (93)
　　(一)第一次河西之战 ……………………………………………… (93)
　　(二)第二次河西之战 ……………………………………………… (96)
　　(三)第三次河西之战 ……………………………………………… (97)
　　(四)汉朝在战后采取的措施 ……………………………………… (98)
　三　从地理角度分析汉朝的河西之战 …………………………… (100)
　　(一)以弱水——酒泉籛得为主攻方向 ………………………… (101)
　　(二)以媪围——酒泉籛得为侧攻方向 ………………………… (102)
　　(三)出兵右北平牵制匈奴左贤王 ……………………………… (104)
　　(四)河西之战的历史影响 ……………………………………… (107)

第四章　汉朝对河西的政治经济开发及边防建设 ……………… (110)
　一　政区设置 ……………………………………………………… (110)
　　(一)河西四郡的设立 …………………………………………… (110)
　　(二)河西属国的设立 …………………………………………… (129)
　二　经济开发 ……………………………………………………… (134)
　　(一)移民实边 …………………………………………………… (134)
　　(二)军事屯田 …………………………………………………… (137)
　　(三)凉州之畜为天下饶 ………………………………………… (141)
　三　河西的边防建设 ……………………………………………… (144)
　　(一)修筑汉塞 …………………………………………………… (144)
　　(二)组织边防武装力量 ………………………………………… (149)
　　(三)设置玉门关、阳关、金关和悬索关 ……………………… (154)
　　(四)在居延、休屠建立攻防重点 ……………………………… (157)

第五章　西汉政府与匈奴以河西为中心的战事 ………………… (160)
　一　元鼎五年匈奴与西羌联合反汉 ……………………………… (160)

（一）此战的起因 …………………………………………（160）
　　（二）元鼎五年（前112）匈奴联合西羌攻令居、安故和枹罕 ……（161）
二　太初三年兵出敦煌伐大宛 ………………………………………（165）
　　（一）第一次大宛之战 ………………………………………（166）
　　（二）第二次大宛之战 ………………………………………（169）
三　天汉二年兵出酒泉攻匈奴右贤王于天山 ………………………（173）
　　（一）天山之战的缘由与作战部署 …………………………（173）
　　（二）三路大军联合作战的过程 ……………………………（174）
四　天汉四年路博德出兵居延协助李广利攻匈奴 …………………（180）
五　征和四年匈奴再攻酒泉以及汉军的反击 ………………………（182）
　　（一）此战的起因及汉朝的军事部署 ………………………（182）
　　（二）汉匈速邪乌燕然山之战的作战过程 …………………（183）
　　（三）作战总结 ………………………………………………（185）
六　元凤三年汉匈酒泉、张掖之战 …………………………………（186）
　　（一）昭宣中兴 ………………………………………………（186）
　　（二）汉匈酒泉、张掖争夺战 ………………………………（187）
七　本始二年、地节三年兵出河西支援西域 ………………………（189）
　　（一）本始二年（前72）汉朝支援乌孙之战 ………………（189）
　　（二）地节三年（前67）汉匈车师之争 ……………………（192）
八　从军事地理角度分析西汉政府的河西战略 ……………………（195）
　　（一）在河西驻兵设防 ………………………………………（195）
　　（二）以河西为基地主动出击 ………………………………（195）

第六章　东汉时期河西的军事形势 ……………………………（199）
一　两汉之际窦融统治下的河西 ……………………………………（199）
　　（一）出仕河西 ………………………………………………（199）
　　（二）窦融统治下的河西 ……………………………………（200）
二　东汉时期的河西局势 ……………………………………………（205）
　　（一）东汉前期凉州地区的稳定和发展 ……………………（205）
　　（二）河西四郡军政概况 ……………………………………（207）
　　（三）羌民大起义间的河西 …………………………………（212）
　　（四）北匈奴对河西的争夺 …………………………………（214）
三　东汉政府以河西为基地的北伐与西征 …………………………（218）
　　（一）汉明帝北伐战略思想的改变 …………………………（218）

（二）汉匈第一阶段的战争 …………………………………… (220)
  （三）汉匈第二阶段的战争 …………………………………… (226)
  （四）汉匈第三阶段的战争 …………………………………… (236)
 四 从军事地理角度分析东汉政府的河西战略 ………………… (238)
  （一）天山之战和车师之争 …………………………………… (239)
  （二）稽落山之战和金微山之战 ……………………………… (240)
 附 东汉时期张珰经营西域之"三策"及相关史实的分析 ……… (241)

第七章 两汉时期河西军事战略价值的特点与分析 ………… (250)
 一 两汉时期河西军事战略价值的特点 ………………………… (250)
  （一）汉初至武帝前期(前206—前133) ……………………… (250)
  （二）武帝前期至宣帝末(前133—前49) …………………… (251)
  （三）元帝前期至明帝前期(前48—72) ……………………… (251)
  （四）明帝中至安帝末年(73—125) …………………………… (252)
  （五）安帝末年至汉末(125—) ………………………………… (252)
 二 影响两汉时期河西军事战略价值的因素分析 ……………… (252)
  （一）综合国力的作用 ………………………………………… (252)
  （二）地理形势的作用 ………………………………………… (265)

参考文献 …………………………………………………………… (279)

附录 两汉时期河西军政大事年表 ……………………………… (288)

后序 ………………………………………………………………… (304)

插　　图

图一　西域概况示意图 …………………………………………（85）
图二　汉匈河南之战经过示意图 ………………………………（90）
图三　汉匈漠南之战经过示意图 ………………………………（91）
图四　汉匈河西之战示意图 ……………………………………（107）
图五　西汉河西四郡概况图 ……………………………………（134）
图六　汉河仓城遗址 ……………………………………………（141）
图七　玉门关遗址"小方盘城" …………………………………（155）
图八　阳关烽燧遗址 ……………………………………………（156）
图九　古居延绿洲及汉居延县城位置示意图 …………………（158）
图十　西汉陇西郡以及相邻郡概况示意图 ……………………（162）
图十一　西汉之五原、朔方郡以及相邻郡概况示意图 ………（163）
图十二　西汉远征大宛之战经过示意图 ………………………（173）
图十三　汉匈天山之战经过示意图 ……………………………（180）
图十四　汉匈余吾水之战经过示意图 …………………………（181）
图十五　汉匈涿邪山之战经过示意图 …………………………（185）
图十六　汉袭击匈奴战略纵深作战经过示意图 ………………（191）
图十七　东汉河西四郡概况图 …………………………………（210）
图十八　东汉征北匈奴的白山之战示意图 ……………………（222）
图十九　窦宪四次出击北匈奴之战示意图 ……………………（236）

绪　　论

一　学术史综述

（一）文献史料及学科研究情况的梳理

本书选取两汉时期的河西作为研究对象。汉匈战争三百年，河西是汉匈双方长期争夺与对峙的重要战场，军事战略价值极为突出。一个区域如何左右汉匈百年战争的进程和格局是本书研究的主要目的。对汉代河西军事地理的研究，离不开对汉匈百年战争的研究。而汉匈战争的历史，除《史记》中《匈奴列传》有大篇幅的记载外，还散见于《史记》《汉书》《后汉书》的《纪》《传》中，如《高祖本纪》《吕后本纪》《文帝本纪》《景帝本纪》《武帝本纪》等所有皇帝纪和《大宛列传》《西域传》《南匈奴传》《乌桓鲜卑列传》等传记中，刘敬、张骞、李广、李陵、卫青、霍去病、李广利、苏建、苏武、霍光、陈汤、甘延寿、窦融、窦固、耿夔、班超等众多的人物传中也多有涉及。两千多年来，不少先贤对以上史籍中的文字、地名做过一些注释、校勘工作，较为著名的有裴骃、张守节、司马贞、颜师古、应劭、服虔、刘昭等，这是本书研究所依据的基本史料。但遗憾是，真正研究性的工作做的很少，而且因年代久远，史籍记述歧义和矛盾之处甚多。王先谦的《汉书补注》、钱大昭的《汉书辨疑》《后汉书辨疑》《三国志辨疑》、钱大昕的《廿二史考异》、赵翼的《廿二史札记》和王鸣盛的《十七史商榷》等提供了一些相关历史事件的考证、补充和完善工作，但还远远不够。如《史记》和《汉书》中有关河西四郡、河西属国的年代设置问题，霍去病进攻河西的具体线路等，直到今天依然未有定论，给研究造成诸多困惑。再者，史料的系统性不足，如范晔所作的《后汉书》只对南匈奴立传，对北匈奴的历史只是穿插附带的加以记述，而北匈奴与本书的研究关联性也很大。另外，匈奴无文字，我们所做的研究仅仅基于上述所列的汉文史料，缺少一种双向的对比和补充。正如傅斯年先生在《史学方法导论》中所言："一个人的自记是断不能客观的，一个民族的自记又何尝不然？本国人虽然能见其精细，然而外国人每每能见其纲领。显微镜固要紧，望远镜也要紧。测量精细固应在地面上，而一举得其概要，还是空中便当些。"此言极是，这也正是本研究的难度所在。当然后人的诸多研究成果一定程度上弥补了这一缺憾，其后再详细介绍。

有关河西军事地理的史料，散见于先贤所编订的类书、地理志以及历史地理著作中。唐宋及以后，统治者注重类书的编纂，类书中包含有诸多政治、军事方面的内容，地理因素的探讨不可或缺。如宋人的《五经总要》是中国第一部规模宏大的综合性军事著作，对于研究宋朝以前的军事思想非常重要，而且它最早将军事地理（《边防》）单列出来，以引起人们对边防问题的重视。司马光主编的《资治通鉴》是一部规模空前的编年体通史，偏重于政治和军事的记载，军事方面包括重大战役的起因、过程、影响等，宋元之际的胡三省对其中所涉地理考订精详。地理总志的编纂也备受重视，主要有《元和郡县图志》《太平寰宇记》《太平御览》《舆地纪胜》等，侧重于对地理沿革、行政区划和山川物产、古迹要塞的记述，但对于我们揆诸实际地理形势提供了可资凭借的重要资料。尤其值得一提的是，宋末王应麟的《通鉴地理通释》泛考古今地理，叙述历代疆域政区沿革及攻防形势，王应麟著此书的目的"以为兴替成败之鉴"，故于诸朝攻防形势、关防要地详加考订，并探讨其成败原因，是一部杰出的历史地理学经典著作，开创了系统论述历史军事地理研究的先河。迄至明末，顾祖禹的《读史方舆纪要》以明代地理为基础，详细地再现了各地山川地形险要之处，并追溯在其曾发生过的重要战事，阐明各地区的战略地位和作用，既是对战争史、兵要地志的研究，又是从战略高度对天下大势的总结，是中国历史军事地理的标志性著作。凡此种种，对研究河西历史军事地理有极其重要的参考价值。

中国现代意义上的历史军事地理研究发端于史念海先生《河山集》（第四集）[①]。经过几十年的发展，该领域的研究内容日趋丰富，涉及区域历史军事地理、战略地理、历史军事后勤地理、历史军事交通地理等，而且研究范围、研究深度还有逐步扩大的趋势，出现了一些有代表性的研究成果。宋杰的《两魏周齐战争中的河东》[②]是继《河山集》（第四集）后

[①] 史念海：《河山集》（第四集），陕西师范大学出版社1991年版。
[②] 宋杰：《两魏周齐战争中的河东》，中国社会科学出版社2006年版。

的另一部区域历史军事地理研究的上乘之作。穆渭生的《唐代关内道军事地理研究》①、姜宾的《金中都地区军事地理研究》②、贾伟的《秦汉时期河南地及其周边地区军事地理研究》③、莫凡的《先秦战争中的河内》④、白洋的《战国秦汉武关道军事地理论述》⑤、孙卫春的《明代西北战争与国防布局的互动关系研究》⑥等也是这一领域的重要成果。宋杰的《先秦战略地理研究》⑦和黄朴民的《秦汉统一战略研究》⑧研究了历史时期国家战略中地理环境与军事战略的关系,并对不同地理环境下各种战略运用的得失进行分析和总结。程龙的《北宋西北战区粮食补给地理》《北宋华北战区(东线)粮食补给地理研究》⑨无疑是历史军事后勤地理的力作。辛德勇近年来关于战争地理和兵要地理的研究成果颇丰,如《历史的空间与空间的历史》⑩一书中《巨鹿之战地理新解》《论刘邦进出汉中的地理意义及其行军路线》《楚汉彭城之战地理考述》《韩信平齐之役地理新考》等。另外还有不少研究论文,如宋杰的《秦对六国战争中的函谷关和豫西通道》和《敖仓在秦汉时代的兴衰》⑪、施和金在《中国历史地理研究》⑫中所收录的《中国古代战争的地理分析》和《中国古代各地区的战略地位》、李万生的《河南之地与三国之争》和《论侯景江北防线确立的基础》⑬、辛德勇的《汉武帝"广关"与西汉前期地域控制的变迁》⑭等。不论上述成果的侧重点如何,均属于历史军事地理的研

---

① 穆渭生:《唐代关内道军事地理研究》,陕西师范大学2002年博士学位论文。
② 姜宾:《金中都地区军事地理研究》,首都师范大学2011年硕士学位论文。
③ 贾伟:《秦汉时期河南地及其周边地区军事地理研究》,内蒙古大学2013年硕士学位论文。
④ 莫凡:《先秦战争中的河内》,首都师范大学2011年硕士学位论文。
⑤ 白洋:《战国秦汉武关道军事地理论述》,首都师范大学2011年硕士学位论文。
⑥ 孙卫春:《明代西北战争与国防布局的互动关系研究》,陕西师范大学2008年硕士学位论文。
⑦ 宋杰:《先秦战略地理研究》,首都师范大学出版社1999年版。
⑧ 黄朴民:《秦汉统一战略研究》,中国人民大学出版社2007年版。
⑨ 程龙:《北宋西北战区粮食补给地理》,社会科学文献出版社2006年版;《北宋华北战区(东线)粮食补给地理研究》,北京大学历史系2006年,博士后报告。
⑩ 辛德勇:《历史的空间与空间的历史》,北京师范大学出版社2005年版。
⑪ 宋杰:《秦对六国战争中的函谷关和豫西通道》,《首都师范大学学报》1997年第3期;《敖仓在秦汉时代的兴衰》,《首都师范大学学报》1989年第3期。
⑫ 施和金:《中国历史地理研究》,南京师范大学出版社2000年版。
⑬ 李万生:《河南之地与三国之争》,《中国史研究》1998年第3期;《论侯景江北防线确立的基础》,《中国史研究》2002年第3期。
⑭ 辛德勇:《汉武帝"广关"与西汉前期地域控制的变迁》,《中国历史地理论丛》2008年2期。

究范畴，为研究汉代河西的历史地理状况提供了科学，规范的研究方法和思路。

（二）相关研究成果的介绍

目前历史军事地理的研究在整个历史地理研究领域相对薄弱，学科本身发展还欠完善，但随着史学的发展学术界有关这方面的论著、论文发表的数量逐渐增多，研究范围和研究深度逐步拓展，系统的研究理论和研究方法，逐步形成。河西虽是尚未企及之地，但迄今为止，学界从多个角度和层面对两汉时期的汉匈关系进行了大量的研究，取得了不少丰硕的成果。汉匈关系史从一定意义上讲就是汉朝经略河西的历史，因而对本书的写作提供了重要的及其相关内容资料支撑。下面就将与本书有关的内容分成10个部分，简要概括如下。

1. 通史、断代史、民族史著作

代表作品主要有白寿彝主编的《中国通史》[①]、劳干的《秦汉史》[②]、吕思勉的《秦汉史》[③]、翦伯赞的《秦汉史》[④]、田昌五和安作璋合著的《秦汉史》[⑤]、林剑鸣的《秦汉史》[⑥]、何滋全的《秦汉史略》[⑦]、木芹的《两汉民族关系史》[⑧]、田继周的《秦汉民族史》[⑨]等。但由于是历史类的著作，汉匈关系历史所占比例不高，对战争过程仅做简单描述，地理因素、战略战术对战争的深层次影响涉及很少，但从对历史背景的把握角度看有一定的参考价值。

2. 军事史的研究

这方面的研究有一些值得称道的作品，如台湾三军大学编写的《中国历代战争史》[⑩]，以历史朝代为序，先是综合论述，包括地理位置、政治情况、社会状况、国防措施、外交谋略等，然后对历次重要战争的起

---

① 白寿彝：《中国通史》，上海人民出版社1994—1999年版。
② 劳干：《秦汉史》，（台北）中华文化出版社委员会1955年版。
③ 吕思勉：《秦汉史》，上海古籍出版社2005年版。
④ 翦伯赞：《秦汉史》，北京大学出版社1999年版。
⑤ 田昌五、安作璋：《秦汉史》，北京人民出版社2008年版。
⑥ 林剑鸣：《秦汉史》，上海人民出版社2003年版。
⑦ 何滋全：《秦汉史略》，上海人民出版社1955年版。
⑧ 木芹：《两汉民族关系史》，四川民族出版社1988年版。
⑨ 田继周：《秦汉民族史》，四川民族出版社1996年版。
⑩ （台湾）三军大学《中国历代战争史》编写组：《中国历代战争史》，（台北）黎明文化事业股份有限公司1980版。

因、战场形势、战略战术的运用、主要人物的影响等进行述评，是中国古代战争史的总结之作。《中国战争史》是新中国成立后的第一部中国战争通史，其中武国卿主编的第三卷①不仅对汉匈战争的起源、战争的类型以及战争与政治经济的关系、战争的发展规律等理论问题科学阐述，而且对历次重要战事发生的历史背景、双方战略战术的运用以及将帅的军事思想与指挥才能，也作了具体的描述和中肯的评价。另外，郭汝瑰主编的《中国军事史》②，陈梧桐、李德龙等合著的《西汉军事史》③，黄今言、邵鸿等合著的《东汉军事史》④，以战争的发展过程为线索，客观地记述和评析重要战争、武器装备、军事地理、军事后勤、军事思想、军事人物等方面的内容。对本书的写作均有重要的意义。

3. 交通地理的研究

交通是地理因素的重要组成部分，一个地区的交通状况往往是决定军事集团军事行动的重要凭借。纪宗安的《9世纪前的中亚北部与中西交通》⑤以公元9世纪以前的中亚北部为时空范围，论述东西文化的互动、交流与传播这一主题，因文化的交流主要是沿交通线进行的，河西道路的梳理自然是题中之义。严耕望的《唐代交通图考》⑥侧重考证唐代的交通道路、驿站，但因汉唐间无甚变化，可资参证。其中第二卷"河陇碛西区"主要考察以河西走廊为中心的交通道路，作者在叙述具体道路走向时，常把汉道、唐道并列，考证其中异同，并详细罗列期间曾发生过的重要战争实例，因而对本书研究汉代河西的交通、战争状况不可或缺。谭其骧的《中国历史地图集》⑦第二册（秦·西汉·东汉时期），直观地再现了汉代河西的交通地理状况，并对当时汉朝的周边环境进行复原，便于准确把握汉匈双方战略、战术的运用思想，其研究成果值得称羡。

日本的前田正明著、陈俊谋译的《河西历史地理学研究》⑧主要研究了7—11世纪河西的居民构成、农业发展、交通状况、政权更替、战争形势等，对于推断汉时的河西状况有一定的参考。李并成的《河西走廊历

---

① 武国卿：《中国战争史》（三），金城出版社1990年版。
② 郭汝瑰总主编，《中国军事史》编写组：《中国军事史》，解放军出版社1983—1990年版。
③ 陈梧桐、李德龙、刘曙光：《西汉军事史》，军事科学院出版社1998年版。
④ 黄今言、邵鸿、卢星、赵明：《东汉军事史》，军事科学院出版社1998年版。
⑤ 纪宗安：《9世纪前的中亚北部与中西交通》，中华书局出版社2008年版。
⑥ 严耕望：《唐代交通图考》，上海古籍出版社2007年版。
⑦ 谭其骧：《中国历史地图集》，中国地图出版社1982年版。
⑧ [日] 前田正明：《河西历史地理学研究》，陈俊谋译，中国藏学出版社1993年版。

史地理》① 利用考古资料、敦煌文书以及田野调查等方式,着重探讨汉代河西历史地理状况,其中不乏对交通道路的细致考证,包括道路的走向、其间的所经等,研究成果尤为珍贵。甘肃公路交通史编写委员会编写的《甘肃公路交通史》② 包括古代甘肃地区的陆路交通、近代公路建设和近代公路运输三部分内容,方便古今道路的对照参考;冯绳武的《甘肃地理概述》③ 系统地总结了甘肃地区的地理要素及各自然区的若干特点,有利于对汉代河西的交通地理整体把握。

研究论文主要有王宗维的《汉代祁连山路考述》④《张骞出使西域的路线》⑤ 和《汉代令居塞的地理位置》⑥、李并成的《汉敦煌郡广至县城及其有关问题考》⑦《汉敦煌郡的乡、里、南境塞墙和烽燧系统考》⑧《汉张掖属国考》⑨《河西走廊西部汉长城遗迹及其相关问题考》⑩ 和《汉唐冥水(籍端水)冥泽及其变迁考》⑪、赵评春的《西汉玉门关、县及其长城建置时序考》⑫、李正宇的《昆仑障考》⑬、刘满的《西北黄河古渡考》(一)⑭《西北黄河古渡考》(二)⑮、李岩云的《汉代玉门关址考》⑯ 和黄兆宏的《元狩二年霍去病西征路线考释》⑰ 等。

邮驿系统也是汉代河西交通的重要组成部分。王冠辉的《汉代河西邮驿研究》⑱ 系统研究了汉代河西的邮驿机构、邮驿管理、邮书的运行等军事交通运行状况。

---

① 李并成:《河西走廊历史地理》,甘肃人民出版社 1995 年版。
② 甘肃公路交通史编写委员会:《甘肃公路交通史》,人民交通出版社 1987 年版。
③ 冯绳武:《甘肃地理概述》,甘肃教育出版社 1989 年版。
④ 王宗维:《汉代祁连山路考述》,《西北师院学报》1983 年第 3 期。
⑤ 王宗维:《张骞出使西域的路线》,《西北大学学报》(哲学社会科学版)1984 年第 4 期。
⑥ 王宗维:《汉代令居塞的地理位置》,《兰州学刊》1985 年 1 期。
⑦ 李并成:《汉敦煌郡广至县城及其有关问题考》,《敦煌研究》1991 年第 4 期。
⑧ 李并成:《汉敦煌郡的乡、里、南境塞墙和烽燧系统考》,《敦煌研究》1993 年第 2 期。
⑨ 李并成:《汉张掖属国考》,《西北民族研究》1995 年第 2 期。
⑩ 李并成:《河西走廊西部汉长城遗迹及其相关问题考》,《敦煌研究》1995 年第 2 期。
⑪ 李并成:《汉唐冥水(籍端水)冥泽及其变迁考》,《敦煌研究》2001 年第 2 期。
⑫ 赵评春:《西汉玉门关、县及其长城建置时序考》,《中国历史地理论丛》1994 年第 2 期。
⑬ 李正宇:《昆仑障考》,《敦煌研究》1997 年第 2 期。
⑭ 刘满:《西北黄河古渡考》(一),《敦煌学辑刊》2005 年第 1 期。
⑮ 刘满:《西北黄河古渡考》(二),《敦煌学辑刊》2005 年第 4 期。
⑯ 李岩云:《汉代玉门关址考》,《敦煌研究》2006 年第 4 期。
⑰ 黄兆宏:《元狩二年霍去病西征路线考释》,《兰州大学学报》(社会科学版)2006 年第 6 期。
⑱ 王冠辉:《汉代河西邮驿研究》,兰州大学 2013 年硕士学位论文。

4. 对汉匈战争的研究

关于汉匈战争的研究，始于20世纪50年代纪庸的《汉代对匈奴的防御战争》①，该书详细叙述了汉朝对匈奴防御战争的经过。武国卿的《中国战争史》（三）②梳理了两汉时期汉匈之间发生的主要战争，并附以图表直观地再现了敌对双方的作战部署。宋超的《汉匈战争三百年》③讲述了汉匈战争发生、发展的过程。王宗维的《论霍去病在祁连山之战》④认为汉武帝元狩二年发动的祁连山之战，是汉匈战争史上具有关键性的一次战役，战争的结果导致双方政治、军事实力发生根本性的逆转。赵汝清的《浅评李广利伐大宛在中西交通史上的作用》⑤认为李广利伐大宛是汉朝抗击匈奴、保卫中西交通的战役，和张骞通西域在历史上具有同样重要的地位。同利军的《汉朝与匈奴战争述评》⑥认为汉匈战争应从战争的起因、目的、结果以及军事力量、战略意图等多方面综合分析二者的进攻、防守关系。陈胜武的《汉武帝时期汉匈战争双方战略运用比较》⑦将汉匈双方在战略上的较量划分为三个阶段，并提出国家最高决策者和军事领导人对战略形势的感知直接影响着对战略机遇的运用，也在很大程度上影响着国家的命运。杨婷的《霍去病与匈奴的战争》⑧着重对汉朝的优秀将领霍去病进行研究，分析了他在6次对匈奴作战中战略战术的运用，并对河西之战的行军路线做了详细考证。孟庆璟的《汉武帝时期汉匈战争战略研究》⑨从分析双方的政治经济基础入手，解释双方争战的原因，并从军队编制、武器装备等方面分析双方的战略思维，揭示双方成败的战术原因。

唐国军的《论西汉王朝对匈奴的政策与其国力兴衰的关系》⑩对汉匈"和亲"与战争体现出来的国力强弱给予较为详尽的分析。雍秉乾的《略

---

① 纪庸：《汉代对匈奴的防御战争》，新知识出版社1955年版。
② 武国卿：《中国战争史》（三），金城出版社1990年版。
③ 宋超：《汉匈战争三百年》，华夏出版社1996年版。
④ 王宗维：《论霍去病在祁连山之战》，《西北大学学报》（哲学社会科学版）1982年第3期。
⑤ 赵汝清：《浅评李广利伐大宛在中西交通史上的作用》，《宁夏大学学报》（社会科学版）1985年第2期。
⑥ 同利军：《汉朝与匈奴战争述评》，《军事历史》2009年第1期。
⑦ 陈胜武：《汉武帝时期汉匈战争双方战略运用比较》，《军事历史研究》2011年第2期。
⑧ 杨婷：《霍去病与匈奴的战争》，2011年西北大学硕士学位论文。
⑨ 孟庆璟：《汉武帝时期汉匈战争战略研究》，陕西师范大学2011年硕士学位论文。
⑩ 唐国军：《论西汉王朝对匈奴的政策与其国力兴衰的关系》，《广西社会科学》1996年第2期。

论西汉文景时期对匈奴的积极防御政策》①认为汉武帝出击匈奴,与文景两朝奉行积极的防御有直接的关系,并且为武帝后来全面出击奠定了雄厚的物质保障。马勇的《论东汉王朝对北匈奴的政策》②认为东汉的北匈奴政策,既包含武力征伐的内容,又包含通过通使、合市来羁縻北匈奴并利用南匈奴来分化和防范北匈奴的内容。王新文的《试论地缘条件对汉匈关系发展的影响》③认为汉匈关系的发展演变是双方综合实力比较的结果,而双方综合实力的比较又与双方所处的地理环境关系密切。王庆宪的《匈奴与西汉关系史研究》④以匈奴为研究视角,对匈汉交往中双方的经济状况、军事斗争和匈奴的内外政策进行论述,为研究匈汉关系提供了一个反向的参照。陶海燕的硕士论文《东汉汉匈关系研究》⑤认为东汉在继承西汉对匈奴政策的基础上,结合东汉王朝的特殊形势,形成更具代表性和全面性地反映中原王朝的民族政策,对后世历朝处理少数民族关系产生了深远而积极的影响,是对汉匈民族关系的纵深研究。

5. 对河西四郡、属国问题的研究

王宗维的《汉代丝绸之路的咽喉——河西路》⑥详细研究了汉政府开辟河西路的经过,以及为保卫建设这个通道所采取的种种措施,其中对河西四郡设置时间的考证值得信服。高荣的《先秦汉魏河西史略》⑦对河西的历史进行探源和溯流,汉代河西四郡的建设研究占有较大分量。张灿辉的《两汉魏晋凉州政治史研究》⑧将两汉与魏晋时代的皇权政治兴替与凉州政治势力联系起来进行考察,勾勒出其演变轨迹及其内在规律,侧重对河西地方政权的研究。纪忠元、纪永元主编的《敦煌阳关、玉门关论文选萃》⑨集中了60多年来众多学者对河西四郡及其关隘的研究成果,具有系统性、全面性的突出特点。

---

① 雍秉乾:《略论西汉文景时期对匈奴的积极防御政策》,《甘肃社会科学》2000 年第 2 期。
② 马勇:《论东汉王朝对北匈奴的政策》,《云南民族大学学报》(哲学社会科学版)2003 年第 6 期。
③ 王新文:《试论地缘条件对汉匈关系发展的影响》,《西安电子科技大学学报》(社会科学版)2007 年第 5 期。
④ 王庆宪:《匈奴与西汉关系史研究》,内蒙古大学 2003 年博士学位论文。
⑤ 陶海燕:《东汉汉匈关系研究》,扬州大学 2011 年硕士学位论文。
⑥ 王宗维:《汉代丝绸之路的咽喉——河西路》,昆仑出版社 2001 年版。
⑦ 高荣:《先秦汉魏河西史略》,天津古籍出版社 2007 年版。
⑧ 张灿辉:《两汉魏晋凉州政治史研究》,岳麓书社 2008 年版。
⑨ 纪忠元、纪永元:《敦煌阳关、玉门关论文选萃》,甘肃人民出版社 2003 年版。

陈晓鸣的《两汉北部边防若干问题之比较》① 在边防政策、边防武装力量建设、边疆经济开发等方面，探讨了两汉边防政策之演变、边防武装力量之调整以及边疆经济开发之差异等诸方面的问题，河丁亦在研究之列。郝树生的《汉河西四郡设置年代考辨》② 认为酒泉郡、张掖郡的设置年代均为元鼎六年，敦煌郡为后元元年，武威郡在本始二年至地节三年。高荣的《汉代河西的行政区划、职官建置及其特点》③ 认为汉代河西职官建置带有浓厚的军事色彩，在推行郡县制的同时，还设立特殊的行政区——属国，实行多制度、多层次的统治和管理。王婷梅的《浅论西汉河西四郡设立的重要性》④ 认为汉置河西四郡的意义在于巩固西北边防，确保丝路东段河西道路的畅通。安梅梅的《也谈"五属国"——与龚荫教授商榷》⑤ 认为汉武帝在河西之役后设置"五属国"，地点就在所谓的"边五郡故塞外"，此外，随着西汉对匈奴作战的节节胜利，属国的数目和管理的民族越来越多，便不再局限于"五"个。

王斌彬的硕士论文《河西走廊与汉代西北边防经略研究》⑥ 从汉政府经营西北的全局着眼，以汉匈战争、交通西域和开发河西为主要线索，联系河西走廊地区的民族活动及汉王朝在处理民族关系及边疆事务方面的方针政策等，勾勒出汉政府经营河西走廊的概貌，并总结此中的成败得失。安梅梅的博士论文《两汉魏晋属国制度研究》⑦ 通过对两汉魏晋属国制度发展变化过程及其相关问题的探讨，从不同角度、不同层次还原属国制度发展的全貌，对两汉河西属国有较深入的研究。

6. 关于河西屯田的研究

日本学者尾形勇著、吕宗力译的《汉代屯田制的几个问题——以武帝、昭帝时期为中心》⑧ 认为汉代是先在新开拓之地筑一两个城，划出一定区域置郡，然后在郡内更筑新城进行屯田，设置新县。随着郡的进一步充实发展，如果县的数量太少，地域太大，不利于行政管理时就会设置新

---

① 陈晓鸣：《两汉北部边防若干问题之比较》，《中国边疆史地研究》2002 年第 3 期。
② 郝树生：《汉河西四郡设置年代考辨》，《开发研究》1996 年第 4 期。
③ 高荣：《汉代河西的行政区划、职官建置及其特点》，《西北史地》1997 年第 1 期。
④ 王婷梅：《浅论西汉河西四郡设立的重要性》，《承德民族师专学报》2008 年第 3 期。
⑤ 安梅梅：《也谈"五属国"——与龚荫教授商榷》，《民族研究》2010 年第 4 期。
⑥ 王斌彬：《河西走廊与汉代西北边防经略研究》，扬州大学 2014 年硕士学位论文。
⑦ 安梅梅：《两汉魏晋属国制度研究》，中央民族大学 2012 届博士学位论文。
⑧ ［日］尾形勇著：《汉代屯田制的几个问题——以武帝、昭帝时期为中心》，吕宗力译，中国社会科学院历史研究所战国秦汉史编《简牍研究译丛》第一辑，中国社会科学出版社 1983 年版。

郡。对于正确认识汉代河西开发的历史进程，具有一定的启发意义。吴廷桢、郭厚安的《河西开发史研究》①将西汉至现代河西社会经济发展划分为五个时期进行研究，并从中总结经验与教训。赵俪生主编的《古代西北屯田开发史》②是一部完整、系统研究和论述古代西北屯田历史的专著，其中汉代部分值得关注。

刘磐修的《汉代河西地区的开发》③认为河西的大规模开发始自汉武帝时代，由于封建国家的直接干预，使起步较晚的河西在经济开发方面取得了长足的进步。李炳泉的《两汉农都尉的设置数额及其隶属关系》④认为农都尉是设在边郡专门主持屯田事务的长官，其始置时间为汉武帝元狩四年后不久，最早设置在朔方至令居一带，逐渐形成了每一边郡设置一个农都尉的格局。两汉农都尉在行政上由最高当局和郡太守双重领导，在屯田业务上由大司农掌管。朱绍侯的《两汉屯田制研究》⑤认为西汉只有边区屯田，东汉出现内地屯田。汉代军屯与民屯并存。屯田不仅为军队提供粮草供应，还保卫了边区，有利于对边郡的开发。

牟雪松的《汉代西北屯田问题探析》⑥认为汉代西北屯田主要集中在河西的交通要道上，具有很强的军事性，而且东汉时期的屯田范围更广，规模也进一步扩大。刘玉璟的《汉代入迁河西地区移民研究》⑦分析汉代在河西实施移民实边、经济开发的政策，包括移民入迁河西的类型、特点、方式、线路以及对河西的影响等，另外还对学界关注较少的小月氏、乌孙、氐、卢水胡等少数民族入迁河西问题做了论述。

7. 关于汉朝与西域关系的研究

汉朝依托河西对西域的经略也是汉匈斗争的重要内容。安作璋的《两汉与西域关系史》⑧介绍了汉朝与西域的交通、经济交流、汉朝对西域的经营以及汉匈在西域的争夺等。

---

① 吴廷桢、郭厚安：《河西开发史研究》，甘肃教育出版社1996年版。
② 赵俪生：《古代西北屯田开发史》，甘肃文化出版社1997年版。
③ 刘磐修：《汉代河西地区的开发》，《史学研究》2002年11期。
④ 李炳泉：《两汉农都尉的设置数额及其隶属关系》，《中国边疆史地研究》2005年第2期。
⑤ 朱绍侯：《两汉屯田制研究》，《史学月刊》2012年第10期。
⑥ 牟雪松：《汉代西北屯田问题探析》，青海师范大学2010年硕士学位论文。
⑦ 刘玉璟：《汉代入迁河西地区移民研究》，西北师范大学2012年硕士学位论文。
⑧ 安作璋：《两汉与西域关系史》，山东人民出版社1955年版。

余太山的《两汉魏晋南北朝时期西域南北道绿洲诸国的两属现象》①分析了两汉魏晋南北朝时期西域诸国"两属"现象（指绿洲国同时役属于汉、匈奴两个强大势力的现象），指出产生的具体原因与地理位置密不可分。刘彦威的《西汉王朝的边疆经略》②认为西汉对边疆各族经略以国力为后盾，依情况不同或战或和，战和相济，通过这些措施维持了边疆地区的基本稳定。李炳泉的《西汉西域伊循屯田考论》③认为伊循屯田是西汉经略西域总体战略的重要组成部分，其目的是为了控制鄯善国进而威慑南道诸国，但客观上却推进了西域南道经济的发展，保证了西域南道的畅通，促使了西域都护的建立和巩固。李培志、高娜的《论西汉在西域的"众建其国"之策》④认为西汉经略西域的"众建其国"之策，先后运用在姑师和乌孙二国，成功削弱了西域的亲匈奴势力，达到了"分而治之"、保持对西域有力控制的目的。另外还有高荣的《汉代戊己校尉述论》⑤、殷晴的《悬泉汉简和西域史事》⑥、刘国防的《汉西域都护的始置及其年代》⑦、李炳泉的《关于汉代西域都护的两个问题》⑧、王素的《高昌戊己校尉的设置——高昌戊己校尉系列研究之一》⑨、薛宗正的《西汉的使者校尉与屯田校尉》⑩、李炳泉的《西汉西域伊循屯田考论》⑪、于莎莎的《东汉西域屯田"三废三置"与西北边疆安全研究》⑫等，分别从西域都护及其所属机构的设置、管理等方面进行了研究。

8. 匈奴史的研究

匈奴史的研究始于马长寿的《北狄与匈奴》⑬，此书是新中国成立后

---

① 余太山：《两汉魏晋南北朝时期西域南北道绿洲诸国的两属现象》，《中国边疆史地研究》1997 年第 2 期。
② 刘彦威：《西汉王朝的边疆经略》，《中国边疆史地研究》1997 年第 3 期。
③ 李炳泉：《西汉西域伊循屯田考论》，《西域研究》2003 年第 2 期。
④ 李培志、高娜：《论西汉在西域的"众建其国"之策》，《伊犁师范学院学报》（社会科学版）2007 年第 1 期。
⑤ 高荣：《汉代戊己校尉述论》，《西域研究》2000 年第 2 期。
⑥ 殷晴：《悬泉汉简和西域史事》，《西域研究》2002 年第 3 期。
⑦ 刘国防：《汉西域都护的始置及其年代》，《西域研究》2002 年第 3 期。
⑧ 李炳泉：《关于汉代西域都护的两个问题》，《民族研究》2003 年第 6 期。
⑨ 王素：《高昌戊己校尉的设置——高昌戊己校尉系列研究之一》，《新疆师范大学学报》（哲学社会科学版）2005 年第 3 期。
⑩ 薛宗正：《西汉的使者校尉与屯田校尉》，《新疆社会科学》2007 年第 5 期。
⑪ 李炳泉：《西汉西域伊循屯田考论》，《西域研究》2003 年第 2 期。
⑫ 于莎莎、张安福：《东汉西域屯田"三废三置"与西北边疆安全研究》，《中共伊犁州委党校学报》2011 年第 1 期。
⑬ 马长寿：《北狄与匈奴》，上海三联书店 1962 年版。

第一本具体而微的匈奴史专著。此后，林幹的《匈奴史》①《匈奴通史》②《匈奴史论文选集》（1919—1979）③《匈奴历史年表》④《匈奴史料汇编》⑤等系列著作的出版，使其成为匈奴史研究的集大成者。此外，武沐的《匈奴史研究》⑥、陈序经的《匈奴史稿》⑦也是近年来难得的佳作。国外的研究成果亦很丰硕，代表作主要有麦高文的《中亚古国史》⑧、江上波夫的《骑马民族国家》⑨、古米洛夫的《匈奴历史的几个问题》和T. J. 巴费尔德的《匈奴帝国联盟的组织及其对外政策》等。

万雪玉的《试论匈奴政权在西域的统治》⑩将匈奴在西域的活动分为五个阶段，将匈奴对西域的统治政策归纳为五条。武沐、王希隆的《秦、西汉时期匈奴单于位继承制度考辨》⑪认为匈奴单于位的继承制度是一个非常庞杂的系统，并对此进行详细考证。李春梅的《论匈奴政权中的二十四长、四角和六角》⑫对匈奴政权的组织结构进行深入探讨。王浩、王海玲的《汉代匈奴后勤保障问题探析》⑬研究了两汉时期匈奴为保障长期大规模的战争，建立的行之有效的后勤保障体系。王子今的《匈奴"僮仆都尉"考》⑭分析了"僮仆"的取义及"僮仆都尉"居地和设置的时段特征。

牧仁的《两汉时期匈奴两次大内乱与分裂》⑮通过对匈奴两次大内乱与分裂的专题研究，进一步加深了对匈奴史和汉匈关系史的认识。屈罗木

---

① 林幹：《匈奴史》，内蒙古人民出版社1979年版。
② 林幹：《匈奴通史》，人民出版社1986年版。
③ 林幹：《匈奴史论文选集》（1919—1979），中华书局1983年版。
④ 林幹：《匈奴历史年表》，中华书局1984年版。
⑤ 林幹：《匈奴史料汇编》，中华书局1988年版。
⑥ 武沐：《匈奴史研究》，民族出版社2005年版。
⑦ 陈序经：《匈奴史稿》，中国人民大学出版社2007年版。
⑧ [美]麦高文：《中亚古国史》，中华书局2004年版。
⑨ [日]江上波夫：《骑马民族国家》，张承志译，光明日报出版社1988年版。
⑩ 万雪玉：《试论匈奴政权在西域的统治》，《新疆大学学报》（哲学社会科学版）1989年第4期。
⑪ 武沐、王希隆：《秦、西汉时期匈奴单于位继承制度考辨》，《民族研究》2003年第3期。
⑫ 李春梅：《论匈奴政权中的二十四长、四角和六角》，《内蒙古社会科学》2006年第2期。
⑬ 王浩、王海玲：《汉代匈奴后勤保障问题探析》，《滨州职业学院学报》2008年第1期。
⑭ 王子今：《匈奴"僮仆都尉"考》，《南都学坛》（人文社会科学版）2012年7月。
⑮ 牧仁：《两汉时期匈奴两次大内乱与分裂》，内蒙古师范大学2003年硕士学位论文。

图的硕士论文《匈奴对西域的统治及统治措施》①研究了前人罕有问津的匈奴与西域之间的关系，提出了匈奴统治天山以北诸国是以封王的形式，而统治城邦诸国用僮仆都尉的形式，并将匈奴统治西域的政策分为八大类等，观点较为新颖。

9. 考古和简牍学方面的研究

吴礽骧的《河西汉塞调查与研究》②通过田野调查分析河西汉塞修建的自然环境与历史背景、汉塞的形制、走向和沿途所及，是对河西塞防调查研究的全面总结，具有极高的学术价值。李均明的《甲渠候官规模考》（上、下）③根据出土简牍对甲渠候官的部燧数量、隶属关系进行考证，明晰了汉代河西部分军事机构的设置情况。王均明的《居延汉简编年——居延编》④按年代对居延汉简进行整理并考证分析，其中匈奴对居延地区侵扰的简文，弥补了史料的不足。初世宾的《悬泉汉简羌人资料补述》⑤通过分析悬泉汉简58，确定了解忧侍者冯夫人与长罗侯常惠立乌孙大小昆弥之事的具体时间，判定汉朝对西域实行军事手段与政治外交配合的政策。另外《中国简牍集成·甘肃卷》（上、下）⑥《敦煌悬泉汉简释粹》⑦等，对考证两汉时期的河西郡守的确定有重要的参考价值。

陈梦家的《汉简所见居延边塞与防御组织》⑧利用汉简全面梳理了居延地区防御组织中的职官、机构设置及统属关系。刘光华的《西汉西北边塞》⑨通过考古调查分析西北边塞的修筑过程与走向、管理机构，以及有关边塞防御的烽火、天田和考课制度等。杨芳的《汉简所见汉代河西边郡人口来源考》⑩依据汉简及文献资料得出，汉代河西的人口来源不仅有内地移民、罪犯，还有归降的乌孙、月氏、氐、羌、匈奴、卢水胡等少数民族。于小秦、张志刚的《从汉简看汉代西北边塞戍卒兵器装备

---

① 屈罗木图：《匈奴对西域的统治及统治措施》，内蒙古师范大学2008届硕士学位论文。
② 吴礽骧：《河西汉塞调查与研究》，文物出版社2005年版。
③ 李均明：《甲渠候官规模考》（上、下），编入《文史》第三十四、三十五辑，中华书局1992年版。
④ 李均明：《居延汉简编年——居延编》，（台北）新文丰出版公司2004年版。
⑤ 初世宾：《悬泉汉简羌人资料补述》，《出土文献研究》第六辑，上海古籍出版社2004年版，第188—189页。
⑥ 《中国简牍集成·甘肃卷》（上、下），敦煌文艺出版社2001年版。
⑦ 胡平生、张德芳：《敦煌悬泉汉简释粹》，上海古籍出版社2001年版。
⑧ 陈梦家：《汉简所见居延边塞与防御组织》，《考古学报》1964年第1期。
⑨ 刘光华：《西汉西北边塞》，《西北民族大学学报》（哲学社会科学版）2005年第1期。
⑩ 杨芳：《汉简所见汉代河西边郡人口来源考》，《敦煌研究》2010年第3期。

及管理》① 探讨汉代边塞戍卒的武器装备种类、来源及管理的运行机制。孙占宇的《敦煌汉简王莽征伐西域战争史料研究综述》② 弥补了文献中王莽征伐西域的历史空白，也是研究匈奴与西域诸国联手对抗汉军的重要资料。

吴军的《汉简中河西边郡的防御组织研究》③ 把简文分不同时期并结合出土地研究汉代西北边郡的军事组织，对河西的防御措施见解颇深。特日格乐的《西北简牍所见汉匈关系若干问题研究》④ 对有关汉匈关系的简文梳理、分类、辨析、统计，结合传世文献，从政治、经济、军事等方面对西汉中期至东汉中期的汉匈关系进行深入研究，对本书有重要的启发作用。

以上就是对已有研究成果的简要概括。当然，由于篇幅所限，有些重要的研究成果未能一一列出，但凡文中所涉及的均文后注出。本书的写作就是在前人的研究基础上进行的。

二　研究意义和研究方法

（一）选题目的及意义

1. 选题目的

河西走廊位于今甘肃省西北部，东起乌鞘岭，西至古玉门关，为南山（祁连山和阿尔金山）与北山（马鬃山、合黎山和龙首山）之间西北——东南走向的狭长平地，长约1000多公里，宽数公里至百公里。武帝元狩二年（前121）河西归汉后，这里成为历代中原王朝经略西北的边防要冲，备受统治者的高度重视。顾祖禹在《读史方舆纪要》中称："欲保秦陇，必固河西，欲固河西，必斥西域。"简明扼要的点明了秦陇、河西、西域之间三位一体的战略关系。另有学者称："河西东连关陇，西通西域，北当匈奴（后为突厥），南接种羌（后为吐谷浑、吐蕃），恰似中原王朝的一支手臂，汉代就被称为'天下要冲，国家藩卫'。从防守来说，一旦中原王朝占有河西，就等于切断了北方游牧民族与河湟地区羌人或吐

---

① 于小秦、张志刚：《从汉简看汉代西北边塞戍卒兵器装备及管理》，《兰州教育学院学报》2014年第6期。
② 孙占宇：《敦煌汉简王莽征伐西域战争史料研究综述》，《西域研究》2006年第3期。
③ 吴军：《汉简中河西边郡的防御组织研究》，西北师范大学2001年硕士学位论文。
④ 特日格乐：《西北简牍所见汉匈关系若干问题研究》，内蒙古大学2007届博士学位论文。

谷浑、吐蕃的联系，故有'隔绝羌胡''断隔突厥、吐蕃'之说；就进取而言，从河西北出居延，无疑是深入蒙古高原最便捷的路线。至于走廊西边的玉门关、阳关更是进入西域的交通咽喉。反之，如果游牧民族控制河西，就可以河西为依托，北通大漠，南连河湟，西控西域，东逼陇右，攻守进退，灵活自如。"① 从战略双方的视角说明了河西军事战略地位的重要性。更有学者认为："秦陇、河西、新疆三者密不可分，共同构建起中国西部疆域连接一体和不同民族之间沟通融合的基本格局。正可谓河西盛则秦陇安、新疆稳，能否控制开发河西，不仅在很大程度上决定着新疆的治乱安危，也成为衡量古代中央政权兴衰强弱的重要标志。"② 直接将河西的战略地位提高到国家战略层面。

秦末汉初，匈奴趁中原内战之机迅速崛起，进而将势力扩展到河西走廊，由此，匈奴的左部、中部、右部统辖区对汉朝的关中地区形成半包围之势。高帝至文、景之时，西汉政府致力于稳定政权、恢复和发展社会经济，对匈奴实行"和、战结合，以和为主"的被动防御政策。到汉武帝时期，国家的经济水平和军事力量空前提高，对匈奴的战略方针也从积极防御逐渐转变为战略反攻。史载元光二年（前133）到元狩四年（前119）间，汉朝对匈奴连续发动了三次较大规模的战役，其中元狩二年（前121）的河西之战，将匈奴势力彻底逐出河西走廊，打通了沟通东西的交通要道。为实现"断匈奴右臂"的战略意图，汉政府采取诸多政治、经济和军事措施，进一步加强对河西的有效统治。与此同时，派遣张骞出使西域，孤立、瓦解西域的亲匈力量，并多次以河西为根据地北伐和西征，战略上处于主动态势。期间，匈奴一直伺机夺回河西终未如愿。王莽末年，中原大乱，窦融集团保据河西地，为河西赢得了难得的稳定发展期。建武五年（29）窦融担任凉州牧后，以河西为后方与匈奴争夺对西域的控制权。同年，立莎车王康为汉莎车建功怀德王、西域大都尉，统领西域各国，暂时稳定了西域的局势。东汉初年，汉政府采取休养生息的政策，匈奴借机不断地侵扰汉之边郡，河西诸郡尤甚，特别是汉明帝永平八年（65），河西出现"城门昼闭"的危局。经过光武中兴以来四五十年的发展，国家出现了国富兵强的殷盛局面，为战争准备了较为充足的人力物力条件。自汉明帝永平十六年（73）始，汉朝再次以河西为基地，不断

---

① 高荣：《古代河西的兴衰及其历史地位和特点——〈河西通史〉代前言》，《河西学院学报》2003年第6期。
② 张克非：《也论河西地区在历史上的地位和贡献》，《甘肃社会科学》2012年第5期。

驱逐北匈奴在西域的残余势力，同时联合南匈奴、羌胡、鲜卑、乌桓等民族兵，频繁对北匈奴发起反击。汉和帝永元三年（91），汉朝以河西为大军集结地发动金微山之战，将北匈奴彻底击败。值得关注的是，终东汉之世，尤其是东汉中后期，由于连绵不断的羌民起义殃及河西，在起义的高潮时期，叛乱羌民甚至深入到河西的腹心地带，东汉政府在力所不及的情况下，仍然极力维护河西路的畅通，河西的敦煌作为经营西域的桥头堡发挥了重要作用。

综上所述，河西特殊的地理环境和区位特点，使之成为两汉时期的军事战略枢纽。但其军事价值不是一成不变的，它是如何体现的，又有怎样的深层次原因？值得深思。宋杰先生在《中国古代战争的地理枢纽》后记中言："若要在这一研究领域取得新的进展，可以考虑从'时间'概念出发来探索军事枢纽的分布和变化问题，即以我国历史发展脉络为主线，研讨各个王朝兵家要地发生转移的情况，再剖析其社会背景和转移的原因。"笔者希冀依据传世文献与考古资料，在广泛地吸收前人相关研究成果的基础上，以历史发展为线索，从汉政府经略西北的战略全局着眼，联系河西的地理条件和汉朝的国力因素，试图回答以上问题。

2. 研究意义

就研究意义而言，可以分为学术和现实两个方面。

首先，学术价值。在我国古代，军事技术和交通手段较为落后，地理环境对争战的影响就显得格外突出。中国兵圣孙武曾说"地形者，兵之助也"，"知天知地，胜乃不穷"，"兵者，国之大事，死生之地，存亡之道，不可不察也。故经之以五事，校之以计而索其情：一曰道，二曰天，三曰地，四曰将，五曰法"，都是强调地理因素对军事活动的重要影响。地理条件尤其是枢纽区域属于军事战略范畴，它不仅对局部战争有直接的影响，由地理环境导致的地缘政治更是无法回避，甚至关系到国家政权的兴衰。河西正是具有这样一个重要战略地位的区域。因此，对其进行军事地理学研究具有重要的学术价值。

其次，现实意义。西北是我国的国防重地，目前我国正在实施的西部大开发战略和习近平主席提出的"一路一带"战略构想，将河西作为我国向西开放的战略平台，对推动西部经济发展，维护边疆稳定，促进多民族的融合统一都有重大的战略意义。国家兴盛的"天时、地利、人和"等诸多要素中，"地利"的巨大威力和作用在当今仍然值得关注。所以，对汉代河西进行历史军事地理研究，一定程度上，有助于我们对今天相关战略决策的正确制定和科学把握，这也是历史地理学"有用于世"的宗旨所在。

（二）研究方法及创新点

1. 研究方法

本书的研究方法主要有两点，一是区域历史军事地理研究法；二是多学科融合运用。

（1）区域历史军事地理研究法。区域历史军事地理是以特定的枢纽区域为研究对象，揭示该区域地理条件（包括自然环境、水文条件、交通等）影响争战双方战略战术运用的理论和方法。基于以往学者对河西的研究，多侧重于政治、经济、文化、交通等方面的考量，或虽涉及军事，也多是以军事史或战争史的辅助材料出现的。河西在两汉时期是国家军事防御体系的一个重要区域，境内山川险峻、河流众多，数座雄关险隘和多条交通要道，更加凸显了其军事战略枢纽地位。因此，将其作为一个整体，进行区域军事地理的分析，进而考察其在国家战略中的地位和作用，可提高研究的系统性和全面性。

（2）多学科的融合运用。本书是关于历史军事地理学的研究，因而在使用历史军事地理学的基本理论和方法的前提下，必然要综合运用历史学、地理学和军事学等相关学科的理论和方法。历史学的方法主要体现在对史料的梳理、解读、分析、考证上。地理学通过考察山川、河流、地形、地貌、交通以及与之联系的地图作为研究的基本手段。军事学则研究战争的本质和规律，指导战争的准备和实施，古代军事家、兵学家的军事理论内容丰富，可资参照。另外，现代军事科学的理论思想更为成熟和先进，战略学、战役（战术）学、军事运筹学、军事后勤学、军事经济学等方面的理论指导更是不可或缺。

2. 创新点

（1）以时空变化为着眼点。传统的军事地理研究，往往侧重于介绍地理形势，包括战略地位、山川险要和境内所经历过的战事，忽视其战略地位的动态演变过程。本书并不囿于固有的模式，在汉朝、匈奴的对立空间中，结合国家的政治、军事、经济形势的变化，全面考察河西军事价值的时空变化，即呈现由低到高，由高到低循环往复的演变规律，对地理因素在战争中的作用给予理性分析。

（2）科学考证和考察。科学地鉴别史料是正确地运用史料的前提，本书对一些文献记载不清或有误、学界有争议的学术问题如霍去病第二次进攻河西的路线、河西属国设置的时间和原因等作以补考；对汉匈之间围绕河西历次战事中战略战术的运用、得失进行历史军事地理学考察，提出新的见解，并绘制战事图。

（3）编制年表和名录。在梳理文献史料、利用考古资料并吸收《敦煌名族志》《敦煌大事年表》中有关成果的基础上，编制《两汉时期河西军政大事年表》和《河西郡守名录》。

（三）本书的主要内容

本书从历史军事地理学的角度，依据传世文献，参考部分出土文献和田野调查资料，借鉴前人的研究成果，对两汉时期河西的历史军事地理状况进行分析研究，着力探讨这一区域在汉匈百年战争史上的军事战略地位及其演变规律。本文除绪论外，共分七章。

绪论部分首先对相关文献史料及研究现状进行述评，其次介绍了本书的选题目的、研究意义、研究方法和创新点。

第一章通过对文献的梳理，归纳出"河西"所包含的几种含义，指明本书"河西"概念的使用范围。在此基础上，对河西的地理特点，即发达的农牧业经济、攻守兼备的地理条件、四通八达的交通枢纽等方面进行论述，探讨河西战略地位重要性的原因。

第二章分析西汉前期汉匈双方所面临的军事形势。首先比较汉匈双方的综合国力，然后对双方所采取的战略部署进行分析。得出匈奴不但拥有强大的国力条件，而且占据了河西这一战略要地，汉朝处于被动防御不利态势的结论。

第三章研究汉朝河西之战的胜利及汉匈双方军事态势的变化。首先从军事地理角度对汉朝攻取河西的战略思想、兵力部署、进攻路线、作战策略等进行分析，而后探讨河西之战的历史影响。

第四章探讨汉朝攻取河西后，通过建立河西四郡、移民屯田、修筑障塞等系列措施，增强河西的攻防实力，河西成为汉朝打击匈奴的战略前沿。

第五章研究河西归汉后，匈奴对河西的激烈争夺以及汉朝以河西为基地不断地北伐和西征，通过战例证明河西成为必争之地的原因在于地理位置的重要性，并从军事地理角度对汉朝在历次争战中战略战术的运用进行分析。

第六章论述东汉时期河西的军事形势。终东汉之世，时局动荡，河西的形势也极不稳定。本章分为四节，包括两汉之际窦融统治下的河西、东汉时期的河西局势和东汉政府的北伐和西征，并从军事地理角度分析东汉政府的河西战略，进一步论证河西军事战略地位的重要性。

第七章探讨河西在两汉时期军事战略地位的演变特点及原因。通过比较两汉时期河西战略地位的演变特点，得出河西军事战略地位的重要与否，取决于多种因素共同作用的结论，并从综合国力、地理形势两个方面进行分析。

第一章 "河西"的含义及其地理特点

一 "河西"的地望及其历史演变

"河西"作为一个具有地理方位特征的区域名词，在先秦文献中屡见不鲜，但不同的历史时期它的内涵有所不同，直到西汉中期河西四郡全部建起之时，它所包括的地理范围渐趋稳定，主要指河西四郡所统辖的区域。东汉时期因时局动荡，所属范围略有扩展。

（一）先秦时期的"河西"

1. 古雍州所属的范围

成书于战国末秦初①的《尔雅》释地第九曰："两河间曰冀州，河南曰豫州，河西曰雝州（雝通雍）。"郭璞注"河西"曰："自西河至黑水。"此处所说的"河西"地理范围，大致东起今陕西、山西两省间的那段黄河，西至今甘肃敦煌及青海湖湟水流域，北达内蒙古南部黄河边界，南到秦岭北麓，面积约有230万平方公里，即古雍州所属的范围②。这也是历史上所记载的"河西"所包括的最大范围。

2. 今山西、陕西两省间黄河南段之西

春秋、战国之间成书的《尚书·禹贡》中，"河"字出现较多，"河西"亦称"西河"。经史念海先生考证，《禹贡》乃魏人所撰，故"河西"、"西河"、"南河"是以魏国为中心而形成的指向③。《战国策注释·魏策一》："魏武侯与诸大夫浮于河西，称曰：'河山之险，岂不信固哉！'"，何

---

① 胡奇光、方环海：《〈尔雅〉成书时代新论》，《辞书研究》2001年第6期。
② 张海楠：《"河西"含义在汉魏六朝的变迁》，《甘肃联合大学学报》（社会科学版）2005年第2期。
③ 王子今：《秦汉交通史稿》，中共中央党校出版社1994年版，第158页。

建章注:"今陕西省与山西省间黄河古称西河。"①《辞海》对它解释是指春秋战国时今山西、陕西两省间黄河南段之西,今黄河"几"字形右边南段之西这块地方(同时期河之对岸即今山西西南部则为"河东")。该地区系关中平原的最开阔地带,土地肥沃,物产丰富,而且扼控秦晋水陆通道,山河表里险阻可恃,其重要战略地位不言而喻,因而春秋时期是左右秦晋两国政治外交的重要筹码。《史记·秦本纪》载:(公元前650年)"晋献公卒。立骊姬子奚齐,其臣里克杀奚齐。荀息立卓子,克又杀卓子及荀息。夷吾使人请秦,求入晋。于是穆公许之,使百里奚将兵送夷吾。夷吾谓曰:'诚得立,请割晋之河西八城与秦',及至,已立,而使丕郑谢秦,背约不与河西城,而杀里克。"由是两国结怨。公元前645年,秦晋大战于韩原(今山西省河津、万荣二县间),晋军大败,国君被俘,"十一月,归晋君夷吾,夷吾献其河南地,使太子圉为质于秦。秦妻子圉以宗女。是时秦地东至河。"《史记正义》注:"晋河西八城入秦,秦东境至河,即龙门河也。"②此后数年,秦相继灭了梁、芮等小国,基本控制了河西的大部分地区。公元前409年,三家分晋,魏继承了原晋河西地盘,秦魏随即围绕河西展开了旷日持久的争夺战,最终以秦的胜利而告终。《史记·秦本纪》载(前341):"公子卬与魏战,虏其将龙贾,斩首八万。八年,魏纳河西地。"③指河西之阴晋,后秦改其名曰宁秦。《史记·魏世家》载(前330):"五年,秦败我龙贾军五千于雕阴,围我焦、曲沃。予秦河西之地。"《史记正义》注:"自华州北至同州,并魏河北之地,尽入秦也。"④《战国策注释·秦策一》(前329):"王用仪言,取皮氏卒万人,车百乘,以与魏。犀首战胜威王,魏兵罢弊,恐畏秦,果献西河之外。"何建章注:"西河指黄河以西、北洛水东和以北地区,在今陕西省东北部。"⑤

3. 汾河以西

《史记·秦始皇本纪》载:"嫪毐封为长信侯,予之山阳地,令毐居之……事无大小皆决于毐。又以河西太原郡更为毐国。"《史记集解》注:"徐广曰:河,一作汾。"⑥ 这里的"河西"指今山西境内的汾河以西。先秦时期,只要谈到"河",一般皆指黄河,再以黄河为参照物,加上方

---

① 何建章:《战国策注释》卷22《魏策一》,中华书局1990年版,第813页。
② 《史记》卷5《秦本纪》,中华书局1959年版,第189页。
③ 同上书,第206页。
④ 《史记》卷44《魏世家》,第1848页。
⑤ 何建章:《战国策注释》卷3《秦策一》,第108页。
⑥ 《史记》卷6《秦始皇本纪》,第227页。

位词东、西、南、北来表示具体的方位，因而上述用法不常见。

因此，先秦时期的"河西"，指今陕西省东南部地区，这个地区初为晋的领土，三家分晋后为魏所有。秦欲东进，必取此地，所以围绕此地发生的战事较多。"河西"归秦，为秦打开了东进的大门，直至六国灭亡，东方各国再也未能染指这一地区。详细的地理范围包括今陕西的渭北地区和渭南的河曲地带，相当于今陕西华阴以北、黄龙以南、洛河以东、黄河以西的地区，还包括华阴至河南邓县的崤函地带。①

（二）两汉时期的"河西"

1. 西汉时期的"河西"

汉因秦旧，汉初中原王朝的西北疆界仍止于故塞（秦昭襄王长城），故塞的西北尽归匈奴所有②。但此时汉匈双方关注的焦点，主要集中在汉王朝的北部、东北部一线。所以汉初的"河西"仍是沿袭先秦时的含义。后随着战事的发展，汉匈对峙和交锋的疆界逐渐拓展到关中西部地区，"河西"这一地理名词，成为流经今甘肃、青海两省境内的黄河以西，即河西走廊和湟水流域某区域的专有名词，所涵盖的地理范围不断扩大，与汉朝在河西走廊势力的逐步推进过程紧密相关。

（1）朔方以西至令居

据王国维先生考证，秦末汉初，今甘肃、青海两省境内的黄河以西为羌、月氏、乌孙等二十几个少数民族的游牧地，后为匈奴所独霸。武帝元狩二年（前121），霍去病率兵两进河西击败匈奴，夺取这一战略要地。元狩四年（前119），汉朝开始着手对其进行经营，《史记·匈奴列传》载："汉度河朔方以西至令居，往往通渠、置田官，吏卒五六万人，稍蚕食，地接匈奴以北。"③"汉度河朔方以西"是指从鸡鹿塞以南溯河而上至令居，即今宁夏银川、灵武以西，甘肃永登以东，南北走向，沿大河西岸适于屯垦的狭长区域。

（2）东起金城大河、西至酒泉

张骞二通西域以后，为了保证河西走廊的安全、畅通，元鼎六年（前111）汉朝在令居以西设立酒泉郡作为军政管理机构，"河西"的内涵随之发生变化。《史记·河渠书》载："自是以后，用事者争言水利。

---

① 蔡锋：《春秋战国时的秦晋河西之争》，《青海师范大学学报》（社会科学版）1988年第4期。
② 周振鹤：《西汉政区地理》，人民出版社1987年版，第155页。
③ 《史记》卷110《匈奴列传》，第2911页。

朔方、西河、河西、酒泉皆引河及川谷以溉田。"① 上述朔方、西河、河西、酒泉大体按地域由东到西排列，"河西"列于"酒泉"之前，说明所辖的地域互不统属，想是因为初设的酒泉郡辖地过于辽阔，且郡治酒泉位置偏西，表述不便，特以"河西"指称东起黄河、西至酒泉之间的广大地区②，远远超出了元狩四年（前119）时的地域范围。

（3）河西四郡

我们最常使用的"河西"含义，形成于汉宣帝在位期间，河西四郡全部建起之时。四郡设置的年代和设置过程，史书语焉不详，史家考证众说纷纭，相较而言王宗维先生的考证精祥，经得起推敲，即宣帝地节元年至二年武威郡从张掖郡中析出后，四郡形势基本确定③，此时的"河西"就是河西四郡的简称。《汉书·西域传》载："骠骑将军击破匈奴右地，降浑邪、休屠王，遂空其地，始筑令居以西。初置酒泉郡；后稍发徙民充实之，分置武威、张掖、敦煌。列四郡，据两关焉。"④ 此时"河西"已完全纳入国家统一的军政管理系统，辖境以河西走廊为主体，东西绵延一千八百余里，东部以大河为界，西部止于阳关、玉门关。《汉书·地理志》载西汉河西四郡共辖有三十五县，其中，张掖、武威各辖十县，酒泉、敦煌分别辖有九县和六县。⑤ 包括姑臧、张掖、揟次、鸾鸟、扑𢶏、媪围、苍松、休屠、宣威、武威、觻得、昭武、删丹、氐池、屋兰、日勒、骊靬、番和、显美、居延、禄福、表是、乐涫、天依、玉门、会水、沙头、绥弥、乾齐、敦煌、冥安、效谷、渊泉、广至、龙勒。

河西四郡的地域范围在此后的60年间，四郡的郡界并无显著变化，有的也仅仅是某些县城的增置。⑥ 四郡所辖的县城大都建在走廊稍偏北侧一线，沿石羊河、黑河和疏勒河之间的平川地带连绵分布，这既有自然环境的因素，又有对河西北部一线为汉匈对峙前沿的考量。另外汉王朝为了进一步加强河西的攻防力量，在四郡移民屯田、修筑汉塞，保证了其作为军事战略前沿地位的需要。

2. 东汉时期的"河西"

东汉时期中央王朝势力衰微，匈奴与羌人对河西侵扰不断。为保证河

---

① 《史记》卷29《河渠书》，第1414页。
② 王宗维：《汉代丝绸之路的咽喉——河西路》，昆仑出版社2001年版，第6页。
③ 同上书，第256页。
④ 《汉书》卷96《西域传》，中华书局1962年版，第3873页。
⑤ 《汉书》卷28下《地理志》，第1612—1614页。
⑥ 周振鹤：《西汉政区地理》，第171页。

西路的安全，汉政府采取扩大某些行政区划的方式，借此压缩敌对势力空间，以打压或消除他们对中原政权的威胁。河西东部的金城郡和武威郡变化较大，张掖郡东部地区有一些调整，而西部的酒泉郡和敦煌郡辖境相对稳定，仅有个别县名发生变化。①

（1）金城郡划归"河西"

新莽代汉后，时局混乱，窦融割据"河西"以求自保。因更始时，先零羌封何种叛乱，占领了金城郡，并与隗嚣结盟欲与刘秀抗衡。窦融因此发兵进击封何，大破之，夺回金城郡。据《后汉书·窦融列传》载："制诏行河西五郡大将军事、属国都尉（窦融）：劳镇守边五郡，兵马精强，仓库有蓄，民庶殷富，外则折挫羌、胡，内则百姓蒙福。"② 故窦融统治下的"河西"实际上包括五郡的范围，即武威郡、张掖郡、酒泉郡、敦煌郡和金城郡所辖的区域。《后汉书·郡国志五》载金城郡乃昭帝时置，统辖十县，即允吾、浩亹、令居、枝阳、金城、榆中、临羌、破羌、安夷和允街。③

（2）武威郡辖境东扩

河西四郡中的武威郡，辖境在东汉时期有过两次扩展。第一次在建武八年（32），窦融率部从河西向高平进发，武威太守梁统率兵疏通沿途的交通道路，为与刘秀会师高平做好准备，此时武威郡的辖境延伸到大河以东，包括祖厉河流域。④ 第二次大约在安帝时期，武威郡向西、向东南辖境都有所扩展，据《后汉书·郡国志五》，西汉时期安定郡的鹯阴县和祖厉县，均在东汉划入武威郡的辖境；原张掖郡的显美和张掖属国都尉下的左骑千人官也归武威郡所有。⑤ "河西"扩展到大河以东，盖因此时羌乱日盛，濒临西羌的安定、陇西、金城屡为羌民所扰，被迫内徙。如安定郡郡治高平在永初五年内徙于右扶风美阳，其故地为羌人所据，而境内的鹯阴、祖厉两县远离安定其他各县，且有大河阻隔，划归武威，亦加强武威郡对大河东西局势的控制能力，保证安定路的畅通。这也是历史上行政区划意义上河西四郡的最大范围。

综上所述，先秦、两汉时期"河西"的地理范围并不是一成不变的，首先因国内外战争区域的不同，经历了一个由今陕西、山西两省间黄河南

---

① 李晓杰：《东汉政区地理》，山东教育出版社1999年版，第154—157页。
② 《后汉书》卷23《窦融列传》，第799页。
③ 《后汉书志》卷23《郡国五》，中华书局1965年版，第3518—3519页。
④ 王宗维：《汉代丝绸之路的咽喉——河西路》，第108页。
⑤ 《后汉书志》卷23《郡国五》，第3520页。

段之西到甘肃、青海间黄河之西（河西走廊）地域根本改变的过程，然后随着汉匈战争和国内形势的变化，又出现沿河西走廊逐渐向西拓展而后东渐的演变特点。

　　本书所指"河西"的地理范围，是以河西走廊为主体，但并不严格以黄河为界，主要包括今武威、金昌、张掖、酒泉和嘉峪关五市辖区，以及道路两侧的平川地带，弱水下游的居延地区、湟水流域及大河以东的部分地区，即今兰州、白银、武威、金昌、张掖、酒泉、嘉峪关、敦煌八市，及永登、皋兰、西宁、景泰、临洮、靖远、天祝、古浪、民勤、永昌、民乐、山丹、肃南、临泽、高台、金塔、居延、玉门、瓜州等县，涉及的范围比两汉时期河西四郡的辖区范围要大，它的南面为巍峨耸立的祁连山脉、阿尔金山脉，北面由东到西依次排列着龙首山、合黎山和马鬃山，东部横跨以西北方向蜿蜒而去的黄河，西部以今甘肃、新疆交界处的库木塔格沙漠为缘，构成一个相对独立的自然地理单元，两汉时期为汉匈对峙的战略前沿。

二　"河西"的地理特点

　　在我国历史上，河西历史悠久、文化璀璨，是中华民族和中国古文化重要的发祥地之一。考古资料表明，早在20万年前的旧石器时代，河西已有先民活动的遗迹。进入新石器时代，这一地区孕育了发达的原始农业和畜牧业，马家窑文化、齐家文化、四坝文化和沙井文化等类型的文化遗址在河西星罗棋布、异彩纷呈，成为黄河流域灿烂文明的开端。

　　进入文明时代以来，河西依然成为关注的焦点。传说中的黄帝、颛顼、大禹都曾驻足河西。《汉书·地理志》曰："故秦地于禹贡时跨雍、梁二州……农桑衣食之本甚备……为九州膏腴。"[①]"凉州之畜天下饶"。河西的祁连山就是中国古代传说中的昆仑山，《海内西经》中"海内昆仑之虚，在西北，帝之下都"，袁珂注引《穆天子传》："吉日辛酉，天子升于昆仑之丘，以观黄帝之宫。"《元和郡县图志》卷40"崆峒山"条载："崆峒山，在县（福禄）东南六十里，黄帝西见广成子于崆峒，汉武帝行幸雍，祠五畤，遂登崆峒，并为此山也。"黄帝之孙颛顼就降生在若水（弱水）之滨，后率族迁居到南方，成为楚民的远祖，"南土为其开拓之

---

① 《汉书》卷28《地理志》，第1642页。

地,西土为其发祥之基。"我国最早的地理书《尚书·禹贡》记载大禹在河西治水的经过:"黑水、西河惟雍州。弱水既西……至于猪野。三危既宅,三苗丕叙。导弱水,至于合黎,余波入于流沙。导黑水,至于三危,入于南海。"这里的猪野、三危、弱水、合黎、黑水等,经考证皆为河西地区的山川、河流,有些名称直到今天仍在使用。传说大禹开凿的合黎山峡谷,就是今天张掖市高台县罗城乡天城村西正义峡①。禹因治水有功,继舜为帝。应该说中华的始祖都与河西有着直接或间接的联系。

河西地处中西交通的必经之地,自然环境优越,农牧业发达,具备商旅东西往来的有利条件。河南安阳殷墟妇好墓中出土了765件新疆玉器,证明至迟在武丁时代,新疆的于阗等地开始通过河西与中原进行玉石贸易。古罗马学者白里内在其所著的《博物志》中说:"赛里人织成的锦绣文绮,贩运至罗马,富豪贵族之妇女,裁成衣服,光辉夺目。"传说罗马帝国的恺撒大帝曾向臣民们展示、夸耀他所得到的一批中国丝织品②。说明河西在中西交往中发挥的作用不仅年代久远,而且延伸极广。

先秦时期,河西的山水养育了戎、羌、氐、月氏、乌孙等二十几个游牧民族③,他们先后在此繁衍生息。司马贞《史记索隐》引《西河旧事》云:"(祁连)山在张掖、酒泉二界上,东西二百余里,南北百里,有松柏五木,美水草,冬温夏凉,宜畜牧。"《汉书·地理志》载:"地广民稀,水草宜畜牧,(故)凉州之畜为天下饶。"④ 秦末汉初,土著月氏(又称禺氏⑤)击败乌孙,独霸河西;匈奴后来居上"西击走月氏,……以故冒顿得自强,控弦之士三十余万。"⑥ 匈奴依靠河西地区先天的区位优势,西掠西域,南服诸羌,积聚了强大的经济和军事力量,成为汉王朝的劲敌。

汉武帝元狩二年(前121),霍去病率兵夺取河西地后,汉政府把经营和控制河西作为战略重点,在此修筑塞障亭隧、移民屯田、设郡立县,至西汉末年,河西四郡的总人口不下五六十万⑦,成为开发和保卫河西路的主力军,极大地提高了该地的经济和军事实力,《汉书·地理志》称河

---

① 朱瑜章:《先秦河西走廊神话传说考略》,《敦煌学辑刊》2009年第2期。
② 吴廷桢、郭厚安:《河西开发史研究》,甘肃教育出版社1996年版,第6页。
③ 王宗维:《汉代丝绸之路的咽喉——河西路》,第202页。
④ 《汉书》卷94上《匈奴传》,第3748页。
⑤ 王国维:《月氏未迁大夏时故地考》,《观堂集林》卷四。
⑥ 《汉书》卷94上《匈奴传》,第3750页。
⑦ 高荣:《汉代河西人口蠡测》,《甘肃高师学报》2000年第1期。

西"风雨时节,谷籴常贱"。河西不但为汉廷的对外征伐提供充足了的兵力和粮草财赋,而且导致汉匈之间军事态势的根本性逆转。自太初三年(前102)起,河西成为汉军对外打击匈奴的集结地,开始掌握战争的主动权,为实现"隔绝羌胡"、"断匈奴之右臂"的战略构想奠定了坚实的基础。

两汉之际,群雄割据,窦融出仕河西后,把稳定河西视为最为迫切的任务之一。《后汉书·窦融传》载:"融与梁统等计议曰:'今天下扰乱,未知所归。河西斗绝在羌、胡中,不同心戮力,则不能自守;权钧力齐,复无以相率。当推一人为大将军,共全五郡。'"① 五郡守、尉共推窦融"行河西五郡大将军事"。窦融保据河西的数年间,对内励精图治,安抚民众,积极发展农业生产,共同抵御羌胡侵犯。"上下相亲,晏然富殖。修兵马,习战射,明烽燧之警。羌胡犯塞,融辄自将与诸郡相救,皆如符要,每辄破之。其后匈奴惩艾,稀复侵寇"②;对外密切关注中原政治局势的变化,以大局为重,为刘秀的统一战争起了非常重要的促进作用。"八年夏,车驾西征隗嚣,融率五郡太守及羌虏小月氏等步骑数万,辎重五千余两,与大军会高平第一。……遂共进军,嚣众大溃,城邑皆降。"③

降至东汉,"三绝西域"和频繁的羌患,使"凉州几亡",朝廷虽数有"弃凉之议",但当时也不乏有识之士,力陈河西战略地位的重要性,如议郎傅燮厉言"凉州天下要冲,国家藩卫",促使东汉政府力保河西路的安全与畅通。由于东汉时期北匈奴的政治军事中心曾两次西移,地接河西北部一线,河西成为汉匈军事对峙的最前沿。自汉明帝永平十六年(73)起,汉廷北伐匈奴和西征西域多由河西出兵。在彻底消灭北单于的战争中,河西发挥了决定性的作用。

永元三年(91),车骑将军窦宪以耿夔为大将军左校尉,率领精骑八百出居延塞,直奔北单于廷,"于金微山斩阏氏、名王已下五千余级,单于与数骑脱亡,尽获其匈奴珍宝财畜,去塞五千余里而还,自汉出师所未尝至也。"④

值得关注的是,河西在历史上重要作用的发挥,与其优良的经济条件、攻守兼备的地理环境和四通八达的交通枢纽等地理条件密不可分。

---

① 《后汉书》卷23《窦融列传》,第797页。
② 同上。
③ 同上书,第805—806页。
④ 《后汉书》卷19《耿夔列传》,第718页。

(一) 发达的农牧业经济及丰富的资源

1. 适合农业发展的土壤、气候条件

河西地域辽阔，走廊内的大黄山（又名焉支山）、黑山、宽台山把河西分成三个较大的盆地，每个盆地又与一条较大的内陆河流相对应，分别是石羊河流域的武威——永昌盆地，黑河流域的张掖——酒泉盆地，疏勒河流域的玉门——敦煌盆地。东起石羊河中游，西至疏勒河中下游，有面积大小不等的绿洲二十几块。这些盆地地势平坦，土质肥沃，河流密集，自古以来就是河西的主要农业区。

其中，规模最大的为中部的张掖——酒泉盆地。黑河在张掖、临泽、高台之间及酒泉一带形成冲积平原，地势平阔，土质组成物质以亚沙土、亚黏土为主，土质较细，土层较厚；日照时间较长，全年日照可达 2550 小时—3500 小时，无霜期约 160—230 天，对农作物的生长发育十分有利，是河西耕地最为密集的区域，也是人口相对集中的地区，故汉朝最初在河西的军政机构就选择在张掖——酒泉盆地一带，移民屯田。《读史方舆纪要》卷 63 "甘肃镇"条引陈子昂言："凉州岁食六万斛，甘州所积四十万斛。观其山川，诚河西咽喉。地广粟多户止三千，胜兵者少，屯田广野，仓庾丰衍，瓜、肃以西，皆仰其餫，一旬不往，士已号饥，是河西之命系于甘州矣。"可见该地区农业非常发达。

2. 水利资源丰富

河西丰富的水利资源为农业生产的发展提供了有利条件，石羊河、黑河和疏勒河三大水系，滋润了河西走廊的片片绿洲。

（1）石羊河、黑河、疏勒河、党河及其支流

河西走廊的三大水系皆发源于祁连山及其余脉，《西夏地理研究》提到《圣立义海》载："积雪大山：山高，冬夏降雪，雪体不融。南麓化，河水势涨，夏国灌水宜农也。山体宽长，雪山绵长不断，诸国皆至，乃白高河本源。焉支上山：冬夏降雪，炎夏不化。民庶灌耕地冻，大麦、燕麦九月熟。利养羊马，饮马奶酒也。"① 文献中的积雪大山或焉支上山应该是祁连山及其余脉。从西夏时期的祁连山"冬夏降雪"情况分析，汉时的雪线应更低，河西走廊的水源更为充足。

石羊河，汉代称谷水，是横跨河西走廊平原、北山山地和阿拉善高原的内陆河，北流汇入休屠泽，汉时称猪野泽。《汉书·地理志》"武威郡"

---

① 杨蕤：《西夏地理研究》，人民出版社 2008 年版，第 311 页。

条注曰:"南山,谷水所出,北至武威入海,行七百九十里。"石羊河水系的主要支流为今古浪河,同书注为"松峡水",并说:"南山,松峡水所出,北至媪次入海。"《水经注》卷40:长泉水"出姑臧东媪次县,……西北历黄沙阜,而东北流注马城河"。马城河即汉代的谷水,今石羊河干流。谷水在整个流程中形成两大绿洲,长泉水入谷水口以上为一绿洲,此绿洲东起松峡(今古浪)水,西至今永昌东西大河,南界祁连山坡,域内河流纵横,形成肥沃的扇形冲积平原。红水河入口处以下,河流汇集成大河,至黑山头再次分流,向东北流的称东大河,经今民勤县东流入猪野,西北流向的又分为大西河和西河。东西大河之间,支流众多,形成另一冲积平原。这片绿洲在汉时不仅面积大,而且自然条件优越,史称"银武威"。

黑河,古称"弱水",是河西地区最大的内陆水系,《汉书·地理志》载:"删丹,桑钦以为道弱水自此,西至酒泉合黎。""羌谷水出羌中,东北至居延入海,过郡二,行二千一百里。""酒泉郡……福禄,呼蚕水出南羌中,东北至会水入羌谷(水)。"弱水出山丹县南山,北流至山丹县城后因龙首山脉阻挡转而西流,在此形成第一个冲积平原。弱水西流至张掖与羌谷水合,形成张掖、临泽、高台所在的第二个冲积平原。弱水顺合黎山转而北流,与呼蚕水今托兰河北大河合,在今酒泉县形成第三个冲积平原。呼蚕水在会水(今金塔县东北)与弱水合而北流直入居延海,在约300多里的流程中,沿弱水两岸形成第四个冲积平原。弱水水系形成的这四大平原,自然条件更为优越,是河西走廊的精华所在即居延平原。今山丹至高台一带地势平坦,水量丰沛,土壤肥沃,史称"金张掖"。酒泉平原虽然面积不大,但水源充足,气候宜人,土质肥沃,汉代经营河西时,最早将军政机构设置在此。居延平原水量充沛,地势平坦,是汉朝在河西最大的屯垦区。东汉安帝时居延县人口达万人以上,属张掖郡之大县,当时的农业生产规模不容小觑。

疏勒河、党河,汉时分别称籍端水、氐置水。《汉书·地理志》:"敦煌郡……冥安,南籍端水出南羌中,西北入其泽,溉民田。""龙勒……氐置水出南羌中,东北入泽,溉民田。"疏勒河出谷口后,流至今玉门镇分成东西两大支流,形成玉门、安西冲积平原。党河流入敦煌南、汉之龙勒县境后分流,形成敦煌绿洲。从汉代敦煌郡的效谷、宜禾都尉之名可推断当时的农业发展已经取得相当的成就。

历史时期的河西水文状况良好,地下水丰富,泉水众多,沿途分别汇入三大水系,也是滋育绿洲的重要水源之一。《读史方舆纪要》卷63"古浪所"条记载:"古浪水,在所南,流绕关城,所以此名。志云:所境有暖泉等渠,分引溉田。"《太平寰宇记》卷152"肃州"条:"酒泉者,盖城下金泉,味美如醴,故以名之。"敦煌郡的渊泉县,阚骃《十三州志》记云:"地多泉水,故以为名云。"同书又记玉门县:"玉门县置长三百里,石门周匝山间,纔经二十里,众泉北流入延兴海。"

由于河西既有高山冰雪水,又有地下水,而且皆由山地流向平原,居高临下,有利于自流灌溉①,也可以开发渠道发展人工灌溉事业。武帝元狩四年(前119)令居屯田就已开始,此后河西开始大规模的修渠造堰活动,《汉书·沟洫志》云:"自是以后,用事者争言水利。朔方、西河、河西酒泉皆引河及川谷以溉田。"② 据《汉书·地理志》载,河西的灌溉渠道有张掖郡觻得县的"千金渠",西至乐涫入泽中。当然开凿的渠道远不止这一条,像谷水、弱水、籍端水、氐置水流域都有相应的灌溉渠道,以保证屯田的需要。在《敦煌遗书·沙州都督府图经》中,有宜秋渠、孟授渠、阳开渠、都乡渠、北府渠、三丈渠、阴安渠等渠名。《居延汉简甲乙编》中记载居延一带有甲渠塞、临渠塞、广渠塞、水门塞等以渠或水命名的障塞。正是由于这些有利条件,弥补了河西降水量稀少的缺憾,汉代河西的耕地利用率较高,农业生产得以持续发展。

(2)湖泊(都野泽、居延海、冥泽)

历史时期河西的天然湖泊众多,主要有都野泽、居延海、冥泽和渥洼池等,这与河西丰沛的水源有着密切的联系,简述如下:

都野泽,汉代称休屠泽,是古谷水的终端湖,位于今民勤县的北部和东北部。见《读史方舆纪要》卷63"潴野泽"条:

> 在卫东北三百里。一名都野泽,亦曰休屠泽,又名凉泽③。

又见《水经注》卷40"都野泽"条:

> 《古文》以为猪野也。其水上承姑臧武始泽。泽水二源,东北流为一水,迳姑臧县故城西,东北流,水侧有灵渊池。泽水又东北流迳马城东,城即休屠县之故城也,本匈奴休屠王都,谓之马城河。又东

---

① 刘光华、谷苞:《西北通史》(第一卷),兰州大学出版社2004年版,第30页。
② 《汉书》卷29《沟洫志》,第1684页。
③ (清)顾祖禹:《读史方舆纪要》卷63《陕西十二》,中华书局2005年版,第2995页。

北与横水合，水出姑臧城下，武威郡，凉州治。……其水侧城北流，注马城河。河水又东北，清涧水入焉，俗亦谓之为五涧水也。水出姑臧城东，而西北流注马城河。河水又与长泉水合，水出姑臧东媷次县，王莽之播德也，西北历黄沙阜，而东北流注马城河。又东北迳宣威县故城南，又东北迳平泽、晏然二亭东，又东北迳武威县故城东。……《汉书·地理志》曰："谷水出姑臧南山，北至武威入海。届此水流两分，一水北入休屠泽，俗谓之为西海；一水又东迳百五十里，入猪野，世谓之东海。通谓之都野矣。

居延泽，是古弱水（今黑河）的终端湖，据《读史方舆纪要》卷63"居延海"条：

在故居延城东北，亦曰居延泽。志云：渡张掖河出合黎峡口，傍河东墉屈曲行千五百里至居延海。唐书：居延海在宁寇军东北。

严耕望的《唐代交通图考》第二卷"河陇碛西区"载：

汉代的居延县城在今黑城遗址（N41°40′·E101°30′或5′），或其北二三十里之一故城址（K710）约N42°线上（黑城与瓦窑托来之正中间）。居延泽在其东北，约指今索果湖（Sogo Nur, N42°20′·E101°25′或15′），或其东南之干涸湖泊区（瓦因托尼东南，约E102°·N42°南北广大地区）考古学家称为居延泽者。至于今图标称居延海之嘎顺湖（Gashiun Nur, N42°25′·E101°或100°45′）可能为后潴之湖，非故地也。居延泽所承受之水古称弱水，即张掖河，今名额济纳河。上游两源分从酒泉、张掖北流出山，会于毛目、鼎新（E99°40′·N40°20′），又东北流至（N41°·E100°30′或17′）处，分东西两支并行北流。西支穆林河入嘎顺湖；东支额济纳河又名纳林河，下游又分东西两支，西支亦入嘎顺湖，东支入索果湖。

同书又云：

今居延海泽接张掖河，中间堪营田处百千顷，水草畜牧，供巨万人。又甘州诸屯，犬牙相接，见所聚粟麦积数十万，田因水利，种无不收，运到同城，甚省功费。又居延河多有鱼盐。此所谓强兵用武之国也①。

冥泽，史籍对冥泽的记载较为简略，冥泽为疏勒河上游之水的终端湖，《汉书·地理志》记：

> 冥安，南籍端水出南羌中，西北入其泽，溉民田②。

唐代李吉甫的《元和郡县图志》卷40"晋昌县"条注曰：

> 冥水，自土谷浑界流入大泽，东西二百六十里，南北六十里③。

储量丰富的湖泊有力地促进了汉代河西水利事业的发展，但后来由于河流上游水量减少，或因被围屯垦，湖泊逐渐缩小或消失。

3. 适合牧业发展的森林、草原环境

历史时期的河西分布有若干区域性森林和草原生态区。《史记·匈奴列传·索引》引《西河旧事》记载，走廊南部的祁连山（又名天山）："东西二百余里，南北百余里，有松柏五木，美水草，冬温夏凉，宜牧畜养。"祁连山东段森林分布情况，《永昌县志》记载西大河流域："森林郁郁葱葱，万树苍劲挺拔，层林滴翠。"④《古浪县志》说该地："森林密布，乔灌遍地，水草丰茂，鸟语花香。"⑤祁连山中段的情况，《创修民乐县志》描绘道："众峰叠峦突起，森林茂密。在高山纵深地带，松林葱郁，洪水径其下，微风飘拂，水声与松声相应，天籁自然，引人入胜。"⑥至于西段，《肃州新志》引清代诗人沈青崖的《南山松》诗曰："南山松，百里荫翳车师东，参天拔地如虬龙，合抱岂止数十围，拜爵已受百年封。其间最古之老树，或阅汉唐平西戎。"⑦记述虽有夸张之嫌，但毫无疑问，

---

① 严耕望：《唐代交通图考》第二卷"河陇碛西区"，上海古籍出版社2007年版，第622页。
② 《汉书》卷28下《地理志》，第1614页。
③ （唐）李吉甫：《元和郡县图志》卷40《陇右道》，中华书局2005年版，第1028页。
④ （清）南济汉：《永昌县志》，清道光元年（1821）撰。
⑤ （民国）李培清：《古浪县志》，河西印刷局1939年版。
⑥ （民国）张声威、张汝伟、樊得春修，韩有为：《创修民乐县志》，1949年撰。
⑦ （清）升允长庚：《甘肃新通志》卷7《山川下·古浪县》，1909年版。

必是山高林深，遮天蔽日，林木规模绝非一般①。

河西走廊内的森林山地，根据胡林翼编制的《大清一统舆图》记载，主要分布在今高台县和张掖县之间的临松山、青山、松山、第五山、燕支山、柏林山、棋子山、大松山、榆木山、白城山等众多山间。尤其是走廊中部的焉支山（又名燕支山、大黄山、胭脂山、删丹山），原匈奴浑邪王故地，《太平寰宇记》卷152《甘州·删丹县》条引《西河旧事》云："焉支山，东西百余里，南北二十里，亦有松柏五木，其水草茂美，宜畜牧，与祁连山同。"后匈奴失去河西，被迫远遁，哀叹曰："亡我祁连山，使我六畜不蕃息；失我焉支山，使我嫁妇无颜色。"值得注意的是，走廊的天然绿洲中，也有森林分布，《甘州府志》卷4《古迹》条记载，昭武（今临泽县境）"前临水湄，材埠林椒，天然幽胜。"②另外，走廊北部龙首山、合黎山以北的台地也有丰富的林木生产，"匈奴西边诸侯作穹庐及车，皆仰此山材木"③，可见亦是森林茂密之地。

除森林以外，草原也是河西重要的牧业资源。按照不同的地理类型可划分为高山草原区、低地草甸区和荒漠草原区，分别集中在今肃南、山丹、民乐、临泽、高台以及绿洲外围、荒漠边缘。其中焉支山下的草原，今山丹军马场所在地，清代学者梁份在其地理名著《秦边纪略》中说："其草之茂为塞外绝无。"因而自西汉始，这里就是我国历朝历代军马生产基地。河西的东西两侧也有大面积的泽草分布，《十六国春秋》卷95"沮渠茂虔"条载，姑藏城（今武威市）东、西门外"乃无燥地，泽草茂盛，可供大军数年。"《元和郡县图志》卷40"晋昌条"注曰："冥水，自吐谷浑界流入大泽，东西二百六十里，南北六十里。风水草，宜畜牧。"另外，河流两岸水草丛生，《读史方舆纪要》卷63"张掖水"条引《一统志》："张掖河源出摆通川，经祁连山西，出合黎北，流入亦集乃界。河西岸有泉数十处，俱生芦草，饲秣资焉。"所以，自古以来，"凉州之畜为天下饶"。

河西早期的土著居民月氏在河西的生产、生活情况，《史记》索引引康泰所著《外国传》称："外国称天下有三众：'中国人众，大秦宝众，月氏马众'"；月氏的养牛业也很发达，《通典》卷192"大月氏"条载：

---

① 图书家家：《河西走廊：远去的马蹄声》，http://www.360doc.com/content/15/1027/05/21545562_508636503.shtml

② （清）钟赓起：《甘州府志》，清乾隆四十四年（1779）撰。

③ 《汉书》卷94下《匈奴传》，第3810页。

大月氏"国人乘四轮车，或四牛、六牛、八牛挽之，在车大小而已"①；羊更是最普遍的养殖对象，《太平御览》用"羊肥乳酪好"来描述河西月氏养羊业的繁荣。

汉朝在河西的牧业发展状况，《汉书·百官公卿表》颜师古注引《汉官仪注》称："牧师诸苑三十六所，分置北边、西边，以郎为苑监，官奴婢三万人分养马三十万匹。"② 这里所指的北边和西边，是以关中为参照来定位周边地区，河西应是重要的牧马地之一。据居延汉简和敦煌汉简的记载可知，汉朝在河西设置了众多厩苑，河西官府养马非常普遍③。两汉之际窦融率众进京，其情景《后汉书·窦融传》载："及陇、蜀平，招融与五郡太守奏事京师，官属宾客相随，驾乘千余两，马牛羊被野。"④ 直到北魏时期，该地的畜牧业也令人称道。《魏书·食货志》载北魏主拓跋焘："世祖之平统万，定秦陇，以河西水草善，乃以为牧地。畜产滋息。马至二百余万匹，橐驼将半之，牛羊则无数。"⑤ 可见，河西地区的牧业承载能力是相当强大的。

4. 矿产资源及奇木材丰富

河西蕴藏着丰富的盐、碱、硝、石油、金等矿产资源，还生产一种优质的木材。

（1）盐、碱、硝

河西走廊特殊的地理环境及气候条件，促使沙漠与湖泊之间形成了面积广阔的盐碱地。因生成原因的差异，在盐碱地带产生了大量的盐、碱、硝等不同类型的矿产资源。

史籍中记载了河西丰富的盐类出产，兹引如下：

《太平御览》引《凉州记》："有青盐池、出盐，正方半寸，其形似石，甚甜美。"指的是休屠泽以西的今雅布兰盐池。《读史方舆纪要》卷63"删丹废县"条："红盐池在卫北五百里，池产红盐。又居延泽旁亦有池，产白盐，采之不竭。"《元和郡县图志》卷40"张掖县"条载："在县北九百三十里。其盐洁白甘美，随月亏盈，周回一百步。"《元和郡县图志》卷40"福禄县"条："盐池，在县东北八十里，周迥百姓仰给焉。""玉门县"条："独登山，在县北十里。其山出盐，鲜白甘美，有异

---

① （唐）杜佑：《通典》卷192《边防八》，中华书局2003年版，第5241页。
② 《汉书》卷19上《百官公卿表》，第729页。
③ 高荣：《先秦汉魏河西史略》，天津古籍出版社2007年版，第159页。
④ 《后汉书》卷23《窦融列传》，第807页。
⑤ （北齐）魏收：《魏书》卷110《食货志》，中华书局1992年版，第2857页。

常盐，取充贡献。""敦煌县"条："盐池，在县东四十七里。池中盐常自生，百姓仰给焉。"

可见，古代河西分布有众多的盐池，不但盐的品种多，有青盐、红盐、白盐等，而且质量优良。盐是与人民生活息息相关的生活必需品。据《管子·地数》载："十口之家十人食盐，百口之家百人食盐。"《汉书·食货志》说的更形象："夫盐，食肴之将……非编户齐民所能家作，必印于市，虽贵数倍，不得不买。"① "汉唐以来匈奴民族屡屡入边，盐池所在的长城沿线是匈奴民族入侵的主要地区，这可能与掠取食盐有一定的关系"②。盐在战时是重要的军用物资，据《汉书·赵充国传》："愿罢骑兵，留弛刑应募，及淮阳、汝南步兵与吏私从者，合凡万二百八十一人，用谷月二万七千三百六十三斛，盐三百八斛，分屯要害处。"③ 另外，出土的居延汉简中有关当地驻军食盐的供给记录非常多，并且是随粮食一道按月供应的，标准也非常明确，如简286·9："第九鄣卒九人，用盐二斗七升，用粟三十石。"简EPT53：136："口五升，官卒十一人盐三斗三升……"河西虽盐产丰富，但史籍中未见汉政府在此地设置盐官的记载，这可能与河西地处战争前沿，盐主要作为军事战备物资使用，并不在国家的统筹调配范围内有关。

河西出产的碱主要有冰碱和土碱两种。由于碱的分布范围很广，古代居民的日常食用和除污去垢，可比较方便的取用。硝大量浮着于盐碱地的表层，硝可用来处理动物毛皮，使皮板柔软。历史时期的河西居民以游牧民族为主，与匈奴的生产生活情况基本相同，参考匈奴："自君王以下咸食畜肉，衣其皮革，被旃裘。"④ 碱和硝的需求量应该是非常大的。

（2）石油、金、玉、银、铁、铜

《后汉书·郡国志五》"延寿县"条刘昭注引《博物记》载："县南有山，石出泉水，大如筥筥，注地为沟。其水有肥，如煮肉洎，羕羕永永，如不凝膏，然之极明，不可食，县人为之石漆。"⑤《元和郡县图志》卷40"玉门县"条："石脂水，在县东南一百八十里。泉有苔如肥肉，燃之极明。水上有黑脂，人以草（捞）取用，涂鸱夷酒囊及膏车。周武帝宣政中，突厥围酒泉，取此脂燃火，焚其攻具，得水愈明，酒泉赖以获

---

① 《汉书》卷24下《食货志》，第1183页。
② 薛正昌：《宁夏历史文化地理》，宁夏人民出版社2007年版，第222页。
③ 《汉书》卷69《赵充国传》，第2986页。
④ 《汉书》卷94上《匈奴传》，第3743页。
⑤ 《后汉书》卷23《郡国志五》，第3521页。

济。"《太平寰宇记》卷152"沙州"条亦云:"延寿城中有山,出泉注地,其水肥如牛汁,燃之如油,极明,但不可食。此方人谓'石漆',得水则愈炽也。""石漆"、"石脂水"即今日所说的石油。据李并成先生的考证,在今玉门一带,有两条天然原油溢出沟道,分别为石油河和白杨河,即为史籍所云的石漆、石脂水的流出地①。历史时期延寿县所产石油,用途非常广泛,既可以照明,作涂料,膏车,又可以作为一种作战武器。

《元和郡县图志》卷40"玉门县"条:"金山,在县东六十里,出金。"同书"酒泉县"条:"洞庭山,在县西七十里,四面悬绝,人不能上,遥望焰焰如铸铜色,山中出金。"洞庭山即金山,今酒泉西的嘉峪关黑山。清代,敦煌金矿曾是我国最大的金矿。另据李并成考证,山体南部横亘着一条东西延伸的天然峡谷,可通车马,是古代西出酒泉的交通要道,今名石关峡或黑山峡,汉晋时称为玉石障,不仅是西域和田之玉东运中原的孔道,而且当地也自产玉石,《重修肃州新志》曰:"嘉峪关在酒泉西七十里,即古之玉石山,以其常出玉,故名之。"河西东部武威皇娘娘台和海藏寺齐家文化遗址中,也有当地生产的大量玉器出土②。

明代宋应星《天工开物》下卷"五金"条,对全国银矿的分布情况有一个概括性的描述:"凡银,中国所出,浙江、福建旧有坑场,……与四川会川密勒山,甘肃大黄山等,皆称美矿,其他难以枚举……"其中明确提到了河西的大黄山(焉支山)并称为美矿,可见矿石含银丰富。

武帝元狩四年(前119)汉朝实行盐铁官营政策,在全国设置铁官49处,这些铁官的分布,以今日政区而言,山东有12处,江苏7处,河南、北京、辽宁、甘肃、安徽、湖南各1处③,甘肃铁官虽未言明具体设在何处,但从今祁连山中段的镜铁山拥有丰富的铁矿资源(探明储量达6亿吨,占全省的90%以上)④来看,古河西铁矿资源更为丰富。

史籍中对河西铜矿的记载语焉不详,但经专家研究发现"祁连山蕴藏着丰富的铜矿和有色金属矿,为古代冶金技术的起源和发展提供了丰富的资源。甘肃已发现的早期铜器达300余件,占全国出土的商代以前铜器总数的80%以上。其中大部分出土于河西地区,表明河西是中国早期铜

---

① 李并成:《河西走廊历史地理》,甘肃人民出版社1995年版,第145页。
② 梁晓英等:《武威新石器时代晚期玉石器遗址》,《中国文物报》1995年5月30日。
③ 邹逸麟:《中国历史人文地理》,科学出版社2001年版,第277页。
④ 王伟:《聚焦丝绸之路经济带》,《甘肃日报》2014年5月26日。

器冶炼、制造技术的重要发源地之一"①。1947年在山丹县四坝滩发现的四坝文化遗址中出土的铜器数量多、种类丰富,其中玉门火烧沟遗址中发现的四羊铜权杖,采用了比较复杂的复合范分铸技术,是我国目前发现的最早的一件镶嵌铸件。表明当地不仅有丰富的铜矿储量,而且金属制造业历史悠久、技术发达。

(3) 奇木材

河西走廊北部龙首山、合黎山以北的台地,汉时称为"斗地",生长一种奇特的木材,是制造弓矢、穹庐的上好材料。成帝绥和年间,汉欲求此地,"时,帝舅大司马票骑将军王根领尚书事。或说根曰:'匈奴有斗(地)入汉地,直张掖郡,生奇材木,箭杆就羽,如得之于边,甚饶国家,有广地之实,将军显功,垂于无穷。'根为上言其利,上直欲从单于求之"②,结果单于以"匈奴西边诸侯作穹庐及车,皆仰此山材木"为由断然拒绝。"匈奴西边诸侯",其地域可远至额尔齐斯河流域新疆乌伦古湖、哈萨克斯坦斋桑泊一带,以及俄罗斯联邦鄂毕河上游、蒙古哈腊乌斯湖地区③。匈奴各部于数千里外而"仰此山材木",虽为推脱有片面夸大之嫌,但此地对匈奴的价值当是无疑的。

正是由于优越的自然条件,古代河西农牧业发达、矿产资源丰富、金属铸造业发达,成为历代中原王朝与西北游牧民族竞相角逐的物质基础。

(二) 攻守兼备的地理条件

河西在古代战争中重要作用的发挥,不仅与其丰富的自然资源有关,还与它独特的地理特点密不可分。河西东临黄河天险,西有大漠阻隔,南北两侧群山林立,构成一个相对独立的地理单元,自古被视为形胜之地。

1. 山脉

(1) 祁连山脉

《读史方舆纪要》卷52"祁连"条:"祁连山,在甘州卫西南百里。山甚高广,本名天山,匈奴呼天为祁连也。"祁连山脉耸立于河西走廊南部,西起当金山口,东止于乌鞘岭,由一系列北西西——南东东平行走向的褶皱断块山脉与谷地组成。东西长达1200公里,南北宽约250—400公里,大部分海拔在4000—4500米。山峰和山谷常年覆盖着冰川和积雪,

---

① 张克非:《也论河西地区在历史上的地位和贡献》,《甘肃社会科学》2012年第5期。
② 《汉书》卷94下《匈奴传》,第3810页。
③ 王子今:《秦汉交通史稿》,中共中央党校出版社1994年版,第369页。

是祁连山南北沟通的一道天然屏障，在军事上具有重要的阻碍作用。外敌若从山南来攻，只能穿越祁连山间的扁都口、呼蚕水（今托兰河）谷口路、当金山口等有限的河谷通道。而且谷口大多狭窄逼仄，道路崎岖坎坷，荆棘丛生，气候多变，通达性极差。据《大通县志》载："扁都口……群峰若帐，一口如瓶，为北出甘州之要道。"《隋书·炀帝纪》："（大业五年）六月，……癸卯，经大斗拔谷，山路隘险，鱼贯而出。风霰晦冥，与从官相失，士卒冻死者太半。"① 大斗拔谷即今扁都口。直到今天，这些隘口沿线还多为青海、甘肃两省的牧民放牧使用，行人极少。如果派兵把守这些隘口，因形势险峻，守方占有"一夫当关，万夫莫开"之优势。即使敌人出其不意趁隙而入，因退路不畅，后援、粮草难继，战果难以维持。如延熹三年春，"余羌复与烧何大豪寇张掖，攻没钜鹿坞，杀属国吏民，又招同种千余落，并兵晨奔颎军。颎下马大战，至日中，刀折矢尽，虏亦引退。颎追之，且斗且行，昼夜相攻，割肉食雪，四十余日，遂至河首积石山，出塞二千余里，斩烧何大帅，首虏五十余人。"② 战斗就发生在扁都口一线。又如《读史方舆纪要》卷52"西海"条记："开元十四年吐蕃悉诺逻寇大斗拔谷，遂破甘州，焚掠而去。凉州都督王君㚟度其兵疲，引兵蹑其后。吐蕃自积石军西归，顿大非川。君㚟追之，及青海西，乘冰而渡，袭其辎重而还。"据李并成先生考证，汉代张掖属国的治所就设在此谷口正北，控扼穿越祁连山南北的主要通道③。西汉宣帝时期，羌势转盛，居住在鲜水（今青海湖）旁的罕、开羌，穿越呼蚕水河谷在酒泉、敦煌朝夕为寇，汉廷"郡兵皆屯备南山"④。由于祁连山的阻断作用和河谷道路通达性较差等先天的防御优势，汉代在河西走廊南部的防御设施较北部一线简单，只在河谷沟口处修造塞垣、驻兵屯守。

（2）北山山脉

北山山地位于今甘肃省西北端，由一系列干燥剥蚀的中低山及山间低地、谷地组成，由东到西依次分布着龙首山、合黎山和马鬃山，大部分海拔在1500—2000米，河西与蒙古高原的沟通主要通过山间断续相连的谷口。

《汉书·匈奴传》曰：

---

① （唐）魏徵等：《隋书》卷3《炀帝纪》，中华书局1973年版，第73页。
② 《后汉书》卷65《段颎列传》，第2146页。
③ 李并成：《汉张掖属国考》，《西北民族研究》1995年第2期。
④ 《汉书》卷69《赵充国传》，第2977页。

单于使犁汙王窥边，言酒泉、张掖兵益弱，出兵试击，冀可复得其地。时汉先得降者，闻其计，天子诏边警备。后无几，右贤王、犁汙王四千骑分三队，入日勒、屋兰、番和。张掖太守、属国都尉发兵击，大破之，得脱者数百人。属国千长义渠王骑士射杀犁汙王赐黄金二百斤，马二百匹，因封为犁汙王。属国都尉郭忠封成安侯。自是后，匈奴不敢入张掖①。

日勒地处山丹河由北向西大转弯的南侧，北有龙首山，东南有焉支山，又地当河西东西交通干道，向东越峡口（大岭）可达永昌（番和）、武威，向西径趋张掖，向北越龙首山大红寺口或北路口子，经红寺湖、马莲湖、芨芨湖、大湖可抵蒙古高原腹地。屋兰位于今山丹河南岸，城北正对穿越龙首山的东山寺口子，由此翻山经红泉、大泉、平山湖向北可直达蒙古高原。日勒、屋兰、番和以北为匈奴斗入地②，为加强该区域的防御，汉朝在日勒的泽索谷置都尉。另外，今临泽、高台县境为北山山地的龙首山与合黎山的结合部，有东西大、小口子分布，也是巴丹吉林沙漠南下河西的重要通道之一③。因而汉朝在今临泽县境，修筑南、北两道塞防，南塞紧靠黑河，烽燧密集，为主要防线；北塞多沿山尖、山前冲积扇延伸，因地势较高，烽燧疏阔④。终两汉之世，除上述元凤三年（前78）匈奴右贤王携犁汙王入侵日勒、屋兰、番和被击退后，史籍再无相关记载。

另外，北山以外是浩渺无垠的腾格里沙漠和巴丹吉林大沙漠，不利于大队人马通行所需的给养条件。一定程度上也阻挡了北方游牧民族的侵扰势头。

（3）焉支山

《读史方舆纪要》卷63"焉支山"条："焉支山卫东南百二十里。旧志云：在番禾县界。"《西河旧事》云："焉支山，东西百余里，南北二十里。上有松柏五木，水草茂美，宜畜牧，与祁连山同。一名删丹山，亦曰删丹岭，又名丹岭。"这条山脉地处今张掖所辖山丹县城东南50公里处，绵延于祁连山和龙首山之间，是山丹河与石羊河的天然分水岭。

焉支山区层峦叠嶂、林木繁茂。焉支山与龙首山东段之间有断陷沟

---

① 《汉书》卷94上《匈奴传》，第3783页。
② 李并成：《河西走廊历史地理》，甘肃人民出版社1995年版，第66、68、21页。
③ 吴礽骧：《河西汉塞调查与研究》，文物出版社2005年版，第184页。
④ 同上书，第39页。

谷，汉代称为泽索谷，峡谷两侧山崖壁立，中间宽仅十余米，道路崎岖，乱石遍地，人马难行。地形条件极利于守兵的阻击，对进攻一方非常不利。元狩二年（前121）春，霍去病率兵进攻河西，"转战六日，过焉支山千有余里"①。"过焉支山千有余里"是说霍军到达焉支山地区后，远离边塞千余里。至此，霍军受到焉支山地区匈奴的阻击，不得不及时退回，然后才有夏季霍去病避开焉支山地区，出其不意，从西部与公孙敖军夹击匈奴的第二次河西之战。

（4）乌鞘岭

"地扼东西孔道，势控河西咽喉"的乌鞘岭，古称洪池岭，位于今甘肃省天祝藏族自治县中部，地质上属于祁连山冷龙岭的分支，为陇东高原和河西走廊的天然分界线。东西长约17公里，南北宽约10公里，主峰海拔3562多米，年平均气温零下2.2摄氏度。它的西端经过雷公山、代乾山同冷龙岭主干山脉相连；东端的毛毛山、老虎山往东北方向延伸逐渐没入黄土高原，雷公山和毛毛山之间的低矮处即乌鞘岭山口。乌鞘岭北坡陡峻，在15公里直线距离内高差竟达2500米，而南坡相对较为平缓。乌鞘岭向来以山势陡峭，地势险要而著称，而且山势更高的雷公山等山体，终年积雪，气候多变。《古今图书集成》职方典第577卷记载："乌鞘岭虽盛夏风起，飞雪弥漫，寒气砭骨。"另外，有不少历史名人留下了有关乌鞘岭的文字资料，如祁韵士在《万里行程记》中记述清嘉庆十年（1805）盛夏，"度乌梢岭，峻甚，地气极寒。"方士淦在其《东归日记》中写道：道光八年（1828），"五月二十九日，……唯过乌梢岭极高寒，山多岚障。"林则徐的《荷戈纪程》曰：道光二十二年（1842）"八月十二日，……又五里乌梢岭，岭不甚峻，惟其地气甚寒。西面山外之山，即雪山也。是日度岭，虽穿皮衣，却不甚（胜）寒。"记录者均是亲身体验，感受至深，其说可信。

虽然如此，从陇西进入河西，乌鞘岭是难以绕开的必经之地。渡过黄河后，若沿大通河前行，不久迎面而来的就是高原、峡谷，让人望而却步。而沿庄浪河谷进入河西，中间必须翻越乌鞘岭，难度也可想而知。选择从乌鞘岭东端、腾格里沙漠南缘绕行，那么沿途的淡水补给又是一大困难。相较而言，在综合考虑通行难度、通行距离、淡水补给等因素的情况下，沿庄浪河谷前行翻越乌鞘岭线路也许是最佳的选择。这条连接陇西与河西的战略通道，在汉代成为进出河西的主干线。今天由

---

① 《史记》卷111《卫将军骠骑列传》，第2929页。

兰州到古浪的312国道（G30高速），直穿乌鞘岭山崖，而后转接入石羊河流域。

当然，战争年代军事道路的选择也无定规。武帝元狩二年（前121），霍去病率万骑进军河西，具体的进攻路线因史籍记载疏漏，不甚明了。经专家推断，若选择翻越乌鞘岭，因地势险要，不仅易受敌人阻击，而且也不利于大军的兵力展开，霍军应是绕到乌鞘岭东北地势较低的毛毛山，在山坡北与沙漠接壤处①进入河西，虽亦受到匈奴的截击，但进展还算顺利。《史记·卫将军骠骑列传》："骠骑将军率戎士，逾乌盭，讨遬濮，涉狐奴，历五王国。"遬濮部当为匈奴安置在乌鞘岭北麓的一支驻防力量。霍军选择此线路之所以取胜的根本原因，在于运用了速战速决这一正确的战略战术，使得给养补充等困难还未显现就结束了战争。

自古以来乌鞘岭就是河西走廊的门户和咽喉，军事地理位置非常重要。武帝元狩二年（前121）秋，霍去病率兵击败匈奴占领河西后，汉武帝遂即命令在庄浪河谷修筑防线，并沿与乌鞘岭平行的方向一直向东延伸至阿拉善高原，这条防线的控制中心就在乌鞘岭南，今天的甘肃省永登县西北的古"令居塞"。此后，历朝历代的统治者都将此地作为西北边防的重地，汉、明长城在此交会后蜿蜒西去。

2. 河流

（1）黄河

黄河在甘肃境内经历了两进两出的曲折流程。它先是从青海玛多进入甘肃玛曲县境内，然后再从甘肃玛曲返回青海，其间发源于四川岷山的支流白河、黑河在该段内汇入黄河。黄河在贵德至兰州间沿途又容纳了大夏河、洮河、大通河等主要支流，水量大增，汇成了波涛汹涌的大河。黄河穿过龙羊峡，从临夏的积石关再次踏上甘肃大地。黄河在甘肃段全长913公里，流域面积约5万平方公里，流经甘肃四地、八县后，穿过黑山峡进入宁夏。青海龙羊峡至宁夏青铜峡之间，为黄河的峡谷段。该段河道流经山地丘陵，形成峡谷和宽谷相间的形势。该段有龙羊峡、积石峡、刘家峡、八盘峡、青铜峡等20多个峡谷，峡谷两岸均为悬崖峭壁，河床狭窄、河道比降大、水流湍急。离开兰州后，穿过桑园峡、乌金峡进入景泰县境内，在沿腾格里沙漠边缘经青铜峡进入宁夏后，因地势逐渐平坦，沿途支流减少，水势渐趋平稳。

今甘肃境内流过的黄河自古以来就是天然的军事屏障，原因是该段河

---

① 王宗维：《汉代丝绸之路的咽喉——河西路》，第43页。

道峡谷众多，水势汹涌，通航条件极差。《甘肃省乡土志稿》记载："黄河虽为大河，须至宁夏中卫以下始能通舟。"① 所以黄河在中卫以上的渡河工具主要是皮筏和木筏。《后汉书·邓训传》记章和二年（88），"训乃发湟中六千人，令长史任尚将之，缝革为船，置于箄上以度河，掩击迷唐庐落大豪，多所斩获。"② 但有的河段因激流澎湃，只能顺水单向行驶。即使这样，兰州以上的黄河水道也并非一路畅通，比如在炳灵寺石窟附近，因水流过急，必须把载人或载物的木筏解散，任其顺流而下，到唵歌集再收集散木，重编木筏，再下兰州③。正是由于黄河的阻碍作用，减少了河西遭受攻击的威胁。《后汉书·窦融传》记录窦融所言："河西殷富，带河为固，张掖属国精兵万骑，一旦缓急，杜绝河津，足以自守。"④

虽然历来渡越黄河天堑困难较多，但在峡谷下口或上口与宽谷盆地交会处，河面较宽、流速较小且两岸稳定平坦之地，或在盆地中段一侧有较大支流入河的冲积扇缘，迫使河面较窄、河水较深而无沙洲处可设置渡口⑤，自古甘肃黄河段有金城渡口和鹯阴渡口两个重要的古渡口。《汉书·赵充国传》："充国至金城，须兵满万骑，欲渡河，恐为虏所遮，即夜遣三校衔枚先渡，渡辄营阵，会明，毕，遂以次尽渡。……遣骑候四望峡中，亡虏。夜引兵上至落都，召诸校司马，谓曰：'吾知羌虏不能为兵矣。使虏发数千人守杜四望峡中，兵岂得入哉！'"⑥ 当两军夹河对峙之时，若集中兵力把守渡口，就能有效抵挡对方的进攻，不必在黄河两岸分散兵力全程进行防御，占据一方无论攻守都极具优势。

正因为如此，利用冬季黄河结冰时，集中大批人马强渡是战时的一种策略。如和帝永元元年（89），"护羌校尉张纡诱诛烧当种羌迷吾等，由是诸羌大怒，谋欲报怨，朝廷忧之。公卿举训代纡为校尉。诸羌激忿，遂相与解仇结婚，交质盟诅，众四万余人，期冰合度河攻训。"⑦

（2）黑河

黑河干流发源于祁连山，沿途汇集了山丹河、洪水河、黑河、梨园

---

① 侯丕勋、刘再聪：《西北边疆历史地理概论》转引《甘肃省乡土志稿》，甘肃人民出版社2008年版，第179页。
② 《后汉书》卷16《邓训传》，第610页。
③ 侯丕勋、刘再聪：《西北边疆历史地理概论》转引冯国瑞的《炳灵寺石窟勘察记》，第184页。
④ 《后汉书》卷23《窦融列传》，第796页。
⑤ 冯绳武：《甘肃地理概论》，甘肃教育出版社1989年版。
⑥ 《汉书》卷69《赵充国传》，第2975页。
⑦ 《后汉书》卷16《邓训列传》，第609页。

河、摆浪河、马营河、丰乐河、洪水坝河和讨赖河等大小河流39条，流域面积13万平方公里。黑河中上游名甘州河或张掖河，在海拔1750米的鹰落峡口出山后进入张掖盆地始称黑河。古代黑河水量充足，有短程的航道，《重修肃州新志》记载："镇夷旧有渡船，用以济舆马。"① 北流的黑河在走廊北缘受到龙首山的阻挡，转而向西，至高台的正义峡出合黎山与金塔南山间的缺口后进入走廊以北鼎新盆地，在此与北大河以及诸小河流会合后，称为额济纳河，古称弱水。多条河流的汇入使弱水水量大增，最后注入居延海，弱水两岸成为居延地区的天然防御屏障。

据陈梦家的《汉简缀述》所附《额济纳流域烽燧分布图》可知，汉朝在弱水沿岸设置烽燧亭鄣以加强其防御能力。因南部水势较大，"因河为塞"，烽燧数量明显少于北部。弱水下游分成东河和西河两条河流，北部塞防、烽火台就分布在东河与西河之间，视野辽阔，以减轻防御压力。倘若匈奴从西面越河而过，可及时调集兵力，与敌人夹河对峙，阻止来敌东进，反之亦然。

（3）石羊河

石羊河汉时称"谷水"。由发源于祁连山东段冷龙岭北坡的诸支流汇合而成，自西向东分别是西大河、东大河、西营河、金塔河、杂木河、黄羊河、古浪河和大靖河。这些河流出山后，经永昌、武威、古浪三县，在武威城北三岔堡以下的扇形地汇集后继续北流，始称石羊河。石羊河经过红崖山峡口进入民勤盆地，在盆地中因地形条件又分为大西河、小西河、新河和外河4条支流，最后汇入青土湖②，汉代称休屠泽。

石羊河下游四水分流，与青土湖、周围群山及东部的腾格里沙漠也构成一个较为完整的防御体系。汉时的武威县设在姑臧城北，休屠泽西南，谷水入休屠泽以西，与上游的休屠控制大河南北，中间地段又设宣威作为呼应，而且三县均设在谷水西部一线，即是充分利用了谷水的阻碍作用。战时，北方敌人来侵，只能沿谷水西岸进退，守方只需依靠高山、大泽、谷水、沙漠的阻隔，控制险要地段，即可阻止敌人的进一步南上，《后汉书·循吏任延传》载："郡北当匈奴，南接种羌，民畏寇抄，多废田业。延到，选集武略之士千人，明其赏罚，令将杂种胡骑休屠黄石屯据要害，其有警急，逆击追讨。虏恒多残伤，遂绝不敢出。"③

---

① 侯丕勋、刘再聪：《西北边疆历史地理概论》转引乾隆《重修肃州新志·高台县》第五册《边墙》，第180页。
② 刘光华、谷苞：《西北通史》（第一卷），第30页。
③ 《后汉书》卷76《循吏任延传》，第2463页。

(三) 四通八达的交通枢纽

河西处于中原、西域、青藏高原和蒙古高原四大区域的交会地。东逾黄河达关中，西走阳关、玉门关通西域，南经祁连入青海，北过居延、武威趋漠北。汉时被称为"天下要冲，国家藩卫"。现就河西的交通情况概述如下。

1. 东去关中

从河西东渡黄河后，经过陇右可达关中平原，主要线路有陇西道和安定道，也就是严耕望先生在《唐代交通图考》第二卷"河陇碛西区"中所说的南道和北道。

(1) 南道

严耕望先生在《唐代交通图考》第二卷对此道有详细的考证，记述的是同一条路线，只是方向相反，择其要概括如下：

> 凤翔又西微北七十里至汧阳县，又西循汧水河谷而上，八十里至陇州治所汧源县，置馆驿。陇州又西三十里至安戎关，又西三十里至大震关，大震关又西五十里至小陇山分水岭，有分水驿，盖此道最高处。又西南盖一百零五里，中经弓川寨至清水县。清水西南一百二十五里至秦州治所上邽县（今天水），秦州向西略循渭水而上一百二十里至伏羌县（今甘谷），又西四十里至落门川。又西稍北约九十里至陇西县，又西北五十里至渭州治所襄武县（今陇西东五里），由州西行微北九十里至渭源县（今县东北），制渭源镇。又西北一百里至临州、临洮军之治所狄道县（今临洮，旧狄道）。由狄道北行，盖略沿洮水河谷而下，经长城堡（在今狄道北三十五里），越沃干岭（皋兰西南至临夏间），折入阿干河谷，凡一百九十里至兰州治所五泉县，一名金城县（今皋兰治），置金城镇、临河驿。又北渡河出金城关（明金城关），正北微西略循逆水河谷（今庄浪河）而上，行二百二十里至广武县（今永登东南之庄浪），又约二百里至昌松县（今古浪西），又西北，越洪池岭（今武威东南），凡一百二十里至凉州治所姑臧县（今武威）①。

早在公元前138年张骞初次出使西域就利用了该道，"与堂邑氏奴甘

---

① 严耕望：《唐代交通图考》第二卷"河陇碛西区"，第354—385页。

父，俱出陇西"①。元狩二年（前121）春，汉武帝派霍去病攻打河西，进军路线亦选择此道。《史记·卫将军骠骑列传》："以冠军侯去病为骠骑将军，将万骑出陇西，有功。"②霍去病击败匈奴休屠王回师后，汉朝随即在黄河南岸建立金城，控制黄河渡口以保证此路的畅通。元狩二年（前121）夏，浑邪王率众降汉，"是时，大行李息将城河上，得浑邪王使，即驰传以闻。天子闻之，……乃令骠骑将军将兵往迎之。骠骑既渡河，与浑邪王众相望。……尽将其众渡河，降者数万，号称十万。即至长安，天子所以赏赐者数十巨万。"③ 经由路线就是由河西渡黄河，经陇西、天水，翻越陇山到长安。

天水位于今甘肃省东南部，东连关中，南通巴蜀，北扼陇坻，西接定西、甘南，是陕、甘、川三省的交通枢纽。汉武帝元鼎三年（前114）析陇西郡、北地郡置天水郡，天水成为陇西道上的军事重镇。顾祖禹在《读史方舆纪要》卷59中，陈述了秦汉以来秦州（今天水）在军事上的重要作用：

> 州当关、陇之会，介雍、凉之间，屹为重镇。秦人始基于此，奄有丰岐。东汉初，隗嚣据之，妄欲希踪西伯也。其后，武侯及姜维皆规此以连结羌胡，震动关辅。蜀汉延熙十八年，姜维破魏雍州刺史王经于洮西，进围狄道。魏征西将军陈泰曰：维若以战克之威，进兵东向，据略阳积谷之实，招纳羌胡，东争关陇，此我所恶也。而乃以乘胜之威挫坚城之下，是我破敌之时矣。盖关中要会，常在秦州。争秦州，则自陇以东皆震矣。晋元康以后，关中多事，秦州每为棋劫之势。唐初，薛举据秦州，与唐争关中。举不速亡，则三辅未必能一日无事也。大历以后，秦州没于吐蕃，雍岐之境，烽火相接矣。李茂贞兼有秦州，关中诸镇，岐为最强。其后蜀人得此，数争岐陇。周世宗克秦州，而孟蜀之亡兆已见于此矣。宋人南渡以后，以梁、益为东南上游，拮据蜀口，尝在秦陇间。宋卒弃秦州，五路遂不可复。虞允文曰：关中天下之上游，陇右关中之上游，而秦州其关陇之喉舌欤。

此外，由狄道（今临洮）西行也可到达河西，是陇西道的一条重要

---

① 《汉书》卷61《张骞传》，第2687页。
② 《史记》卷111《卫将军骠骑列传》，第2929页。
③ 同上书，第2933页。

支路。严耕望《唐代交通图考》第二卷载:

> 自此驿道上之临洮临洮军向西行,出河州(今临夏)凤林关,又西北至鄯州(今乐都),又北微东经凉州及甘州。……然鄯州至凉州道,究非主线①。

(2) 北道

参考严耕望先生在《唐代交通图考》第二卷对安定路道路里程的考证,方向是从长安至凉州,概述如下:

> 由长安西北行经临皋驿、咸阳县驿,经醴泉县(置醴泉驿)至奉天驿(今乾县东)。然后由奉天北出,经漠谷(今乾县北三里),逾梁山(今乾县西北五里),经永寿县、麻亭驿、邠州治所新平县,邠州西北略循泾水河谷上行,八十里至宜禄县(今长武)。宜禄又西五十里至长武县,又西五十里至泾州治所安定县。由州向西稍偏北行,经连云堡一百里至阴盘县,又西约六十里至平凉县,平凉又西北行三十五里至胡谷堡,堡西道入弹筝峡,又二十里至瓦亭故关,由此向西南逾陇山关即六盘山,西北行经汉萧关故地,七十里至原州治所平高县(今固原)。由原州西北行约九十里至石门关,又西一百八十里至河池,又西一百二十里至会州治所会宁县。由会州略沿黄河东岸西北行一百八十里至会宁关,渡河而西至乌兰关,乌兰又西二十里至新泉军,新泉又西北四百里至凉州治所姑臧县(今武威)②。

元鼎三年(前114)汉朝设立安定郡后,由于境内交通不便人烟稀少,特别是高平以西因未设县,人口更少,这条路不是河西通往关中的主干道。高平为安定郡治,城址位于高平川水(今清水河)上游西岸,地当陇山尾间,六盘北垂,南扼都卢山峡(三关口至瓦亭),过峡沿泾河可直通长安。新莽败亡后,隗嚣占领凉州东部地区,陇西路的交通被切断。东汉建武八年(32),武威太守梁统率兵疏通高平以西的交通路线,窦融与五郡太守率数万人从河西向高平进发,与刘秀会师高平。同时,将武威郡辖境延伸到大河以东,延伸至祖厉河流域,以保证这条路线的安全、畅

---

① 严耕望:《唐代交通图考》第二卷"河陇碛西区",第498页。
② 同上书,第385—413页。

通。建武十二年（36），"及陇、蜀平，诏融与五郡太守奏事京师，官属宾客相随，驾乘千余两，马牛羊被野。"① 窦融及其同僚奉诏由河西至京城奏事，走的就是这条道路。

南北两道的使用在历史上有个转换的过程。西汉时期，南道因道路易行，沿途较为富庶，且汉朝对此道有一定的控制力，因而是河西东去关中的首选，而北道不具备这些条件。但东汉自建武十年（34）占据高平后，社会秩序基本稳定，沿途的农业生产获得一定程度的发展，能为交通提供必要的经济条件，而且比南道近捷约200里。所以终东汉之世，除羌乱时期外，安定路成为河西与关中沟通的主干线。

南北两道之间还有一道，称为略阳道，该道从东到西的具体走向是，从长安至陇县，而后西行自陇关或大震关越陇山，西北经略阳（今秦安东北）、渭西（今平襄）至金城，过黄河至河西。此路的开通源于一次著名的战役。东汉建武八年（32）春，时隗嚣割据陇西，来歙招降隗嚣大将军王遵，与征虏将军祭遵突袭隗嚣心腹之地略阳，《后汉书·来歙传》："遵道病还，分遣精兵随歙，合二千余人，伐山开道。从番须回中，径至略阳，斩嚣守将金梁。"② 来歙另辟蹊径，进军神速，打了隗嚣一个措手不及。

另外，还有不少支路沟通南北，路途不乏险关要隘，参考严耕望先生的考证，较为重要的有：

陇关。南路自大震关、分水岭地区，如向西北行可接邠泾原会所在的安定道。大震关，《元和郡县图志》卷2"大震关"条："在州西六十一里。后周置。汉武帝至此遇雷震，因名。"陇山东西的道路，至迟在秦国初期已经开通。顾祖禹的《读史方舆纪要》卷52"陇坻"条称陇坻即陇山、陇坂、陇首，并列举汉至唐在此发生的众多战例，高度评价了其在古代战争、交通史上的重要地位，称其为："秦雍喉嗌，陇关当之矣。"

瓦亭关。北路从邠州以西循泾水河谷而上，至弹筝峡，《太平寰宇记》卷32"弹筝峡"条："水声清响犹如弹筝"，故得名。又名瓦亭峡，因西二十里处有瓦亭故关，地当六盘山道东北口，由此向西南逾陇山关即六盘关，至西瓦亭，有道可通临州（今临洮，旧狄道）、渭州（今陇西东五里），与南道会合。瓦亭既在渭州至原州的中道上，又在西南逾六盘山六盘关以通山外的要道上，诚为南北两道的交通枢纽，向以"九塞咽喉，

---

① 《后汉书》卷23《窦融传》，第807页。
② 《后汉书》卷15《来歙列传》，第587页。

七关襟带"著称。建武八年（32）春，隗嚣曾派牛邯率军驻守瓦亭①，妄图凭借地利之势抗衡刘秀大军。不料牛邯投诚，失去瓦亭，陇右门户大开，隗嚣败事已定。要塞瓦亭一战而名。

这些间路支道成为南北两路的辅助线，尤其在战争期间，保证了河西与关中地区的交通。史载东汉时期陇道曾三次中断。

《后汉书·隗嚣列传》："帝知其终不为用，亟欲讨之。……嚣疑惧，即勒兵，使王元据陇坻，伐木塞道，谋欲杀歙。"②

《后汉书·西羌传》：安帝永初元年夏，"遣骑都尉王弘发金城、陇西、汉阳羌数百千骑征西域，弘迫促发遣，群羌惧远屯不还，行到酒泉，多有散叛。……先零别种滇零与种羌大为寇掠，断陇道"③。

《后汉书·西羌传》：元初元年春，"……零昌遣兵寇雍城，又号多与当煎、勒姐大豪共协诸种，分兵抄掠武都、汉中。巴郡板楯蛮将兵救之，汉中五官掾程信率壮士与蛮共击破之。号多退走，还断陇道，与零昌通谋"④。

隗嚣阻断南北主干道时，河西窦融与东汉政府的往来，即通过这些间路。《后汉书·窦融传》载："融即复遣钧上书曰：'……谨遣同产弟友诣阙，口陈区区。'友至高平，会嚣反叛，道绝，驰还，遣司马席封间行通书。帝复遣席封赐融、友书，所以尉籍之甚备。"⑤

从河西前往中原，不论取南道还是北道，都要东渡大河，所以渡口的设置非常必要。正如窦融所言："河西殷富，带河为固，张掖属国精兵万骑，一旦缓急，杜绝河津，足以自守。"⑥"河津"指黄河两岸的渡口，渡口亦是道路的基本组成部分。南北两道所对应的渡口主要有南道的金城渡口，北道的鹯阴河渡口、媪围渡口。

甲、金城津

津，或称津渡、河津，是人们为了到达河之对岸而选择的较为方便安

---

① 《后汉书》卷13《隗嚣列传》载："八年春，来歙从山道袭得略阳城。嚣出不意，惧更有大兵，乃使王元拒陇坻，行巡守番须口，王孟塞鸡头道，牛邯军瓦亭，嚣自悉其大众围来歙。"第528页。
② 《后汉书》卷13《隗嚣列传》，第526页。
③ 《后汉书》卷87《西羌传》，第2886页。
④ 同上书，第2889页。
⑤ 《后汉书》卷23《窦融列传》，第800页。
⑥ 同上书，第796页。

全的过河之处。起初，它只是交通道路的组成部分，后来随着战争的需要逐渐演变成关、城等。金城津的得名来源于汉武帝时期大行李息奉命修筑的金城。金城的位置《水经注》卷2《河水》载：

  湟水又东流，注于金城河，即积石之黄河也。阚骃曰：河至金城县，谓之金城河，随地为名也。释氏《西域记》曰：牢兰海东伏流龙沙堆，在屯皇东南四百里阿步干鲜卑山。东流至金城为大河。河出昆仑，昆仑即阿耨达山也。河水又东迳石城南，谓之石城津。阚骃曰：在金城西北矣。河水又东南迳金城县故城北。

金城津成为黄河沿岸的重要渡口，主要有三方面的原因。首先，金城东连关中，西通河西，南达青海，北趋漠北，是多条重要通道的交会之地。其次，金城所在的黄河两岸比较开阔，河水较为平稳，便于设置渡口，往来渡涉。再次，金城南侧不远处即是海拔2170米的皋兰山，形如蛟龙，东西绵延二十余里，拱卫着金城。顾祖禹的《读史方舆纪要》卷60"兰州"条云："皋兰山，（兰）州南五里，州之主山也。山下地势平旷，可屯百万兵。"使金城津如虎添翼，交通安全得以保障。

据《汉书·霍去病传》载，武帝元狩二年（前121）夏，金城津已正式投入使用，"浑邪王与休屠王等谋欲降汉，使人先要道边。是时大行李息将城河上，得浑邪王使，即驰传以闻。……乃令去病将兵往迎之。去病即渡河，与浑邪王众相往。……尽将其众渡河，降者数万，号称十万。"[1] 此时的金城津已经具有较强的摆渡能力。

河西作为历代中原王朝与西北少数民族对峙争夺的战略前沿，金城津必为军队频繁往来所经之地。战争期间，谁先抢占渡口，谁就率先掌握了作战的主动权。《汉书·赵充国传》载西汉宣帝时期，赵充国奉命讨伐湟中的羌人，经此渡口时，恐遭羌人的袭击，故先派强兵趁夜抢占北岸渡口，立稳阵脚，先发制人。"充国至金城，须兵满万骑，欲渡河，恐为虏所遮，即夜遣三校衔枚先渡，渡辄营阵。会明，毕，遂以次尽渡。虏数十百骑来，出入军旁。"[2] 汉军渡河后，即沿河西北行，进入庄浪河谷，再从今永登县折向西南，经河桥镇进入乐都[3]，即羌人的活动中心。面对突

---

[1]《汉书》卷55《卫青霍去病传》，第2482页。
[2]《汉书》卷69《赵充国传》，第2975页。
[3] 刘光华、谷苞：《西北通史》（第一卷），第65页。

袭而至的汉军，羌人只是于远处观察，不敢轻举妄动。另外，金城津也是粮草辎重转运通道，掌握着汉朝河西、湟中屯驻大军的命脉。《汉书·赵充国传》载："充国子右曹中郎将卬，将期门佽飞、羽林孤儿、胡越骑为支兵，至令居。虏并出绝转道，卬以闻。有诏将八校尉与骁骑都尉、金城太守合疏捕山间虏，通转道津渡。"① 羌人袭击金城津，控制了屯驻汉军的转运粮道，引起朝廷的重视，专门调遣保卫长安地区的八校尉（中垒、屯骑、步兵、越骑、长水、胡骑、射声、虎贲等）协助金城太守围剿羌人，保证金城津沿线的安全畅通。

后汉时期，金城更是多次成为汉羌争夺、会战之所，《后汉书·西羌传》载："（建武）十年，先零豪与诸种相结，复寇金城、陇西，遣中郎将来歙等击之，大破。""迷唐因而反叛，遂与诸种共生屠裂汜等，以血盟诅，复寇金城塞。""（永宁元年夏），时当煎种大豪饥等，以贤兵在张掖，乃乘虚寇金城，贤还军追之出塞，斩首数千级而还。""（顺帝永建）五年夏，且冻、傅难种羌等遂反叛，攻金城，与西塞及湟中杂种羌胡大寇三辅"②。足见金城津在交通和军事上的重要性。

隋开皇十八年改津为关，宋代首次修建了金城关黄河浮桥，明代重修，清代延续。据《创建兰州黄河铁桥碑记》云："清浮桥为甘、凉、宁夏各郡及伊、塔、新疆等处往来大道⋯⋯以铁绳比系二十四舟，面以木板，籍作津梁⋯⋯顾浮桥当夏水盛涨，时或中断，冬冰冲击亦辄断⋯⋯利济是图"，建造铁桥。"经始光绪三十三年（1907）二月，洎宣统元年（1909）六月而工成。桥长七十丈，宽二丈二尺零。"③ 初建成时名为兰州黄河铁桥，1942年改名为中山桥，是我国黄河上的第一座公路铁桥。

乙、鹯阴河渡口

鹯阴河是流经汉鹯阴县的一段黄河，西汉时鹯阴县属安定郡，东汉转属武威郡。鹯阴渡口在今景泰县东，县与渡口均以河名。《读史方舆纪要》卷62"鹯阴城"条："河水东过勇士县北，东流即鹯阴县。"《水经注》卷4《河水》曰："河水又东北，迳麦田城西。又北，与麦田泉水合，水出城西北，西南流注于河。河水又东北，迳麦田山西谷，山在安定西北六百四十里。"经考证，麦田城即鹯阴城，麦田泉水即今水泉乡的水泉沙河，古鹯阴河渡口就在水泉沙河入黄河处，即今白银市平川区水泉乡

---

① 《汉书》卷69《赵充国传》，第2976页。
② 《后汉书》卷87《西羌传》，第2878、2883、2892、2895页。
③ 兰州市地方志编纂委员会：《兰州市志》第7卷《市政建设志》，兰州大学出版社1998年版。

的黄湾村附近①。从鹯阴河口渡河，经今景泰县西行，可达永登；西北行，经古浪可至武威。

东汉时期，鹯阴河渡口的军事交通枢纽地位一定程度上超过了金城津，这是因为北道安定路的逐渐兴起，鹯阴河渡口正处在河西经安定郡通往关中的大道上。能否抢占渡口占据有利形势，成为对抗双方胜败的关键因素。如果对岸津口被敌方占领，己方部队强渡成功的可能性不大，甚至会造成很大的伤亡。《后汉书·西羌传》载："（建康元年）赵冲复追叛羌到建威鹯阴河。军度［未］竟，所将降胡六百余人叛走，冲将数百人追之，遇羌伏兵，与战殁。"李贤《注》曰："《续汉书》'建威'作'武威'。鹯阴，县名，属安定郡。"②赵冲是由河西经鹯阴河渡口渡河时，遭遇对岸守津羌民的阻击，未渡而亡。

值得注意的是，每到严冬季节，黄河因河面结冰，会形成一座天然的河桥，时间可持续二至三个月，渡口的阻碍作用会相对降低，应是渡河作战的好时机。史载和帝永元元年（89），"诸羌激忿，遂相与解仇结婚，交质盟诅，众四万余人，期冰合度河攻训。"③因而在这种情况下，守方一般会相应地增加兵力。《读史方舆纪要》卷62《陕西十一》靖远卫条载："迭烈孙堡，卫北九十里。西夏所置，元因之。明初，元将贺宗哲攻凤翔，不克，自固原之六盘山遁去，明师追之，复由迭烈孙渡河遁。后设巡司于此，每岁冬增兵戍守。"迭烈孙渡即古鹯阴河渡口。使攻方的冰面作战难以取得预期的战果。

该渡口在清代是兰州至银川的官道渡口，今天兰州至银川的高速公路黄河大桥也设在其附近。④

丙、媪围渡口

媪围又称"温围"，汉县名，境内有水名媪围水。《水经注》云："又北过武威媪围县东南。河水迳其界，东北流，县西南有泉源，东迳其县南，又东北入河也。"《读史方舆纪要》曰："温围水，在卫西南，其下流入于黄河。"是黄河的一条支流，河上建有跨越渡口。两汉时期，媪围渡口虽少见于文献记载，但毫无疑问也是安定路上的交通要冲。

从长安出发，经平凉、固原（汉安定郡治、高平县治），沿祖厉河西行，至靖远县段的黄河。此段黄河两岸群峰林立，除峡谷出口五佛寺附近

---

① 刘光华、谷苞：《西北通史》（第一卷），第68页。
② 《后汉书》卷87《西羌传》，第2897页。
③ 《后汉书》卷16《邓训传》，第609页。
④ 侯丕勋、刘再聪：《西北边疆历史地理概论》，第469页。

可以摆渡外，另有小口子一段可渡，此段河床较窄，水流平缓，两岸虽然陡峭，但中间开阔，东岸直趋靖远的哈思堡，西岸即临大沙沟。明万历二十九年曾在此处设置索桥（草绳系船成桥），四十二年在西岸的大沙沟口建索城堡，媪围县城东南距此15公里，以扼守津渡，作为姑臧与高平间的重要中转站。① 一般情况下，敌对双方夹岸对峙时，守卫津口的一方会占有较大的优势，但进攻一方如果战略战术运用得当，有时也会收到意想不到的效果。如《三国志》卷15载："凉州卢水胡伊健妓妾、治元等多反，河西大扰。帝忧之，……乃召邹岐，以既代之。……既至金城欲渡河，……既扬声军由鹯阴，乃潜由且次出，至武威。"张既深知卢水胡会派重兵把守鹯阴渡口，便故意在鹯阴渡口制造声势，然后声东击西，安排部队从媪围渡口悄悄渡河，由揖次突至姑臧，顺利平定叛乱，稳定了河西的局势。

今靖远县双龙乡北城滩古城即是古媪围渡口所在地，《定西文物概况》② 称此地是唐代的会宁关城遗址，敦煌地理文书《水部式》记载，当时"会宁关有船伍拾"，船工两三百人，渡口的规模还是比较大的。

2. 西通西域

由河西西去西域，前后共有五条主要的交通路线。参考《汉书·西域传》《后汉书·西域传》《魏略·西戎传》《通典》《元和郡县图志》《唐代交通图考》的记载及诸家的研究成果，概括如下：

（1）南道

这条道路位于塔里木盆地以南、昆仑山以北。据《汉书·西域传》载："自玉门、阳关出西域有两道。从鄯善傍南山北，波河西行至莎车，为南道。"③ 即由敦煌西出阳关（玉门关），经楼兰、且末、小宛、精绝、扞弥、于阗至莎车等国，而后越葱岭西去。张骞初次出使西域，由大夏东归即循南道而来。汉朝对南道的经营始于赵破奴的楼兰之战，《汉书·张骞传》载："楼兰、姑师小国，当空道，攻劫汉使王恢等尤甚。而匈奴奇兵又时时遮击之。使者争言外国利害，皆有城邑，兵弱易击。于是天子遣从票侯破奴将属国骑及郡兵数万以击胡，胡皆去。明年，击破姑师，虏楼兰王。酒泉列亭障至玉门矣。"④ 自

---

① 李并成：《河西走廊历史地理》，第48—49页。
② 定西文化局：《定西文物概况》，定西文化局1975年编印。
③ 《汉书》卷96上《西域传》，第3872页。
④ 《汉书》卷61《张骞传》，第2695页。

玉门关至楼兰,沿途设置烽燧亭障,①一方面控制楼兰以保证南道的安全畅通,另一方面还可利用楼兰与匈奴争夺西域北道。《汉书·西域传》曰:"征和四年,遣重合侯马通将四万骑击匈奴,道过车师北,复遣开陵侯将楼兰、尉犁、危须凡六国兵别击车师,勿令得遮重合侯。诸国兵共围车师,车师王降服,臣属汉。"②

(2)中道

由敦煌西出阳关(玉门关)至楼兰,西经山国(危须东二百六十里)、危须国(尉犁东二百里)、尉犁国(焉耆西南一百里)至乌垒,再由龟兹(今库车)而西为中道。此道从楼兰之北,沿库穆河(又名库鲁克河)、孔雀河而上至尉犁,达焉耆,而后依次经过乌垒、轮台、龟兹、温宿、尉头、疏勒、大宛等诸国西去,即汉初沿天山南麓西行的的北道,鱼豢的《魏略·西戎传》所称的中道,唐时的大碛道。武帝太初元年(前104)、太初三年(前102)李广利两次西伐大宛就是利用了该路。《汉书·李广利传》载:"既西过盐水,当道小国各坚城守,不肯给食,攻之不能下","至轮台,轮台不下,攻数日,屠之。自此而西,平行至宛城"③。《汉书·西域传》曰:"自贰师将军伐大宛之后,西域震慑……于是自敦煌西至盐泽,往往起亭,而轮台、渠犁皆有田卒数百人,置使者校尉领护,以给使外国者。"④李广利历时三年的大宛之战成功打通了此路,并得到汉政府的及时保护。

南道和中道以罗布泊南岸的楼兰作为分途点,由敦煌至楼兰途经三陇沙(今疏勒河西端沙漠)、白龙堆(盐碛地)和罗布泊北岸的龙城(雅丹群和盐漠地带),沿途自然条件比较恶劣,但是汉朝统治者为了开辟和保护这条通道,可谓苦心经营,从敦煌西至罗布泊修筑了众多鄣塞亭隧,并在重要位置建立屯戍据点,使其一直发挥交通主干道的作用。原因主要有两点:一是楼兰重要的交通地理位置。汉时,西域的东南和西北各有一个沟通西域全境的重要门户,分别是楼兰和车师。楼兰,位于今新疆罗布泊西北岸,西南通且末、精绝、扜弥、于阗,东连敦煌,北接车师,西北通焉耆。车师,在今新疆吐鲁番西北,东南通敦煌,南通楼兰、鄯善,西通焉耆,西北通乌孙,东北通匈奴。两汉时期,由于车师地接匈奴,汉朝经伊吾(哈密)、车师(吐鲁番)前往天山南北的道路时常被阻断。而楼兰

---

① 《汉书》卷70《郑吉传》,第3005页。
② 《汉书》卷96下《西域传》,第3922页。
③ 《汉书》卷61《李广利传》,第2699、2701页。
④ 《汉书》卷96上《西域传》,第3873页。

地近敦煌，处于匈奴势力所及的边缘。只要控制了楼兰，就能通过楼兰掌控西域南道和中道，进而以此为基地，审时度势与匈奴争夺北道。二是沿途也有可资利用的自然条件。虽然从敦煌到罗布泊要穿越长约百公里、宽约数公里的三陇沙，漫无边际的以白龙堆为代表的干涸海床，以及干旱、少雨、高温、多风沙的罗布泊洼地，沿途自然环境极其恶劣，是亚洲大陆上的一块无人区。但是值得庆幸的是，越过三陇沙后，有一条东西长150公里、南北宽25公里的阿奇克谷地。谷地的地下水位较高，有泉水出露，存在一定的水草资源。出谷地后经白龙堆、土垠遗址（西汉居庐仓）或楼兰，西南与南道相接，或沿孔雀河岸与西域中道相连，进入西域腹地。关于居庐仓，据《汉书·西域传》记载：宣帝时，"汉遣破羌将军辛武贤将兵万五千人至敦煌，遣使者案行表，穿卑鞮侯井以西，欲通渠转谷，积居庐仓以讨之。孟康注：大井六通渠也，下泉流涌出，在白龙堆东土山下。"① 居庐仓的存在说明该区域存在一定的自然经济条件。

（3）北道

即《汉书·西域传》中所说的北道，"自玉门、阳关出西域有两道。……自车师前王廷随北山，波河西行至疏勒，为北道；北道西逾葱岭则出大宛、康居、奄蔡。"② 汉朝对这条道路的有效利用当于汉宣帝神爵二年（前60），匈奴日逐王降汉，车师前王国为汉所控制之后。北道的具体走向是："出敦煌往西，绕过三陇沙（今疏勒河西端沙漠）之北，横越白龙堆（盐碛地），经楼兰（今罗布泊西北岸），折向北至车师前国（今吐鲁番县附近），转西南，沿塔里木河河谷，取道焉耆（今焉耆县附近）、龟兹（今库车县附近）、姑墨（今阿克苏县附近），往西南至疏勒（今疏勒县附近），西越葱岭到大宛。"③ 此道畅通与否，与车师的向背密切相关。两汉时期，车师为汉匈双方频繁争夺之地。顾祖禹的《读史方舆纪要》卷65"交河废县"条对此地的战事情况叙述备祥，兹引如下：

交河废县即今土鲁番城。《汉书·西域传》：车师前王治交河城，去长安八千一百里。《汉纪》：汉出西域有两道：南道从楼兰，北道从车师，二国当汉使空道，攻劫汉使尤甚。征和三年，遣马通等击匈奴于天山，恐车师遮汉军，使别将成娩将楼兰、尉犁、危须等六国兵

---

① 《汉书》卷96下《西域传》，第3907页。
② 《汉书》卷96上《西域传》，第3872页。
③ 马雍：《从新疆历史文物看汉代在西域的政治措施和经济建设》，《文物》1975年第7期。

围车师,尽得其王及民众而还。其北有石城。地节三年,车师叛汉。时郑吉等田渠犁,攻车师,破交河城。其王走石城,复攻破之,车师降。既而车师王畏匈奴,奔乌孙。匈奴立其昆弟兜莫为王,收余民东徙,不敢居故地。郑吉等因发吏卒,往田车师以实之。元康二年,匈奴以车师地肥美,近匈奴,数遣兵击田者。郑吉等自渠犁驰救,为所围。上言车师去渠犁千余里,兵少不能相救。诏常惠将张掖、酒泉骑迎吉等还渠犁,而召车师故太子军宿于焉耆,立为王,尽徙国民令居渠犁,以车师故地与匈奴。神爵二年,匈奴乖乱,汉因复田车师。初元二年,始置戊己校尉,屯田车师故地。其后,车师复居其地。后汉建武二十一年,遣子入侍。永平十七年,窦固等击破白山贼于蒲类海上,遂进击车师。车师前王,后王之子也。其庭相去五百余里。固以后王道远,山谷深,士卒寒苦,欲攻前王。耿秉以先赴后王,并力根本,则前王自服。遂引兵北入。后王震怖迎降,前王亦归命,遂定车师。十八年,车师复叛。建初元年,酒泉太守段彭等会兵柳中,击车师交河城,破之。永元二年,窦宪遣兵复取伊吾庐地。车师震警,于是前后王各遣子入侍。元初末,北匈奴率车师后王击走前王,以其属于汉也。延光二年,班勇击匈奴于前王庭,破走之。其后渐与中国绝①。

从史籍记载可以看出,从西汉的汉武帝时期到东汉汉安帝时期,汉匈双方在这里进行了长期激烈地争夺,中国历史一般将其称为"五争车师",实际上是"七争车师"。车师之争表面上看是汉匈对西域北道的争夺,本质上是对西域的争夺。

(4)新道

新道又称五船道,是车师后部经由五船北沟通玉门关的便利之路。文献记载始见于汉平帝元始年间,《汉书·西域传》载:"元始中,车师后王国有新道,出五船北,通玉门关,往来差近。戊己校尉徐普欲开以省道里之半,避白龙堆之厄。车师后王姑句,以道当为拄置,心不便也。"②徐普的开通计划遭到车师后王姑句的抵制而失败。《通典》卷191"西戎总序"记载了反方向的路线:"从玉门关西北出,经横坑,辟三陇沙及龙堆,出五船北,到车师界戊己校尉所理高昌,转西与中道合龟兹,为新

---

① (清)顾祖禹:《读史方舆纪要》卷65《陕西十四·哈密卫》,第3047页。
② 《汉书》卷96下《西域传》,第3924页。

道。"另外,《魏略·西戎传》中所记的新道,《元和郡县图志》卷 40 "陇右道"中的"大沙海道"(大沙海即蒲类海)均是指该道。

该路的起止经过,因史籍记载粗疏,颇费思量,问题主要集中在对"五船"这一地名的判定上。虽有多位学者如丁谦、黄文弼和日本的松田寿男都进行了有针对性的研究,但还仅限于构想而已。马千希根据《大慈恩寺三藏法师传》、哈密地区交通古地图,结合中瑞西北科学考察团的报告,基本厘清了"五船道"的道名所指及基本路线图。他的研究结果是,"五船道"即为"五传道",传,传舍、驿站的意思,因路线所经之处有五处水草丰美、宜设立驿站的地方,分别是今若羌县东部的红柳井子、磁海之北的哈什布拉克、图兹里克的苦泉沟、雅满苏镇西北的雅满苏泉和哈密市南托里地区的喀赫夏勒布拉克。道路的具体走向为:西出敦煌经古玉门关、巴陆上生、泉苦幼日、尕十日、哈什布拉克、塔力、沙拉日乌苏、布尕斯,其中前面的三地在敦煌境,其余五地均在哈密境①,所经之地皆在玉门关西北,一线贯通②。

在该道未开通之前,汉朝的官吏、将领、屯田卒前往车师,一般是从玉门关出发,经罗布泊转而北向车师,道远路艰。汉宣帝神爵二年(前60)匈奴日逐王降汉,汉朝统一了车师及天山以北诸国,又置戊己校尉屯田驻守,但匈奴的侵扰从未停止。为进一步加强对天山北麓的控制,需寻找和开通敦煌与车师后王国(今吉木萨尔县)之间更为便利的道路。但直到汉明帝永平十七年(74),新道才正式得以开通。《后汉书·明帝纪》载:(永平十七年)"冬十一月,遣奉车都尉窦固、驸马都尉耿秉、骑都尉刘张出敦煌昆仑塞,击破白山虏于蒲类海上,遂入车师"。窦固所率汉军是从今安西县长城以南的昆仑障出发,过天山,西北趋伊吾,击败蒲类海地区(今新疆巴里坤湖)的匈奴后,向西北挺入车师后部,车师后王安得率部投降。所不同的是出发地是敦煌的昆仑塞,而非玉门关。另有学者研究指出,延光二年(123)班勇继任西域长史时曾率兵士 500 人沿此路出塞驻扎柳中③。

(5)伊吾道

伊吾(今哈密),汉称伊吾卢,地处新疆东北部,天山东段北麓。

---

① 马千希:《汉代"五船道"考略》,《西域研究》1999 年第 2 期。
② 李正宇:《昆仑障考》,《敦煌研究》1997 年第 2 期。
③ [日]岛崎昌:《西域交通史上的新道与伊吾路》,《东方学》第 12 辑,1956 年;孟凡人:《〈后汉书·班勇传〉补注和跋》,《北庭史地研究》,新疆人民出版社 1985 年版,第 216 页。

《后汉书·西域传》云："自敦煌西出玉门、阳关，涉鄯善，北通伊吾千余里。自伊吾北通车师前部高昌壁千二百里，自高昌壁北通后部金满城五百里。此其西域之门户也，故戊己校尉更互屯焉。"① 道路途经伊吾，故称伊吾道。"伊吾地宜五谷桑麻葡萄，其北又有柳中，皆膏腴之地，故汉常与匈奴争车师、伊吾，以制西域焉。"汉匈双方势力的消长一定程度上影响着此路的交通②。

据《读史方舆纪要》卷65"伊吾废县"条，总括东汉时期汉匈对伊吾的历次争夺，一定程度上也反映了此路的开通情况。

> 伊吾废县，今卫治。本匈奴中地。后汉明帝时，取伊吾庐地，置宜禾都尉以屯田。《东观记》：永平十六年，窦固破匈奴呼延王于天山，留兵屯伊吾庐。是也。建初二年，罢伊吾庐屯兵。匈奴复遣兵守其地。永元二年，窦宪遣副校尉阎磐击北匈奴之守伊吾者，复取其地。四年，中郎将任尚屯伊吾。永初元年，复罢伊吾庐屯田吏士。元初六年，以西域附北匈奴，共为边患。敦煌太守曹宗奏遣行长史索班复屯伊吾。既而为北匈奴及车师后王所攻没。永建四年，以伊吾膏腴地，旁近西域，匈奴资之为钞暴，乃复开设屯田，置伊吾司马。和平初，北匈奴呼衍王攻伊吾屯城。诏敦煌太守马达将兵救之，至蒲类海，寇引去。其后复为匈奴及西域所据。

由上可知，伊吾路的开通当在东汉明帝永平十六年（73），窦固大破匈奴呼延王于天山，派兵驻守伊吾始。

伊吾道根据出发地点的不同又分为两道，严耕望在《唐代交通图考》第二卷"河陇碛西区"中，记载瓜州（酒泉）、沙州（敦煌）各有道通伊州（今哈密），瓜伊道曰第五道，又曰莫贺延碛道；沙伊道曰稍竿道，其道路里程详考如下：

> 第五道者，由瓜州常乐县、驿西北行二十七里二百步至新井驿；又一百五十一里，中经广显驿至乌山驿；又北六十九里二百六十步至双泉驿；又六十四里八十步至第五驿，盖即第五烽建置。又北入莫贺延碛，六十八里三十步至冷泉驿；又八十四里至胡桐驿；又八十里至

---

① 《后汉书》卷88《西域传》，第2914页。
② 石云涛：《三至六世纪丝绸之路的变迁》，第103—104页。

赤崖驿，在伊州柔远县西南境。又西北经两驿二百四十余里至伊州治所伊吾县（今哈密），去瓜州九百里。此诸驿大抵皆置戍，与驿同名，……盖守捉城即所以维护交通之畅通也。明清大道及今日汽车火车道大抵即循此古道而行。稍竿道者，由沙州州城驿西北行，一百一十里至兴胡泊，又一百三十二里至河仓城（今大方盘城），又三十里至玉门故关城（今小方盘城），又折北行盖六十六里至碱泉戍，为沙伊两州分界处。又北至稍竿馆，置稍竿戍。又北至伊州治所伊吾县，去沙州七百里①。

唐代的第五道、莫贺延碛道，应是始于汉朝的早期开拓，史籍中不乏汉朝兵出酒泉、酒泉塞的记载，如本始二年（前72），后将军赵充国为蒲类将军率三万余骑出酒泉，进击伊吾蒲类海地区（今新疆巴里坤湖）的匈奴②；永平十六年（73），窦固与耿忠率酒泉、敦煌、张掖甲卒及卢水羌胡万二千骑出酒泉塞，至天山，攻打匈奴呼衍王③等，皆是经由该道。虽然该道与前述汉时的新道（五船道）出发地（瓜州、玉门关）、目的地（伊吾、车师后部）不同，但道路所经的中间路程基本相同。稍竿道与新道（五船道）则基本上是同一条道路，出发地相同（玉门关），目的地有别（伊吾、车师后部），新道（五船道）只不过是稍竿道的延伸而已。

3. 南向青海

（1）扁都口道

扁都口道，又称"大斗拔谷"道，因沿线经过祁连山脉中的扁都口（大斗拔谷）而得名。《元和郡县图志》卷40"大斗拔谷"条曰："在县南二百里。隋大业五年，炀帝躬率将士出西平道讨吐谷浑，还此谷，会大霖雨，士卒冻馁者十六七。"《嘉庆一统志》"安番山口"条载："扁都儿山口在山丹县南一百里。西陲今略，扁都口，明时凡凉甘往来于青海西宁者，率皆由此而行。路虽逾山，实为捷径。白石崖口在山丹县东南二百里。皆蕃夷出入之路。"《甘肃通志》卷6"大斗拔谷"条："一统志云即今扁都口也。"这条道路是沟通祁连山南北交通的重要孔道。经陈良伟考证，具体走向（由青海去河西方向）为，由今西宁出发北行，溯北川河而上，经门源而绕过托勒山（又称俄博南山）东南山根，北行至峨堡；

---

① 严耕望：《唐代交通图考》第二卷"河陇碛西区"，第445页。
② 《汉书》卷94上《匈奴传》，第3785页。
③ 《后汉书》卷23《窦固列传》，第810页。

第一章　"河西"的含义及其地理特点　59

由峨堡出发北行，越冷龙岭，入益民渠上游，至永固；永固正北通山丹，其东偏北东行经马营、新城子、永昌可至凉州；北偏西行经民乐、六坝、长安至张掖①。

东汉延熹三年（160），段颎率兵追杀羌民即通过此谷口。《后汉书·段颎传》载：

  余羌复与烧何大豪寇张掖，攻没巨鹿坞，杀属国吏民；又招同种千余落，并兵晨奔颎军。颎下马大战。至日中，刀折矢尽，虏亦引退。颎追之，且斗且行，昼夜相攻，割肉食雪，四十余日，遂至河首积石山②。

王宗维先生就此考证，巨鹿坞就在张掖山丹县境，这里自西汉以来就有属国吏民居住，而且从山丹至积石山，最近的路就是由山丹南经扁都口、俄博等地，再从鲜水（青海湖）北到达积石山。虽然此道崎岖艰难，气候多变，但羌民在长期的游牧生活中对此早已了然于胸，毫无疑问，这是汉军第一次在羌民的引领下通过此路③。

严耕望在《唐代交通图考》第二卷"河陇碛西区"对此道的道路里程、地理形势有详述（由南向北）：

  鄯城河源军西北循长宁川（今北川河）而上，经长宁桥、长宁故亭（约今西宁西北四五十里，今有长宁堡），入长宁峡谷。道中有犛牛峡者，在鄯城北约五十里上下，疑长宁峡之异名欤？又北至安人军（盖今大通地区），去鄯城约一百二十里，开元七年置，管兵万人。又西北入星宿川，越星岭。又北渡浩亹川（今大通河），西北入大雪山脉至大斗拔谷（今扁都口 E101°·N38°，亦可能为白崖口），去安人军约三百九十里。大雪山即祁连山脉，东西横亘，此地段南北幅度约一百公里，高峰叠起，海拔多在四千公尺以上。此谷在雪山北坡，南去主脉约五十华里，谷东近处尚有四千三百公尺之高峰。故地高谷隘，形势险峻，而为南北交通重地。炀帝西征，行军鄯甘间，往来皆经此谷，夏秋雨雪严寒，损失惨重。开元十六年置大斗军，管兵

---

① 陈良伟：《丝绸之路河南道》，中国社会科学出版社2002年版，第228页。
② 《后汉书》卷65《段颎传》，第2146页。
③ 王宗维：《汉代丝绸之路的咽喉——河西路》，第97页。

七千五百人以镇之，殆在谷东北近处。由谷东至凉州约三百余里，北至甘州东南一百二十里之删丹（今山丹）二百里，皆接长安通西域之大驿道①。

(2) 酒泉南山路

此路指位于酒泉以南的汉呼蚕水（今托兰河）谷口路。这条路从酒泉出发，南入呼蚕水（今托兰河）河谷，逆流而上，行数百里山路，越过分水岭，可达青海湖西北②，是沟通河西与青海两地腹心地带的重要通道。

汉初小月氏保南山羌就活动在呼蚕水（今托兰河）谷口一带。汉武帝征和五年（前88）先零羌豪封煎等派遣使者结盟匈奴，走的就是这条路③。宣帝时，流动于这一带的罕开羌往来活动频繁寇掠不断，一直威胁着酒泉地区的安全，"羌人当获麦，已远其妻子，精兵万人欲为酒泉、敦煌寇，边兵少，民守保不得田作"④。时酒泉太守辛武贤迫于军事守备压力，曾上奏从张掖、酒泉兵分两路合力打击羌敌，解除羌患。《汉书·赵充国传》载：

> 郡兵皆屯备南山，北边空虚，势不可久。或曰至秋冬乃进兵，此虏在竟外之册。今虏朝夕为寇，土地寒苦，汉马不能冬，屯兵在武威、张掖、酒泉万骑以上，皆多羸瘦。可益马食，以七月上旬赍三十日粮，分兵并出张掖、酒泉，合击罕、开在鲜水上者。……冬复击之，大兵仍出，虏必震坏⑤。

但通晓羌事的赵充国认为："武威县、张掖、日勒，皆当北塞，有通谷水草，臣恐匈奴与羌有谋，且欲大入，幸能要杜张掖、酒泉以绝西域，其郡兵尤不可发。"汉宣帝统筹考虑了两人的建议，决定武威、张掖两郡按兵不动，由辛武贤率领酒泉、敦煌兵力万余人，由酒泉沿呼蚕水谷口路向南清扫，赵充国率部从金城郡治所允吾向西阻截，与辛武贤会师鲜水（今青海湖），夹击羌人。

拟从酒泉出兵的道路里程，见《汉书·赵充国传》引汉宣帝诏书曰：

---

① 严耕望：《唐代交通图考》第二卷 "河陇碛西区"，第517—518页。
② 王宗维：《汉代丝绸之路的咽喉——河西路》，第99页。
③ 陈新海：《西汉时期湟中地区的交通》，《中国历史地理论丛》1997年第1期。
④ 《汉书》卷69《赵充国传》，第2979页。
⑤ 同上书，第2977页。

> 今诏破羌将军武贤将兵六千一百人，敦煌太守快将二千人，长水校尉富昌、酒泉侯奉世将婼、月氏兵四千人，亡虑万二千人。赍三十日食，以七月二十二日击罕羌，入鲜水北句廉上，去酒泉八百里，去将军可千二百里。将军其引兵便道西并进，虽不相及，使虏闻东方北方兵并来，分散其心意，离其党与，虽不能殄灭，当有瓦解者①。

汉军一次集中上万兵马经由此道，而且还要携带满足三十日生活、战备所需的粮草、辎重等，可见由酒泉南沟通青海湖北的这条南山路，是一条通行条件相对较好的道路。

4. 北上蒙古

(1) 居延道

居延道是指由张掖出发，转西北沿弱水一线，穿越巴丹吉林沙漠西部到达古居延海（今内蒙古额济纳旗北），再直趋蒙古高原腹地，即指沿今额济纳河北去的古居延塞道，其路程参照《唐代交通图考》第二卷"河陇碛西区"：

> 近代（居延）考古，出土汉简三万有余，所见城坞亭障分布于额济纳河上下游沿岸，南自鼎新以南之两源（N40°以北），中经布肯托尼（A22，在额济纳河东岸，约N41°30′稍北），北至索果湖滨，呈南北直线排列。又自布肯托尼东北向黑城以东之干涸湖泊区亦多亭障，作线形排列。故其全部亭障系统作［｜｜］形，当时南北交通大道盖即沿此亭障线而行②。

居延北通匈奴龙城的道路，见《汉书·李广苏建传》载：

> 陵于是将其步卒五千人，出居延，北行三十日至浚稽山……与单于相值……陵且战且引……东南循龙城故道……令军士人持二升糒、一半冰，期至遮虏鄣者相待……陵败处去塞百余里。

龙城故道，是指从居延到浚稽山之间道路，既然称之为故道，想必由

---

① 《汉书》卷69《赵充国传》，第2980页。
② 严耕望：《唐代交通图考》第二卷"河陇碛西区"，第619页。

来已久。两地相距约部队三十日徒步行军的里程，再北越浚稽山可达匈奴单于所在的龙城，即今鄂尔浑河上游的哈尔和林地区。结合《汉书·匈奴传》应劭注："浚稽山在武威塞北，匈奴常所以为屏障。"可推断出，浚稽山当为今阿尔泰山脉东端，山北就是鄂尔浑河上游、匈奴龙城所在地。

居延道全部的行程情况，《新唐书·地理志四》"删丹县"条做了言简意赅的说明：

> 北渡张掖河，西北行出合黎山峡口，傍河东壖屈曲东北行千里，有宁寇军，故同城守捉也……军东北有居延海，又北三百里花门山堡，又东北千里至回鹘牙帐①。

回鹘牙帐与匈奴龙城均位于哈尔和林地区的鄂尔浑河河谷地带。该道自汉代以来就是中原王朝与北方游牧民族往来交战的军事要道。北方铁骑若沿此道进入河西，就能左突右击，"杜张掖、酒泉以绝西域"，如《汉书·武帝纪》载：（前102）"匈奴入……酒泉，杀两都尉"，震惊河西；或者与祁连山南麓的势力交通，《旧唐书·公孙武达传》载：（贞观初）"突厥数千骑，辎重万余，入侵肃州，欲南入吐谷浑。武达领二千人与其精锐相遇，力战……急攻之，遂大溃，挤之于张掖河，斩溺略尽。"而河西军若从此道北伐，可以实施战略纵深，战略上保持主动进攻的态势，如《后汉书·窦固列传》载永平十六年（73），"耿秉、秦彭率武威、陇西、天水募士及羌胡万骑出居延塞……绝漠六百余里"，寻歼匈奴。

居延道在战争期间除了具有军事意义外，也是汉匈双方遣使往来的政治通道。《后汉书·班固列传》载：永元初，大将军窦宪出征匈奴，以固为中护军……北单于闻汉军出，遣使款居延塞，欲修呼韩邪故事，朝见天子，请大使。宪上遣固行中郎将事，将数百骑与虏使具出居延塞迎之。《后汉书·窦宪列传》也有类似的记载，永元二年（90）北单于以汉还侍弟，复遣车谐储王等款居延塞，欲入朝见，愿请大使。宪上遣大将军中护军班固行中郎将，与司马梁讽迎之。

与龙城故道一并使用的，还有两条通行大道，可称为居延侧道。其中一条记载在《汉书·李陵传》中：上怒……诏陵以九月发，出遮虏鄣，

---

① （宋）欧阳修、宋祁：《新唐书》卷40《地理志》（四），中华书局1975年版，第1045页。

至东浚稽山南、龙勒水上,徘徊观房,即亡所见,从浞野侯赵破奴故道,抵受降城休士。道路所经大致是从居延向北,至浚稽山南的龙勒水,再向东与汉受降城基地相连。

另一条见于《后汉书·耿夔列传》:永元三年(91)宪复出河西,以夔为大将军左校尉。将精骑八百,出居延塞,直奔北单于廷,于金微山斩阏氏、名王以下五千余级,单于与数骑脱亡,尽获其匈奴珍宝财畜,去塞五千余里而还,自汉出师所未尝至也。金微山位于今阿尔泰山,东南距离居延5000余里。

(2)石羊河道

该道经由武威郡郡治姑藏沿今石羊河河谷北上,越过北部的低山丘陵和荒漠区,可直抵匈奴腹地。此道在武帝元狩四年(前119)汉匈漠北大战后,随着匈奴势力的西移,同居延道一起逐渐成为汉匈争夺的军事要道。《后汉书·循吏列传》曾记载建武元年(25),武威太守任延率领民众保卫此道的情况,"郡北当匈奴,南接种羌,民多寇抄,多废田业。延到,选集武略之士千人,明其赏罚,令将杂种胡骑休屠黄石屯据要害,其有警急,逆击追讨。虏恒多残伤,遂绝不敢出。"①

另外,匈奴从漠北南下,经今腾格里沙漠,到休屠泽以西之武威县西塞外,沿石羊河南下,经今民勤县的莱服山下,过张掖县北塞外,大约在今河西堡地方西上,从日勒东侧的焉支山地区,穿越山间沟谷可达祁连山南麓,进而到达山南的先零羌活动地带②。焉支山地域广大,沟谷纵横,是汉军防守较为薄弱的地带。因而控制石羊河沿线,阻止匈奴西进至关重要。石羊河在整个流程中数度分流,河流所经之处形成多个冲积平原,汉朝的姑藏、休屠、宣威、武威等县,就是在这些冲积平原上发展起来的,进而成为石羊河沿线重要的军事重镇,有力地支持了河西对外战争的需要。

东汉时期汉匈对抗形势一度由紧张趋向缓和,该道又演变成双方政治和经济往来的重要通道。据《后汉书·南匈奴列传》载,建武二十六年(50),"北匈奴见南单于来附,惧谋其国,故数乞和亲,又远驱牛马与汉合市,重遣名王,多所贡献"③。姑藏还成为双方商业贸易的中心,《后汉书·孔奋列传》称:"姑藏称为富邑,通货羌、胡,市日四合。"李贤注

---

① 《后汉书》卷76《循吏列传》,第2463页。
② 王宗维:《汉代丝绸之路的咽喉——河西路》,第95-97页。
③ 《后汉书》卷89《南匈奴列传》,第2946页。

云:"古者为市,一日三合……今既人货殷繁,故一日四合也。"[1] 章帝元和元年(84),武威太守孟云上言北匈奴"复愿与吏人合市,诏书听云遣驿使迎呼慰纳之。北单于乃遣大且渠伊莫訾王等,驱牛马万余头来与汉贾客交易,诸王大人或前至,所在郡县为设官邸,赏赐待遇之"[2]。

当然,围绕河西走廊形成的上述诸条道路,并不是孤立的,而是彼此联系,互相沟通的,共同构成一个覆盖范围广泛的交通网络体系。

综上所述,河西地处几大区域之间,经济发达、地形险要、交通汇集,具有重要的军事战略价值。在汉匈长达百年的南北对抗中,汉朝因夺得了对河西的控制权,在双方的争战中获得显著优势,不但有效地御敌于外,而且方便主动出击,或与邻近区域形成战略联盟,多线用兵,为汉匈战争的最终胜利奠定了坚实的基础。

---

[1] 《后汉书》卷31《孔奋列传》,第1098页。
[2] 《后汉书》卷89《南匈奴列传》,第2950页。

第二章　西汉前期汉匈双方的军事形势

西汉前期，东亚大陆形成两大政治军事集团南北对峙的局面。南部汉朝立国未久，政治、经济、军事力量比较薄弱，百废待兴。北方游牧民族匈奴趁中原内乱之机，迅速崛起，形成一个强大的奴隶制政权，并借中原政权未稳之时，不断南下掳掠，极大地威胁着新生王朝的安全和稳定。

一　汉匈双方国力的对比

汉朝立国之初，所辖疆域比秦时大为缩小。中央只有"三河、东郡、颍川、南阳，自江陵以西至蜀，北自云中至陇西，与内史凡十五郡，而公主列侯颇食邑其中"①，仅关中、巴蜀和河南的部分地区是汉政府能直接控制和管辖的区域，其中还夹杂着大约140多个功臣的封地和封君的汤沐邑。而且刚刚在秦亡、楚汉战争废墟上建立起来的西汉政权，人口锐减，经济残破，国力空虚。"天下初定，故大城名都散亡，户口可得而数者十二三，是以大侯不过万家，小者五六百户。"② 据推算，汉初人口总数约有一千三百万，而汉政府能够直接掌控的人口约为户九十七万，口四百五十万③，朝廷的在籍户口数仅占秦代的23%，即当时朝廷所征收的赋税只有秦代的23%，故有"自天子不能具钧驷，而将相或乘牛车，齐民无藏盖……米至石万钱，马一匹则百金"④。

统治阶级内部的政治斗争也在激烈地进行着。高帝五年（前202）至高帝十二年（前195），燕王臧荼、颍川侯利幾、韩王信、代相陈豨、淮阴侯韩信、梁王彭越、淮南王英布、燕王卢绾等异姓王侯相继反叛；接着

---

① 《史记》卷17《汉兴以来诸侯王年表》，第802页。
② 《史记》卷18《高祖功臣侯者年表第六》，第877页。
③ 柳春藩：《秦汉封国食邑赐爵制》，辽宁人民出版社1984年版，第42页。
④ 《史记》卷30《平准书》，第1417页。

是刘氏、吕氏的权力之争；而后济北王刘兴居、淮南王刘长等同姓王亦叛，景帝三年（前154）更是爆发了以吴王濞为首的吴楚七国之乱。连绵不断的战乱，不但使政局动荡，也极大地影响着农业经济的恢复和发展。

北方的匈奴民族自冒顿单于起，先后向东破灭东胡，向西击走月氏，南并楼烦、白羊河南王，北服浑庾、屈射、丁零、鬲昆、薪犁各族，形成"诸引弓之民，并为一家"①的极盛局面。人口总数达一百五十万左右②，控地范围东尽辽河，西至葱岭，南达长城，北抵贝加尔湖，面积广于汉境，成了名副其实的"百蛮大国"。大批的奴隶财富和贡纳，从四面八方源源不断流入人口尚不及汉朝十分之三的匈奴王国。

在军事方面，汉朝的兵力和装备亦远不及匈奴。从汉匈首次交锋的白登山之战来看，汉朝能够出动的兵力为32万，匈奴出动的精骑为40万。匈奴人自幼生长在大漠南北，严酷的自然环境培养了他们凶狠强悍、勇猛善战的性格，成年男子个个都是天生的武士，"儿能骑羊，引弓射鸟鼠，少长则射狐兔，肉食。士力能弯弓，尽为甲骑。"③而农耕社会中长大的汉族士兵缺乏这种先天条件，无论身体素质、心理素质还是作战水平皆逊一筹。正如晁错所言："上下山阪，出入溪涧，中国之马弗与也；险道倾仄，且驰且射，中国之骑弗与也；风雨疲劳，饥渴不困，中国之人弗与也。"④作战装备更是不能同日而语，汉军多步兵，匈奴的兵阵"其西方尽白马，东方尽青駹马，北方尽乌骊马，南方尽骍马。"⑤在冷兵器时代，马匹的多少直接反映着军事力量的强弱。毫无疑问，汉朝缺少一支足以与匈奴相对抗的骑兵部队，军事上完全处于劣势。故高后时，冒顿单于骄横无礼，樊哙请求出兵，季布斥之曰："哙可斩也！前陈豨反于代，汉兵三十二万，哙为上将军，时匈奴围高帝于平城，哙不能解围。天下歌之曰：'平城之下亦诚苦！七日不食，不能张弩。'今歌唫之声未绝，伤痍者甫起，而哙欲摇动天下，妄言以十万众横行，是面谩也。"⑥

综上所述，西汉前期汉朝的综合国力远不及匈奴，这种局面一直持续到汉武帝初年。

---

① 《史记》卷110《匈奴列传》，第2896页。
② 《中国北方民族关系史》编写组：《中国北方民族关系史》，中国社会科学出版社1987年版，第78页。
③ 《汉书》卷94上《匈奴传》，第3743页。
④ 《汉书》卷49《晁错传》，第2281页。
⑤ 《汉书》卷94上《匈奴传》，第3753页。
⑥ 同上书，第3755页。

二 匈奴采取的军事战略措施

在处于绝对优势的情况下，匈奴又采取了一系列军事措施，进一步巩固和加强自己的优势地位。

（一）匈奴军事力量的分布特点

早在匈奴头曼单于（？—前209）初期，匈奴就实行军政一体的政权组织形式。至冒顿单于时期，随着所控地域的扩大和财富的积累，政权结构不断完善。最终，建立起一个以漠北为中心的庞大的奴隶制政权①。据史书记载：

> 然至冒顿而匈奴最强大，尽服从北夷，而南与中国为敌国，其世传国官号乃可得而记云。置左右贤王，左右谷蠡王，左右大将，左右大都尉，左右大当户，左右骨都侯。匈奴谓贤曰"屠耆"，故常以太子为左屠耆王。自如左右贤王以下至当户，大者万骑，小者数千，凡二十四长，立号曰"万骑"。诸大臣皆世官。呼衍氏，兰氏，其后有须卜氏，此三姓其贵种也。诸左方王将居东方，直上谷以往者，东接秽貉、朝鲜；右方王将居西方，直上郡以西，接月氏、氐、羌；而单于之庭直代、云中。各有分地，逐水草移徙。而左右贤王、左右谷蠡王最为大国，左右骨都侯辅政。诸二十四长亦各自置千长、百长、什长、裨小王、相封、都尉、当户、且渠之属②。

不难看出，这种政权组织形式具有以下几个特点：

其一，结构严密，层次分明。从纵向看，整个结构呈一个稳定的金字塔型，单于高居金字塔的权力顶端，然后依次是左右贤王、左右谷蠡王、左右大将、左右大都尉、左右大当户。匈奴尚左，以左为上。左右贤王是地方的最高首领，左右谷蠡王亦各建王庭于其驻牧地。"二十四长"受控于左右贤王和左右谷蠡王，其下又有千长、百长、什长、裨小王等，相、都尉、当户、且渠等，层层统领；横向看，左右王互不统属，左贤王居于

---

① 林幹：《匈奴史》，内蒙古人民出版社1979年版，第27页。
② 《史记》卷110《匈奴列传》，第2890—2891页。

上谷（今河北省怀来县一带）以东，北接秽貉、朝鲜，右贤王占据上郡（今陕西榆林县一带）以西，与月氏、氐、羌相连，各有分地，唯单于命是从，避免一方做大。由此，单于只要掌控了四大王（左右贤王和左右谷蠡王），也就间接地控制了整个匈奴王国。这样一个组织关系，有利于单于巩固自己的政治统治地位。

其二，军事力量的分布态势极具优越性。匈奴与汉朝连疆数千里，匈奴左、中、右三部沿汉朝北部一线由东到西依次排开，单于居中，左右贤王分立两侧，互为犄角，对汉朝形成强敌压境之势。另据林幹先生考证，史书中还记载了其他16个匈奴小王的分地（驻牧地）①情况，列表如下：

序号	匈奴王名号	分地（驻牧地）
1	浑邪王与休屠王	今甘肃河西走廊一带
2	犁汗王及温偶駼王	今甘肃河西走廊以北地带（斗地）
3	姑夕王	今内蒙古哲里木盟、昭乌达盟和锡林郭勒盟一带
4	左犁汗王咸	今内蒙古托克托县北部一带
5	日逐王	在匈奴西部，与今新疆连界
6	东蒲类王	今新疆准噶尔盆地西南部
7	南犁汗王	今新疆吉木萨尔县北及准噶尔盆地以东一带
8	於軒王	今贝加尔湖一带
9	右奠鞬日逐王比	今西自河套、东至河北省北部南洋河以西一带
10	左伊袟訾王	今内蒙古锡林郭勒盟一带
11	皋林温禺犊王	今蒙古人民共和国境内满达勒戈壁附近一带
12	句林王	今内蒙古居延海北约六百里处
13	呼衍王	今新疆吐鲁番及巴里坤湖一带
14	伊蠡王	今新疆吐鲁番以西腾格里山一带

需要补充的是，当时活动在河套以南的楼烦王和白羊王也应在其列。

这些驻牧地或靠近汉界，或犬牙交错于汉之境内，或深入西域，多数控制战线紧要部位，与四大王主力部队遥相呼应，形成一个严密的进攻体系，在大漠广袤的地域范围内，便于单于快速集结部队，调兵遣将，从几个方向、多条道路同时向汉朝发起进攻，使汉军攻不敢攻，防不胜防，战略战术主动灵活。

---

① 林幹：《匈奴通史》，人民出版社1986年版，第35—44页。

尤其值得注意的是，位于西方的匈奴右贤王，其势力扩张可以指向更远的西南方、西方，无论匈奴在强盛时期还是衰弱时期均可向这些方向迁移，利用所辖部众与汉朝抗衡。如匈奴可通过居延盆地进入河西走廊，西南入洮河流域或青海草原；也可向西通过科布多盆地与阿尔泰山的山口，长驱而入今新疆天山以北的准噶尔盆地，翻越天山，进入西域腹地①。匈奴右部犹如一只伸缩自如的臂膀，挥舞着不期而至的重拳，对维护匈奴的政治和军事秩序起着举足轻重的作用。

（二）西击月氏、抢占河西

1. 占据河西的过程

河西走廊自古以来是众多游牧民族的聚居地，其中以月氏和乌孙最为古老和强大。秦末汉初，月氏击败宿敌乌孙，称霸河西走廊。但河西优越的地理环境亦为匈奴所觊觎，与月氏展开的争夺战可谓旷日持久，其间历经头曼、冒顿、老上、军臣四代单于的努力，终将河西据为己有。大体经过如下：头曼早已垂涎于河西，故佯送太子冒顿为质月氏，同时结盟乌孙，以待时机。时月氏攻打乌孙，头曼率众急攻月氏，以解乌孙之围，冒顿趁乱逃脱。后冒顿因权力欲望膨胀，鸣镝为训，杀父自立②，率众"破灭东胡王，虏其民众畜产。既归，西击走月氏，南并楼烦、白羊河南王，悉复收秦所使蒙恬所夺匈奴地"，月氏被赶出河西，落脚在伊犁河流域的塞族故地，"其余小众不能去者，保南山羌，号小月氏。"③匈奴占领了河西走廊，并将势力向南推进到朝那、肤施等地。随后，匈奴委派与月氏有世仇的乌孙王难兜靡的儿子昆莫猎骄靡进军西域，寻机再次对月氏实施打击。文帝前元四年（前176），"老上单于杀月氏，以其头为饮器，月氏乃远去"④，月氏王被杀，群龙无首，逃到了更远的今阿富汗北部的阿姆河流域。匈奴在向西追击月氏的过程中，顺势将西域一并征服。这样，匈奴疆域以河西作为连接地带，东尽辽河，西逾葱岭，势力非常强大。

正如《史记·匈奴列传》记载的冒顿单于写给汉文帝的信中所言："今以小吏之败约故，罚右贤王，使之西求月氏击之。以天之福，吏卒良，马强力，以夷灭月氏，尽斩杀降下之。定楼兰、乌孙、呼揭及其旁二

---

① 陈序经：《匈奴史稿》，中国人民大学出版社2007年版，第66页。
② 贾文丽：《匈奴头曼单于以冒顿为质月氏相关史实的研究》，《首都师范大学学报》2013年第3期。
③ 《史记》卷123《大宛列传》，第3162页。
④ 《汉书》卷96上《西域传》，第3891页。

十六国,皆以为匈奴。诸引弓之民,并为一家。北州已定。"① 冒顿单于此信表面上是向汉文帝表明,已惩罚了破坏汉匈约定贸然南侵的右贤王,实际上其真实目的是炫耀武功,打压汉朝。

2. 在河西建立据点

秦末汉初,匈奴王庭位于今内蒙古西部的阴山附近。匈奴由阴山以南的沃野顺势而下,就可以越过黄河、鄂尔多斯沙漠,进入汾河或黄河河谷,直击汉朝的腹心地带。区位上具有向纵深目标穿插速度快,方便实行闪电歼灭战的特点,但易受汉定襄、代郡等部队的夹击和包抄,战略战术迂回不足的弊端也非常突出。

阴山之右、黄河之西、绵延千里的河西这块新辟之地,恰如阴山匈奴的一支长长的手臂,将汉王朝挽入臂中。一方面对相邻的汉之陇西郡、北地郡造成严重威胁的态势,使汉政府抽出更多的兵力加强防御;另一方面有了一块战略回旋的广大空间,改变了原来单一基地作战的种种不足。所以为了巩固势力扩张的成果,匈奴单于指派浑邪王和休屠王总领该地。

当时的河西既有匈奴部落,又有臣服的其他游牧民族部落,总人数约在十万左右②。这些臣服的部落,和平时期向匈奴缴纳重税,战时充当匈奴的急先锋,成为匈奴经济和军事力量的重要补充。浑邪、休屠二王在河西建立王城,统辖民众;对诸部落分封王号,划分领地,实行牧战一体的军事组织管理形式。

(1) 河西四城

由于浑邪、休屠二王在河西的统辖区域过于辽阔,不利于管理,故二王以焉支山为地理分界线将河西分为东西两部,休屠王掌控以今石羊河流域为中心的东部地区,浑邪王负责以今额济纳河为主体的西部区域,然后各置王城分理事务。史籍中所见匈奴在河西所建诸城,主要有休屠王城、盖臧城、西城和觻得城。

休屠王城和盖臧城,位于休屠王的领地内。休屠王城,《水经注》卷40 "都野泽"条云,流经姑臧武始泽的泽水,又 "东北流,径马城东,城即休屠县之古城也,本匈奴休屠王都。谓之马城河。又东北与横水合。" 休屠王城位于姑臧城北、谷水西岸、横水(今北沙河)南侧,与今武威市四坝乡三岔村的位置正和,地当走廊谷水平原北出蒙古高原的南北交通要道上。盖臧城, 《读史方舆纪要》卷63 "姑臧废县"条记云:

---

① 《史记》卷110《匈奴列传》,第2896页。
② 马长寿:《北狄与匈奴》,广西师范大学出版社2006年版,第55页。

"《西河旧事》：姑臧城，秦月氏戎所居。匈奴谓之盖臧城，语讹为姑臧也。"此城在匈奴之前为月氏戎的王城，汉置姑藏县，后为武威郡和凉州治所，位于今武威市所在地。关于城址规模，据《晋书·张轨传》记载，姑臧城"本匈奴所筑也，南北七里，东西三里，地有龙形，故名卧龙城。"休屠王坐拥盖臧、休屠二城，统率速濮部、稽沮（揩次）部、休屠部、卢水胡部和张掖（涿邪、猪野）人等五部落①。史载元狩二年（前121）春，霍去病率兵第一次攻打河西时，即遇到了休屠王所辖五部人马的激烈反击。

西城和觻得城，位于浑邪王的领地内。西城，据专家考证就是今天的八卦营古城②。该城南距祁连山主脉20公里，城南正对扁都口隘口，扼控穿越祁连山南北的交通要道；正东为焉支山脉，自古以来就是河西走廊的黄金牧场。霍去病元狩二年（前121）夏在西城大破匈奴数万人，俘获单于阏氏、将军等，可知该地是匈奴在河西最为重要的统治中心。觻得城的位置，《后汉书·明帝纪》唐章怀太子李贤注："张掖郡，故匈奴昆邪王地也……故城在今甘州张掖县西北。"③大约在今张掖市西北约17公里的黑河西岸，南距312国道两公里左右，是河西与蒙古高原沟通的交通枢纽，并与南部的西城遥遥相望。浑邪王所辖的部落较多，主要有番和羌部、焉支部、折兰部、浑邪（浑庚）部、觻得部、乌犁（屋兰）部、酋涂（酒泉）王部等多个部落④。

河西四城不仅扼控河西走廊的重要交通要道，更重要的是，从公元前174年至公元前121年，匈奴统治河西长达半个世纪之久，东震关陇，西控西域，南联诸羌，四城作为河西匈奴的统治中心无疑发挥着重要作用。

（2）驻兵"斗地"

河西谷水平原以西，弱水下游居延海以东，龙首山、合黎山以北，阿拉善台地以南这块区域，相对于河西走廊是一块较为独立的区域。该地地势较高，地下水源比较丰富，草本植物生长茂盛，自古以来也是一块优良的牧场。因其地形形似漏斗深入谷水和弱水下游平原，被汉朝人形象地称为"斗地"。龙首山和合黎山之间有天然形成的几大峪口沟通"斗地"与

---

① 王宗维：《秦汉之际河西地区的民族及其分布》，《兰州大学学报》（社会科学版）1985年第3期。
② 李并成：《汉张掖属国考》，《西北民族研究》1995年第2期。
③ 《后汉书》卷2《明帝纪》，第122页。
④ 王宗维：《秦汉之际河西地区的民族及其分布》，《兰州大学学报》（社会科学版）1985年第3期。

走廊内外，因而其军事战略地位非常重要。

元狩二年（前121），霍去病击败浑邪、休屠二王，河西归汉。为加快对河西的农业开发，汉朝重点在谷水（今石羊河）、弱水（今额济纳河）、籍端水（今疏勒河）、氐置水（今党河）等所属绿洲平原，移民屯田，发展农业，该地因发展灌溉农业条件有限未能引起足够的重视。匈奴在浑邪、休屠二王败退时，及时安插右贤王所属的犁汙王部占据此处，后来成为汉朝防护河西军事安全的重地之一。

犁汙王利用游牧的便利条件，经常活动在龙首山、合黎山南各处，探听汉之虚实，图谋重新夺回河西走廊。汉昭帝元凤二年（前79），匈奴右贤王与犁汙王共谋出兵，由"斗地"进攻张掖郡的日勒、屋兰和番和等县。《汉书·匈奴传》记此事：

> 明年，单于使犁汙王窥边，言张掖、酒泉兵益弱，出兵试击，冀可复得其地。时汉先得降者，闻其计，天子诏边警备。后无几，右贤王、犁汙王四千骑分三队，入日勒、屋兰、番和。张掖太守、属国都尉发兵击，大破之，得脱者数百人。属国千长义渠王骑士射杀犁汙王①。

犁汙王死后，该地又被匈奴温偶駼王部所据。西汉成帝绥和元年（前8）汉朝迫于军事防御压力，曾希望匈奴相让此地，遭到拒绝，《汉书·匈奴传》载：

> 藩至匈奴，以语次说单于曰："窃见斗［地］入汉地，直张掖郡，汉三都尉居塞上，士卒数百人，寒苦，候望劳久。单于宜上书献此地，直断阏之，省两都尉士卒数百人，以复天子厚恩，其报必大。"单于曰："此天子诏语邪，将从使者所求也？"藩曰："诏指也。然藩亦为单于画善计耳。"单于曰："孝宣、孝元皇帝哀怜父呼韩邪单于，从长城以北匈奴有之。此温偶駼王所居地也，未晓其形状所生，请遣使问之。"藩、容归汉。后复使匈奴，至则求地。单于曰："父兄传五世，汉不求此地，至知独求，何也？已问温偶駼王，匈奴西边诸侯作穹庐及车，皆仰此山材木，且先父地，不敢失也。"藩还，迁为太原太守。单于遣使上书，以藩求地状闻。诏报单于曰：

---

① 《汉书》卷94上《匈奴传》，第3783页。

"藩擅称诏从单于求地,法当死,更大赦二,今徙藩为济南太守,不令当匈奴。"①

单于所说的"匈奴西边诸侯作穹庐及车,皆仰此山材木",可能是实情,但更多的是一种托词,该地与汉在河西的经济、军事重地三面接壤,其战略意义不可小觑。

(三) 在西域设置僮仆都尉

西域,在汉代是指玉门关、阳关以西的诸多国家和地区。《汉书·西域传》记载当时已有 30 多个国家分布在西域,故有"西域三十六国"之说。在汉朝打通西域之前,即前述文帝前元四年(前 176),匈奴就将势力延伸到该地,"定楼兰、乌孙、呼揭极其旁二十六国,皆以为匈奴。诸引弓之民,并为一家。"②

武帝太初三年(前 102)李广利征伐大宛胜利归来,楼兰受匈奴指派发兵袭击汉军后队,汉将任文领兵击败楼兰。地处匈奴势力末端的楼兰,在汉朝势力逐步深入西域的情况下,依旧听从匈奴的摆布,更不用说其他地近国家。为了阻挡汉朝西进的步伐,匈奴遂在西域增设僮仆都尉,进一步加强对它的统治。《汉书·西域传上》记载:"匈奴西边日逐王置僮仆都尉,使领西域,常居焉耆、危须、尉犁间,赋税诸国,取富给焉。"匈奴在西域设立僮仆都尉的时间,林幹的《匈奴历史年表》认为是:"公元前 92 年,即汉武帝征和元年、匈奴狐鹿姑单于五年。"③ 这在史学界基本已成定论。

僮仆也称僮,是指奴隶。如《史记·南越列传》曰:"吕嘉等乃遂反,下令国中曰:'王年少。太后,中国人也。又与使者乱,专欲内属,尽持先王宝器入献天子以自媚,多从人,行至长安,虏卖以为僮仆。'"④ 另《史记·平准书》言:"贾人有市籍者,及其家属,皆无得籍名田,以便农。敢犯令,没入田僮。"⑤ 西域各国已彻底沦为匈奴的附庸。

相应地,僮仆都尉的职责就是统治西域各国,定期向他们征收赋税,补充兵源。僮仆都尉的常驻地"焉耆、危须、尉犁间",据专家考证,在

---

① 《汉书》卷 94 下《匈奴传》,第 3810 页。
② 《史记》卷 110《匈奴列传》,第 2896 页。
③ 林幹:《匈奴历史年表》,中华书局 1984 年版,第 38 页。
④ 《史记》卷 113《南越列传》,第 2974 页。
⑤ 《史记》卷 30《平准书》,第 1430 页。

环博斯腾湖即今库尔勒、焉耆一带，此区域是准噶尔盆地沟通塔里木盆地的交通要冲，匈奴控制天山南北的战略基地①。当然，为了显示威力，加强管理，僮仆都尉的驻地不是固定不变的。安作璋认为，匈奴将被征服者固定在原地，要求按照他们原有的方式生产、生活。而僮仆都尉则率领数千骑兵，往来于此②。此举有利于对西域各国造成巨大的心理压力，便于匈奴有效地加以管理。

（四）频繁侵扰汉之陇西、北地边郡

匈奴控制河西后，不但获得了大量优良的战马和丰厚的物资，战斗力大为增强，而且常以其为后方，与阴山基地遥相呼应，对汉之陇西、北地等边郡频繁侵扰，而且不时发起大规模的进攻，严重威胁着汉朝国都长安的安全。

陇西郡因郡在陇山之西而得名，应劭曰："有陇坻在其东，故曰陇西也。"③ 陇西郡至迟在秦昭襄王27年（前299）前已设④，汉之陇西郡基本沿袭了秦朝建制，辖境东起陇山，西至黄河及大夏河以东，包括今天水、定西、兰州、临夏、陇南北部（今礼县、宕昌、成县等）等地区，辖有狄道、临洮、西冀、枹罕、上邽、下辨道、榆中、绵诸道、成纪、獂道、略阳道等县（道）。北地郡设于秦昭襄王35年（前272），因其在秦国政治中心关中的岐、梁、泾、漆之北故名，汉后承之。北地郡辖境大约相当于今甘肃东北部庆阳、平凉、白银等地市，宁夏回族自治区东南部，内蒙古西南部和陕西西部的一部分，有义渠、乌氏、泾阳、泥阳、郁郅、朐衍、朝那、富平、阴密、彭阳、鹑觚、直路、除道等县（道）。这两大板块区域是汉都长安的西部战略屏障，也意味着能得到匈奴更多的关注。史书中匈奴对陇西、北地的侵扰主要记载了五次⑤。

第一次和第二次发生在高后时期。高后六年（前182）"六月，匈奴寇狄道，攻阿阳"。七年（前181）"冬十二月，匈奴寇狄道，略二千余人"⑥。狄道是陇西郡的郡治，在今临洮，向北与河西匈奴相距有300多里路程，这对惯于长途奔袭的匈奴骑兵来说是轻而易举之事。阿阳即今平

---

① 王子今：《匈奴"僮仆都尉"考》，《南都学坛》（人文社会科学学报）2012年第4期。
② 安作璋：《两汉与西域关系史》，齐鲁书社1979年版，第9页。
③ （北魏）郦道元：《水经注》卷2《河水》，上海古籍出版社1990年版，第35页。
④ 刘光华主编，汪受宽著：《甘肃通史》（秦汉卷），甘肃出版社2008年版，第22页。
⑤ 同上书，第62—66页。
⑥ 《汉书》卷3《高后纪》，第99页。

凉市的静宁，由阿阳向北一百多里是北地郡的朝那萧关。

第三次在文帝前元三年（前177）。"五月，匈奴入北地，居河南为寇。帝初幸甘泉。六月……（帝）发边吏骑八万五千诣高奴，遣丞相颍阴侯灌婴击匈奴，匈奴去，发中尉材官属卫将军军长安。"① 这次入侵的匈奴来势凶猛，而且从北地一路包抄到河南地，前后持续一个多月，引起汉文帝的高度重视，并亲自坐镇甘泉指挥，最终将匈奴右贤王军逼退出塞。

第四次在文帝前元十一年（前169）。"匈奴寇狄道。"②

第五次在文帝前元十四年（前166）冬，这次匈奴入侵出动兵力14万骑，占总兵力的35%（全盛时期有40万骑兵），很显然这次是有备而来，《史记》《汉书》的《文帝纪》《匈奴列传》《匈奴传》中均有记载，以《匈奴列传》最为详细：

> 汉孝文皇帝十四年，匈奴单于十四万骑入朝那萧关，杀北地都尉印，虏人民畜产甚多，遂至彭阳。使骑兵火烧回中宫，候骑至雍甘泉。

秦和西汉的朝那县在今宁夏彭原县古城乡，萧关在朝那县境内，《辞海》云："故址在今宁夏固原东南，为自关中通向塞北的交通要冲。因萧关在朝那县境内，亦称朝那塞。"萧关是秦汉时期设置在西北边地的一座雄关，拱卫关中的西北门户，历史上有"东函谷、南武关、西散关、北萧关"之称。《文献通考》云："山川险阻，旁扼夷落，为中华襟带。"顾祖禹称萧关为："据八郡之肩背，绾三镇之要膂。"萧关的具体位置，刘满认为在今宁夏彭原县任山河③，王北辰对其地理位置有细致考证，概述如下：

> 就萧关的地理位置论，它位于高平川水（苦水，今清水河）上游，再南即是几条水的分水岭，路经萧关则分向各方：沿泾河谷南下，穿过弹筝峡（三关口峡谷），经平凉而趋长安；经萧关而东，沿今茹河河谷可去古彭阳（故址在今镇原县城东38公里彭阳乡）；向

---

① 《史记》卷10《孝文本纪》，第425页。
② 《汉书》卷4《文帝纪》，第123页。
③ 刘满：《再论萧关的地理位置》，《敦煌学辑刊》2000年第2期。

西，越陇山（六盘山）取葫芦河路远通古秦州（今天水市）。正因为如此，萧关才是交通要枢，弹筝峡北口的屏障①。

面对匈奴的入侵，北地郡都尉孙卬率军奋起反抗。但匈奴最终杀死孙卬，夺取萧关，向东沿今茹河河谷到达彭阳，而后兵分两路，一路从彭阳向南，经今泾川、华亭、火烧回中宫，进入今陕西陇县、千阳一带；另一路从彭阳继续往东南，经今宁县，进入陕西旬邑县境内②。《史记·高惠高后文功臣表》记："瓶侯孙单，父卬以北地都尉匈奴人力战死事。"孙卬为保卫萧关战死，为边郡将士作出了榜样。汉文帝为嘉奖孙卬，封其子孙单为瓶侯，这是文帝时期所封的28家王侯中，唯一因军功荫及子孙的受封，可见这场战争的影响力。

与此同时，匈奴的侦察骑兵已到达甘泉宫（今陕西淳化县境）和雍县（今陕西凤翔），距离长安近在咫尺，情况万分紧急，文帝急忙调兵遣将，前往御敌。

> 于是文帝以中尉周舍、郎中令张武为将军，发车千乘，骑十万，军长安旁以备胡寇。而拜昌侯卢卿为上郡将军，宁侯魏遬为北地将军，隆虑侯周灶为陇西将军，东阳侯张相如为大将军，成侯董赤为前将军，大发车骑往击胡。单于留塞内月余乃去，汉逐出塞即还，不能有所杀③。

虽然史书仅记载了五次，毋庸置疑，实际的侵扰次数远不止这些。匈奴铁骑所过之处，践踏庄稼，抢劫财产，杀掠吏民，焚烧家园，给陇西、北地两地的官吏、百姓造成极大的苦难。晁错曾言："臣闻汉兴以来，胡虏数入边地，小入则小利，大入则大利；高后时再入陇西，攻城屠邑，驱略畜产；其后复入陇西，杀吏卒，大寇盗。臣闻战胜之威，民气百倍；败兵之卒，没世不复。自高后以来，陇西三困于匈奴矣，民气破伤，亡有胜意。"④ 更为严重的是，河西匈奴与阴山匈奴势力连为一体，遥相应和，如果汉朝重点加强陇西、北地郡的防御，那么匈奴就转而集中攻击汉朝北部沿边各郡。史籍中有大量的记载，如孝文皇帝十四年（前166）后，

---

① 王北辰：《王北辰西北历史地理论文集》，学苑出版社2000年版，第245—246页。
② 刘光华主编，汪受宽著：《甘肃通史》（秦汉卷），甘肃出版社2008年版，第65页。
③ 《汉书》卷94上《匈奴传》，第3761—3762页。
④ 《汉书》卷49《晁错传》，第2278页。

"匈奴日已骄,岁入边,杀略人民畜产甚多,云中、辽东最甚,至代郡万余人。"后元六年(前158)冬,"匈奴复绝和亲,大入上郡、云中各三万骑,所杀略甚众而去。于是汉使三将军屯北地,代屯句注,赵屯飞狐口,缘边亦各坚守以备胡寇。……胡骑入代句注边,烽火通于甘泉、长安。"① 中元二年(前148),"匈奴入燕。"中元六年(前144)六月,"匈奴入雁门,至武泉,入上郡,取苑马。吏卒战死者二千人。"后元二年(前142)春,"匈奴入雁门,太守冯敬与战死。"② 贾谊在一篇奏疏中言:"西边北边之郡,虽有长爵不轻得复,五尺以上不轻得息,斥候望烽燧不得卧,将吏被介胄而睡。"③ 此言不虚。

毫无疑问,西汉前期匈奴所采取的军事部署非常成功,在拥有北部阴山这一战略要地的基础上,抢占河西,经营西域,对汉朝西北边境频繁地左出右击,使得汉政府处于被动防守,疲于应付地境地,基本上掌握了战争的主动权,形势对其非常有利。

三 汉朝对匈奴采取的应对策略

汉朝面对与匈奴关系中的被动局面,采取了以下措施予以应对。

(一) 推行汉匈和亲政策

西汉初年,刚刚在废墟上建立起来的刘汉王朝,面对北方军事力量日益强大,不断发兵南下攻略的匈奴,汉高祖刘邦决定亲征予以还击。高祖七年(前200),刘邦率领30万大军从长安北上平城(今山西大同东北),与冒顿单于所在的代谷(今山西繁峙西北)主力对峙。冒顿采用诱敌之术,匿其精兵,见其羸弱。刘邦求胜心切,轻敌冒进,带领部队离开平城向北进攻。在距离平城东北15公里处,遭遇匈奴主力,匆忙间败走白登山。白登山又名马铺山,方圆不过10里。匈奴近40万铁骑把白登山围得水泄不通,而汉军的援兵辎重早已被刘邦远抛在后,断绝了联系。高祖凭借白登山有利地形率军顽强抵抗,坚持战斗7天7夜,仍不能脱身,情况万分危急。据史籍记载,无奈之下,刘邦采用陈平之计,向冒顿的阏氏行

---

① 《史记》卷110《匈奴列传》,第2901、2904页。
② 《汉书》卷5《景帝纪》,第145、150、151页。
③ 《汉书》卷48《贾谊传》,第2240页。

贿，单于方才撤兵。但此说经不起推敲，应是匈奴担心刘邦援军赶到，恐被汉军内外夹击所致。这就是历史上著名的"白登之围"。

"白登之围"是历史上汉朝与匈奴的第一次正面交锋，是双方军事力量的集中展示，这次战役虽没有绝对的胜负之分，但不难看出，汉朝缺乏与匈奴匹敌的强大的骑兵部队，军事实力远远落后于匈奴。匈奴极力推行侵略政策，边境安全使汉政府饱受困扰，如何解决成为统治者首先要面对的问题，深谙汉匈形势的刘敬遂向汉高祖进献和亲安边之策，他说：

> 天下初定，士卒罢（疲）于兵，未可以武服也。冒顿杀父代立，妻群母，以力为威，未可以仁义说也。陛下诚能以适（嫡）长公主妻之，厚奉遗之，彼知汉适女送厚，蛮夷必慕以为阏氏，生子必为太子，代单于。何者？贪汉重币。陛下以岁时汉所余彼所鲜数问遗，因使辩士风谕以礼节。冒顿在，固为子婿，死，则外孙为单于。岂尝闻外孙敢与大父抗礼者哉？兵可无战以渐臣也①。

但由于吕后坚决反对以嫡长公主和亲，遂改以宗室外庶女子代之，嫁与单于为阏氏。双方联姻，约为兄弟，以长城为界划分统治领域。

> 长城以北引弓之国，受令单于；长城以内冠带之室，朕亦制之。使万民耕织射猎衣食，父子毋离，臣主相安，俱无暴虐②。

与此同时，汉匈双方约定在边郡开放关市，准许两族人民贸易往来，互通有无，满足双方的经济、文化需要，以此进一步调和紧张关系。另外，汉朝每年作为"岁奉"，无偿赠送匈奴数目较大的絮、缯、酒、米、食等日用品，絮、缯统指棉织品和丝织品。另外，高档的衣物和装饰品也十分丰厚。仅汉文帝前元六年（前174），就一次赠送冒顿单于"服绣袷绮衣、长襦、锦袍各一，比疏一、黄金饬具带一，黄金犀毗一，绣十匹，锦二十匹，赤绨、绿缯各四十匹"③。可谓十分丰厚。

汉匈之间的和亲，是西汉政府面对强敌匈奴暂时采取的一项政治外交政策，希望通过缔结婚姻来建立一种和睦相处的关系，减少军事冲突的发

---

① 《史记》卷99《刘敬列传》，第2719页。
② 《史记》卷110《匈奴列传》，第2902页。
③ 《汉书》卷94上《匈奴传》，第3758页。

生。对匈奴而言，和亲对其人民生产生活的安定、经济文化的发展也有重要的作用，也得到匈奴人民的普遍支持。正如《史记·匈奴列传》中冒顿单于所言：

> 愿寝兵休士卒养马，除前事，复故约，以安边民，以应始古，使少者得成其长，老者安其处，世世平乐。

汉朝首倡的和亲政策得以顺利实行，"使刘敬往结和亲之约，然后天下忘干戈之事"①。汉匈和亲后，汉匈边境一段时间内再未出现大规模的兵戈相见之事，基本上实现了汉政府的初衷。此后，惠帝、吕后、文帝、景帝，一直到汉武帝初年，汉朝统治者都一直奉行对匈奴的和亲政策。

由于汉匈和亲本质是一种政治联姻，具有极强的功利色彩，因而表面上看双方的交战有所减少，实际上暗流涌动，军事冲突从未停止。如前述的高后至文帝时期匈奴对陇西、北地就发动了五次侵扰，其中以文帝前元十四年（前166）、后元六年（前158）冬，匈奴分别大举入侵上郡、云中和萧关为甚。景帝时，匈奴"时时小入盗边"。汉政府为保证和亲大局的稳定，并未扩大战事，仅派兵将其驱逐出境。双方的和亲实际上处于一种时断时续的状态。

但不可否认的是，汉匈和亲政策一定程度上保证了汉朝边境的稳定，为汉朝经济的恢复和发展赢得了宝贵的时间。经过70余年的休养生息，至汉武帝时期，国库充盈，社会安定，人民富足，军力强大。建元三年（前138）汉武帝的马邑之谋，标志着汉朝决定废除和亲政策，转而对匈奴进行军事打击，汉匈关系开始发生历史性的转变。

（二）增强政治、经济和军事实力

汉朝实行的和亲政策，使得匈奴对汉之边境的侵扰有所收敛，但匈奴的不时背约也使统治者深刻地认识到，只有积蓄力量彻底击败匈奴，才是解决边境危机和保证王朝安定的根本之道。自文景始，汉朝就开始实施一系列措施，以巩固政权，提升经济和军事实力，积极为反击匈奴做好各项准备。

1. 政治、经济措施

文帝即位后，封周勃为右丞相，陈平为左丞相，灌婴为太尉，组建新

---

① 《史记》卷112《平津侯主父列传》，第2955页。

的中央领导集团。在保留原有诸侯王的基础上，新封一批诸侯王，以维护皇权，屏藩朝廷巩固统治。景帝时期，诸侯王势力日益壮大，形成"尾大不掉"的局面。为削弱地方割据势力，景帝采用御史大夫晁错建议，大力推行削藩策。在平定吴楚"七国之乱"后，将绝大多数诸侯国降格为郡级，削弱或剥夺国君的权利及特权。中央直辖郡由高祖时的 15 郡增加到 44 郡，诸侯领郡则由 42 郡减为 26 郡。改变了诸侯王强大难驭的局面，进一步加强了中央集权。

文景时期继续推行汉初无为而治的政策，各项政治措施都围绕这一根本思想展开。无为之治，《淮南子·原道训》曰："漠然无为，而无不为也；澹然无治也，而无不治也。"《淮南子·览冥》将其思想原则进一步具体化，说："除苛削之法，去烦苛之事。"这种政策强调统治集团行政上不妄为，道法自然，避免苛政扰民。

在法律上实行轻刑、慎罚的政策，修正刑法中的一些不当之处，如汉文帝下诏废除黥、劓、刖、宫刑，代之以一定数量的笞刑，景帝时又进一步减轻笞刑。同时，增强司法程序的公正性、公平性，省简狱事，禁网疏阔，以此进一步缓和阶级矛盾，宽松社会氛围。

文景二世均将农业作为立国之本，重农抑商。文帝即位不久就下诏："农，天下之大本也。民所恃以生也；而民或不务本而事末，故生不遂。朕忧其然，故今兹亲率群臣农以劝之。"① 并采取具体措施，鼓励农耕。其一是省减租赋，减轻农民负担。如公元前 178 年、前 168 年，汉文帝两次诏令"赐天下民田租之半"，自此三十税一成为定制。前 167 年又诏"除田之租税"。另外，算赋也一再降低，汉王四年"初为算赋"，规定民年满十五以上至五十六出赋钱，人百二十为一算。文帝时"民赋四十"，景帝时更减为 120 钱。其二是入粟受爵。"令民有车骑马一匹，复卒三人，……令民入粟受爵五大夫以上，乃复一人耳。"② 徭役也由一年一服改为三年一服。使凋敝的社会经济得到较快的恢复和发展。

另外，崇尚节俭，反对奢靡，"孝文皇帝即位二十三年，宫室苑囿车骑服御无所增益"③，汉文帝以身作则，尽量减少国家财政开支和百姓民力，同时，整顿吏治，严惩贪官污吏，形成风清气正、凝心聚力的良好的政治生态。

---

① 《汉书》卷 4《文帝纪》，第 118 页。
② 《汉书》卷 24 上《食货志》，第 1133—1134 页。
③ 《汉书》卷 4《文帝纪》，第 134 页。

总之，经过文景二帝 41 年的用心治理，汉朝海内安宁，天下殷富，家给人足，出现了我国封建社会历史上第一个盛世景象，史称"文景之治"，为反击匈奴奠定了较为坚实的政治、经济基础。

2. 军事准备

汉初，面对强胡屡犯边境，汉政府虽然诏令边郡严加备守，但并未兴兵出击，以争得养精蓄锐的时间，但军事部署也在紧锣密鼓的进行。史称"是以文帝中年，赫然发愤，遂躬戎服，亲御鞍马，从六郡良家材力之士，驰射上林，讲习战陈，聚天下精兵，军于广武，顾问冯唐，与论将帅"①，为大规模反击匈奴进行一系列的准备工作。

其一，调兵遣将，加强边郡地区的武装力量。《汉书·文帝纪》载：后元五年（前159），"春，正月，上行幸陇西；三月，行幸雍；秋，七月，行幸代"。汉文帝一年三次对西北部边郡地区进行实地考察，说明对边防情况非常重视。文景时期还注重选拔任用优秀的军事将领镇守陇西、北地等边郡，如文帝时，中郎将袁盎被"调为陇西都尉。仁爱士卒，士卒皆争为死"②。景帝时，"广为陇西都尉，徙为骑郎将。吴楚军时，广为骁骑都尉，从太尉亚夫击吴楚军，取旗，显功名昌邑下。以梁王授广将军印，还，赏不行。徙为上谷太守，匈奴日以合战。……徙为上郡太守。后广转为边郡太守，徙上郡。尝为陇西、北地、雁门、代郡、云中太守，皆以力战为名"③。公孙昆邪"景帝时为陇西守"④。这些将领皆名震边陲。

边郡士卒一般是从本郡及各地统筹调配，除正卒外，还充之以屯兵和保塞蛮夷等力量。如高后五年（前183）"发河东、上党骑屯北地"，文帝后元六年（前158）"复发材官屯陇西"⑤，协助充实当地的边防力量。另外居住在汉朝边境自愿为汉守塞的"保塞蛮夷"，与汉军优势互补，相为表里，也是一支不可或缺的重要军事力量。景帝时"研种留何率种人求守陇西塞，于是徙留何等于狄道、安故，至临洮、氐道、羌道县"⑥。另据史料记载，上郡也有保塞蛮夷，文帝三年（前177），匈奴右贤王率领部众"往来入塞，捕杀吏卒，驱侵上郡保塞蛮夷"⑦。

---

① 《汉书》卷94下《匈奴传》，第3831页。
② 《汉书》卷49《袁盎传》，第2271页。
③ 《史记》卷109《李将军列传》，第2868页。
④ 《汉书》卷66《公孙贺传》，第2877页。
⑤ 《汉书》卷27《五行志》，第1392页。
⑥ 《后汉书》卷87《西羌传》，第2876页。
⑦ 《汉书》卷94上《匈奴传》，第3756页。

其二，实行马政，提升军事装备实力。汉初，经济萧条，马匹稀少，以致"天子不能具醇驷，将相或乘牛车"①。为适应对匈奴作战的需要，文、景两帝把军马的饲养、繁殖、训练作为整饬军备的一项重要手段，采取多种措施促进养马业的发展。如文帝时不但鼓励民间养马，"令民有车骑马一匹者，复卒三人"，而且在西部地区广设马苑，设官吏和专门机构管理，《汉书·百官公卿表》言："太仆，秦官，掌舆马，有两丞。属官有……边郡六牧师苑令，各三丞。"② 大规模养殖、训练战马。景帝时，进一步扩大规模，"牧师诸苑三十六所，分置西北边，分养马三十万头"③，仅此一项用官奴婢3万余人。并诏令除10岁以上的老马外，"禁马高五尺九寸以上，齿未平，不得出关"④。官民对马匹的大量养殖，有力地提升了汉朝的军事装备。

其三，精心挑选，组建训练有素的骑兵部队。匈奴是马背上的民族，战术灵活，攻击性强。《史记》描述了匈奴的作战特点："利则进，不利则退"⑤，"其见敌则逐利，如鸟之集；其困败，则瓦解云散矣。"⑥ 汉朝要与匈奴争夺战争的主动权，必须建立强大的骑兵集团。"师夷长技以制夷"，在屯骑、越骑、长水和胡骑四校尉的基础上，选拔西北地区精于骑射的"六郡良家子"和"从军死事之子孙"设立羽林骑。史籍云："天水、陇西……及安定、北地、上郡、西河，皆迫近戎狄，修习战备，高上气力，以射猎为先。"⑦边民长期生活生长在汉匈交界处，熟悉匈奴骑兵的战术风格，汉政府以此地之民作为选拔精锐骑兵的首选，然后再加以严格的军事训练。晁错曾言："士不选练，卒不服习，起居不精，动静不集，趋利弗及，避难不毕，前击后解，与金鼓之指相失，此不习勒卒之过也，百不当十"⑧，就是强调军事训练的重要性。元封元年（前110），冬十月，汉武帝巡视边陲，曾"勒兵十八万骑，旌旗千余里"⑨。骑兵的规模与汉初已不可相提并论。

其四，移民实边，寓兵于农抗击匈奴。文帝时，采纳晁错的"守边

---

① 《汉书》卷24上《食货志》，第1127页。
② 《汉书》卷19上《百官公卿表》，第729页。
③ 《后汉书》卷4《和帝纪》引注《汉官仪》，第175页。
④ 《汉书》卷5《景帝纪》，第147页。
⑤ 《史记》卷110《匈奴列传》，第2879页。
⑥ 同上书，第2892页。
⑦ 《汉书》卷28下《地理志》，第1644页。
⑧ 《汉书》卷49《晁错传》，第2280页。
⑨ 《汉书》卷6《武帝纪》，第189页。

备塞,劝农力本,当世急务二事"建议,使用免税、赐爵、赎罪等优惠政策,"募民徙塞下",赦免一些奴婢、罪人和平民迁徙到边塞,实行伍十里连邑的军事建制管理体系,"制边县以备敌也,使五家为伍,伍有长,十长一里,里有假士,四里一连,连有假五百,十连一邑,邑有假候。"① 他们入则为农,出则为兵,对边境地区的经济开发和安全起了很大作用。而且开移民戍边之先河,为历代统治者所仿效。

其五,入粟塞下,储备边郡之粮。常言道:"兵马未动,粮草先行。"要反击匈奴,边境地区的粮草储备是非常重要的。文帝前元十二年(前168),文帝采纳晁错《论贵粟疏》之议,以赐爵的方式鼓励百姓向朝廷交纳粮粟,输运边境,而且不同的爵位对应不同的纳粮数额,有罪者亦可纳粮赎罪。后晁错又言:

> "陛下幸使天下入粟塞下以拜爵,甚大惠也。窃恐塞卒之食不足用大潒天下粟。边食足以支五岁,可令入粟郡县矣;足支一岁以上,可时赦,勿收农民租。如此,德泽加于万民,民俞勤农。时有军役,若遭水旱,民不困乏,天下安宁;岁孰且美,则民大富乐矣。"上复从其言,乃下诏赐民十二年租税之半,明年遂除民田之租税②。

文帝再次批准此奏,此建议极大地提高了百姓的农业生产积极性,为大规模反击匈奴提供了坚实的物质基础。

(三)联络月氏、张骞两通西域

1. 西域概况

"西域"作为地域名词,历史上曾是一个随着时间不断变化的概念。汉初的"西域"是指中原王朝西部郡县管辖区以西的地方,限于目力所及,即指河西走廊及其两侧广大区域。"西域"一词最早见于《史记·骠骑列传》:"骠骑将军去病率师攻匈奴西域王浑邪,王及厥众萌咸相犇。"③ 又见《汉书·霍去病传》:"骠骑将军去病率师征匈奴,西域王浑邪王及厥众萌咸犇于率"④,匈奴右贤王所属的浑邪王部当时就驻牧在河西走廊地区。武帝元狩二年(前121)夏河西归汉后,随着中原王朝疆域的不断

---

① 《汉书》卷49《晁错传》,第2289页。
② 《汉书》卷24上《食货志》,第1134—1135页。
③ 《史记》卷111《骠骑列传》,第2933页。
④ 《汉书》卷55《霍去病传》,第2482页。

西扩，西域的范围也不断西移，最终形成《汉书·西域传》中的"西域"含义，"东则接汉，阨以玉门、阳关，西则限以葱岭"，从此西域的内涵得到较为明确的界定①。

汉时"西域"东西长六千余里，南北千余里。东接汉朝的阳关、玉门关，西至葱岭，南有昆仑巍峨，北有天山横亘。发源于葱岭山、于阗的大小河流，沿塔里木盆地、吐鲁番盆地和准噶尔盆地的边缘蜿蜒流淌形成片片绿洲，依绿洲而居形成大小不等、相对独立的"城郭诸国"，最初有36 国，后分裂为 55 国。绿洲诸国皆以种植为主，兼营畜牧；而由莎车向西南至葱岭山谷间的"葱岭诸国"，由于耕地面积狭小，大多过着随畜迁徙居无定处的游牧生活。《史记·大宛列传》对西域各国的情况有如下记载：

> 大宛在匈奴西南，在汉正西，去汉可万里。其俗土著，耕田，田稻麦。有蒲陶酒。多善马，马汗血，其先天马子也。有城郭屋室。其属邑大小七十余城，众可数十万。其兵弓矛骑射。其北则康居，西则大月氏，西南则大夏，东北则乌孙，东则扞罙、于窴。于窴之西，则水皆西流，注西海；其东水东流，注盐泽。盐泽潜行地下，其南则河源出焉。多玉石，河注中国。而楼兰（后改为鄯善）、姑师邑有城郭，临盐泽。盐泽去长安可五千里。匈奴右方居盐泽以东，至陇西长城，南接羌，鬲汉道焉。
>
> 乌孙在大宛东北可二千里，行国，随畜，与匈奴同俗。控弦者数万，敢战。故服匈奴，及盛，取其羁属，不肯往朝会焉。
>
> 康居在大宛西北可二千里，行国，与月氏大同俗。控弦者八九万人。与大宛邻国。国小，南羁事月氏，东羁事匈奴。奄蔡在康居西北可二千里，行国，与康居大同俗。控弦者十余万。临大泽，无崖，盖乃北海云。
>
> 大月氏在大宛西可二三千里，居妫水北。其南则大夏，西则安息，北则康居。行国也，随畜移徙，与匈奴同俗。控弦者可一二十万。故时强，轻匈奴，及冒顿立，攻破月氏，至匈奴老上单于，杀月氏王，以其头为饮器。始月氏居敦煌、祁连闲，及为匈奴所败，乃远去，过宛，西击大夏而臣之，遂都妫水北，为王庭。其余小觿不能去者，保南山羌，号小月氏。

---

① 王宗维：《汉代河西与西域之间的相互关系》，《新疆社会科学》1985 年第 3 期。

安息在大月氏西可数千里。其俗土著，耕田，田稻麦，蒲陶酒。城邑如大宛。其属小大数百城，地方数千里，最为大国。临妫水，有市，民商贾用车及船，行旁国或数千里。以银为钱，钱如其王面，王死辄更钱，效王面焉。画革旁行以为书记。其西则条枝，北有奄蔡、黎轩。

大夏在大宛西南二千余里妫水南。其俗土著，有城屋，与大宛同俗。无大（王）[君]长，往往城邑置小长。其兵弱，畏战。善贾市。及大月氏西徙，攻败之，皆臣畜大夏。大夏民多，可百余万。其都曰蓝市城，有市贩贾诸物。其东南有身毒国①。

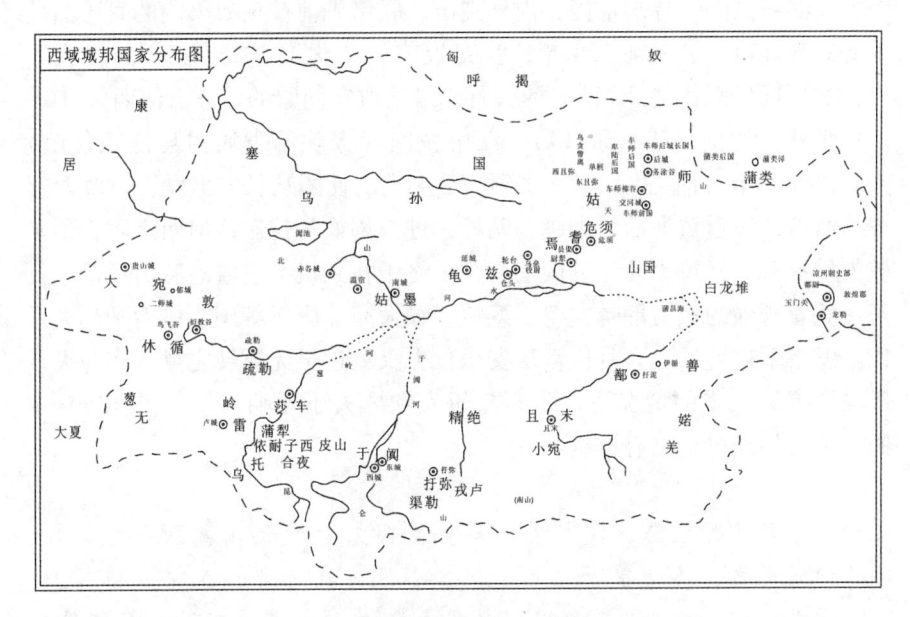

图一 西域概况示意图

资料来源：https://tieba.baidu.com/p/3995754911?tpl=5。

如前所述，文帝前元四年（前176），匈奴"定楼兰、乌孙、呼揭极其旁二十六国，皆以为匈奴②"。匈奴在汉初就将西域大部分国家控制在手，掳掠人口，搜刮财富。虽然慑于匈奴的淫威西域各国不敢不从，但正如史书所言："虽属匈奴，不相亲附，匈奴能得其马畜旃罽、而不能统率

---

① 《史记》卷123《大宛列传》，第3160—3164页。
② 《史记》卷110《匈奴列传》，第2896页。

与之进退。"① 这种局面为日后汉朝势力的介入成为可能。

2. 张骞两通西域

（1）第一次沟通西域

张骞通西域是汉朝反击匈奴的一项重要内容。汉初统治者在对匈奴高调和亲政策的掩护下，经过七十余年的发展，至武帝时，可谓："财力有余，士马强盛。"② 反击匈奴的内部条件已经成熟，但由于河西匈奴与北部、东北部的匈奴势力遥相呼应，对关中地区形成半包围态势，地理形势对汉王朝非常不利。

被匈奴从两面围困的汉朝要想在战略、战术上争取主动，必须冲破这个巨大的窒息圈，寻求他国，内外夹击，联络先前被匈奴灭国的月氏国是重要的突破口。公元前138年，张骞带着与"犹不忘受匈奴再三之大屈辱，筹划伺机复仇之计划"③ 的大月氏缔结攻守同盟的任务出使西域。

张骞（约前164—前114），汉中城固（今陕西省城固县博望侯镇）人。建元三年（前138）张骞带领一百多人的使团从长安出发，过陇西郡继续西行，渡过黄河后，翻越乌鞘岭，进入匈奴的控制区河西走廊，不幸被匈奴抓获。经过十几年的囚禁岁月，终于找到机会逃脱。后历尽千辛万苦，凭着顽强的毅力翻越戈壁、葱岭，经大宛、康居等国，最后到达大月氏。怎奈事过境迁，大月氏富足安乐，去汉遥远早无返转之意。在与大月氏联合抗匈无望的情况下，张骞与胡人堂邑夫于元朔三年（前126）返回。出行的经过史书有详载：

> 骞以郎应募，使月氏，与堂邑氏奴甘父俱出陇西。径匈奴，匈奴得之，传诣单于。单于曰："月氏在吾北，汉何以得往使？吾欲使越，汉肯听我乎？"留骞十余岁，予妻，有子，然骞持汉节不失。居匈奴西，骞因与其属亡乡月氏，西走数十日至大宛。大宛闻汉之饶财，欲通不得，见骞，喜，问欲何之。骞曰："为汉使月氏而为匈奴所闭道。今亡，唯王使人道送我。诚得至，反汉，汉之赂遗王财物不可胜言。"大宛以为然，遣骞，为发译道，抵康居。康居传致大月氏。大月氏王已为胡所杀，立其夫人为王。既臣大夏而君之，地肥饶，少寇，志安乐，又自以远汉，殊

---

① 《汉书》卷96下《西域传》，第3930页。
② 同上书，第3928页。
③ [日] 桑原骘藏著，杨錬译：《张骞西征考》，上海商务印书馆1934年版，第16页。

无报胡之心。骞从月氏至大夏,竟不能得月氏要领。留岁余,还,并南山,欲从羌中归,复为匈奴所得。留岁余,单于死,国内乱,骞与胡妻及堂邑父俱亡归汉①。

虽然张骞联合大月氏夹击河西匈奴的初衷没有实现,但"骞身所至者,大宛、大月氏、大夏、康居,而传闻其旁大国五六,具为天子言其地形,所有"。张骞把在西域的所见所闻详细上报给汉武帝并绘制地图,使中原王朝对西域各国丰富的物产、奇异的风俗以及山川地貌等有了较为具体的了解,对进一步沟通西域奠定了基础。

(2)第二次沟通西域

公元前121年,汉武帝派霍去病领兵夺取河西走廊,打通了通往西域的道路,但由于匈奴控制着西域,汉朝的力量难以渗透进去。张骞认为乌孙是西域较为强大的国家,在西域的利益冲突使之不愿听从匈奴的摆布,可与之"结亲",瓦解西域诸国,斩断匈奴的右臂。"右臂"一词来源于《战国策·张仪为秦连横说赵王》:"今楚与秦为昆弟之国,而韩、魏称为东蕃之臣,齐献鱼盐之地,此断赵之右臂也。夫断右臂而求与人斗,失其党而孤居,求欲无危,岂可得哉?"②上述的断匈奴右臂,就是指与匈奴争夺对西域的控制权,削弱其战斗能力。武帝采纳了张骞的建议,于元狩四年(前119)派遣张骞再度出使西域。此次张骞是以中郎将的身份,率领三百多人的庞大使团出使,携带价值不菲的金银丝帛以及上万头牛羊,希望能联络乌孙并交好西域其他国家。

张骞率领使团从长安出发,经敦煌,穿白龙堆(今新疆罗布泊附近)向西北过焉耆、龟兹,到达乌孙都城赤谷城(今哈萨克斯坦依什提克),向乌孙王昆莫传达了汉武帝的亲善意图:"乌孙能东居浑邪地,则汉遣翁主为昆莫夫人。"不巧的是当时昆莫年老,次子大禄与长孙岑陬争权正紧,国内局势不稳,加上汉地遥远,实力不明,乌孙王拒绝了汉朝的提议。虽然如此,张骞仍按计划向大宛、康居、大月氏、大夏、安息、身毒、于阗等国派遣副使,与这些国家缔结友好往来关系。回国时,乌孙王"遣使数十人,马数十匹",随同张骞一同返汉。乌孙使者看到汉之长安"人众富厚,归报其国",心向往之,遂说服乌孙王加强与汉朝的关系,并最终联姻,成为汉朝在西域的忠实盟友,进一步引导了西域诸国的向汉

---

① 《汉书》卷61《张骞传》,第2687—2689页。
② 刘光华主编,汪受宽著:《甘肃通史》(秦汉卷),第86页。

之心,削弱了匈奴对西域的影响力和控制力,对此后汉朝抗击匈奴起了重要作用。

(四) 汉朝打破匈奴东西联合的几大战役

公元前 127 年卫青收复"河南地"前,匈奴频繁进击汉之北部边境地区,有研究者①据《史记》《汉书》的有关记载统计匈奴的入侵方向,其中关中诸郡 9 次,燕地诸郡 7 次,代北诸郡 11 次,其中不包括"冒顿则因汉降降之便而屡次侵犯代北"条。从这组数字可知汉之北部、东北部诸郡是匈奴进攻的主要方向,所到之处侵暴杀掠之重触目惊心。如文帝十四年后,"匈奴日已骄,岁入边,杀略人民畜产甚多,云中、辽东最甚,至代郡万余人。"②《汉书·匈奴传》亦载:元朔元年(前 128),"匈奴二万骑入汉,杀辽西太守,略二千余人。又败渔阳太守军千余人,围将军安国。安国时千余骑亦且尽,会燕救之,至,匈奴乃去,又入雁门杀略千余人。"③ 形成这种状况的原因,一是河西匈奴重兵在压,二是"河南地"犹如插向京畿腹地的一把利剑,汉朝不得不调拨更多的兵力加强防御,因而导致云中、雁门、代郡、辽东诸郡力量不足,从渔阳太守率领千余人抵挡匈奴的二万铁骑可见一斑。为了摆脱困境,汉武帝决定派卫青率先收复"河南地"。"河南地"的具体范围,一般认为位于今宁夏河套和内蒙古伊克昭盟地区,北靠阴山山脉,南距首都长安不过千数百里,匈奴骑兵一二日即可到达④。魏晋贤在其《"河南地"地理范围试析》一文中认为:"河南地,必是夹于昭襄王长城与河塞之间的地方,而且东西延伸于整个陇西、北地、上郡三郡的北境。把它局限于汉朔方郡,或朔方与五原,以及把它理解为仅指鄂尔多斯之地,便都是误解。"⑤ 其分析较为合理。该区域是汉匈交界地带,而且地势平坦,土壤肥沃,水草丰盛,是一块宜农宜牧的丰饶之地。主父偃曾言:"朔方地肥饶,外阻河,蒙恬城之以逐匈奴……灭胡之本也。""朔方地"即指"河南地"。收复"河南地",既可阻断匈奴经此进入关中地区,又可将军事力量推进到大河沿岸,从而打破北部匈奴与河西匈奴的东西联动机制。

---

① 萧映朝:《河南地收复前的代北形势与汉初地缘政治》,《兰州学刊》2010 年第 11 期。
② 《史记》卷 110《匈奴列传》,第 2891 页。
③ 《汉书》卷 94 上《匈奴传》,第 3766 页。
④ 《汉书》卷 43《刘敬传》,第 2123 页载:"敬从匈奴来,因言:'匈奴河南白羊、楼烦王,去长安近者七百里,轻骑一日一夕可以至'。"
⑤ 魏晋贤:《甘肃省沿革地理论稿》,兰州大学出版社 1991 年版,第 54 页。

驻守"河南地"的是匈奴的楼烦王和白羊王,属匈奴右贤王部。如果汉武帝从长安发兵直扑"河南地",战略意图容易暴露,匈奴两王如若不敌,可退守石门、高阙,凭险据守,等待单于派兵援助,汉军很可能未见其利反受其害,此为一险招。元朔二年(前127),良好时机不期而至。匈奴主力攻击上谷、渔阳一带,汉武帝遂一面命令上谷、渔阳的汉军消极抵抗,诱使匈奴继续南下,一方面命令卫青率领四万大军佯装星夜向东驰援。当卫青的大军从云中郡出兵后,突然掉头沿黄河北岸西进,迅速占领高阙,一举切断了楼烦王、白羊王两王与匈奴单于的联系,然后沿黄河南下一路包抄追杀,"击胡之楼烦、白羊王于河南,得胡首虏数千,羊百余万。于是汉遂取河南地,筑朔方,复缮故秦时蒙恬所为塞,因河而为固"①。失去"河南地"的匈奴单于,频遣匈奴右贤王部袭击汉之代郡、雁门、定襄和"河南地",企图夺回"河南地"。为彻底击退匈奴的侵扰势头,武帝决定发起漠南之战。元朔五年(前124),武帝派卫青率十万骑兵由朔方等地渡过黄河,穿越高阙塞,向北长驱七百里,奇袭右贤王庭。高阙即今内蒙古临河县北的狼山口,这里"连山刺天,其山中断,两岸双阙崟然云举,望若阙焉,故有高阙之名也"②。战国时期赵国曾由代郡沿阴山修筑长城,直至高阙,阻遏匈奴的南下。卫青出兵的经过见《史记·卫将军骠骑列传》载:

  元朔之五年春,汉令车骑将军青将三万骑,出高阙;卫尉苏建为游击将军,左内史李沮为强弩将军,太仆公孙贺为骑将军,代相李蔡为轻车将军,皆领属车骑将军,俱出朔方;大行李息、岸头侯张次公为将军,出右北平,咸击匈奴。匈奴右贤王当卫青等兵,以为汉兵不能至此,饮醉。汉兵夜至,围右贤王,右贤王惊,夜逃,独与其爱妾一人壮骑数百驰,溃围北去。汉轻骑校尉郭成等逐数百里,不及,得右贤裨王十余人,众男女万五千余人,畜数千百万,于是引兵而还。至塞,天子使使者持大将军印,即军中拜车骑将军青为大将军,诸将皆以兵属大将军,大将立号而归③。

右贤王部遭到毁灭性的打击,右贤王仓皇北逃。汉军俘虏其裨将10

---

① 《汉书》卷94上《匈奴传》,第3766页。
② 《水经注》卷3《河水》。
③ 《史记》卷111《卫将军骠骑列传》,第2925页。

多人,兵士1.5万余人,截获牲畜数十百万。为进一步巩固朔方,元朔六年(前123),卫青乘胜又与公孙敖、公孙贺、赵信、苏建、李广和李沮等六将军将兵10余万两出定襄(今内蒙古和林格尔西北),寻歼匈奴单于和左贤王部。经过激战,汉军虽损失二将,但斩杀匈奴军1.9万余人,尤其是匈奴单于部遭受重创。此战培养了一位年轻的青年将领霍去病,"与轻勇骑八百直弃大军数百里赴利,斩捕首虏过当"①。此人将在以后的汉匈战争中发挥更大的作用。

综上所述,"河南之战"与"漠南之战",着重打击的是匈奴右贤王的势力,此举不但消灭了匈奴的部分有生力量,而且冲击和一定程度上割断了匈奴右贤王与匈奴单于部及左部的紧密联系,这些虽未彻底改变汉匈对峙交战的局面,但汉朝逐渐摆脱困境,形势开始向着有利于己方的方向发展。

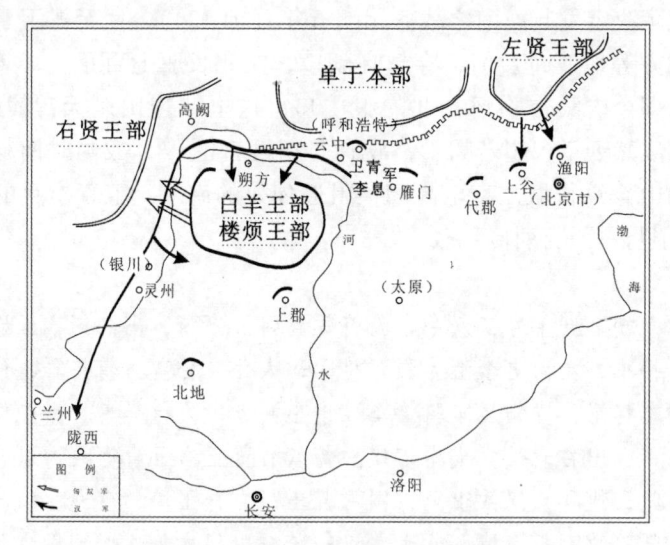

图二 汉匈河南之战经过示意图

资料来源:《中国历代军事战略》②,第304页。

---

① 《史记》卷111《卫将军骠骑列传》,第2928页。
② 中国军事编写组:《中国历代军事战略》,解放军出版社2002年版,第304页。

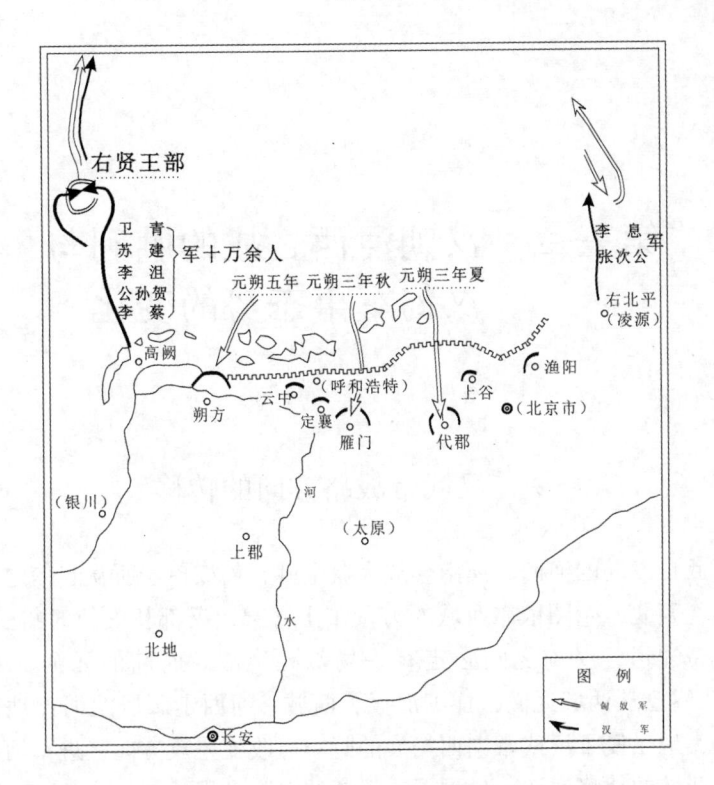

图三　汉匈漠南之战经过示意图

资料来源:《中国历代军事战略》①，第 305 页。

---

① 中国军事编写组:《中国历代军事战略》，解放军出版社 2002 年版，第 305 页。

第三章　汉朝河西之战的胜利与汉匈军事态势的变化

一　汉武帝战略方向的转移

汉武帝发动的河南、漠南会战大获全胜，匈奴单于听从赵信之计，将主力撤往西北，企图依靠西域的力量东山再起，汉都长安暂时得到安宁。但汉武帝知道，汉匈之间必定有一场殊死决战。此前的元朔三年（前126）张骞已从西域返回，详细汇报了西域、河西走廊以及河湟地区的情况，极大地激发了汉武帝向西拓展的野心。改变主攻方向，进军河西，打开通往西域的战略通道，提到了汉武帝的议事日程。

元狩元年（前122）冬十月，汉武帝到雍（今陕西宝鸡凤翔境内）祠五畤，举行祭祀五帝的盛典，并开展大规模的狩猎活动，实际上是进行军事演习与作战部署，喜获祥瑞，改元元狩。《汉书·武帝纪》载："元狩元年冬十月，行幸雍，祠五畤。获白麟，作白麟之歌。"应劭注："获白麟，因改元曰元狩也。"①

攘外必先安内，元狩元年（前122）十一月，武帝迅速镇压了淮南、衡山二王的谋反活动，《汉书·淮南衡山传》载："吏因捕太子、王后、围王宫，尽捕王宾客在国中者，索得反具以闻。上下公卿治，所连引与淮南王谋反列侯、二千石、豪桀数千人，皆以罪轻重受诛。"② 消除了国内的不安定因素。

元狩二年（前121）冬十月，武帝再次行幸雍，祠五畤，为即将举行的河西之战进行祭祀祈祷。毋庸置疑，武帝集团师出河西还基于以下考量。

---

① 《汉书》卷6《武帝纪》，第174页。
② 《汉书》卷44《淮南衡山传》，第2152页。

第一，匈奴对河西有麻痹思想。河南之战后，汉朝西部边疆扩展到今甘肃黄河东岸，与河西匈奴隔河相峙。但长期以来，关中北部边郡一直是汉朝的防御重点，西线兵力则布置较弱，大多是在有军情时临时调集，加之有黄河这一天然阻隔，匈奴对此线的警惕性不高。所以即使有张骞出使西域，武帝连续两次驾临雍城，匈奴也并没有意识到汉朝的战略意图，因而在河西的军事防御和兵力部署上必然存在着漏洞，也没有具体的作战计划和调兵遣将的准备。

第二，河西民族成分复杂。河西自古以来民族成分非常复杂，有月氏、乌孙、氐、羌等多个少数民族。匈奴势力进入之前，就存在着不同民族之间的利益冲突；匈奴占领后，他们与匈奴之间又不可避免地产生新的矛盾，所以这群乌合之众的战斗力、凝聚力不强。从后期的实战中也可看出，《史记·卫将军骠骑列传》载："辎重人众慑慴者弗取，冀获单于子。"[①] 霍军对愿降者不加杀戮，因而匈奴诸部落并没有顽强抵抗，稍战即退，霍军一路进军迅速。

第三，汉军敢于深入的战斗风格。河西远离汉朝的控制区，孤军深入，很难及时得到来自后方的物资和兵员补给，战略上属于冒进。但漠南之战中，年轻将领霍去病采用轻兵快速突袭的战术，成功击败匈奴，取得了意想不到的战果。采用此战术争夺河西走廊也同样值得期待。

武帝集团选择此时进军河西，正是抓住当地匈奴孤立无援、兵力薄弱、兵员复杂、人心不齐，汉军兵锋正盛的有利时机，争夺这一战略要地，的确是一高见。

二 汉匈河西之战

河西地区地形险要复杂，汉朝对河西匈奴的军事力量分布情况知之甚少，为慎重起见，汉武帝决定采取分多步走的军事战略部署。

（一）第一次河西之战

1. 作战统帅的选派

元狩二年（前121）春，汉武帝派出骠骑将军霍去病率领上万精兵出陇西，远征河西走廊。霍去病（前140—前117），河东郡平阳人，是大

[①]《史记》卷111《卫将军骠骑列传》，第2929页。

将军卫青的外甥。他精通骑马、射箭等武艺，用兵灵活，勇猛果敢。元朔六年（前123），在汉匈漠南之战中，年仅十八岁的霍去病率领轻骑八百余人，奔离大军数百里外寻找战机，斩获匈奴甚众，因功封为冠军侯。

《汉书·霍去病传》曰："骠骑所将常选，然亦敢深入，常与壮骑先其大军，军亦有天幸，未尝困绝也。"① 霍去病所带的部队绝对是精兵强将，而且敢于孤军深入。但霍军不是一般意义上的"陷阵"部队，或称"先登""敢死"。汉代的"陷阵"部队将官有陷阵都尉、陷阵司马，装备精良，兵源主要通过选拔、招募或征调而来，规模为数百至数千人不等，一般部署在阵首、中间、两翼和殿后。在野战对阵拼杀时，"陷阵"部队主要执行排除困难，为大部队前进扫清道路的危险任务②。很显然，霍军是一种相对独立的军事组织，其作战特点虽然也是冲锋陷阵，但其主要目的是以优势兵力击破匈奴的作战队列，克敌制胜。汉朝自武帝以来，车兵逐渐退出主要兵种的地位，作战部队多采用步骑混编的模式。但以往两军对垒固有的战术模式依然在大多数将领中根深蒂固。面对匈奴民族的作战特点，年轻的霍去病不受传统作战经验的束缚，凭借骑兵优势，采用长远奔袭、密集冲锋、迂回包抄、速战速决等独特的军事思想和指挥艺术，深得汉武帝的赏识。因此，汉武帝此次特意指派霍去病率军承担远征河西的重任。

2. 汉军的进攻路线

霍去病率军从陇西开赴河西，进军路线的选择亦非常慎重。根据张骞出使西域的经验，由陇西出发西行，"从羌中，险，羌人恶之；少北，则为匈奴所得"③。路线最好选择在匈奴和羌人统治力量最为薄弱的地区，于缝隙中穿行。当然这是相对于单枪匹马的张骞而言。对于善于突袭的霍军来说，这只是考虑的一个方面，道路的通达程度、沿途粮草获取的难易更应是不可忽视的重要因素。汉武帝封赏霍去病的诏书中，对霍去病的进军路线有较为简洁的描述，只是因为年代久远，后人对其中所涉及的地名多有不同的理解，因而梳理出不同的线路。笔者比较认同王宗维先生的研究成果。先引诏书如下："票骑将军率戎士隃乌盭，讨遬濮，涉狐奴，历五王国，辎重人众慑詟者弗取，几获单于子。转战六日，过焉支山千有余

---

① 《汉书》卷55《卫青霍去病传》，第2481页。
② 宋杰：《汉代的"陷阵都尉"与"陷阵士"》，《首都师范大学学报》（社会科学版）2003年第1期。
③ 《史记》卷123《大宛列传》，第3166页。

里，合短兵，鏖皋兰下，杀折兰王，斩卢侯王"①。乌鳌（乌亭逆水）指今庄浪河；狐奴即谷水（今石羊河）；焉支山，又名燕支山、大黄山，在今永昌和山丹县境；皋兰山，在今兰州附近略偏西北，匈奴的折兰王、卢侯王就驻牧于此。霍军应是由陇西郡郡治狄道出发，西北行，在今兰州以南的庄浪河入黄河口处渡过黄河，再北上渡过庄浪河至景泰县，向西过石羊河，经姑臧、显美、番和、日勒等地，过焉支山后返回②。由此可以看出，霍军并没有将人迹罕至作为一个重要的考虑点，沿线所经均是河西匈奴重要的聚居区，匈奴的遬濮部及另外五个小王国依次分布。该线也是后来汉通河西的主要道路，自然条件较为良好。

3. 大败匈奴休屠王

值得注意的是，这次汉朝攻打河西，其主要目的在于摸清河西走廊的地理环境及匈奴军事力量的分布情况。限于自身兵力，又是孤军奋战，战略上只作侦察性的突袭，战术上则是速战速决，不给敌人以喘息反扑之机。这正是《孙子兵法·计篇》中所言的"攻其无备，出其不意"③。按照这一军事部署，霍军在突进河西走廊后，迅速进至今景泰县地区，以势如破竹之势，连续击退匈奴休屠王所属的遬濮部和其他五个部落的截击，深入千余里到达焉支山后，并没有乘胜寻歼河西匈奴主力，而是立即回军。即使这样，在皋兰山下还是遭到了匈奴的围追堵截。在霍去病初战归来，皇上诏书记曰："……转战六日，过焉支山千有余里，合短兵，鏖皋兰下，杀折兰王，斩卢侯王，锐悍者诛，全甲获丑，执浑邪王子及相国、都尉，捷首虏八千九百六十级，收休屠祭天金人……"④由此可知，回军途中，霍军与前来增援的浑邪王子所率人马拼力厮杀，活捉了浑邪王的儿子及相国、都尉等，歼敌八千九百多人，缴获了匈奴休屠王的祭天金人。退至皋兰山时，又斩杀了前来截击的匈奴折兰王、卢侯王部，"全甲"而归。"全甲"《汉书》颜师古注曰"谓军中之甲不丧失也"。张守节《史记正义》曰："全甲，谓具足不失落也。"均是指甲兵完好无损之意。诏书当有夸大胜利成果之意，可理解为所率部队未受大的损失。折兰王、卢侯王在霍去病进军途中并未遭遇，可能是霍军初进河西有意避开不必要的军事冲突，保存实力，以利快速进入到河西走廊的腹心地带。整个战斗过程体现在一个"快"上，否则待浑邪王与休屠部组织起力量对其形成夹

---

① 《汉书》卷55《卫青霍去病传》，第2479页。
② 王宗维：《汉代丝绸之路的咽喉——河西路》，昆仑出版社2001年版，第52—53页。
③ （战国）孙武：《孙子兵法》，中华书局1997年版，第6页。
④ 《汉书》卷55《卫青霍去病传》，第2479页。

击之势，必然将对连战六日的汉军极为不利。所以，霍军在完成了预定的作战计划后，并不恋战，果断回师。

（二）第二次河西之战

1. 进攻河西的兵力部署

为彻底将匈奴逐出河西走廊，同年夏，汉武帝计划发动第二次河西之战。基于第一次河西之战后，匈奴必定加强了对河西走廊东部区域的防备力量。经过周密筹划，汉武帝决定派遣霍去病与公孙敖两路大军共征河西，同时派出偏师李广军、张骞军出师代郡、雁门，予以牵制匈奴主力驰援。据《史记·霍去病列传》记载，其作战的兵力部署如下：进攻河西的将领是霍去病、公孙敖，司马赵破奴，校尉高不识、仆多，兵力万骑；防守代郡、雁门的是博望侯张骞、郎中令李广，领兵一万四千余骑，分道截击入侵的匈奴主力。

二战河西，史籍中虽未言明主帅是谁，但从战略部署看，霍去病率领的精锐部队依然是此战的主攻力量，公孙敖军虽也是作战主力，但对其定位主要是在配合上，毫无疑问，与霍去病会师后，应由霍去病统一指挥调遣。

2. 西征军的进军路线及作战方案

按照汉武帝的作战部署，西征军从北地郡集结，然后兵分两路进军河西。霍去病率兵出北地（今庆阳市境）后，由今宁夏灵武渡过黄河，穿越贺兰山灵武谷，沿腾格里沙漠的南缘，而后转入巴丹吉林沙漠北缘一路奔袭至居延泽，然后沿弱水由北向南，经今甘肃酒泉南山下的小月氏地，再由西北转向东南，大纵深外线迂回到弱水上游的浑邪王驻牧地（今张掖市境），阻断匈奴的退路。

灵武，属北地郡，是西汉初年设置在黄河以西、贺兰山下的一座县城，其西侧有灵武谷。《后汉书·段颎传》注引唐章怀太子李贤曰："灵武，县名，有谷。"《资治通鉴·汉纪四十八》载："（建宁元年）段颎将轻兵追羌……连破之，又战于灵武谷。"灵武谷是贺兰山南部的一个重要谷口，也是汉初匈奴南下关中及匈羌交联的重要通道之一，汉朝在此设置灵武县目的就是扼控这一交通要道。其城址在今银川市南、青铜峡市境、邵刚西、玉泉营附近①。

---

① 杨森翔：《历史上的灵洲、灵州、灵武谷、灵武城址及其他——订正《中国历史地图集》的一个错误》，《宁夏大学学报》（人文社会科学版）2008年第1期。

公孙敖军出北地后向西进发，过黄河后，一路清扫休屠王的残余势力，在鱳得与霍军东西夹击围歼匈奴主力。关于其进军路线史籍中没有留下只言片语，史家也大多忽而不计。

考虑到一旦河西战起，匈奴单于不会袖手旁观，右贤王部因在漠南之战中遭受重创，自顾不暇；单于部退往漠北，鞭长莫及；但左贤王部尚有较强的实力。若单于派左贤王部赶赴河西增援，或是采取围魏救赵的方法，攻打代郡、雁门一带，威胁汉王朝的关中后方，形势都是极为不利的。事实也确实如此，为了打乱匈奴左部的行动计划，武帝在派兵进攻河西的同时，还派遣了李广和张骞各率一支部队师出右北平，抗击在代郡和雁门杀掠的左贤王部，使其计谋不能得逞。

3. 浑邪部是此战的主攻目标

浑邪王统辖着位于弱水上游的河西走廊中、西部地区，西城、鱳得城就在该区域内，扼控河西走廊南下青海、北上蒙古、西通西域、东去中原的交通孔道，是河西匈奴最重要的政治、军事中心，其得失关乎河西的归属。汉军此战的主要目标就是聚歼浑邪部。但公孙敖部因故未能按期与霍去病会师。如果坐等战事难料，于是霍去病及时调整作战方案，率领部下绝地出击。司马赵破奴、校尉高不识和仆多等众将士，以迅雷不及掩耳之势，直攻鱳得。浑邪王部仓皇迎战，无奈，汉军士气太盛，锐不可当，匈奴被斩首三万余人，浑邪王见势不利，率残部逃走。汉军"扬武乎鱳得"，取得了"得酋涂王，以众降者二千五百人，斩首虏三万二百级，获五王，五王母，单于阏氏、王子五十九人，相国、将军、当户、都尉六十三人"①的决定性胜利。

由于汉政府预先估计到左贤王可能采取的军事行动，事先派出李广和张骞军前去迎击，结果使左贤王的声援行动没有发挥应有的作用，使得河西匈奴的军事力量受到沉重地打击。

（三）第三次河西之战

两次河西之战的胜利不仅使匈奴右部势力受到重创，继而还引起了匈奴统治集团内部的冲突。同年秋天，匈奴单于因河西浑邪王、休屠王损失严重，予以严惩。"单于怒昆邪王、休屠王居西方为汉所杀虏数万人，欲召诛之。昆邪、休屠王恐，谋降汉"②。二王惊恐，无奈之下决定向汉朝

---

① 《史记》卷111《卫将军骠骑列传》，第2931页。
② 《汉书》卷94上《匈奴传》，第3769页。

投降，遂派使者前来边境与汉联系相关事宜。正在黄河南岸率众修筑金城要塞的大行李息，立即将此消息驰传朝廷。汉武帝担心匈奴诈降，决定派霍去病率兵前去迎降，根据情况再作定夺。

霍军渡过黄河后，远望见浑邪王、休屠王的归降部队，正待上前，不料休屠王突然临阵反悔，不愿投降，引起人心动摇，旁边的浑邪王恐有变故，立即挥刀斩杀了休屠王。千钧一发之计，霍去病当机立断，挥剑带兵驰入匈奴营阵，与浑邪王一道杀了不愿投降的八千余人，稳定了局势，顺手接管了浑邪王与休屠王部众四万余人。随后，霍去病先期派人护送浑邪王等人到长安面圣，自己则率领降卒渡过黄河转入内郡。不难看出，浑邪王归顺汉朝的态度远比休屠王坚定，原因当与霍去病俘虏了浑邪王母、阏氏、王子等家人及相国、将军等从众有关。汉武帝对浑邪王及其部众大加赏赐，"天子所以赏赐数十巨万，封浑邪王万户，为漯阴侯。封其裨王呼毒尼为下摩侯，鹰庇为辉渠侯，禽梨为河綦侯，大当户铜离为常乐侯"①。并设置属国对其部众进行妥善安置，后分徙在陇西、北地、上郡、朔方、云中等沿边地区。

第三次河西之战圆满结束，很好地实现了汉武帝的作战意图，正如汉武帝给霍去病的嘉奖诏书所称："骠骑将军去病率师攻匈奴，西域王浑邪王及厥众萌咸相奔率，……十万之众咸怀集服，仍与之劳，爰及河塞，庶几无患，幸既永绥矣。"对霍去病的河西之战给予高度的评价。

（四）汉朝在战后采取的措施

随着河西之战的进行，汉朝为了进一步巩固和扩大战果，有针对性地采取了两项措施。

1. 在大河东岸建设金城

元狩二年（前121）春，霍去病首战告捷从河西回师后，汉政府就着手在大河沿岸修筑金城，作为进一步夺取河西走廊的前沿阵地。金城之名的来历，众说纷纭，无有定论。《汉书·地理志》注引应劭曰："初筑城得金，故曰金城。"臣瓒曰："称金，取其坚也。"师古曰："以郡在京师之西，故谓金城，金，西方之行。"也有学者称，金城之名，可能与匈奴的祭天金人有关②。笔者比较认同臣瓒的说法，金城作为当时汉朝经营河西的桥头堡，取"固若金汤"之义，当更为合乎统治者的愿望。

---

① 《汉书》卷55《卫青霍去病传》，第2482页。
② 王宗维：《汉代丝绸之路的咽喉——河西路》，第64页。

第三章 汉朝河西之战的胜利与汉匈军事态势的变化

负责修筑金城的是大行李息。大行,又称大行令,为接待归降蛮夷、外邦使臣的长官。《汉书·百官公卿表》曰:"典客,秦官,掌归义蛮夷,有丞。景帝中六年更名大行令,武帝太初元年更名为大鸿胪。"李息于元狩元年(前122)任大行令,次年即元狩二年(前121)霍去病首战河西胜利后,便被派往"河上"修筑金城关隘,一方面疏通金城津沿线的交通,另一方面也为再进河西做好准备。工程进展非常迅速,据《史记·卫将军骠骑列传》记载:

  其秋,……浑邪王与休屠王等谋欲降汉,使人先要边。是时,大行李息将城河上,得浑邪王使,即驰传以闻。……遣浑邪王乘传先诣行在所;尽将其众渡河。降者数万,号称十万①。

汉时横渡黄河的交通工具主要是木筏,以木扎筏,运载量大而且安全性高,因此在当时还是比较实用的。短短几个月的时间,金城津的规模已经能够顺利转运霍军、归降匈奴数万之众及数十万的牲畜和装备,说明此人非常干练。

2. 将浑邪王部众安置在故塞外

《史记·骠骑列传》载浑邪王率部众降汉后,"居顷之,乃分徙降者边五郡故塞外,而皆在河南,因其故俗,为属国"。张守节《史记正义》曰:"以来降之民徙置五郡,各依本国之俗而属于汉,故言'属国'也。"② 把投降的浑邪王、休屠王部众从长安迁往西北五郡塞外,并设立属国,也就是把他们安置在距离河西较远的地方,远离故土,以加强对他们的控制。另外,允许他们依照原有的旧俗进行生产和生活,有利于其部族的稳定和发展,巩固其向汉之心,可谓一举两得。至于河西之战后汉武帝为安置匈奴降众到底设置了多少个属国,一直是个悬而未决的问题,原因在于《史记》《汉书》《资治通鉴》等传世文献对此历史事件记载不清,摘列如下:

  《史记·卫将军骠骑列传》:"居顷之,乃分徙降者边五郡故塞外,而皆在河南,因其故俗,为属国。"
  《汉书·武帝纪》载:"元狩二年……秋,匈奴昆邪王杀休屠王,

---

① 《史记》卷111《卫将军骠骑列传》,第2933页。
② 同上书,第2934页。

并将其众合四万余人来降，置五属国以处之。"

《汉书·卫青霍去病传》载："乃分处降者于五郡故塞外，而皆在河南，因其故俗为属国。"

《汉书·韦贤传》载："孝武皇帝……北攘匈奴，降昆邪十万之众，置五属国，起朔方，以夺其肥饶之地。"

《后汉书·班梁列传》注引哀帝时刘歆上议曰："武帝时立五属国，起朔方。"

《盐铁论·诛秦篇》载："浑邪率其众以降，置五属国以距胡"。①

《汉书·百官公卿表》载："武帝元狩三年昆邪王降，复增属国。"

《资治通鉴》卷19"元狩二年条"云："居顷之，乃分徙降者边五郡故塞外，而皆在河南，因其故俗为五属国。"

可见，分歧点就在"五属国"上。龚荫认为《汉书》记载有误，是班固对《史记》的主观臆断，简单把"边五郡故塞外……为属国"理解为在"边五郡故塞外"各建立一个"属国"使然②。安梅梅则倾向班固《汉书》的记载，并进一步提出，随着以后西汉对匈奴作战的节节胜利，属国的数目和管理的民族越来越多，已经不再局限于"五"个③。此问题争论已久，相信随着学术界的探索，会逐步厘清。当然，关于属国个数的分歧并不影响汉朝对匈奴降者安置政策的探讨。

总之，汉朝的三次河西之战进行的比较顺利，而且通过建立金城津，迁移分散河西匈奴等措施，为进一步经营河西打下了良好的基础。

三　从地理角度分析汉朝的河西之战

汉武帝发动的三次河西之战，充分考虑到河西的地理条件、匈奴军事力量的分布情况和派出军队的作战特点，围绕奇袭这一战略设想，进行详细计划，周密部署，使敌人攻无所攻，防不胜防。下面以第二次河西之战

---

① （汉）桓宽：《盐铁论》卷8《诛秦第四十四》，上海人民出版社1974年版，第94页。
② 龚荫：《考辨二则："五属国"与"雍王守礼"》，《民族研究》2009年第3期。
③ 安梅梅：《也谈"五属国"——与龚荫教授商榷》，《民族研究》2010年第4期。

为例，从军事地理角度进行分析总结。

（一）以弱水——酒泉觻得为主攻方向

担任主攻部队、由北路突袭浑邪王部的是汉王朝的得力之师——霍去病所率领的精锐。《孙子兵法·选卒》曰："兵之胜在于篡卒，其勇在于制，其巧在于势，其利在于信，其德在于道，其富在于亟归。"此言用到霍去病及所率部队的身上最为准确。霍去病在汉匈漠南会战中已崭露头角，他所率领的精骑也使匈奴闻风丧胆。虽然此次汉朝向河西方向出动的兵力仅万余骑，按照古代军事学的兵力配置原则，"夫守战之力，力役参倍"，河西匈奴大约有四万守兵，那么进攻的汉军至少应在十六万人以上。但此战不但没有增加兵力，还因为霍去病与公孙敖两线作战，兵力分散，集中作战的兵力更少。但是正确的作战策略一定程度上能够弥补汉军兵力不足的缺憾。

冷兵器时代，敌我双方进行的是近距离作战即肉搏战，考验的是战士的勇敢和战斗力，因此敢打敢拼就是最有效的战术。霍去病深谙此道，他所选的壮骑毫无疑问均是勇敢之士。此战中，他带领部队远程奔袭，纵深斜插，对浑邪王迂回包抄后，然后迅速组织起集团冲锋，直接将战斗推进到正面决战，匈奴在汉军的强大攻势下，战斗士气丧失，霍军很快赢得了胜利。

关于霍军的进军路线历来争议颇多，主要有以下三种观点。其一认为是由北地出发，经今宁夏的灵武渡过黄河北进，翻过贺兰山，越过巴丹吉林沙漠，进至居延海地区，转而由东北向西南，沿弱水突袭至酒泉的觻得[1]；其二认为从北地出发经富平（今银川平原），渡河后从朔方窳浑县（今内蒙巴彦高勒市西北沙金套海之保尔浩特古城），出鸡鹿塞（保尔浩特西北约二十公里的哈隆格乃山口），向西跋涉千余里至居延，然后沿弱水挥师南下[2]；其三由北地出发经今宁县北上高平，从固原县杨郎乡转而西行过黄铎堡，至中卫东南约五十里处的寺口，再经今宁夏海原县至甘肃靖远县，由索桥渡过黄河，至媪围（今景泰县），再向西抵武威[3]。

---

[1] 参阅武国卿：《中国战争史》（三），金城出版社 1990 年版，第 75 页；刘光华、谷苞：《西北通史》（第一卷），第 354 页。

[2] 参阅王北辰：《古代居延道路》，《历史研究》1980 年第 3 期；李并成：《河西走廊历史地理》，第 32 页。

[3] 陈秀实：《汉将霍去病出北地行军路线考——〈汉书〉"涉钧耆济居延"新解》，《西北师大学报》（社会科学版）1998 年第 6 期。

其中第三种观点的可行性不高。因为霍去病此次出兵，与第一次兵进河西的时间相隔仅有数月，匈奴必定在大河沿线布置了重兵防守。霍军作为主攻既然要采用突袭战术，其首要任务应是为了直达目的地，避免沿途可能遇到的战斗消耗①。那么此线路的利用价值大为降低；况且夏季黄河正值汛期，也不利于大军渡河作战。

第一种和第二种观点本质上是相同的，即均认为霍军先是迂回到居延海一带，然后实施战略突袭，这首先缘于对几个关键地名判断的一致性。根据《汉书·霍去病传》载："票骑将军涉钧耆，济居延，遂臻小月氏，攻祁连山，扬武乎觻得。"②认为"钧耆"是指居延以北匈奴活动中心"浚稽"山的转音，居延指弱水下游的居延海，考证过程经得起推敲。其次，从理论上分析也有一定的合理性。居延海一带距离汉境较远，弱水一线是匈奴进出河西的必经之路，居延戎部也常驻牧于此③，在匈奴人的眼里必然是安定的后方。为保证河西腹心地带的安全，匈奴很可能还会抽调居延戎部的部分兵力。因此，此线路的防备力量会非常空虚。汉军迂回至此表面上看虽绕行较远，从北地到居延的道路里程，据王宗维先生考证，北地至钧耆为两千里，钧耆至居延千余里，那么北地到居延有三千余里④。汉军急行军一日夜最快能行七百里⑤，全程需要4—5个昼夜。但对霍军的轻骑部队来说是轻而易举之事。事实确实如此，在霍军的整个进军过程中，除遇酒泉南山的小月氏外，并没有遭遇其他力量的阻挠。但小月氏与匈奴有世仇，不会拼死抵抗，所以霍军一路进军顺利。

值得注意的是，两种观点的分歧点主要是在中间道路的选择上，在没有新的史料出现之前，不妨暂且存疑。笔者更倾向第一种观点，认为霍军直接从巴丹吉林沙漠斜插到居延海一带更为便捷，而且大军沿戈壁和沙漠的边缘行进，自然条件较差，匈奴必然疏于设防，因而安全性较高。

（二）以媼围——酒泉觻得为侧攻方向

史籍对此线的记载非常简单，仅以公孙敖"失道"一带而过，很可能认为此线在决战中未发挥应有的作用，故略而不述，但实际情况也许并非如此。我们知道公孙敖是久经沙场的老将，元朔五年（前124）封合骑

---

① 王北辰：《古代居延道路》，《历史研究》1980年第3期。
② 《汉书》卷55《卫青霍去病传》，第2480页。
③ 王宗维：《汉代丝绸之路的咽喉——河西路》，第185页。
④ 同上书，第56页。
⑤ 杨婷：《霍去病与匈奴的战争》，2011年西北大学硕士学位论文，第22页。

侯，元朔六年（前123）以中将军身份参加漠南之战，再者能被汉武帝选中与霍去病联合作战必定不是平庸之辈。公孙敖军的进军路线史籍阙如，可以肯定的是，不会盲目选择沿霍去病第一次进军河西的路线，因为此线已引起匈奴的高度警惕，对公孙敖这支初进河西的军队非常不利。而上述霍去病进军河西的第三种观点，即由北地今宁县出发，经朝那、萧关道北上高平，再经今海原县至靖远县，由索桥渡过黄河至媼围（今景泰县），再向西赴武威，应是从北地进入河西较为理想的选择。当然，匈奴也会在此线设防，导致公孙敖军一进入河西，即吸引匈奴主力来战，之所以"失道""失期"，可能是匈奴误把公孙敖军当成主力，与之激战致使其难以按时到达约定的酒泉觻得一带，使得与霍去病军合力围歼匈奴的计划落空。但此举客观上不但牵制了一部分敌军，而且误导了匈奴的作战方向，反而给霍军从匈奴背后突袭创造了有利条件。所以，在此战中，公孙敖不是无功，而是因"失道"过大于功，此类因"失道""失期""行留"获罪的事情在史籍中不乏记载，如《史记·匈奴列传》载：

> 左贤王围李将军，卒可四千人，且尽，杀虏亦过当。会博望侯军救至，李将军得脱。汉失亡数千人，合骑侯后骠骑将军期，及与博望侯皆当死，赎为庶人①。

博望侯虽然后来救了李广军，但因失期，功不抵过，仍受到很重的处罚，另据《后汉书·班勇列传》：

> （永建）二年，勇上请攻元孟，于是遣敦煌太守张朗将河西四郡兵三千人配勇。因发诸国兵四万余人，分骑为两道击之。勇从南道，朗从北道，约期俱至焉耆。而朗先有罪，欲徼功自赎，遂先期至爵离关，遣司马将兵前战，首虏二千余人。元孟惧诛，逆遣使乞降，张朗径入焉耆受降而还。元孟竟不肯面缚，唯遣子诣阙贡献。朗遂得免诛。勇以后期，征下狱，免②。

张朗欲邀功自赎，抄近路由玉门关至楼兰，经尉黎（今库尔勒一带），过爵离关（今铁门关）至焉耆，先期受降，导致班勇"失期"获

---

① 《史记》卷110《匈奴列传》，第2908—2909页。
② 《后汉书》卷47《班勇列传》，第1590页。

罪，即使前期他在稳定西域中有再大的功劳，也难抵其过，从而结束了他在西域的军旅生涯。

（三）出兵右北平牵制匈奴左贤王

为了保证河西之战不受干扰和破坏，汉武帝选派"博望侯张骞、郎中令李广俱出右北平，异道。广将四千骑先至，骞将万骑后"①。由于此路军担负阻击匈奴左贤王主力的任务，干系重大，将帅由"汉之飞将军"李广和"知水草处，军得以不乏"的张骞担任。

匈奴左贤王在汉军出右北平北进时，率先派出数万骑兵南下侵袭代郡、雁门。匈奴此举的意图非常明显，据谭其骧的《中国历史地图集》并州、朔方刺史部可以看出，朔方为汉王朝的北部屯兵重地，且距离河西较近，河西汉军一旦战事吃紧，朔方军方便赶去增援。所以，为了支援河西匈奴，左贤王派兵攻打并州的代郡、雁门东西两地，以牵制汉朝的朔方兵力；另外代郡、雁门为太原重防，京师长安的东北部门户，是汉政府非常敏感的战略要地。

山西高原地势高峻，高原中部有汾水等河流穿过，经过雨水的长期侵蚀、汾河的冲积、地层的褶曲和断层等作用的演进，形成了一个纵长的地沟断陷带，期间自北向南分布着大同、忻定、太原、临汾和运城五大盆地②。大同盆地北面山地低口是塞北游牧民族进入中原的便捷通道。大同盆地与太原盆地之间的行程，严耕望先生有详细考证，虽记述的方向相反，实为同一路线，即"从晋阳（即太原）西北行百八十里至新兴（今忻县），又西北行二百五十里至马邑（今朔县），又东北行二百五十里至平城（今大同）"③。塞外游牧民族的铁骑一旦进入大同盆地，就可向东沿桑干河河谷低地侵扰代郡，西南沿管涔山东麓和桑干河谷直扣雁门关，越句注山，进逼太原。

代郡，据《中国历代政区沿革》载：

> 隶属并州刺史部所督辖。此郡系战国赵置，秦汉相沿未改，为西汉边郡之一。郡治在代县（今河北蔚县西南）。辖桑干、道人、当城、高柳、马城、班氏、延陵、狋氏、且如、平邑、阳原、东安

---

① 《汉书》卷55《卫青霍去病传》，第2480页。
② 宋杰：《两魏周齐战争中的河东》，中国社会科学出版社2006年版，第283—284页。
③ 严耕望：《唐代交通图考》第五卷"河东河北区"，第1336页。

阳、参合、平舒、代县、灵丘、广昌、卤城 18 县。其辖地相当今河北怀安、蔚县以西，山西阳高、浑源以东和长城内外以及东洋河流域①。

雁门是太原至塞外南北方向的交通枢纽。前引《中国历代政区沿革》雁门郡条：

> 隶属并州刺史部所督辖。此郡系战国赵置，秦汉相沿未改，为西汉边郡之一。郡治在善无（今山西右玉东南）。辖善无、沃阳、繁峙、中陵、阴馆、楼烦、武州、汪陶、剧阳、崞县、平城、埒县、马邑、强阴 14 县。其辖地相当今山西河曲、五寨、宁武等县以北，恒山以西，内蒙黄旗海、岱海以南地。

雁门关为南北大防，在军事上极为重要。正如严耕望先生在《唐代交通图考》第五卷"河东河北区"所言：

> "东北五十里至代州治所雁门县（今代县），南临滹沱水，即古上馆城。州南二十里有东陉关，似亦在此道上。代州西北行三十五里至西陉山，为滹沱、桑乾两河分水岭；古称勾注塞，与卢龙、飞狐并称为天下之阻分隔内外者。开皇长城自西徂东经此山。其山东西高岩峭拔，中路盘旋崎岖，然为北方敌军南侵之最主要险隘道口。唐于绝顶置雁门关，以断寇道。北宋置雁门、西陉两砦，东西分列，极相近。谷道十余，多通车骑，盖视唐更开辟矣。"又引《一统志》："旧关在雁门山上……西抵宁武、偏头，东连紫荆、倒马，……为山西之屏桓②。

代郡和雁门为太原的肩背之地，特别是雁门郡，扼雁门关，阻句注之险，军事战略地位更为重要。

西汉自平城白登山之围后，汉政府在政治上对匈奴实行和亲政策，军事上则以防御为主，文帝后元六年，匈奴大入寇，遣将分屯飞狐、句注、

---

① 《中国历代政区沿革》编写组：《中国历代政区沿革》，河北教育出版社 1996 年版，第 61 页。
② 严耕望：《唐代交通图考》第五卷"河东河北区"，第 1348—1349 页。

北地以御之①。武帝元光元年（前134），"卫尉李广为骁骑将军屯云中，中尉程不识为车骑将军屯雁门"②。武帝在大规模出击匈奴前更是加大了对雁门地区的防御力度，元光五年（前130）夏，"又发卒万人治雁门阻险"③。

左贤王攻打代郡、雁门的战略动向佯为太原，实际目的是吸引朔方部队前来支援，以期缓解河西匈奴的军事压力。但是据史籍记载，朔方并无出兵消息，汉廷只是调出右北平李广军来牵制左贤王，战斗进行的非常激烈。左贤王的兵力十倍于李广军，但是李广能够调动士兵的勇敢善战来阻击敌人，《史记·李将军列传》载：

> 匈奴左贤王将四万骑围广，广军士皆恐，广乃使其子敢往驰之。敢独与数十骑驰，直贯胡骑，出其左右而还，告广曰："虏易与耳。"军士乃安。广为环阵外向，胡急击之，矢下如雨。汉兵死者过半，汉矢且尽。广乃令士持满毋发，而广身自以大黄射其裨将，杀数人，胡虏益解。会日暮，吏士皆无人色，而广意气自如，益治军。军中自是服其勇也。明日，复力战，而博望侯军亦至，匈奴军乃解去④。

正是由于李广、张骞率军联合奋力抗击，阻止了左贤王的进一步行动，保证了河西主战场战事的顺利进行。

从汉军进攻河西的军事部署来看，以武帝为首的中央指挥集团制定的作战计划非常周密。为保证河西之战的胜利，不仅选择最为精锐的霍去病军担任主攻，公孙敖军作为策应，还派遣了以善战著称的李广军和博望侯张骞率领一万四千骑兵在东线设防，阻止匈奴左贤王对代郡和雁门的侵扰。虽然战斗进行中也有不尽人意之处，比如公孙敖、张骞因失道、失期使汉军遭受到一些不必要的损失，但最终的结果还是达到了预期的目的。

---

① 《汉书》卷4《文帝纪》载："六年冬，匈奴三万骑入上郡，三万骑入云中。以中大夫令免为车骑将军屯飞狐；故楚相苏意为将军屯句注；将军张武屯北地；河内太守周亚夫为将军次细柳；宗正刘礼为将军次霸上；祝兹侯徐厉为将军次棘门，以备胡。"第130—131页。
② 《汉书》卷6《武帝纪》，第160页。
③ 同上书，第164页。
④ 《史记》卷109《李将军列传》，第2872—2873页。

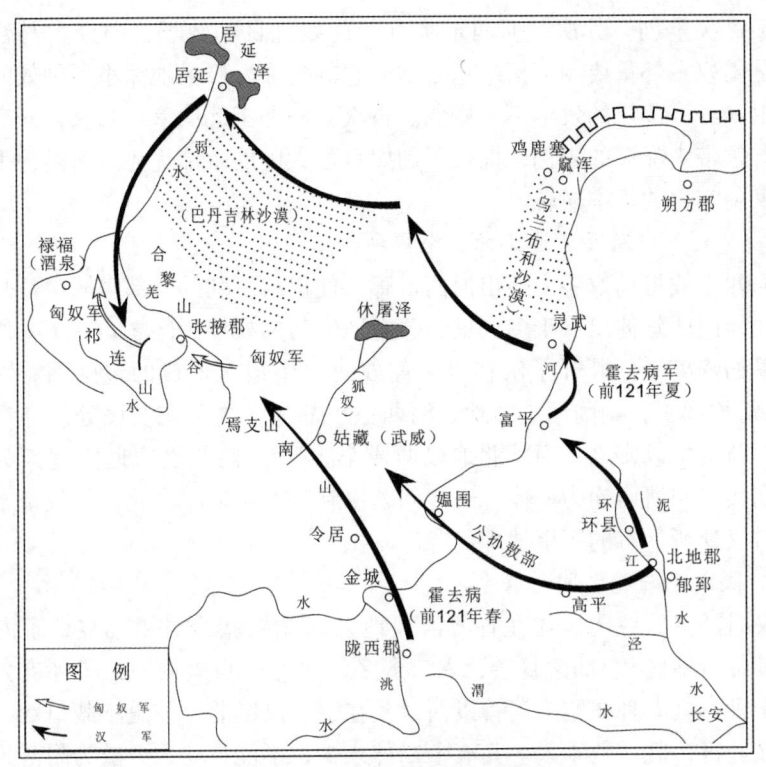

图四 汉匈河西之战示意图①

(四) 河西之战的历史影响

元狩二年（前121），汉朝发动的与匈奴右部进行的河西之战，是汉武帝前期最重要的四大战役之一（河南之战、漠南之战、河西之战、漠北之战）。此战后，汉匈双方的实力差距显著缩小，汉朝西北的边防压力减轻，匈羌之间的联系被隔断，汉朝向北方、西北方、西方进军的步伐越来越势不可当。基本上扭转了长期以来被动作战的不利局面。河西之战，具有十分重要的战略意义。

1. 双方实力差距显著缩小

首先，汉朝在三次河西之战中，"得胡首虏（骑）万八千余级"，"得胡首虏三万余人，裨小王以下七十余人"，"浑邪王杀休屠王，并将其众降汉。凡四万余人，号十万"②。在短短的不到一年的时间内，歼灭、受降的匈奴累计达八万余人，兵力损失相当严重，这是继漠南之战后匈奴遭

---

① 参考杨婷《霍去病与匈奴的战争》，西北大学2011届硕士学位论文，第24页。
② 《史记》卷110《匈奴列传》，第2908—2909页。

受的又一次重创。其次，河西走廊有着匈奴优良的牧场，即今大马营草原，是匈奴右部重要的繁衍生息之地，它的失去，极大地缩小了匈奴的生存范围，经济危机的发生不可避免。再次，浑邪王此次率众归汉，开启了匈奴首领带头降汉的先例，摧毁了匈奴百蛮大国的政治优势。河西易手关系到汉匈实力的根本逆转。

2. 汉之关中及西北边郡的安全得到保证

河西之战将匈奴势力逐出河西走廊，使得汉王朝的西部疆域由兰州黄河一线，向西延伸出一千多公里，关中地区与匈奴控制区之间有了一块横亘千里的隔离带，撕开了汉初以来匈奴对关中地区形成的包围圈。而且"汉已得浑邪王，则陇西、北地、河西益少胡寇，徙关东贫民处所夺匈奴河南、新秦中以实之，而减北地以西戍卒半"①。西北沿边地区逐渐为汉民所充实，与河西连为一体，安全问题得到基本保证。自此，匈奴基本丧失了对汉朝所具有的军事地理优势。

3. 隔断了匈羌之间的联系

汉时的羌族主要居住在青海河湟地区（主要指今甘肃临夏、青海海东及其临近地区），部落复杂，人口众多，史称"自爰剑后，子孙支分凡百五十种。其九种在赐支河首以西，及在蜀、汉徼北，前史不载口数。唯参狼在武都，胜兵数千人。其五十二种衰少，不能自立，分散为附落，或绝灭无后，或引而远去。其八十九种、唯钟最强，胜兵十余万"②。除爰剑支系外，还有20多个种落。

西汉初年，"匈奴冒顿兵强，破东胡，走月氏，威震百蛮，臣服诸羌"③。在汉朝的力量进入之前，河西匈奴与河湟地区羌人主要通过祁连山之间的山谷相沟通。匈羌之间虽有矛盾，甚至有部分羌人不堪匈奴的统治，寻求汉朝的保护。如景帝时，"研种留何率种人求守陇西塞，于是徙留何等于狄道、安古，至临洮、氐道、羌道县"④，但绝大多数还是匈奴的重要帮凶。河西归汉，一定程度上隔断了匈奴与羌人联系的便利性，削弱了匈奴的反汉力量。

4. 为汉朝漠北之战的胜利奠定基础

河西之战的胜利，解除了匈奴对西北边郡的安全威胁，汉朝深入漠北，北伐匈奴再无后顾之忧。元狩四年（前119），经过一系列的战争准

---

① 《史记》卷110《匈奴列传》，第2909页。
② 《后汉书》卷87《西羌传》，第2898页。
③ 同上书，第2876页。
④ 同上。

备,汉武帝命令卫青、霍去病联合进击漠北匈奴,事见《史记·匈奴列传》:"其明年春,……乃粟马,发十万骑,私从马凡十四万匹,粮重不与焉。令大将军青、骠骑将军去病中分军,大将军出定襄,骠骑将军出代,咸约绝幕击匈奴。……行斩捕匈奴首虏万九千级,北至阗颜山赵信城而还。""是后匈奴远遁,而幕南无王庭"①。可以毫不夸张地说,河西之战的胜利,为元狩四年(前119)漠北之战的胜利奠定了较为坚实的基础。

5. 为汉朝进军西域创造了条件

早在冒顿单于时期,匈奴就"灭月氏,定楼兰、乌孙、乌揭及其旁二十六国",控制了西域诸国,并利用设置在焉耆、危须、尉犁间的僮仆都尉赋税诸国,有力地支撑了匈奴的政治、经济和军事力量。汉朝西北战略的核心就进入西域,孤立、瓦解、打击亲匈力量,从匈奴手中夺取对西域的控制权,使匈奴势无所依,再发起对匈奴的战略决战,彻底解决边患。河西是通往西域的重要交通孔道,夺取河西是能够实施该战略的核心和保证。正如有学者所言"汉朝政府不遗余力地经营河西地区,以其作为经营西域的战略基地,两汉经营西域虽有过曲折反复,但始终能败而复振,绝而再通,关键在于有河西这一战略基地"②。河西归汉标志着汉匈军事对抗进入一个新的历史时期。

---

① 《史记》卷110《匈奴列传》,第2911页。
② 钮仲勋:《论汉代经营西域之战略形势》,《山西大学师范学院学报》1989年第1期。

第四章 汉朝对河西的政治经济开发及边防建设

河西虽然是一个相对独立的地理单元，但处在东西南北的重要交通枢纽地段，也是一个易于争雄的竞技场。元狩二年（前121），汉朝占领河西后，汉政府充分利用河西的自然地理特点，采取了一系列行之有效的政治、经济和军事措施，设置郡县、移民屯田、修筑防御工事，与关中北部边郡一起构成一个较为完备的防御体系。终两汉之世，河西未能易手。

一 政区设置

汉朝在河西陆续设置郡县，遣官治民、部署防务的同时，又实行郡县与属国并行的双轨制。

（一）河西四郡的设立

1. 河西四郡设立时间考略

河西四郡的设置年代，由于史书记载不清，两千多年来考据甚多，直到目前尚未有定论。有学者将史籍中的有关记载和专家学者的研究成果进行归纳，总共不下四十多种说法，见表4—1[①]。

表4—1　　　　　　河西四郡设置时间表

出处	酒泉郡	张掖郡	敦煌郡	武威郡
汉书·武帝纪	元狩二年	元鼎六年	元鼎六年	元狩二年
史记·平准书	元鼎六年后	元鼎六年后		

---

① 王宗维：《汉代丝绸之路的咽喉——河西路》，第219—221页；高荣：《先秦汉魏河西史略》，第87—88页；刘光华主编，汪受宽著：《甘肃通史》（秦汉卷），第174—176页。

续表

出处	酒泉郡	张掖郡	敦煌郡	武威郡
史记·河渠书	元鼎六年后			
史记·匈奴列传	元封三年后	元封六年已有		
史记·大宛列传	元鼎六年后			
汉书·地理志	太初元年	太初元年	后元元年	太初四年
汉书·食货志	元鼎六年后	元鼎六年后		
汉书·匈奴传	元封三年			
汉书·刘屈氂传			征和二年已有	
汉书·赵充国传	征和五年已有	征和五年已有		神爵元年已有
汉书·霍光传				地节三年已有
汉书·西域传序	武帝时	武帝时	武帝时	武帝时
汉书·西域传·渠犁	征和时	征和时有	征和时无	
汉书·韦贤传	武帝时	武帝时	武帝时	
后汉书·西羌传	武帝时	武帝时	武帝时	武帝时
沙州都督府图经			元鼎六年	
资治通鉴	元鼎二年	元鼎六年	元鼎六年	元鼎二年后
资治通鉴考异	元狩二年	元鼎六年	元鼎六年	元狩二年
通鉴胡三省注				太初四年
元和郡县图志	元狩二年	元鼎六年	元鼎六年	元狩二年
玉海	《汉书》纪、志并存	《汉书》纪、志并存	《汉书》纪、志并存	《汉书》纪、志并存
齐召南《汉书考证》	元狩二年	元鼎六年	元鼎六年	元狩二年
全祖望《汉书地理志稽疑》	元狩二年			元狩二年后
钱大昕《廿二史考异》	元狩二年	元鼎六年	元鼎六年	元狩二年
汪之昌《青学斋集》		元狩二年		
朱一新《汉书管见》	太初元年	太初元年	后元二年	太初四年
劳榦《居延汉简考证》	元狩二年	元鼎六年	太初初年或中年	元凤三年至地节三年、或本始二年
黄文弼《西北史地论丛》	元鼎二年	元鼎六年	太初二年	元鼎六年
吕思勉《秦汉史》	纪、志并存	纪、志并存	纪、志并存	纪、志并存
翦伯赞《秦汉史》	元鼎二年			元鼎二年
范文澜《中国通史简编》	元狩二年后	元鼎六年	元鼎六年	元狩二年后

续表

出处	酒泉郡	张掖郡	敦煌郡	武威郡
岑仲勉《汉书西域传地理校释》	元封元年		元封元年后	
张维华《汉史论集》	元鼎二年、三年	元鼎六年	元封六年后	元凤初年至神爵元年
施之勉《汉书辨疑》	元鼎六年	太初元年	后元元年	本始二年
陈梦家《汉简缀述》	元鼎六年	元鼎六年	元封四、五年	地节三年至元康四年
张春树《河西四郡建置年代考》	元鼎六年	元鼎六年	天汉三年左右	本始二年左右
鲁惟一《汉代行政记录》	太初元年	太初元年	征和二年以前	始元六年至地节三年
日比野丈夫《论河西四郡的设置年代》	元鼎六年	元封年间由河西郡改名	天汉年间	本始元年
齐陈骏《敦煌沿革与人口》	元狩二年	元鼎六年	元鼎六年	元狩二年
周振鹤《西汉河西四郡设置年代考》	元狩二年	元鼎六年	元鼎六年	地节三年
刘光华《敦煌郡建于汉武帝后元元年辨》	元鼎六年	元鼎六年	后元元年	元凤元年十月至地节三年五月
王宗维《汉代河西四郡始设年代问题》	元封三年	太初三年末至四年初	太初四年后至天汉元年	宣帝地节元年、二年
李并成《河西走廊历史地理》	太初元年	太初元年	后元元年	太初四年
郝树生《汉代河西四郡设置年代考辨》	元鼎六年	元鼎六年	后元元年	本始二年至地节三年
李炳泉《西汉河西四郡的始置年代及疆域变迁》	元狩末年	元鼎六年	后元元年	元鼎初年
梁新民《西汉武威郡究竟置于何年》	地节二三年			

虽然四郡设置的具体年代分歧很大,但在设置时间的先后顺序上基本达成一致,依次是酒泉郡、张掖郡、敦煌郡、武威郡。王宗维先生在《汉代河西走廊的咽喉——河西路》一书中,结合文献记载、考古资料和田野调查等,提出自己的观点,其考证过程有根有据,论证精辟,最为合理、可信。先生的结论是:酒泉郡设于元封三年,张掖郡设于太初三、四

年间，敦煌郡设于太初四年后至天汉元年，武威郡设于地节元年、二年间①。兹择其要点转述如下：

酒泉之名在出现前，该地《大宛列传》和《汉书·张骞传》称为"故浑邪之地""昆莫地"，直到元鼎六年（前111）汉筑令居塞，《大宛列传》记曰："而汉始筑令居以西，初置酒泉郡，以通西北国。"酒泉之名始现，也就是说，"酒泉"一名的使用不会早于元封初年。酒泉设郡的时间，大概在元封三、四年（前108、前107）间，原因如下：

第一，从元鼎六年（前111）始筑令居以西郡塞亭隧，至元封初年已延伸至酒泉，酒泉盆地形成了以汉族吏卒为主的最初居民点，需要设置相应的地方官进行管理。

第二，元封三年（前108）初，赵破奴、王恢等从姑师、楼兰回师途中，在酒泉附近的呼蚕水谷地击败小月氏部，并将其部众就地安置，急需设置民事机构加强管理。

第三，从元鼎中年开始，汉与西域之间的使者来往日益增多，酒泉成为必经之地，人口在此增加迅速，郡太守的设置成为形势发展的需要。

汉政府经过准备，于元封三年、四年（前108、前107）间，以酒泉为郡治，设立酒泉郡。

张掖郡的设立时间，王宗维先生采用了排除法，以明确太初三年（前102）前并没有设立张掖郡，但此时已经具备了设郡的基本条件。首先从人口方面看，太初三年（前102），为配合李广利西伐大宛在河西增派的十八万戍甲卒，被安置在张掖地区的至少有十万人以上，另外还有数以万计的"负私从者"滞留此地，人口数量相当可观，需要设立行政官员管理地方事务。其次，河西地区地域辽阔，初设的酒泉郡要管理整个河西确有鞭长莫及之难，在河西东部设立相应的地方行政管理机构，已是迫在眉睫。所以在太初三年（前102）末和太初四年（前101）初，李广利从大宛返回时，以觻得为郡治，设立张掖郡。

敦煌设置郡守，是在太初四年（前101）后至天汉元年（前100）之间。太初四年（前101），汉朝远征大宛的战争结束，敦煌的战略地位日益突出。汉政府有意识的开发使其发展迅速，很快形成集镇，具备了设置郡县的首要条件。另外，天汉二年（前99），贰师将军李广利以三万骑兵出酒泉击匈奴右贤王于天山，李陵从居延出兵兵败被俘，根据这次战争所获情报，汉廷得知匈奴右方和单于的兵力已经西迁到酒泉、敦煌郡以北地

---

① 王宗维：《汉代河西走廊的咽喉——河西路》，第256页。

区。司马迁遂在《史记·匈奴列传》中记曰:"匈奴……右方直酒泉、敦煌郡"①,此时的敦煌已不是普通的地名,而是以郡名的形式出现的。

武威置郡,因《史记》中没有任何记载,争议最大。王宗维先生根据本始二年(前72)汉朝从云中、五原、西河、张掖、酒泉出兵,进击盘踞在蒙古高原西部与西域之间的匈奴,地跨后来武威郡的辖境,而汉朝却未从武威出兵,推知此时汉朝还没有设立武威郡。另外居延汉简7·7(甲45),反映的是武威郡成立时和张掖郡划分边防任务的情况,简文是地节二年六月写的,所以武威郡的设置当在地节元年末和二年初,较为合乎实际。

2. 河西郡县行政区划

据《汉书·地理志》载,至西汉元帝时,河西四郡共辖有35县,其中武威郡10县,张掖郡10县,酒泉郡9县,敦煌郡6县。各郡县情况简要介绍如下②:

武威郡(新莽曰张掖)。位于河西走廊的最东端,原为匈奴休屠王驻牧地。河西归汉后,始为张掖郡地,宣帝地节元年、二年间在张掖郡东部地区分设武威郡,郡治姑藏,下设10县,故城均在今甘肃省境。平帝时,武威郡有17581户,76419人。见表4—2。

表4—2　　　　　　　　　　武威郡属县表

县名	王莽时改称	县治今所在地
姑藏		武威市西北之锁阳城
张掖		武威市东河乡王景寨古城
武威		武威市东北之连城
休屠	晏然	武威市四坝乡三岔古城
揟次	播德	古浪县土门镇西
鸾鸟		武威市西北沙城子古城
扑𢶍	敷虏	古浪县大靖[景]镇北之古城头
媪围		景泰县芦阳镇吊沟古城
苍松	射楚	古浪县城北之一堵城古城
宣威		民勤县大坝乡文一古城

---

① 《史记》卷110《匈奴列传》,第2914页。
② 河西四郡县城城址的确定除非特别注明,均采用高荣在《先秦汉魏河西史略》中所引用的研究成果,第92—94页。

武威郡各属县既有汉名称谓，如张掖、武威、苍松、宣威，又有匈奴语名，如姑臧、鸾鸟、休屠、揟次、扑刺，媪围，反映出匈奴、汉朝在此交替统治的历史特点。

张掖、武威、宣威这三个地名，很好地体现了汉朝的战略设想。张掖，应劭注引《汉书·地理志》曰："张国臂掖，故曰张掖也。"《大明一统志》："断匈奴之臂，张中国之掖。"寄予了对河西军事价值的厚望。武威、宣威彰显的则是汉帝国的武功军威，均寓意深刻。

武威县地处绿洲平原北部，据《水经注》卷40："都（猪）野泽在武威县东北，县在姑臧城北一百五十公里，东北即休屠泽也。"是河西沟通河套、漠南的要径，匈奴南下的孔道，同时又是武威郡的北部防御重镇。

鸾鸟，《元和郡县志》卷40"凉州"条："本匈奴所筑，汉置为县。城不方，有头尾两翅，名为鸟城。南北七里，东南三里。"《太平寰宇记》卷152"嘉麟县"条："嘉麟县，（姑臧）西北七十里，……唐神龙二年于汉鸾鸟故城置。"知汉鸾鸟县城即为唐嘉麟县城，姑臧城北三十五公里为今西营河和东大河洪积冲积扇缘泉水出露带一线，水源充足，土地肥沃，汉之鸾鸟县城就设在这里。

苍松，因境内多松树而得名。《汉书·地理志》曰：苍松县"南山，松峡水所出，北至揟次入海"。《元和郡县志》卷40："苍松故城，在（昌松）县东北十里，汉苍松县也。"唐昌松县"西北至（凉）州一百二十里"，唐昌松县即今古浪县城，汉之苍松县城在其北5公里处，其南面正对古浪峡口，是由金城（今兰州）进入河西走廊的咽喉，又是南通西羌的要道，自古以来为兵家必争之地，《古浪县志》称："足资弹压，诚万世不可废也。"

姑臧，本为匈奴休屠王之盖臧王城。《后汉书·窦融传》李贤注引《西河旧事》："凉州城，昔匈奴故盖臧城，后人音讹名姑臧也。"《晋书·张轨传》：姑臧城"本匈奴所筑也。南北七里，东西三里，地有龙形，故名卧龙城"。另《水经注》卷40、《元和郡县志》卷40和《太平寰宇记》卷152也有类似的记载。据李并成先生考证，今武威的三摞城即是匈奴的盖臧城、西汉的姑臧城。它地处石羊河绿洲腹地，经济条件优越，且在走廊东西大道与北趋蒙古高原南北通道的十字交叉路口处。汉武帝以姑臧为郡治，方便掌控整个绿洲。

休屠，原为匈奴休屠王王城，《太平寰宇记》卷152："休屠城，匈奴休屠王所理之地，汉亦为县。"《元和郡县图志》卷40："休屠城在县（姑臧）北六十里，汉休屠县也。"《史记·大宛列传》：太初三年（前102年）"置居延、休屠以卫酒泉"。休屠城位于石羊河绿洲中部，泉流众多，河流汇集，又地当走廊平原北出蒙古高原的南北交通要道上，汉时休屠县亦是北部都尉的治所。

据居延新简EPT59·582："媪围至居延置九十里，居延置至鰈里九十里，鰈里至揟次九十里，揟次至小张掖六十里。""小张掖"即武威郡的张掖县，以有别于张掖。简文详细记载了汉代从媪围县西至小张掖的驿路里程，说明汉时河西各郡县之间是通过驿道的形式沟通的，表现了其军事战略前沿的特点。

汉简中还发现姑臧县辖有北乡西夜里、西乡阉导里、渠门里、比夜里等；鸾鸟县有息众里、大昌里等；张掖县有西乡定武里、有义里、长乘里、下都里等①。可见，乡里制在河西已经得到普遍实施，对有效加强河西吏民的管理起着重要的作用。

张掖郡（新莽曰设屏）。原为匈奴浑邪王驻牧地，其范围大致为今石羊河流域的西部和黑河流域东中部一带，郡治觻得，下设10县，其中9县故城在今甘肃省境，另有居延县，今划归内蒙古自治区。见表4—3。

表4—3　　　　　　　　张掖郡属县表

县名	王莽时改称	县治今所在地
觻得	官式	张掖市甘州区西北黑水国北城遗址
昭武	渠武	临泽县东北之昭武古城
删丹	贯虏	山丹县南霍城乡双湖古城
氐池	否武	张掖市东南梁家墩镇
屋兰	传武	张掖市碱滩乡东古城
日勒	勒治	山丹县城东南位奇乡五里墩古城
骊靬	揭虏	永昌县城西南之焦家庄乡南古城
番和	罗虏	永昌县西之西寨古城
居延	居成	内蒙古额济纳旗政府驻地东南绿城遗址
显美		武威市西之朵浪城

觻得县，颜师古注称："觻得，匈奴中地名，而张掖县转取其名耳。"

---

① 刘光华主编，汪受宽著：《甘肃通史》（秦汉卷），第182页。

为匈奴语的音译名,原为匈奴浑邪王王城所在地。觻得故城在今张掖市甘州区西北黑水国北城遗址,地处河西走廊中部,向南穿越祁连山扁都口可达湟水谷地,向北沿黑河而下可抵昭武、居延,河西走廊主干道横贯县城东西,正可谓是交通和军事上的"锁钥之地"。

删丹县,乾隆《大清一统志》卷205:"删丹故城,今山丹县治,汉置,属张掖郡。"城东南三十公里处即祁连山著名的古隘口扁都口,扼控穿越祁连山的南北通道。城北沿山丹河而下,可连接日勒、觻得等地,对防范匈羌交通起着重要的作用。

日勒县,日勒故城在今山丹县城东南位奇乡五里墩古城,北有龙首山,东南有焉支山。向东越峡口可达永昌、武威,向西直趋张掖,向南沿山丹河谷与山丹县城连接,向北越龙首山峡口可抵蒙古高原①。《汉书·赵充国传》:"武威县、张掖日勒皆当北塞,有通谷水草。"《汉书·地理志》:"日勒,都尉治泽索谷。"是张掖郡郡北边防的重地。

屋兰县,《甘州府志》:"屋兰古城,城东五十里,今仁寿驿,俗名古城是也。"今张掖城东二十五公里一带是碱滩乡的东古城,即清代的仁寿驿,汉时的屋兰县所在地。古城坐落在山丹河南岸,渡河北行穿越龙首山峡口直通蒙古高原。因而与日勒均是匈奴经由巴丹吉林沙漠南下河西的首侵之地。居延新简EPT59:582有一则简文:"删丹至日勒八十七里。日勒至钩著置五十里。钩著置至屋兰五十里。屋兰至氐池五十里。"对于我们准确掌握汉时张掖郡相邻县城之间的空间距离提供了宝贵资料。

骊靬,原为匈奴骊靬王驻牧地,汉承其名,并以为县。今骊靬遗址,位于祁连山者来河沟口处,南出祁连山的鸾鸟口、平羌口直通青海门源县,北越龙首山可达内蒙古阿拉善右旗,为古今河西走廊南北交通的咽喉之一。关于骊靬,东汉应劭所著的《汉书集解音义》曰:"为西域蛮族降者而置。"英国汉学家德效骞的《古中国境内的一个罗马城市》文中说,汉骊靬县是汉帝国在汉匈郅支城之战后,为安置逃亡在郅支城中的罗马战俘而设。王宗维先生考证说,汉通西域后,骊靬人随使团来朝,不能返国,寄居河西,汉朝为了便于管理,特设骊靬县②。笔者认为,从现在河西骊靬人的高鼻、蓝眼、高大威猛的外部形象特征来看,与汉时的匈奴人非常相近,他们应是汉匈河西之战后,滞留在河西的匈奴人后裔而已。

汉简中发现的张掖郡觻得县辖有北乡义成里、成汉里等41里;昭武

---

① 李并成:《河西走廊历史地理》,第66页。
② 王宗维:《汉朝西域路的开辟和骊靬人来华》,《西北历史资料》1985年第1期。

县有万岁里、安汉里等13里；氐池县有长乐里、富贵里等15里；屋兰县有富贵里、安乐里等5里；日勒县有益寿里、万岁里等6里；骊靬县有万岁里；番和县有便里、郭邞里等3里；显美县有莫君里；居延县有82里①。

酒泉郡（新莽曰辅平）。酒泉之名，据说取自西汉东方朔的《神异经·西荒经》："西北荒中有玉馈之酒，酒泉注焉，广一丈，长深三丈，酒美如肉，澄清如镜。上有玉樽、玉筵，取一樽，一樽复生焉，与天同休无干时。"若此说成立，那么与汉开河西的战略意义无甚关联，想来应另有他意。水是河西的生命之源，此地水流丰富，甘洌如酒，酒泉之名当是对这里发展经济、永葆生命力的一种期盼。其地域范围大致包括今黑河流域西部和疏勒河流域东部地区。郡治禄福，下设9县，故城均在今甘肃省境。平帝时有18137户，76726人。见表4—4。

表4—4　　　　　　　　酒泉郡属县表

县名	王莽时改称	县治今所在地
禄福	显德	酒泉市肃州区
表是	载武	高台县城西之新墩子城
乐涫	乐亭	肃州区下河清乡皇城遗址
天依		玉门市昌马乡政府驻地东
玉门	辅平亭	玉门市赤金镇
会水	萧武	金塔县金塔乡东沙窝西古城
沙头		玉门市花海乡比家滩古城
绥弥		肃州区临水乡古城村古城
乾齐	测虏	玉门市玉门镇东南之回回城

禄福城位于今北大河、洪水坝河洪积冲积扇缘泉水出露带的西南侧，发展农业经济条件优越，又地处走廊东西主干道和沿弱水北上蒙古高原的交汇处，酒泉郡之军政中心非其莫属。

天依县，《汉书·地理志》师古注："此地有天依阪，故以名。"

---

① 刘光华主编，汪受宽著：《甘肃通史》（秦汉卷），第180—181页。

"阪"是山坡、斜坡之意，指高山延降至平原之坡地。《重修肃州新志》之《靖逆卫建置沿革》云："靖逆卫（今玉门镇），在汉为冥安县地，属敦煌郡，乃最东之邑，与酒泉天依县接坡者也。"天依县位于祁连山北麓今昌马河流经的昌马盆地，由天依至冥安的坡地，即所谓的阪。该地向南经昌马山山口可通青海，向北经禄福可趋走廊以北。筑城天依，可有效防范羌人北下，隔绝匈羌交联。

玉门县，《汉书·地理志》师古注："阚骃云汉罢玉门关屯，徙其人于此"。玉门县由此得名。《旧唐书·地理志》："玉门军，在肃州西二百里，管兵五千二百人，马六百匹。"《通典》卷172、《太平寰宇记》卷152、《元和郡县图志》卷40等记载略同。其位置在今玉门市赤金镇，赤金自古以来就是酒泉西通敦煌的必经之地。

会水县，《汉书·地理志》师古注："阚骃云众水所会，故曰会水。"黑河两大支流北大河和洪水坝河，以及源于两河洪积冲积扇缘的清水河、夹边沟、临水河等均在此交汇，为酒泉绿洲水源最为丰富的地域①。会水城所在的今金塔乡东沙窝西古城地带，位于黑河西岸，酒泉郡境内长城以北，是郡治禄福东北部的一个重要军事安全屏障。

绥弥县，在今肃州区临水乡古城遗址，由该城向西直通禄福；向东经高台县的双井子、苦水墩、盐池大道后，顺黑河西岸行可去张掖，该道为汉晋时的交通用兵大道；向东北经会水县沿黑河干流直达居延，外接蒙古，绥弥之名即有安抚远方之意。该城实处河西交通干道的"丁"字路口②，军事交通地位非常重要。

乾齐县，为酒泉郡最西部的一个县，位于今玉门市玉门镇绿洲上，毗邻敦煌郡。《汉书·地理志》记乾齐县为"西部都尉，治西部障"，与会水县境的北部、东部都尉同为酒泉郡所设的三个都尉之一，共同拱卫着郡治禄福的军事安全。

汉简中发现的酒泉郡禄福县有王里、东乡、慈里；表是县有万岁里；乐涫县有任里；会水县有宜禄里；玉门县有富昌里等③。

敦煌郡（新莽时先称文德，后称敦德）。位于河西走廊的最西端，地处今疏勒河流域中下游。郡治敦煌，下设6县，故城均在今甘肃省境。平帝时，有11200户，38335人。见表4—5。

---

① 李并成：《西汉酒泉郡池头、绥弥、乾齐三县城址考》，《西北史地》1995年第3期。
② 同上。
③ 参考刘光华主编，汪受宽著：《甘肃通史》（秦汉卷），第178页；王宗维：《汉代丝绸之路的咽喉——河西路》，第287页。

表4—5　　　　　　　　　　敦煌郡属县表

县名	王莽时改称	县治今所在地
敦煌	敦德	敦煌市西
冥安		瓜州县桥子乡政府南之锁阳城遗址
效谷		敦煌市东北郭家堡乡墩墩湾古城
渊泉		瓜州县河东乡东之四道沟屯庄古城
广至	广桓	瓜州县踏实乡西北之破城子
龙勒		敦煌市南湖乡寿昌古城

敦煌县，敦煌之名来源于《山海经·北山经》中"敦薨"的异译。《汉书·地理志》应劭注："敦，大也；煌，盛也。"笔者认为既受到"敦薨"这两个字的启发，同时借用"敦煌"的字面含义，表达的是汉朝以此为基地，放眼西域、接纳万国来朝的盛大局面。敦煌故城位于今党河中下游绿洲腹地，此地素有"塞外江南"之美誉，发展农牧业生产条件十分优越。敦煌东接酒泉、张掖，直通中原；西南、西北与天山南北相接，可深入西域、中亚；南越当金山口径趋青海海西地区。《肃州志》云："雪山为城，青海为池，鸣沙为环，党河为带，前阳关而后玉门，控伊西而制漠北，全陕之咽喉，极边之锁钥。"此言不虚！

渊泉县，《汉书·地理志》"渊泉县"条师古注："阚骃云地多泉水，故以为名。"《后汉书·张奂列传》引李贤注："渊泉，县名，地多泉水，故城在今瓜州晋昌县东北也。"渊泉县位于疏勒河中游绿洲，农业经济状况良好。西南距冥安城一百二十一公里，东南距玉门县七十公里，为汉敦煌郡东北部的一个县，沿弱水南下转而向西延伸的长城从城北穿过，长城以北是广阔的冥泽，共同构成敦煌郡东北部的军事安全保障体系。

广至县，《汉书·地理志》："广至，宜禾都尉治昆仑鄣。"城址位于今瓜州县踏实乡西北之破城子。敦煌郡西部的氐置水（今党河）绿洲，设有敦煌、效谷、龙勒三县；东部的籍端水（又称冥水，今疏勒河）中游绿洲设有冥安、广至、渊泉三县。两片绿洲之间有长达六十多公里的戈壁和荒漠，交通联系不便。广至恰在东片绿洲西南缘、西片绿洲的东北角，是两片绿洲最为靠近的地方，因而是连接敦煌郡东西的交通枢纽[①]。

龙勒县，《汉书·地理志》："龙勒，有阳关、玉门关，皆都尉治。"

---

① 李并成：《汉敦煌郡宜禾都尉府与曹魏敦煌郡宜禾县城考辨》，《敦煌学辑刊》1996年第2期。

《新唐书·地理志》："寿昌，……治汉龙勒城。西有阳关，西北有玉门关。"撰于五代后汉乾佑二年（949）的《沙洲城土境》（P.2691）："寿昌县，西北去（沙）州一百二十里。"知唐之寿昌县即治于汉之龙勒县，距离敦煌六十公里。龙勒县为敦煌郡的西部门户，城址位于今敦煌市南湖乡寿昌古城，其西三公里为汉阳关遗址，西北六十公里为汉玉门关遗址，这两个重要关隘皆位于龙勒县境，足见其交通位置的重要性。

汉简中发现敦煌郡的敦煌县有南关里、富贵里、大会里等19里；效谷县有宜禾里、常利里、益寿里等10里；广至县有安庆里；龙勒县有万年里、寿里；渊泉县有宜年里等①。

3. 河西四郡郡县分布特点

河西四郡在河西走廊的设置，在空间上遵循了一个从中间到两端分置的过程，在时间上与汉匈战事的发展相一致。河西归汉后，汉政府即在河西进行修长城、设亭鄣、徙民实边等运动，保证了河西的基本畅通与安全。元封三年（前108）赵破奴、王恢破楼兰和姑师后，河西的军事战略地位日益凸显。以河西的腹心地带酒泉为中心设置酒泉郡，统辖河西的军政事务非常必要。但此时由于人力、物力少而范围广，管理还是相当的粗疏。所幸的是此时匈奴经过漠北之战后，实力大衰，无力南进，给了汉朝在河西发展的大好时机。太初三年、四年间（前102、前101），为配合李广利西伐大宛，汉廷征发十八万戍甲卒屯戍在居延、休屠一带，重点加强酒泉和武威地区的防御力量，防止匈奴沿弱水或谷水南侵河西，遂从酒泉郡分置出张掖郡，掌控河西中东部地区。太初四年（前101）至天汉元年（前100），李广利率军成功征服大宛，汉朝在西域的影响取得突破性进展，敦煌的战略地位首次被推到了历史的最前沿，敦煌郡的设置水到渠成。本始二年（前72），汉朝五路大军联合乌孙大破匈奴，匈奴在西域暂时无力与汉争锋，矛头东向。谷水下游的休屠泽地区是河西最后一个防御力稍显薄弱的区域，地节元年（前69）至二年（前68），再从张掖郡分置出武威郡，进一步提高走廊东部地区的防御力。可以看出，张掖郡、敦煌郡和武威郡三郡逐渐分置的过程，是汉朝对河西的控制力逐渐细化、逐步完善、逐步加强的过程，也是汉朝对匈奴作战逐步取得胜利的过程。正如向达先生所言："汉武帝开河西四郡，立酒泉以为中权重镇，北控居延，南枕祁连，西有敦煌以为前卫，东有武威、张掖以为后路，卒能击破

---

① 刘光华主编，汪受宽著：《甘肃通史》（秦汉卷），第184页。

匈奴，以雪高祖之耻。时移代移，而形势依然。"① 其言甚是。

河西四郡诸县城址的选择主要取决于自然条件和军事需要。郡县虽是地方行政管理机构，但在河西这样一个战争前沿，行政必然也是紧紧围绕军事而运转的。从自然地理上说，河西的石羊河、黑河和疏勒河把河西走廊由东到西分为四大区域，这三条河流就是河西走廊的三条生命线，四郡郡治及县址能且只能选在以这三条河流为中心的地带，事实也确实如此。就像我们看到的，由东到西依次排列着武威郡、张掖郡、酒泉郡、敦煌郡。

这种格局的形成虽然是受自然条件的制约，但却无意中满足了汉王朝"以通西域，隔绝羌、胡，北伐匈奴"的军事战略要求。河西四郡所辖县城据《汉书·地理志》有35个，县城分布大致分为东西、南北两个走向，东西向的有姑臧、张掖、揟次、鸾鸟、媪围、苍松、扑𣂰、觻得、昭武、删丹、氐池、屋兰、日勒、骊靬、番和、显美、禄福、表是、乐涫、天依、玉门、会水、沙头、绥弥、乾齐、敦煌、冥安、效谷、渊泉、广至、龙勒；南北向的有休屠、宣威、武威、居延。从军事学的角度讲，县城的多少，一定程度上也反映了军事力量的强弱。东西向的县城不但是一条军事交通大动脉，也是一道屏障，起着隔绝南北的作用；南北向的四个县城，尤其是居延、武威，位于河西走廊的最北端，其进攻和防御能力远非其他县城可比。

河西各郡县所在位置由于自然条件较好，是汉政府实施军事屯田的主要区域，大量的屯田吏卒集中于此亦农亦兵，因而具备独立作战的能力。史书中所载的"出酒泉""出张掖""出居延""出敦煌"，就是以出发地所在的郡县为经济和军事依托②，进能胜敌，退能坚守；而且各郡之间互相关联，牵一发而动全身，"羌胡犯塞，融辄自将与诸郡相救，皆如符要，每辄破之"③。极大地增强了河西的整体攻防能力。

4. 河西四郡郡守名录

郡守，《汉书·百官公卿表》曰："秦官，掌治其郡，秩二千石，有丞。边郡又有长史，掌兵马，秩皆六百石。景帝中二年更名为太守。"内郡郡守是行政长官，以行政事务管理为主，而边郡的郡守集军、政长官于一身，带领郡民积极备战、勇敢杀敌也是其重要职责。两汉时期河西是汉

---

① 向达：《唐代长安与西域文明》，生活·读书·新知三联书店1957年版，第342页。
② 王宗维：《汉代丝绸之路的咽喉——河西路》，第351页。
③ 《后汉书》卷23《窦融列传》，第797页。

匈对抗的前沿，汉廷一般选择皇亲国戚，或有威望、能征战的人担任郡守。根据史籍记载，两汉时期河西四郡郡守主要有：

（1）**武威太守王汉**　《汉书·霍光传》：宣帝地节二年（前68），"光薨后，语稍泄。于是上始闻之而未察，乃徙光女婿度辽将军未央卫尉平陵侯范明友为光禄勋，次婿诸吏中郎将羽林监任胜出为安定太守。数月，复出光姊婿给事中光禄大夫张朔为蜀郡太守，群孙婿中郎将王汉为武威太守"。

（2）**张掖太守窦某**　《后汉书·窦融传》："融高祖父，宣帝时以吏二千石自常山徙焉（扶风平陵）。……而高祖父尝为张掖太守。"

（3）**武威太守马期**　《后汉书·窦融传》：更始初（23），"是时武威太守马期、张掖太守任仲并孤立无党，乃共移书告示之，二人即解印绶去"。

（4）**武威太守梁统**　《后汉书·窦融列传》：更始初（23），"于是以梁统为武威太守，史苞为张掖太守，竺曾为酒泉太守，辛肜为敦煌太守，库钧为金城太守"。

（5）**武威太守任延**　《后汉书·循吏列传》：光武建武初（25），"延视事四年，征诣洛阳，以病稽留，左转睢阳令，九真吏人生为立祠。拜武威太守，帝亲见"。

（6）**武威太守郑众**　《后汉书·郑众列传》：明帝永平十八年（75），"其后帝见匈奴来者，问众与单于争礼之状，皆言匈奴中传众意气壮勇，虽苏武不过。乃复召众为军司马，使与虎贲中郎将马廖击车师。至敦煌，拜为中郎将，使护西域。会匈奴胁车师，围戊己校尉，众发兵救之。迁武威太守，谨修边备，虏不敢犯"。

（7）**武威太守傅育**　《后汉书·西羌传》：章帝建初元年（76），"于是诸种及属国卢水胡悉与相应，吴棠不能制，坐征免。武威太守傅育代为校尉，移居临羌"。

（8）**武威太守孟云**　《后汉书·南匈奴列传》：章帝元和元年（84），"元和元年，武威太守孟云上言北单于复愿与吏人合市，诏书听云遣驿使迎呼慰纳之。北单于乃遣大且渠伊莫訾王等，驱牛马万余头来与汉贾客交易"。

（9）**武威太守冯衍**　《后汉书·冯衍传》：和帝初（89），"豹字仲文，……和帝初，数言边事，奏置戊己校尉，城郭诸国复率旧职。迁武威太守，视事二年，河西称之，复征入为尚书"。

（10）**武威太守杨伦**　《后汉书·儒林列传》：顺帝永建初年

(126),"顺帝即位,诏免伦刑,遂留行丧于恭陵。服阕,征拜侍中。是时邵陵令任嘉在职贪秽,因迁武威太守,后有司奏嘉臧罪千万,征考廷尉,其所牵染将相大臣百有余人"。

(11) 武威太守赵冲　《后汉书·西羌传》:顺帝永建五年(130),"于是东西羌遂大合。巩唐种三千余骑寇陇西,又烧园陵,掠关中,杀伤长吏,邠阳令任頵追击,战死。遣中郎将庞浚募勇士千五百人顿美阳,为凉州援。遣中郎将庞浚募勇士千五百人顿美阳,为凉州援。武威太守赵冲追击巩唐羌,斩首四百余级,得马牛羊驴万八千余头,羌二千余人降"。

(12) 武威太守张奂　《后汉书·张奂列传》:桓帝延熹二年(159),"明年,梁冀被诛,奂以故吏免官禁锢。奂与皇甫规友善,奂既被锢,凡诸交旧莫敢为言,唯规荐举前后七上。在家四岁,复拜武威太守"。

(13) 武威太守李恂　《后汉书·李恂列传》:"迁武威太守。后坐事免,步归乡里,潜居山泽,结草为庐,独与诸生织席自给。"

(14) 武威太守黄俊　《后汉书·盖勋列传》引《续汉书》:灵帝中平元年(184),"黄巾贼起,故武威太守酒泉黄俊被征,失期。梁鹄欲奏诛俊,勋为言得免,俊以黄金二十斤谢勋,勋谓俊曰:'吾以子罪在八议,故为子言。吾岂卖评哉!'终辞不受"。

(15) 武威太守赵冲　《后汉书·应劭列传》:灵帝中平二年(185),"往者匈奴反叛,度辽将军马续、乌桓校尉王元发鲜卑五千余骑,又武威太守赵冲亦率鲜卑征讨叛羌,斩获丑虏,既不足言,而鲜卑越溢,多为不法"。

(16) 武威太守张猛　《后汉书·献帝纪》:献帝建安十年(205),"秋七月,武威太守张猛杀雍州刺史邯郸商"。

(17) 武威太守窦融从祖父从弟　《后汉书·窦融传》:宣帝时,"融高祖父,宣帝时以吏二千石自常山徙焉。……尝为张掖太守,从祖父为护羌校尉,从弟亦为武威太守,累世在河西,知其土俗"。

(18) 张掖太守辛庆忌　《汉书·辛庆忌传》:元帝时(前48—前33),"元帝初,补金城长史,举茂材,迁郎中车骑将军,朝庭多重之者。转为校尉,迁张掖太守。徙酒泉,所在著名"。

(19) 张掖太守良(姓佚)　《居延新简》EPT52:99云:成帝建始元年(前32),"九月辛酉朔乙丑,张掖太守良、长史威、丞宏敢告居延都尉卒人言,殄北守候塞尉、护甲渠候宜典社事、受致廪饭黍、肉,护直百卅六、直百卅二……"

(20) 张掖太守牛商　《汉书·百官公卿表》：成帝鸿嘉三年（前18）前，"张掖太守牛商子夏为右扶风，四年免"。

(21) 张掖太守萧咸　《汉书·张禹传》：成帝鸿嘉、永始间（前24—前13），"天子愈益敬厚禹。禹每病，辄以起居闻，车驾自临问之。上亲拜禹床下，禹顿首谢恩，归诚，言：'老臣有四男一女，爱女甚于男，远嫁为张掖太守萧咸妻，不胜父子私情，思与相近。'上即时徙咸为弘农太守"。

(22) 张掖太守福（姓佚）　《居延汉简甲乙编》乙4·1简："二月戊寅，张掖太守福、库丞承熹行丞事，敢告张掖农都尉、护田校尉、府卒人，谓县律曰……"

(23) 张掖太守史苞　《后汉书·窦融列传》：建武八年（32），"帝高融功，下诏以安丰、阳泉、蓼安、安风四县遂以次封诸将帅：武锋将军竺曾为助义侯，武威太守梁统为成义侯，张掖太守史苞为褒义侯，金城太守库钧为辅义侯，酒泉太守辛肜为扶义侯"。

(24) 张掖太守邓鸿　《后汉书·南匈奴列传》：章帝建初元年（76），"时皋林温禺犊王复将众还居涿邪山，南单于闻知，遣轻骑与缘边郡及乌桓兵出塞击之，斩首数百级，降者三四千人。其年，南部苦蝗，大饥，肃宗禀给其贫人三万余口。七年，耿秉迁执金吾，以张掖太守邓鸿行度辽将军"。

(25) 张掖太守邓训　《后汉书·邓训列传》：章帝元和三年（86），"卢水胡反畔，以训为谒者，乘传到武威，拜张掖太守"。

(26) 张掖太守李恂　《后汉书·李恂列传》：章帝章和二年（88），"拜兖州刺史。以清约率下，常席羊皮，服布被。迁张掖太守，有威重名"。

(27) 张掖太守马续　《后汉书·西羌传》：顺帝永建五年（130），"明年，犀苦诣皓自言求归故地，皓复不遣。因转湟中屯田，置两河间，以逼群羌。皓复坐征，张掖太守马续代为校尉"。

(28) 张掖太守第五访　《后汉书·循吏列传》：顺帝时，"第五访字仲谋，……三年之间，邻县归之，户口十倍。迁张掖太守。岁饥，粟石数千，访乃开仓赈给以救其敝"。

(29) 酒泉太守辛武贤　《汉书·宣帝纪》：宣帝神爵元年（前61）前，"六月，有星孛于东方。即拜酒泉太守辛武贤为破羌将军"。

(30) 酒泉太守辛庆忌《汉书·辛庆忌传》：成帝初，"征为光禄大夫，迁左曹中郎将，至执金吾。始武贤与赵充国有隙，后充国家杀辛氏至庆忌为执金吾，坐子杀赵氏，左迁酒泉太守"。

（31）酒泉太守梁统　《后汉书·窦融列传》：更始初（23），"是时酒泉太守梁统、金城太守库钧、张掖都尉史苞、酒泉都尉竺曾、敦煌都尉辛肜，并州郡英俊，融皆与为厚善"。

（32）酒泉太守竺曾　《后汉书·窦融列传》：建武七年（31），"七年夏，酒泉太守竺曾以弟报怨杀人而去郡，融承制拜曾为武锋将军，更以辛肜代之"。

（33）酒泉太守辛肜　《后汉书·窦融列传》：建武八年（32），"帝高融功，下诏以安丰、阳泉、蓼安、安风四县遂以次封诸将帅：武锋将军竺曾为助义侯，武威太守梁统为成义侯，张掖太守史苞为褒义侯，金城太守库钧为辅义侯，酒泉太守辛肜为扶义侯"。

（34）酒泉太守段彭　《后汉书·西域传》：章帝建初元年（76），"建初元年春，酒泉太守段彭大破车师于交河城。章帝不欲疲敝中国以事夷狄，乃迎还戊己校尉，不复遣都护"。

（35）酒泉太守周鲔　《后汉书·西羌传》：和帝永元十二年（100），"遂复背叛，乃胁将湟中诸胡，寇钞而去。王信、耿谭、吴祉皆坐征，以酒泉太守周鲔代为校尉。明年，迷唐复还赐支河曲"。

（36）酒泉太守翟酺　《后汉书·翟酺列传》：安帝延光三年（124），"出为酒泉太守。叛羌千余骑徙敦煌来钞郡界，酺赴击，斩首九百级，羌众几尽，威名大震"。

（37）酒泉太守祭午　《后汉书·祭遵列传》："无子，国除。兄午，官至酒泉太守。从弟肜。"

（38）酒泉太守戴宏　《后汉书·吴祐列传》："时济北戴宏父为县丞，宏年十六，从在丞舍。祐每行园，常闻讽诵之音，奇而厚之，亦与为友，卒成儒宗，知名东夏，官至酒泉太守。"

（39）酒泉太守黄衍　《后汉书·傅燮列传》："故酒泉太守黄衍说燮曰：'成败之事，已可知矣。先起，上有霸王之业，下成伊、吕之勋。天下非复汉有，府君宁有意为吾属师乎？'燮案剑叱衍曰：'若剖符之臣，反为贼说邪！'遂麾左右进兵，临阵战殁。谥曰壮节侯。"

（40）敦煌太守登　敦煌酥油土北墩烽燧遗址出土昭帝（前86—前74）时期汉简，有"七月庚子，将屯敦煌太守登，敢告部都尉卒人，谓县官，戍卒起郡"①。

---

① 《中国简牍集成》第3册《甘肃卷》（上），敦煌文艺出版社2001年版，第206页。

（41）敦煌太守快（姓佚）　《汉书·赵充国传》：宣帝神爵元年（前61），"今诏破羌将军武贤将兵六千一百人，敦煌太守快将二千人，长水校尉富昌、酒泉侯奉世将婼、月氏兵四千人，亡虏万二千人。赍三十日食，以七月二十二日击罕羌，入鲜水北句廉上，去酒泉八百里，去将军可千二百"。另外，敦煌悬泉汉简中，多枚简上有敦煌太守快之名。

（42）敦煌太守常乐　敦煌悬泉置遗址1304号简："五凤二年九月庚辰朔壬辰，敦煌太守常乐、丞贤，谓敦煌、效谷，为驾，当舍传舍，如律令。"①

（43）敦煌太守登（姓佚）　《敦煌市酥油土北墩采集简牍》1368号简："（西汉时）七月庚子，将屯敦煌太守登，敢告部都尉卒人，谓县官，戍卒起郡。"②

（44）敦煌太守千秋（姓佚）　《敦煌悬泉汉简释粹》："初元二年四月庚寅朔乙未，敦煌太守千秋、长史奉熹、守部候修仁行丞事，谓县，遣司马丞君案事郡中，当舍传舍，从者如律令。四月过东。卩"③

（45）敦煌太守弘（姓佚）　《敦煌悬泉汉简释粹》：元帝永光五年（前39），"七月庚申，敦煌太守弘、长史张、守部候修仁行丞事，敢告部都尉卒人，谓县官，官写移书到，如律令"④。

（46）敦煌太守延（姓佚）　《敦煌悬泉汉简释粹》："建始二年八月丙辰朔壬申，敦煌太守延、守部候强行长史事、丞义谓县□……羌胡众数遣，在道马谷使外国，今少，恐乏，调给仓谷。"⑤

（47）敦煌太守贤（姓佚）　《敦煌悬泉汉简释粹》有过所两则，其一："建始四年闰月癸酉朔丁丑，榆中守长、允街尉、守丞贺……武威、张掖、酒泉、敦煌界中当舍传舍，从者如律令……太守贤、长史福、丞熹……如律令。"其二："河平元年八月戊辰朔壬午，敦煌太守贤、丞信德谓过所县、道，遣广至司空啬夫伊猛，收流民东海、泰山，当舍传舍，从者如律令。八月庚寅过东。"⑥

（48）敦煌太守强　《敦煌悬泉汉简释粹》："五月壬辰，敦煌太守强、长史章、丞敞下使都护西域骑都尉、将田车师戊己校尉、部都尉小府

---

① 《中国简牍集成》第4册《甘肃卷》（下），第21页。
② 《中国简牍集成》第3册《甘肃卷》（上），第206页。
③ 胡平生、张德芳：《敦煌悬泉汉简释粹》，第41页。
④ 同上书，第29页。
⑤ 同上书，第53页。
⑥ 同上书，第47、44页。

官,县承书从事下当用者。书到白大扁书乡亭市里高显处,令亡人命者尽知之,上赦者人数太守府别之,如诏书。"[1]

(49) 敦煌太守辛肜　《后汉书·窦融列传》:更始初(23),"于是以梁统为武威太守,史苞为张掖太守,竺曾为酒泉太守,辛肜为敦煌太守,库钧为金城太守"。

(50) 敦煌太守裴遵　《后汉书·西域传》:建武十七年(41),"贤复遣使奉献,请都护。天子以问大司空窦融,以为贤父子兄弟相约事汉,款诚又至,宜加号位以镇安之。帝乃因其使,赐贤西域都护印绶,及车旗黄金锦绣。敦煌太守裴遵上言:'夷狄不可假以大权,又令诸国失望。'诏书收还都护印绶,更赐贤以汉大将军印绶"。

(51) 敦煌太守曹宗　《后汉书·西域传》:安帝永初元年(107),"及孝和晏驾,西域背叛。安帝永初元年,频攻围都护任尚、段禧等,朝廷以其险远,难相应赴,诏罢都护。自此遂弃西域。北匈奴即复收属诸国,共为边寇十余岁。敦煌太守曹宗患其暴害,元初六年,乃上遣行长史索班,将千余人屯伊吾以招抚之,于是车师前王及鄯善王来降"。

(52) 敦煌太守张珰　《后汉书·西域传》:安帝延光二年(123),"敦煌太守张珰上书陈三策,以为'北虏呼衍王常展转蒲类、秦海之间,专制西域,共为寇钞。今以酒泉属国吏士二千余人集昆仑塞,先击呼衍王,绝其根本,因发鄯善兵五千人胁车师后部,此上计也'"。

(53) 敦煌太守张朗　《后汉书·西域传》:顺帝永建二年(127),"勇与敦煌太守张朗击破之,元孟乃遣子诣阙贡献"。

(54) 敦煌太守徐由　《后汉书·西域传》:顺帝永建四年(129),"于阗王放前杀拘弥王兴,自立其子为拘弥王,而遣使者贡献于汉。敦煌太守徐由上求讨之,帝赦于阗罪,令归拘弥国,放前不肯"。

(55) 敦煌太守徐白　《后汉书·天文志》:顺帝阳嘉元年(132),"是时,敦煌太守徐白使疏勒王盘等兵二万人入于阗界,虏掠斩首三百余级"。

(56) 敦煌太守马达　《后汉书·西域传》:桓帝元嘉元年(151),"长史赵评在于阗病痈死,评子迎丧,道经拘弥。拘弥王成国与于阗王建素有隙,乃语评子云:'于阗王令胡医持毒药著创中,故致死耳。'评子信之,还入塞,以告敦煌太守马达"。

(57) 敦煌太守宋亮　《后汉书·西域传》:桓帝元嘉元年(151),

---

[1] 胡平生、张德芳:《敦煌悬泉汉简释粹》,第115页。

"马达闻之,欲将诸郡兵出塞击于寘,桓帝不听,征达还,而以宋亮代为敦煌太守"。

(58) 敦煌太守司马达 《后汉书·西域传》:桓帝元嘉元年(151),"夏,遣敦煌太守司马达将敦煌、酒泉、张掖属国吏士四千余人救之,出塞至蒲类海,呼衍王闻而引去,汉军无功而还"。

(59) 敦煌太守赵咨 《后汉书·赵咨列传》:灵帝初(168),"太傅陈蕃、大将军窦武为宦者所诛,咨乃谢病去。太尉杨赐特辟,使饰巾出入,请与讲议。以幅巾为首饰,不加冠冕。举高第,累迁敦煌太守"。

(60) 敦煌太守何进 《后汉书·赵岐列传》:灵帝中平元年(184),"车骑将军张温西征关中,请补长史,别屯安定。大将军何进举为敦煌太守,行至襄武,岐与新除诸郡太守数人俱为贼边章等所执"。

(二) 河西属国的设立

西汉除在河西设置郡县外,为安置归降的少数民族部落,还设置了属国。《汉书·霍去病传》注引师古曰:"不改其本国之俗而属于汉,故号属国。"① 《后汉书·百官志五》载:武帝"又置属国都尉,主蛮夷降者"②。据此,属国的特点、设置原因、管理方式较为明确。属国的官僚机构是由属国都尉、丞、侯(或司马)组成的上层和由少数民族原有的千长、百长、且渠等组成的下层两部分构成③。属国在本质上是一种军事性质的组织,其成员和汉朝边郡的驻兵一样,平时为民,战时为兵。属国在河西的政治和军事方面发挥着重要的作用。

两汉时期,河西设置的属国主要有张掖属国、张掖居延属国和酒泉属国。但由于史籍记载粗漏,后人对于其设置时间、设置过程难以确定,争鸣颇多。本书参考前人的研究成果,结合汉匈、汉羌军事斗争的发展状况,梳理如下。

1. 张掖属国

史籍中有关张掖属国的最早记载,出现在《后汉书·郡国志五》中:"武帝置属国都尉,以主蛮夷降者。安帝时,别领五城。户四千六百五十六,口万六千九百五十二。候官、左骑、千人、司马官、千人官"④。属

---

① 《汉书》卷55《霍去病传》,第2483页。
② 《后汉书》卷28《百官志五》,第3621页。
③ 杨芳:《从西汉属国的设置看汉对匈奴的外交策略》,《和田师范专科学校学报》(汉文综合版) 2006年第2期。
④ 《后汉书》卷23《郡国志五》,第3521页。

国都尉的设置时间笼统提道"武帝时置",《汉书·匈奴传》在叙事时提及昭帝元凤二年（前79）已有属国都尉①。时间跨度有近30年。清代汪之昌的《青学斋记·汉置五属国考》认为元狩二年（前121）即置张掖属国，另外还有武帝征和三年（前90）之前②和武帝天汉至太始年间（前100—前93）置③等说法。

河西四郡的设置是汉匈之间军事斗争发展的产物，属国的设置也当如是。张掖郡是在太初三年（前102）或四年（前101）设置的，即李广利伐大宛后。当时西域震惊，尽服归汉，匈奴在西域暂时无力与汉争锋，只好将侵略的重点转向河西和关中北部地区。河西的常备军一直以来是由李陵所率的五千"荆楚勇士奇材剑客"④担任。李陵是继霍去病后另一位敢力战深入的年轻将领，对河西路的安全起着举足轻重的作用。但天汉二年（前99），李陵出兵居延战败被俘，导致河西军事力量空虚。征和二年（前91），匈奴狐鹿姑单于即位六年、基本稳定了政权后，遂率部"入上谷、五原，杀略吏民。其年，匈奴复入五原、酒泉，杀两部都尉"⑤。河西的安全提到了议事日程，急需组织一支战斗力强大的骑兵部队，张掖属国的设置时间应在此时，即天汉二年（前99）至征和二年（前91）、三年（前90）间，这个分析结果与王宗维先生根据居延汉简中张掖属国的下属机构在征和三年（前90）已深入到居延，故前推到天汉至太始年间基本相符。也就是说在李陵降后，少则两三年，多则七八年的时间内，汉朝设置张掖属国，以加强河西尤其是酒泉、张掖地区的军事战斗力量。

张掖属国的民族成分较为复杂，主要有匈奴、羌人、月氏、义渠戎、卢水胡、秦胡等，也就是原游牧在河西地区的土著。张掖属国是河西最大的属国，其活动区域东南起大河，西北至居延，不仅大于其他属国，也不小于张掖郡所辖的范围⑥。其人口据《后汉书·郡国志五》载，"户四千

---

① 《汉书》卷94上《匈奴传》载："明年，单于使犁汙王窥边，言酒泉、张掖兵益弱，出兵试击，冀可得其地。时汉先得降者，闻其计，天子诏边警备。后无几，右贤王、犁汙王四千骑分三队，入日勒、屋兰、番和。张掖太守、属国都尉发兵击，大破之，得脱者数百人。属国千长义渠王骑士射杀犁汙王赐黄金二百斤，马二百匹，因封为犁汙王。属国都尉郭忠封成安侯。自是后，匈奴不敢入张掖"，第3783页。

② 李并成：《张掖属国考》，《西北民族研究》1995年第2期。

③ 王宗维：《汉代河西走廊的咽喉——河西路》，第256页。

④ 《汉书》卷54《李陵传》，第2451页。

⑤ 《汉书》卷94上《匈奴传》，第3778页。

⑥ 王宗维：《汉代河西走廊的咽喉——河西路》，第252页。

六百五十六，口万六千九百五十二"。与张掖郡当时的二万六千零四十人相比，仅少九千余人。这样大的一个规模，汉政府从准备到组建，必定要费些时日。

东汉时期，张掖属国作为比郡属国，有"精兵万骑"。属国上层（中央派遣汉族官员担任，主要有都尉、丞、侯或司马等）的权力有所扩大，由原来西汉时受张掖郡守管辖的二级机构，变为与郡并列平行的独立行政区划，直接接受州和朝廷的调遣，即张掖属国和张掖郡并列，同属凉州刺史部，无须再受郡太守的节制，具有更大的自主权。这与边郡广阔，远离郡治，郡守控制力不足有关，当然，此举有利于加强对归附少数民族的有效控制，管理更为直接、严密。

特殊时期，属国都尉的地位甚至高于一般的郡太守，如两汉之际的张掖属国都尉窦融，"居属国，领都尉职如故，置从事监察五郡"①。掌管河西五郡之军政大事，据境自保。

史籍所见两汉时期担任张掖属国都尉者如下：

甲、郭忠

《汉书·匈奴传》："后无几，右贤王、犁汙王四千骑分三队，入日勒、屋兰、番和。张掖太守、属国都尉发兵击，大破之，得脱者数百人。属国千长义渠王骑士射杀犁汙王，赐黄金二百斤，马二百匹，因封为犁汙王。属国都尉郭忠封成安侯。自是后，匈奴不敢入张掖"。

乙、窦融

《后汉书·窦融列传》："融于是日往守萌，辞让巨鹿，图出河西。萌为言更始，乃得为张掖属国都尉。融大喜，即将家属而西。既到，抚结雄杰，怀辑羌虏，甚得其欢心，河西翕然归之。"

丙、张舫

《后汉书·张兴传》："（明帝永平）十四年，（张兴）卒于官。子舫，传兴业，位至张掖属国都尉。"

2. 张掖居延属国

《后汉书·郡国志五》载："张掖居延属国，故都尉治，安帝别领一城。户一千五百六十，口四千七百三十二。居延有居延泽，古流沙。献帝建安末，立为西海郡。"目前学界有关张掖居延属国的设置时间，主要有陈梦家先生的"武帝末"和王宗维先生的"东汉安帝永初年间"两种观点，时间相差将近二百年。相较而言，王宗维先生的推论更为可靠，但把

---

① 《后汉书》卷23《窦融列传》，第797页。

居延属国的设置原因,仅仅归结于东汉安帝时期的羌人起义,则略显单薄了。

毫无疑问,东汉时期频繁的羌民起义是设置居延属国的重要因素。东汉初羌民攻击的重点主要集中在陇西、金城二郡,目的是阻断河西与关中之间的联系,以利东略西寇。羌盛时期,他们甚至深入到河西的腹地,《后汉书·梁懂传》载:

> 永初元年,遂罢都护,遣骑都尉王弘发关中兵迎懂、禧、博及伊吾卢、柳中屯田吏士。二年春,还至敦煌。会众羌反叛,朝廷大发兵西击之,逆诏懂留为诸军援。懂至张掖日勒。羌诸种万余人攻亭侯,杀略吏人。懂进兵击,大破之,乘胜追至昭武。虏遂散走,其能脱者十二三①。

更为值得关注的是,此时的匈奴借中原内战之际,势力转盛,重新控制西域,河西地区的形势更加严峻,《后汉书·西域传》载"永平中,北虏乃胁诸国共寇河西郡县,城门昼闭"②。安帝永初四年(110),鉴于"羌胡反乱,残破并、凉,大将军邓骘以军役方费,事不相赡,欲弃凉州,并力北边,乃会公卿集议。"郎中虞诩闻之,乃言:"……今羌胡所以不敢入据三辅,为心腹之害者,以凉州在后故也……"③一言中的!此时的凉州对于国家的安全至关重要,不但不能丢弃,反而应当加强武备。所以在当时有些边郡内迁的情况下,张掖居延属国迫于羌民叛乱和匈奴寇略双重因素,急需建立。

居延属国与张掖属国一样,也是比郡建置。张掖居延属国的人员构成,基本上是原张掖属国都尉下的居延地区的属国吏民,民族成分主要是居延戎和匈奴。从上引的户、口规模来看远不能同张掖属国相比,这与居延为汉匈对抗的军事前沿,不宜安置过多的战斗力较强的异族力量有关。

史籍所见东汉时期担任张掖属国都尉者为范邠,见《后汉书·刘般传》:"安帝初,清河相叔孙光坐臧抵罪,遂增锢二世,釁及其子。是时居延都尉范邠复犯臧罪,诏下三公、廷尉议。"④

---

① 《后汉书》卷47《梁懂传》,第1592页。
② 《后汉书》卷88《西域传》,第2909页。
③ 《后汉书》卷58《虞诩列传》,第1866页。
④ 《后汉书》卷39《刘般传》,第1308页。

3. 酒泉属国

由于《后汉书·郡国志》的缺载，人们对酒泉属国的情况知之甚少，而唯一能证明其存在过的只有下面这条史料，《后汉书·西域传》载：延光二年，敦煌太守张珰上书陈三策，以为"北虏呼衍王常辗转蒲类、秦海之间，专制西域，共为寇钞。今以酒泉属国吏士二千余人集昆仑塞，先击呼衍王，绝其根本，因发鄯善兵五千人协车师后部，此上计也"①。据此至迟延光二年（123）已设置了酒泉属国。王宗维先生推测，该属国的设立当与东汉其他属国相似，大约在张掖居延属国设置的同时，即东汉安帝永初时期。笔者认为，酒泉属国的设立当与"瓜伊道"的开通和汉匈激烈的军事斗争有关。

如前所述，瓜伊道又称第五道、莫贺延碛道，由永平十七年（74）窦固北征匈奴时所开。《后汉书·明帝纪》载："冬十一月，遣奉车都尉窦固、驸马都尉耿秉、骑都尉刘张出敦煌昆仑塞，击破白山虏于蒲类海上，遂入车师。"②由于车师地接匈奴，是匈奴进入西域的门户，也是汉朝反击匈奴的战略要冲③，对车师的争夺始终是东汉时期汉匈斗争的焦点所在。河西的敦煌所承受的军事压力最大，相邻的酒泉也不能独安，"建初元年春，酒泉太守段彭大破车师于交河城"④。酒泉太守独率大军攻打车师，战争进入白热化的阶段，但所率之军并没有提到属国兵，应当说此时尚未设立酒泉属国。但随着军事形势的发展，加强酒泉郡的战斗力量也是汉政府不得不面对的问题。

酒泉属国的设置时间目前仍难以确定，只能划定在建初元年（76）至延光二年（123）之间，但酒泉属国是东汉时期汉匈军事形势发展的产物不容置疑。

酒泉属国的吏民主要是原酒泉地区的土著小月氏、匈奴和移居的氐人⑤。

郡县制和属国制的推行，极大地增强了汉政府对河西的控制力，对保障河西的战略前沿地位、进一步经略西域起了重要的作用。

---

① 《后汉书》卷88《西域传》，第2911页。
② 《后汉书》卷2《明帝纪》，第122页。
③ 高荣：《先秦汉魏河西史略》，第237页。
④ 同上。
⑤ 《汉书》卷6《武帝纪》：（元封三年）"武都氐人反，分徙酒泉郡。"第194页。

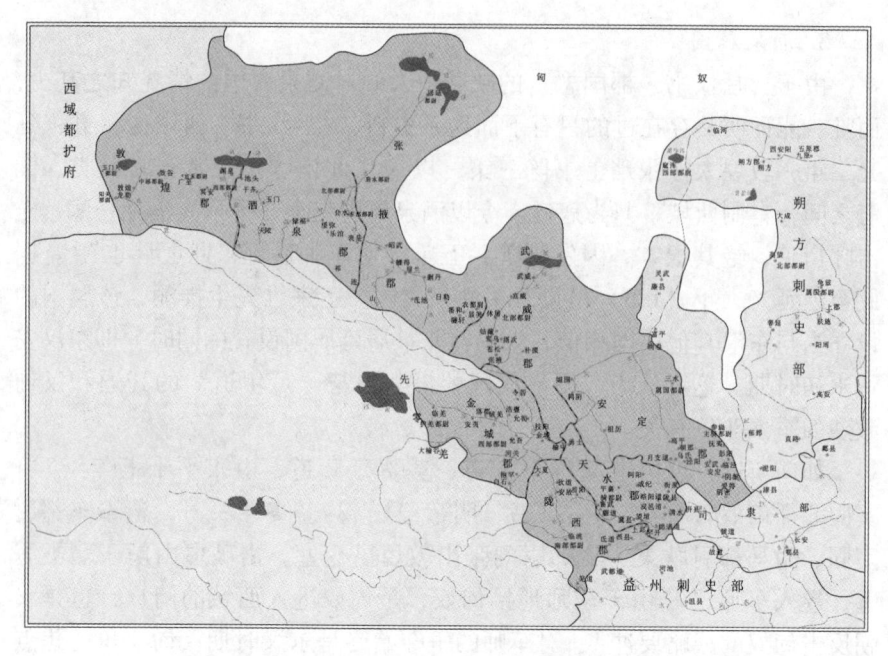

图五 西汉河西四郡概况图

资料来源：谭其骧《中国历史地图集》第二册（秦·西汉·东汉时期）及《中国行政区划通史·秦汉卷》（西汉部份）①。

二 经济开发

（一）移民实边

河西归汉后，汉政府为尽快改变该地地旷人稀、经济落后的面貌，积极推行移民实边政策，以满足河西军事战略前沿地位的需要。

兹列举史籍所载西汉时期的移民记录如下：

> 《史记·平准书》："山东被水灾，民多饥乏。于是天子遣使者虚郡国仓廪以振贫民。犹不足，又募豪富人相贷假。尚不能相救，乃徙贫民于关以西，及充朔方以南新秦中，七十余万口，衣食皆仰给县官。"②
>
> 《汉书·西域传》："始筑令居以西，初置酒泉郡，后稍发徙民充

---

① 李晓杰：《中国行政区划·秦汉卷》（西汉部分）集刊。
② 《史记》卷30《平准书》，第1425页。

实之。"①

《汉书·武帝纪》：元狩五年（前118）："徙天下奸猾吏民于边。"②

《汉书·武帝纪》元鼎四年（前113）注引李斐曰："南阳新野有暴利长，当武帝时遭刑，屯田敦煌界。"③

《汉书·武帝纪》：元鼎六年（前111）"又遣浮沮将军公孙贺出九原，匈河将军赵破奴出令居，皆二千余里，不见虏而还。乃分武威、酒泉地置张掖、敦煌郡，徙民以实之"④。

《汉书·武帝纪》：元封三年（前108），"武都氐人反，分徙酒泉郡"⑤。

《汉书·刘屈氂传》：征和二年（前91），因"巫蛊狱"，除直接参与戾太子政变者被处死外，其余胁从的吏士"皆徙敦煌郡"⑥。

《汉书·杨恽传》，宣帝时，平通侯杨恽因罪被免为庶人后骄奢不悔过，以"大逆无道，要（腰）斩。妻子徙酒泉郡"⑦。

《汉书·李寻传》，哀帝时，司隶校尉解光、骑都尉李寻因与夏贺良等"反道惑众"，除将夏贺良等处死外，"寻及解光减死一等，徙敦煌郡"⑧。

可见，移民的成分非常复杂，既包括普通的民众，也有受灾的饥民、罪囚等，应是调动了一切能调动的人员。

正是由于西汉政府持续不断的移民，至西汉平帝时，河西四郡的户口数有了大幅度地增长，据《汉书·地理志》载：

郡名	户数	口数
武威郡	17581	76419
张掖郡	24352	88731

---

① 《汉书》卷96上《西域传》，第3873页。
② 《汉书》卷6《武帝纪》，第179页。
③ 同上书，第184页。
④ 同上书，第189页。
⑤ 同上书，第194页。
⑥ 《汉书》卷66《刘屈氂传》，第2882页。
⑦ 《汉书》卷66《杨恽传》，第2898页。
⑧ 《汉书》卷75《李寻传》，第3193—3194页。

续表

郡名	户数	口数
酒泉郡	18137	76726
敦煌郡	11200	38335
共计	71270	280211

这二十八万余人就是河西的常驻人口数。统计结果不包括河西的护卫军、战后滞留在河西的士兵、属国的吏民、军屯人员等，若一并统计，四郡的总人口大约有五六十万，这五六十万人就是汉政府开发河西的主要依靠力量。

但不可否认的是，移民在满足自给自足，并能够为国家提供粮赋之前，国家为此要支出很大一笔费用。"募徙贫民，县次给食。到徙所，赐田宅什器，假于犁牛、种、食"，减免租税，并"予冬夏衣，廪食……能自给而止"①。以元狩三年（前120）为例，山东遭遇特大水灾，朝廷徙民关以西及充朔方以南的新秦中，"其费以亿计，不可胜数。于是县官大空"②。可见，是举全国之力支持等边疆建设，国家的经济实力是能够推行这一政策的基础。

实际上，汉朝在河西推行的移民实边政策具有双重意义。四郡之民平时除了进行正常的农牧业生产外，也要随时承担军事战斗的任务。《后汉书·陆康传》称："县在边垂，旧制，令户一人具弓弩以备不虞，不得行来。"③ 河西四郡夹在南北羌胡之间，匈奴时刻不忘与河湟诸羌联合夺回河西，"张掖、酒泉本我地，地肥美，可共击居之"④。所以四郡之民，为保家园，且耕且战。《汉书·司马相如》对此有生动的描述："……夫边郡之士，闻烽举燧燔，皆摄弓而驰，荷兵而走，流汗相属，惟恐居后，触白刃，冒流矢，义不反顾，计不旋踵，人怀怒心，如报私仇。彼岂乐死恶生，非编列之民，而与巴蜀异主哉？"⑤ 移民不但是开发河西的劳动力，也是保卫河西的自卫军，两者是相辅相成的。

---

① 《汉书》卷12《平帝纪》，第353页；《汉书》卷49《晁错传》，第2286页。
② 《史记》卷30《平准书》，第1425页。
③ 《后汉书》卷31《陆康传》，第1112—1113页。
④ 《汉书》卷69《赵充国传》，第2973页。
⑤ 《汉书》卷57下《司马相如传》，第2578页。

（二）军事屯田

边郡屯田的意义，赵充国在宣帝神爵元年（前61）曾列举出十二条，一言以蔽之，"屯田内有省费之利，外有守御之备"①。虽然当时是对排折羌虏而言，但也同样适用于对付匈奴。河西虽然降水量较少，但走廊内依靠祁连山的冰山雪水灌溉的几条水量充沛的内陆河，为兴修水利，大规模进行农业生产创造了良好条件，汉政府在河西的屯田成效显著。

1. 征发屯田吏卒

汉政府为加快河西的开发，在移民的基础上，又从内地征发大量屯田吏卒，充实到河西，据史书记载：

> 《汉书·食货志》："初置张掖、酒泉郡，而上郡、朔方、西河、河西开田官，斥塞卒六十万人戍田之。"②
>
> 《汉书·李广利传》载："益发戍甲卒十八万，酒泉、张掖北，置居延、休屠以卫酒泉。"③
>
> 《汉书·昭帝纪》载："（始元二年）冬，发习战射士诣朔方，调故吏将屯田张掖郡。"师古注曰："调谓发选也。故吏，前为官职者。令其部率习战射士于张掖为屯田也。"④

这些吏卒所从事的主要是军事性质的屯田。河西远离内郡，军需转运困难，移民生产的粮食难以满足大规模战争所需，所以军事屯田所解决的主要是军粮供应问题。

---

① 《汉书》卷69《赵充国传》载："臣谨条不出兵留田便宜十二事：步兵九校，吏士万人，留屯以为武备，因田致谷，威德并行，一也。又因排折羌虏，令不得归肥饶之堕，贫破其众，以成羌虏相畔之渐，二也。居民得并田作，不失农业，三也。军马一月之食，度支田士一岁，罢骑兵以省大费，四也。至春省甲士卒，循河湟漕谷至临羌，以际羌虏，扬威武，传世折冲之具，五也。以间暇时下所伐材，缮治邮亭，充入金城，六也。兵出，乘危徼幸，不出，令反畔之虏窜于风寒之地，离霜露疾疫瘃堕之患坐得必胜之道，七也。亡经阻远追死伤之害，八也。内不损威武之重，外不令虏得乘间之势，九也。又亡惊动河南大开、小开使生它变之忧，十也。治湟狭中道桥，令可至鲜水，以制西域，信威千里，从枕席上过师，十一也。大费既省，繇役豫息，以戒不虞，十二也。留屯田得十二便，出兵失十二利"，第2989—2990页。

② 《汉书》卷24下《食货志》，第1173页。

③ 《史记》卷123《大宛列传》，第3176页；《汉书》卷61《李广利传》，第2700页。

④ 《汉书》卷7《昭帝纪》，第221页。

2. 主要的屯田区

根据文献记载，结合汉简及实地考察资料，西汉在河西的屯田区主要包括：

(1) 令居屯田

令居，位于今兰州市黄河西北，是通往河西、河湟地区的双重门户，战略地位非常重要。河西屯田始于令居。元狩四年（前119）漠北之战后，汉武帝"度河自朔方以西至令居，往往通渠置田，官吏卒五六万人"①。征调吏卒五六万人，屯田驻守在自朔方沿黄河以西至令居的条形地带内。这条屯田带实际上也是一条军事防护带，将朔方与令居连接起来，阻断了漠北匈奴经由贺兰山口南下清水河谷的道路。令居屯田更为详细的情况，因文献缺载，不得其详。

(2) 番和屯田

番和县隶属张掖郡，今永昌县西之西寨古城是汉时番和城所在地。《汉书·地理志》张掖郡番和县注曰："番和，农都尉治，莽曰罗虏。"②番和县是张掖农都尉的治所。据《后汉书·百官志五》"州郡"条："边郡置农都尉，主屯田殖谷。"③说明番和是张掖郡最重要的农业开发区之一。番和县地处焉支山以东，石羊河以西，地域广阔，土壤肥沃，河流密布，直到今天仍是甘肃重要的产粮区。太初三年（前102），李广利二伐大宛，汉朝"益发戍甲卒十八万酒泉、张掖北，置居延、休屠以卫酒泉"④。"张掖北"是一个地域指向较为概括的方位词，统指张掖北部适于屯垦的区域。番和在此范围内，那么当有一部分戍甲卒被安置在番和屯田。王莽曾改张掖郡为设屏郡，罗福颐《汉印文字征》有"设屏农尉章"之印文⑤，说明番和屯田在王莽时期依然存在。

(3) 武威屯田

与番和屯田情况相同，武威开始大规模屯田也是始于武帝太初三年（前102），其依据同样是"益发戍甲卒十八万酒泉、张掖北，置居延、休屠以卫酒泉"这条史料。休屠，是武威郡的属县，地处今甘肃省武威市北四坝乡三岔古城。由于汉时谷水水量丰富，这里不仅屯垦条件良好，亦是漠北与河西走廊交通的重要孔道。汉武帝派遣的十八万戍甲卒屯守居

---

① 《史记》卷110《匈奴列传》，第2911页。
② 《汉书》卷28下《地理志》，第1613页。
③ 《后汉书志》卷28《百官五》，第3621页。
④ 《史记》卷123《大宛列传》，第3176页。
⑤ 高荣：《先秦汉魏河西史略》，第123页。

延、休屠两地,"休屠戍田之卒不会少于全体戍田卒的三分之一"①,这里的屯田对巩固边防意义重大,备受汉朝当局的重视,休屠应是武威郡最大的军屯区。

(4)居延屯田

居延位于弱水(今额济纳河)流域的下游,是汉朝北伐匈奴的战略前沿。武帝太初三年(前102),所派遣的十八万戍甲卒中的绝大部分人员被安置在此。这些戍甲卒相互配合,一部分负责修筑"居延塞""居延城"等安全保障措施,一部分则沿河、沿大泽耕垦屯田。弱水有千里河道,北部是广大的居延泽,屯田区因而也分为南北两部,"北部是以甲渠塞、卅井塞和居延泽包围的居延屯田区,南部是以肩水东西两部塞包围的驿马屯田区"②。汉政府专门设置居延农都尉,负责管辖两个屯田区,并建立起一套管理屯田事务的田官组织体系,有利于地推动了居延地区农业生产的发展。

据"谨案居延,始元二年戍田卒千五百人为驿马田官穿泾渠,乃正月己酉淮阳郡"(H303.15+H513.17)简文,驿马田官一次调用一千五百名戍田卒整修泾渠,泾渠所辐射的农业区规模可见一斑。另据卫星照片测算,古代居延屯田数目达到四万公顷之巨③,当之无愧是河西最大的屯田区。

居延汉简112·2简:"今余谷万二千四百七十三石";112·20简:"受四月余谷万一千六百五十二石二斗三升。"居延地区除能满足整个屯戍区粮食所需外,尚有不少的余存。当然,这种情况的出现并非一种常态,受多种因素的影响,尤其是与汉匈之间的战事多寡有关。但居延作为汉匈战争的前沿,多次承担汉军北伐的集结地,则直接反映了居延的经济实力,基本能够满足以耕养战的需要。

(5)酒泉屯田

武帝元封三年(前108),汉朝以酒泉为中心在河西首设酒泉郡,当时驻留在酒泉的人员主要是修筑鄣塞亭隧的吏卒。这些吏卒绝大多数来自中原农业区,面对肥沃的土地,充足的水源,抽调人员或利用空余时间进行农业生产几乎是他们的一种本能,只是还未正规化。

据敦煌悬泉简"神爵二年……使领护敦煌、酒泉、张掖、武威、金

---

① 刘光华:《汉代西北屯田研究》,兰州大学出版社1988年版,第74页。
② 陈梦家:《汉简缀述》,中华书局1980年版,第4页。
③ 色音:《居延故地》,四川人民出版社2002年版,第67页。

城郡农都尉"（91DXT0309③4），"使领护敦煌、酒泉、张掖、武威、金城郡农田官，常平籴调，均钱谷，以大司农丞印封"（Ⅱ90DXT0114②293）的记载。可知最迟在神爵二年（前60），酒泉已有农都尉和农田官，主持屯田事宜。①

建武八年（32），河西窦融、梁统等率兵与光武帝共讨隗嚣，"及嚣败，封统为成义侯……拜腾为酒泉典农都尉，悉遣还河西"②。"酒泉典农都尉"，中华书局校点本在本传的校勘记中按："《校补》引侯康说，谓两汉但称农都尉，曹操始加'典'字，此误以后世官名称之。"笔者不以为是笔误或失误，因"典"有主持、主管之意，当是曹操有意为之。不管如何，两汉之际，虽然中原战火纷扰，河西仍是统治者不敢稍事懈怠的战备区，酒泉屯田延续不断。

（6）敦煌屯田

《汉书·武帝纪》载：元鼎四年（前113）秋，"马生渥洼水中。"颜师古注引李斐曰："南阳新野有暴利长，武帝时遭刑，屯田敦煌界，数于此水旁见群野马中有奇（异）者，与凡马（异），来此饮水"③。这是史籍中有关敦煌屯田的最早记载。但此时的屯田，与通常意义的军事屯田有所不同。敦煌还是未开发之地，既未修筑汉塞，也无郡县设置，因而只是临时性、小规模的驻军屯田④而已。当河西边塞西延至敦煌，即武帝元封年间（前110—前105），敦煌才开始有计划大规模的屯田。

敦煌的屯田区主要分布在三个地方，一是玉门关外大煎都候官辖境，即今敦煌县榆林泉盆地的东部；二是宜禾都尉辖境的宜禾、鱼泽候官区，即今安西、敦煌两县交界带；三是阳关都尉辖境的渥洼水西岸地区，即今敦煌县南湖乡。这些地区都是地势平坦、水源充足、宜于垦殖的肥沃绿洲。《汉书·地理志》载敦煌郡有效谷县，颜师古注曰："本鱼泽障也。桑钦说孝武元封六年（前105）济南崔不意为鱼泽尉，教力田，以勤效得谷，因立为县名。"⑤ 效谷县就在今安西、敦煌两县交界处，党河、疏勒河下游三角洲上，因粮食产量高，得"效谷"之名。

地处今敦煌西北62公里处疏勒河古道旁的河仓城，俗称大方盘城，是汉代敦煌郡储备粮秣的军用粮仓，主要用于供应玉门关、阳关以及长城

---

① 吴礽骧：《敦煌悬泉遗址简牍整理简介》，《敦煌研究》1999年第4期。
② 《后汉书》卷34《梁统列传》，第1166页。
③ 《汉书》卷6《武帝纪》，第184页。
④ 徐乐尧、余贤杰：《西汉敦煌军屯的几个问题》，《西北师院学报》1985年第4期。
⑤ 《汉书》卷28下《地理志》，第1615页。

沿线烽燧守卫官兵的生活、战斗所需。但在战争情况下，河仓城所积有时远不能应对。如汉甘露元年（前53），宣帝派遣破羌将军辛武贤（时任酒泉太守）率兵一万五千人屯驻敦煌，准备随时出征讨伐乌孙。一万五千人远征乌孙，人马沿途所需粮草不啻为一天文数字。参考太初三年（前102）李广利二伐大宛所带物资，我们不难想象。所以辛武贤带兵先在敦煌一带通渠积谷，广积粮草以备战。据汉简记载，敦煌屯田到王莽时期还在延续①。

图六　汉河仓城遗址

以上列举的只是几个重要的屯田区，军事屯田在整个河西全面展开，土地得到有效的利用。多年的农业经营为抗击匈奴提供了较为可靠的物质基础。史书中的出张掖、出酒泉、出敦煌、出居延，就是以该地为发兵基地，并就地调用兵力和粮饷。宣帝本始二年（前72），汉遣五将军击匈奴，其中从河西酒泉、张掖二郡集结兵力近7万人，用粮200万石②。河西屯田功莫大焉。

（三）凉州之畜为天下饶

"夫行天莫如龙，行地莫若马。马者甲兵之本，国之大用。安宁则以

---

① 甘肃文物考古研究所：《敦煌汉简释文》，马圈湾汉简中的282、283、284、285等简，均为大煎都候官屯田谷输入郡仓的记录，其纪年为王莽居摄三年正月。
② 王宗维：《汉代丝绸之路的咽喉——河西路》，第351页。

别尊卑之序，有变则以济远近之难。"① 汉匈战事发展的需要，使得以马匹养殖为主的畜牧业生产在社会经济中占有重要地位。西汉政府逐渐完备经营管理体制，并采取诸多措施，以有效地促进畜牧业的发展。河西地域辽阔，气候温和，水草丰美，具备发展畜牧业得天独厚的自然条件，因而备受汉政府重视。

1. 设立牧师苑②

牧师苑，是指朝廷设在边郡的大型官营牧场，主要以养马为主，兼养牛、骡、骆驼等。据《汉官旧仪·补遗》载：太仆帅诸苑三十六所，分别北边。以郎为苑监，官奴婢三万人，分养马三十万头，择取给六厩，牛羊无数。《汉书·百官公卿表》曰：边郡六牧师苑令，各三丞。可知，太仆是负责国家牧苑事务的总监，边郡共设有六个牧师苑令、三十六所牧师苑。每一牧师令，管辖数量不等的牧师苑，每苑"以郎为苑监"管理牧场具体事务。至于三十六所牧师苑究竟设在哪些郡，史书未作说明。参考桑弘羊曾言：孝武皇帝平百越以园圃，却羌、胡以为苑囿，是以珍怪异物充于后宫，骏骊驶騠实于外厩，匹夫莫不乘坚良，而民间厌橘柚。"却羌、胡以为苑囿"是指将羌人和匈奴的游牧地辟为官营马场。河西地处羌、胡之间，"凉州之畜为天下饶"，河西无疑是建立牧师苑的理想之所，汉武帝怎会舍弃这块风水宝地？另外，出土的居延、敦煌汉简也证实了河西牧师苑的存在，如：

简 10. 所遣骊靬苑监、侍郎古成昌，以诏书送驴、橐驼　X62

简 11. □公乘，番和宜便里，年卅三岁，姓吴氏，故骊靬苑斗食啬夫，乃神爵二年三月辛□　73EJH2：2

骊靬即骊軒，为西汉张掖郡一属县，骊軒（靬）苑是指设在骊軒县的官营牧场，当是边郡三十六个牧师苑之一。苑监、斗食啬夫为负责苑内养马事务的中层官吏。

另外，居延汉简中还有"觻得厩"（E. P. T51：329）、"昭武厩"、"冥安厩"（D2082）、"广至厩"（X111）、"郅连（祁连）置厩"（H37.17A）、"鱼离厩"（X119）、"遮要厩"（X206）、"悬泉厩"（X141）等等。觻得、昭武、冥安、广至均为县名，祁连、鱼离、遮要、悬泉为置（驿站）名。可见，苑下还设有若干数量的"厩"，大到县，小到驿站，

---

① 《后汉书》卷24《马援列传》，第840页。
② 刘光华主编，汪受宽著：《甘肃通史》（秦汉卷），第249—251页；高荣：《先秦汉魏河西史略》，第157—158页。

都有自己的牧场，"厩"大小不一，饲养不同数量的马匹。汉简中不乏"厩令、长、丞"（X26）、"厩啬夫"（H219.22）、"厩佐"（E.P.T65：347）、"厩令史"（H51.23）、"厩徒"（H198.13）等称谓，是管理"厩"中马匹的下级官吏。

前引《汉官旧仪·补遗》中，朝廷专门派出官奴婢三万人，在边郡分养马三十万匹，也就是说，每个牧师苑相当于有近千人，养殖马近万匹，足见当时河西官营养马之盛。除养马外，由于牧场要随季节迁移，牛、骡、骆驼等，是畜牧业生产中不可或缺的力兽，当有一定的养殖量。至于羊，因牧师苑中的各级官吏、牧民主要以汉民为主，乳、肉不是他们主要的生活依赖，而且官营畜牧业主要是以生产马、牛等军事战略装备和物资为主，羊的养殖量比例不会太高。

2. 发展私营畜牧业

汉时河西的私营畜牧业情况文献中鲜有记载。有学者研究表明，河西的田卒、戍卒、河渠卒主要来自内郡，而骑士大多为四郡之人，又以张掖郡所属九县所占比例最大，武威、酒泉、敦煌次之，绝无五原、云中、朔方人。可见河西骑士，以本郡人民为限，必不得已，始征调旁近之郡，不及辽远之郡。也就是说，河西某郡骑兵部队的组建，该郡自身就能基本保证兵源，一般不必仰仗他郡[1]。说明成年男子平素接触马匹较多，惯于骑马射箭，本身就是优秀的骑手。从一个侧面反映出河西私营养马业的兴盛。

关于河西的养羊情况，居延汉简中有"□数□千，羔羊万余，蒭藁积如山，粟米常陈，家室富有……"（E.P.S4.T112）的记载，表明河西私营养羊业也非常发达。由于牧业生产常受不稳定气候因素（雨、雪、冰雹、干旱等）的影响，高比例的畜产损失不可避免。羊除了作为主要乳肉来源外，它们对恶劣环境有较强的适应力，可最大限度地降低自然灾害带来的损失，同时，强大的繁殖力也能使生产尽快恢复[2]。在这一点上为牛、马所不及。所以，羊是私营牧业中最主要的畜产。

当然，私营牧业所畜养的牲畜除了马、羊以外，产乳量大的牛、挽力大的驴、骡，负重力强的骆驼等也都是必不可少的。

甘肃金塔县额济纳河西岸破城子遗址出土的汉简中，有汉政府禁止宰杀马、牛的诏令，鼓励民间养殖马、牛。汉时对外战争中除战马外，一般

---

[1] 高荣：《先秦汉魏河西史略》，第163页。
[2] 王明珂：《游牧者的抉择》，广西师范大学出版社2008年版，第120—121页。

要征调牛畜，或供运输或作军粮。如太初三年（前102）李广利率兵远征大宛，携带的军需"牛十万，马三万余匹，驴、骡、橐驼以万数，多赍粮"，牛、驴、骡、橐驼的数量远超马的数量。如此大的规模，单靠官营牧场难以满足需求，毫无疑问，河西的私营牧场也当是重要的物资调配区。总之，河西私营畜牧业也是非常发达的。

三 河西的边防建设

河西的边防建设是汉朝西北防务的重要组成部分，它是随着汉匈军事形势的变化，不断发展完善的。主要包括修筑汉塞，组织边防武装力量，设置玉门关、阳关、金关和悬索关，在居延、休屠建立攻防重点等多项内容。

（一）修筑汉塞

秦汉时称长城为"塞"，《说文解字》段注云："塞，隔也。"其本义为阻隔，后引申为边界或险要处。以塞作为边防设施的专有名词，盛行于汉代，这与匈奴长期的军事斗争是分不开的。汉政府根据河西特殊的地理特点和匈奴骑兵的作战方式，充分利用河西的、地形、地物分段修筑塞防，最终形成"五里一燧、十里一墩、卅里一堡、百里一城"的军事防御体系[1]，有力地阻击了匈奴的进攻。它的建成不是一蹴而就的，而是经历了大约30年的时间，分段修筑而成的[2]。

1. 令居塞

河西筑塞始于令居（今甘肃永登县）。元鼎五年（前112），将军李息、郎中令徐自为西逐诸羌胜利后，兵进河西，在令居（今甘肃永登县）及其乌亭逆水（今庄浪河）河川地带修筑塞防，留兵置将守备，作为汉朝在大河以西建立的第一个根据地。《史记·平准书》《汉书·西域传》《汉书·张骞传》《史记·大宛列传》中都详略不一的记载，兹引《史记·平准书》如下：

> 其明年（元鼎六年），南越反，西羌侵边为桀。……因南方楼船

---

[1] 张步天：《中国历史地理》（上册），第309页。
[2] 王宗维：《汉代丝绸之路的咽喉——河西路》，第79页。

卒二十七余万人击南越，数万人发三河以西骑击西羌，又数万人度河筑令居①。

修筑令居塞的目的，《后汉书·西羌传》称：

> 西逐诸羌，乃度河、湟，筑令居塞②。

主要是为了阻断羌人进入河西的路径，隔绝匈羌之间的联系。在塞防建设的同时，汉政府还派赵破奴率领万余骑兵出令居数千里，至匈河水一带巡逻，防止匈奴前来破坏，保证令居塞建设的顺利进行。

2. 令居至酒泉段

元鼎六年至元封元年间③（前111—前110）汉朝"始筑令居以西"。臣瓒注："筑塞西至酒泉也。"④

此段汉塞，据考东南起令居（今甘肃永登县），西北迄毛目（今金塔鼎新），大致分为两段，第一段自令居北行，经今武威、民勤折向西行，大约从北纬37°以南沿东经103°以东北行，至北纬39°以南折向西，经山丹至张掖，此段汉塞基本傍龙首山南麓而行，所谓"因山为塞"；第二段自张掖沿甘州河西北行，经临泽、高台而至金塔县的鼎新，此谓"因河为塞"⑤。

汉起塞至酒泉之目的，除如《史记·匈奴列传》所言："西置酒泉郡，以隔绝胡与羌通之路。"⑥更重要的是，随着汉朝进军西域步伐的加快，尤其是征服了楼兰、姑师后，适应沟通西域的形势所需而建立的，《史记·大宛列传》言："汉始筑令居以西，初置酒泉郡，以通西北国。"⑦

3. 酒泉至玉门段

这段汉塞的修筑起因、经过和时间，《汉书·张骞传》记曰：

---

① 《史记》卷30《平准书》，第1438—1439页。
② 《后汉书》卷87《西羌传》，第2876页。
③ 王宗维：《汉代丝绸之路的咽喉——河西路》，第73页。
④ 《汉书》卷61《张骞传》，第2694页。
⑤ 高荣：《先秦汉魏河西史略》，第106页。
⑥ 《史记》卷110《匈奴列传》，第2913页。
⑦ 《史记》卷123《大宛列传》，第3170页。

自骞开外国道以尊贵，其吏士争上书言外国奇怪利害，求使。……外国亦厌汉使人人有言轻重，度汉兵远，不能至，而禁其食物，以苦汉使。……楼兰、姑师小国当空道，攻劫汉使王恢等尤甚……于是，天子遣从票侯破奴将属国骑兵及郡兵数万以击胡，胡皆去。明年（元封四年），击破姑师，虏楼兰王，酒泉列亭障至玉门矣①!

边塞东自毛目（今金塔县鼎新镇，时属酒泉郡），向西沿北大河（临水）北岸西南行，至三墩西北（临水自此折而南流，故汉塞不再傍河而行），西延至酒泉西北营盘堡后，又傍疏勒河（汉籍端水，又名冥水）西行，经瓜州入敦煌境，止于疏勒河下游盆地——榆树泉盆地东缘，基本上也是"因河为塞"，全长500余公里②。至此，形成一条东自令居至至敦煌的千里长城。

随着河西汉塞的不断西延，为有效保卫河西路的安全。元封二年（前109），汉廷派李陵将兵800余骑补赵破奴西征楼兰、姑师河西兵力之虚，深入匈奴地2000余里，"过居延视地形"，侦查敌情。自此以后，汉朝以李陵为骑都尉，"将勇敢五千人，教射酒泉、张掖以备胡"③，经常在酒泉、张掖地区进行军事演练，成为河西路建设的一支重要卫成力量。

4. 居延塞

漠北之战后，匈奴王庭西移到浚稽山一带，这里是蒙古高原山川较为集中的地区，北有匈河水、姑且水和蒲奴水，南有龙勒水及大泽，燕然山、浚稽山、涿邪山东西纵横绵延，自然条件非常优越。其东南正对河西的居延地区。

汉朝为加强居延地区的军事防卫，太初三年（前102），汉武帝"使强弩都尉路博德筑居延泽上"④。《汉书·地理志》注引师古曰："阚骃云武帝使伏波将军路博德筑遮虏鄣于居延城。"⑤ 遮虏鄣、居延城均是居延汉塞鄣塞亭隧的重要组成部分之一。

居延塞有狭义和广义之说。狭义的居延塞，是指从今居延泽西、索果淖尔之南沿额济纳河向西延至毛目（今金塔县鼎新镇）之南，东经

---

① 《汉书》卷61《张骞传》，第2695—2696页。
② 吴礽骧：《河西汉塞》，《文物》1990年第12期。
③ 《汉书》卷54《李陵传》，第2451页。
④ 《史记》卷94上《匈奴列传》，第3776页。
⑤ 《汉书》卷28下《地理志》，第1613页。

100°—101°31′，北纬 40°—41°30′之间，全长约 250 公里、西南斜行、"因河为塞"的一道塞防。还有一条自伊肯河东岸的布肯托尼（A22）向东北延伸到居延泽南端的博罗松治（P9）的塞防，称为卅井塞，全长约 60 公里，就地起于戈壁之上。整体来看塞防大致呈卜字形①。

据田野调查，今额济纳河在北纬 41°处一分为二北流，东部的称东河（也称纳林河、伊肯河），西部的称西河（也称木林河），汉塞主要分布在东河之西岸附近，东河之东岸附近仅有为数不多的烽燧分布②。

广义的居延塞，还包括沿额河东北行与"光禄塞"相连的长城以及沿北大河西南行从酒泉西北至玉门的长城。在居延塞修筑的当年，《汉书·匈奴传》载："汉遣光禄大夫徐自为出五原塞外数百里，远者千里，筑城鄣列亭至庐朐。而使游击将军韩说、长平侯卫伉屯其傍。"③ 史称"光禄塞"或"外城"。据考古调查，在今包头市北阴山以外，有两条近似平行的长城遗址，蜿蜒向西北延伸，南面的一条进入蒙古国境，北面的一条深入蒙古国境后继续向西，进入今内蒙古额济纳旗，与居延泽上的汉塞相连④。

今地湾城（今金塔县东北 120 公里处）附近，额河两岸均有汉塞，其中一条为从地湾城溯河而上再向西沿北大河（今临水），后沿疏勒河西至玉门的汉塞。

狭义的居延塞正位于上述两条塞防的结合部，广义的居延塞是三部分塞防的总和，其军事交通地位非常显要。

5. 敦煌至盐水段

盐水又称蒲昌海，即今新疆的罗布泊。河西走廊最西端至西域的这段塞防，史籍中记载甚明，《汉书·西域传》云：

> 自贰师将军伐大宛之后，西域震惧，多遣使来贡献，汉使西域者益得职。于是，自敦煌西至盐泽，往往起亭⑤。

《史记·大宛列传》亦云：

---

① 陈梦家：《汉简考述》，《考古学报》1963 年第 1 期。
② 刘光华：《西汉西北边塞》，《西北民族大学学报》（哲学社会科学版）2005 年第 1 期。
③ 《汉书》卷 94 上《匈奴传》，第 3776 页。
④ 杨芳：《汉代居延塞在抵御匈奴中的作用》，《河西学院学报》2006 年第 1 期。
⑤ 《汉书》卷 96 上《西域传》，第 3873 页。

汉已伐大宛，立昧蔡为宛王而去。岁余……而发使十余辈至宛西诸外国，求奇物，因风览以伐宛之威德。而敦煌置酒泉都尉，西至盐水，往往有亭。而仑头有田卒数百人，因置使者，护田积粟，以给使外国者①。

此段汉塞建于李广利第二次伐大宛之后，其目的一是方便西域和汉朝的来往使者，二是进一步疏通沟通西域的路线。具体的走向是自敦煌西出玉门关，过白龙堆北头，绕罗布泊北岸向西延伸，大致相当于武帝时的西域北道②。此段汉塞与河西其他地段的汉塞相比，军事交通线的作用更为突出。

实际上，这段汉塞并未止于罗布泊，而是一路向西北延伸至西域腹地。虽然史籍中不见零星记载，但从专家的考古调查中得到证实。由今营盘（东经87°30′，北纬41°）西北沿库鲁克塔格尔山南麓、孔雀河北岸行，西北过沙漠至库尔勒，在170公里以上的古道旁，有连绵不绝的烽火台一直延伸到库车的西北（东经32°50′，北纬41°30′）。这些烽火台与甘肃境内的建筑结构相同，只是不与长城相连，其终点可能在渠犁附近孔雀河上游的连城③。

6. 媪围至揩次段

宣帝初年武威郡设立，并在黄河和松峡水沿岸新置媪围、扑㔨二县。媪围县有媪围渡口，是继金城津外今甘肃黄河上的另一个重要渡口。扑㔨向南越大靖河谷可达庄浪河谷，向东沿山麓平地可趋媪围，向西则通揩次、姑藏，处于东西、南北交通的丁字路口。汉政府为保护媪围至扑㔨道路的安全畅通，同时阻断匈奴与西羌联系的通道，在两县的北境，又筑起一道塞防。经田野调查，这条汉塞虽已残破不堪，但形迹依然清晰可见，大体位于明长城以北3—12公里处，与明长城平行延伸，行经扑㔨时从县北的孤山上通过④。虽然此时经由陇西进入河西的道路早已开通，但相较而言路线迂回绕远。媪围至揩次塞防的建成，提高了后来关中北道的安全性。从长安出发，经茂陵、好畤、漆县，沿泾水，过泾阳、高平、祖厉，然后渡黄河至张掖⑤的。

---

① 《史记》卷123《大宛列传》，第3179页。
② 高荣：《先秦汉魏河西经略》，第110页。
③ 田余庆：《论轮台诏》，《历史研究》1984年第2期。
④ 李并成：《河西走廊历史地理》，第47页。
⑤ 吴礽骧：《河西汉塞调查与研究》，第16页。

7. 南部塞防

汉朝在河西走廊南部、祁连山谷口处也修筑了塞防，主要是防备河湟地区的羌民经由谷口北进河西。据《汉书·赵充国传》记载，酒泉太守辛武贤曾言："郡兵皆屯备南山"，南山即指祁连山，屯备南山是指屯守在南部的祁连山谷口处以备战。《流沙缀简》烽燧类35简记："·县承塞亭，各谨候北塞隧，即举表，皆和，尽南端亭，亭长以札署表到日时□"，南端亭当是置于南部塞垣上的亭隧，与北部塞防连为一体，安全防范联动。另据居延汉简119·53："氐池塞尉敦煌南□里□。"氐池县位于日勒、屋兰之南，今祁连山北麓的民乐县李寨乡，氐池塞垣应设在山口处①。

当然，河西汉塞的沿线，还筑有城、障、亭、隧等一系列配套设施，构成一个完整的军事防御体系，具有作战、指挥、观察、警戒、通信、隐蔽等多种功能，并长期安置驻军守备②。与此同时，逐步建立或完善边防制度，如候望系统的运作、烽火品约制度的细化、出入境管理的加强等。作为冷兵器时代的防御工程，塞防的构筑和管理对有效阻止匈、羌的入侵起到了积极的作用。

（二）组织边防武装力量

1. 边防武装力量的组成

边防武装力量，是指驻扎在边境、担负进攻和防御作战任务的军队的总称。边防军的强弱，直接关系到对外战争的胜负和国家的安危。汉朝在河西的边防军，主要由边郡兵、将屯兵、屯田兵、属国兵、募兵、谪卒及弛刑徒组成，形成一种相互补充、相互配合的多层次的武装力量体系。③

边郡兵，指边郡太守所统辖的武装力量，其兵员主要是每年征发到边郡的戍卒和正卒。按照汉朝的兵制，每个23岁至56岁的成年男子都有服戍卒、正卒的义务。戍卒是指去戍守边疆，正卒指在本郡服役，期限均为一年。戍卒是国家正规的边防军，一般每年更换一次。但由于服役地点远离内郡，路途遥远、交通不便，且汉朝对外战争频繁，不确定的因素太多，因而法律的规定也比较灵活，《汉书·沟洫志》载："律说，戍边一岁当罢，若有急，当留守六月。"还有相当一部分人是不能按期退役的。

---

① 李并成：《河西走廊历史地理》，第231页。
② 刘光华主编，汪受宽著：《甘肃通史》（秦汉卷），第125页。
③ 同上书，第134页。

两年的义务兵役，内郡人一年在本郡作正卒，一年在京师或边境屯戍，边郡人则均在本郡完成①。河西的成年男子自小骑马射箭，又熟悉河西的地理特点，羌、胡的作战习惯，因而作战能力强。而且与内郡人所不同的是，他们的家就在河西，打击敌人就是保卫家园，因而战斗中人人争先，奋勇杀敌，是边郡兵的作战主力。汉政府也有意将其兵役全部放在边郡，发挥其应有的作用。

将屯兵，是指由将领统帅屯驻于边郡的作战部队，是边郡常备的武装力量。将屯兵有由朝廷直接委派的，也有归地方统辖的。朝廷委派的情况一般是在郡县建制还未完善的情况下，由都尉级别的将领负责将屯兵的军事训练、防御工事修筑、对外作战等事宜。如酒泉郡建立前，元封二年（前107），朝廷任命李陵为骑都尉领兵屯驻在酒泉、张掖一带；太初三年（前102），张掖郡建起前，路博德为强弩都尉领兵屯驻居延等。将屯人数一般在五千到十万不等②，作战特点是机动性、灵活性较强，面对紧急情况反应迅速。归属地方的自然由边郡太守直接统辖，如"程不识故与李广俱以边太守将军屯。……是时汉边郡李广、程不识皆为名将，然匈奴畏李广之略，士卒亦多乐从李广而苦程不识"。程不识和李广都是以边郡太守领兵屯驻的，两人治军风格迥异，但皆名震边关，是比较有名的将屯兵首领。"将屯兵"之"将"的选择至关重要，俗话说，千军易得，一将难求，将领是决定一场战争胜负的关键因素。

屯田兵，又称"田卒""戍田卒"，是由农都尉统领的军事建制的屯田部队，规模一般较大。田卒身份来源不一，有普通的编户齐民，也有犯罪的刑徒。他们闲时为农，战时为兵，既是农业生产的劳动力，又是保卫边境的军人。屯田所得除满足自养外，也是军粮的主要来源。据史书记载，太初三年（前102），汉武帝一次调集十八万吏卒屯戍于河西的居延、休屠两地，配合李广利的西伐大宛之战。延光二年（123），"乃以班勇为西域长史，将弛刑士五百人，西屯柳中。勇遂破平车师"③。屯田兵是一支不容小觑的武装力量。

属国兵，是指由属国都尉统辖的少数民族兵④。有战况时，一般需在

---

① 黄今言：《秦汉军制史论》，江西人民出版社1993年版，第58、178页。
② 黄今言、陈晓鸣：《汉朝边防军的规模及其养兵费用之探讨》，《中国经济史研究》1997年第1期。
③ 《后汉书》卷88《西域传》，第2912页。
④ 江娜：《汉代属国兵的特点和历史作用》，《南都学坛》（人文社会科学学报）2008年11月。

第四章　汉朝对河西的政治经济开发及边防建设　151

汉朝将领或郡太守的指挥下参与汉朝的对外作战。如太初二年（前103），李广利初伐大宛，汉朝发"属国六千骑，及郡国恶少年数万人"① 远征；元凤三年（前78），匈奴右贤王、犁汙王率兵进犯张掖，张掖太守、属国都尉发兵反击，大获全胜。属国兵主要由羌、胡、月氏等少数民族组成，战斗力强，因而是汉朝所依赖的一支重要军事力量。

募兵，许慎的《说文解字》："募广求也。"募兵当为征募、招募从军者之义。招募对象主要是从编户齐民、刑徒、现役军人或异族中而来。募兵属于职业兵，其天职就是保家卫国。史籍中不乏募兵守备要地、出兵羌胡的记载②。居延汉简中也有募兵屯戍河西的资料，如：建平五年十二月丙寅朔乙亥，诚北候长□充言之官下诏诣□，右□□□□□□□募谨募□戍卒庸魏等□□□□□③

出茭食马三匹，给尉卿募卒吏四月十六日食，吏一人马一匹，卒一人马一匹。④

史籍中汉朝的大规模对匈奴作战中墓兵的征发量一般是比较大的。

谪卒，是指因罪被遣送戍边的人。另外，亡命之徒、赘婿、商贾、前有市籍者、父母有市籍者、祖父母有市籍者、恶少年等也入谪戍之列。所谓"恶少年"，主要是一些不事劳作，经常滋事扰民的泼皮无赖。把这些人强行送往边境，与普通的戍卒混编，既有利于内郡的安定，又补充了兵员。太初三年（前102）、天汉四年（97）的李广利二伐大宛之战、汉朝远征涿邪山之战，都征调了七科谪从军。

弛刑徒，是指已经判刑，但又因赦令或其他原因除去刑罚的人，但本质上还是刑徒，只不过国家对其管制有所放松，有一定的人身自由而已⑤。弛刑徒与谪卒一样，一般遣往边地，纳入普通戍卒的控制范围。这与汉朝的常备军少而对外战争频繁导致兵源不足、变相扩大兵源有关。居延汉简中不乏弛刑徒屯戍的记载，如：

髡钳城旦孙□坐贼伤人，初元五年七月庚寅谪，初元五年八月戊

---

① 《史记》卷123《大宛列传》，第3174—3175页。
② 《汉书》卷2《明帝纪》：永平元年（58），"募士卒戍陇右"，第99页；《汉书》卷8《宣帝纪》：神爵元年（前61），汉廷"西羌反，发三辅、中都官徒弛刑，及应募佽飞射士、羽林孤儿……诣金城"。第260页。
③ 谢桂华、李均明、朱国炤：《居延汉简释文合校》（上），编号137·3、224·18，文物出版社1987年版。
④ 同上书，编号290·12。
⑤ 张鹤泉：《略论汉代的弛刑徒》，《东北师大学报》（哲学社会科学版）1984年第4期。

申以诏书施（弛）刑，故骑士居延广都里□。

完城旦钱万年坐兰渡塞，初元四年十一月丙申谪，初元五年八月戊申以诏书施（弛）刑，故戍卒居延广□①

东汉时期，利用弛刑士屯戍更是深入到西域，《汉书·西域传》载："以班勇为西域长史，将弛刑士五百人，西屯柳中。"在汉朝势力不济的情况下，班勇率领五百名弛刑士屯据柳中，绝处逢生，竟使西域复通。

2. 史书中有关汉朝兵出河西的记载

（1）出酒泉

《汉书·匈奴传》："其明年，汉使贰师将军将三万骑出酒泉，击右贤王于天山，得首虏万余级而还。匈奴大围贰师，几不得脱。汉兵物故什六七。汉又使因杅将军出西河，与强弩都尉会涿邪山，亡所得。"

同书又载："单于既立六年，而匈奴入上谷、五原，杀略吏民。其年，匈奴复入五原、酒泉，杀两部都尉。于是汉遣贰师将军七万人出五原，御史大夫商丘成将三万余人出西河，重合侯莽通将四万骑出酒泉千余里。单于闻汉兵大出，悉遣其辎重，徙赵信城北邸郅居水。"

同书又载："本始二年，汉大发关东轻锐士，选郡国吏三百石伉健习骑射者，皆从军。遣……后将军赵充国为蒲类将军，三万余骑，出酒泉……凡五将军，兵十余万骑，出塞各二千余里。"

又见《后汉书·窦融列传》："帝欲遵武帝故事，击匈奴，通西域，以固明习边事，十五年冬，拜为奉车都尉，以骑都尉耿忠为副……明年，固与忠率酒泉、敦煌、张掖甲卒及卢水羌胡，万二千骑出酒泉塞……固、忠至天山，击呼衍王，斩首千余级。呼衍王走，追至蒲类海。留吏士屯伊吾卢城。"

（2）出张掖

《汉书·匈奴传》："本始二年，汉大发关东轻锐士，选郡国吏三百石伉健习骑射者，皆从军。遣……度辽将军范明友三万余骑，出张掖……凡五将军，兵十余万骑，出塞各二千余里。"

《汉书·王莽传》："命遣立国将军孙建等凡十二将，十道并出……奋武将军王骏、定胡将军王晏出张掖，及偏裨以下百八十人。……先至者屯边郡，须毕具乃同时出。"

---

① 刘光华主编，汪受宽著：《甘肃通史》（秦汉卷），第137页，转引谢桂华、李均明、朱国炤：《居延汉简释文合校》（上），编号227·8，文物出版社1987年版。

(3) 出居延

《汉书·匈奴传》:"使骑都尉李陵将步兵五千人出居延北千余里,与单于会,合战,陵所杀伤万余人。"

《后汉书·班彪传》:"宪上遣固行中郎将事,将数百骑与虏使俱出居延塞迎之。会南匈奴掩破北庭,固至私渠海,闻虏中乱,引还。"

《后汉书·窦融传》:"明年……耿秉、秦彭率武威、陇西、天水募士及羌胡万骑出居延塞……耿秉、秦彭绝漠六百余里,至三木楼山……虏皆奔走,无所获。"

《后汉书·耿弇传》:"永元初,为车骑将军窦宪假司马,北击匈奴,转骑都尉。三年,宪复出河西,以夔为大将军左校尉。将精骑八百,出居延塞,直奔北单于廷,于金微山斩阏氏、名王已下五千余级,单于与数骑脱亡,尽获其匈奴珍宝财畜,去塞五千余里而还,自汉出师所未尝至也。"

(4) 出敦煌

《史记·大宛列传》:"乃案言伐宛尤不便者邓光等,赦囚徒材官,益发恶少年及边骑,岁余而出敦煌者六万人,负私从者不与。牛十万,马三万余匹。驴骡橐驼以万数。"

《汉书·李广利传》:"数年,汉遣贰师将军伐大宛,使陵将兵随后。行至塞,会贰师还。上赐陵书,陵留吏士,与轻骑五百出敦煌,至盐水,迎贰师还,复留屯张掖。"

《后汉书·明帝纪》:"冬十一月,遣奉车都尉窦固、驸马都尉耿秉、骑都尉刘张出敦煌昆仑塞,击破白山虏于蒲类海上,遂入车师。初置西域都护、戊己校尉。"

《后汉书·班超列传》:"勇字宜僚,少有父风。永初元年,西域反叛,以勇为军司马。与兄雄俱出敦煌,迎都护及西域甲卒而还。因罢都护。后西域绝无汉吏十余年。"

3. 史书中有关河西属国出兵情况的记载

(1)《汉书·匈奴传》:"后无几,右贤王、犁汙王四千骑分三队,入日勒、屋兰、番和。张掖太守、属国都尉发兵击,大破之,得脱者数百人。属国千长义渠王骑士射杀犁汙王,赐黄金二百斤,马二百匹,因封为犁汙王。属国都尉郭忠封成安侯。自是后,匈奴不敢入张掖。"

(2)《汉书·张骞李广利传》:"太初元年以广利为贰师将军,发属国六千骑及郡国恶少年数万人以往,期至贰师城取善马,故号'贰师将军'。"

(3)《后汉书·西域传》:"夏,遣敦煌太守司马达将敦煌、酒泉、张掖属国吏士四千余人救之,出塞至蒲类海,呼衍王闻而引去,汉军无功

(4)《后汉书·窦融传》：载明帝永平十六年（73）："固与（耿）忠率酒泉、敦煌、张掖甲卒及卢水胡万二千骑出酒泉塞。"

(5)《后汉书·西羌传》：章帝建初二年（77）夏，"迷吾遂与诸众聚兵，欲叛出塞。……于是诸种及属国卢水胡悉与相应……"。

（三）设置玉门关、阳关、金关和悬索关

"关"是指古代在险要地或国界设立的守卫处所，郑玄说"关，境上门也"①，也就是边关、国门，其功能主要是作为交通枢纽和军事上控制出入。据文献资料和田野调查，汉代河西置有四关，即玉门关、阳关、金关、悬索关，它们分别位于河西走廊西通西域、北趋蒙古大道的要口，诚可谓锁钥之地。

1. 玉门关、阳关的设立

据《汉书·地理志》，玉门关与阳关分别位于敦煌郡龙勒县境的西南、西北，皆为都尉治所②。当时中原与西域间的往来交通莫不取道两关。出玉门关为西域北道，西通古车师前王庭、焉耆、龟兹、姑墨及疏勒等地；出阳关为西域南道，西通古鄯善（楼兰）、且末、精绝、于阗、莎车等地。

玉门关的设立时间和经过，《汉书·张骞传》曰：元封三年（前108），"楼兰、姑师小国当空道，攻劫汉使王恢等尤甚……于是，天子遣从票侯破奴将属国骑兵及郡兵数万以击胡，胡皆去。明年，击破姑师，虏楼兰王，酒泉列亭障至玉门矣！"③遂在玉门设关，名为"玉门关"，并派兵守备。玉门关的规模据《沙洲地志》载："玉门关，周回一百二十步，高三丈。"

汉时，疏勒河流域水量丰沛，既有利于屯田积谷，还能负载船只运送粮草至玉门关。据田野调查，玉门关一带有多个颇具规模的粮仓，如河仓城、居庐仓等，有力地支持了汉朝与匈奴的西域争夺战。史籍所见与玉门关有关的战事如下：

《汉书·李广利传》载：太初元年（前104），"以李广利为贰师

---

① 徐坚：《初学记》卷上《地部下》引《礼记》郑玄注。
② 《汉书》卷28下《地理志》注曰："有阳关、玉门关，皆都尉治。"
③ 《汉书》卷61《李广利传》，第2695页。

将军,发属国六千骑及郡国恶少年数万人以往,……往来二岁,至敦煌,士不过什一二。……天子闻之,大怒,使使遮玉门关,曰:'军有敢入者辄斩之。'贰师恐,因留屯敦煌"。

《汉书·西域传》载:"时汉军正任文将兵屯玉门关,为贰师后距。"

《汉书·西域传》载:"又去胡来王唐兜,国比大种赤水羌,数相寇,不胜,告急都护。都护但钦不以时救助,唐兜困急,怨钦,东守玉门关。玉门关不内,即将妻子人民千余人亡降匈奴。"

《后汉书·窦融列传》载:"时诸将唯固有功,加位特进。明年,复出玉门击西域,诏耿秉及骑都尉刘张皆去符传以属固。固遂破白山,降车师。"

《后汉书·西域传》载:"(顺帝永建)四年春,北匈奴呼衍王率兵侵后部,帝以车师六国接近北虏,为西域蔽扞,乃令敦煌太守发诸国兵,及玉门关候、伊吾司马,合六千三百骑救之,掩击北虏于勒山,汉军不利。"

可见,玉门关不仅是扼守河西与西域间东西进出的重要关口,其官屯还是一支重要的武装力量。

今位于敦煌市西北九十公里处的小方盘城,因 1906 年斯坦因在此掘到"玉门都尉"等汉简,因而学界确认该地为汉时玉门都尉治所。

图七 玉门关遗址"小方盘城"

阳关的设立时间和过程史籍缺载，有专家称应与玉门关同期，即元封四年（前107）左右，作为敦煌通往西域南道的关口，与北道关口玉门关齐名，亦设都尉管理军务①。阳关故址，《括地志》《旧唐书·地理志》《元和郡县志》《太平寰宇记》《舆地广记》均谓在唐寿昌县（汉龙勒县）西六里，如《元和郡县志》："阳关，在（寿昌）县西六里，以居玉门关之南，故曰阳关。本汉置也，谓之南道，西趣鄯善、莎车。后魏尝于此置阳关县，周废"。《沙洲地志》记载了阳关的规模，"阳关，东西二十步，南北二十七步。右在（寿昌）县西十里，今见毁坏，基址见存。西通石城、于阗等南路。以在玉门关南，号曰阳关"。

出敦煌市西南行七十五公里可达位于今南湖乡"古董滩"的阳关故址。阳关向北至玉门关沿途有七十多公里的长城相连，每隔数十里设置烽燧亭鄣，将两座关城连接起来。

图八 阳关烽燧遗址

两汉时期，因阳关所在的西域南路远离匈奴，战事发生较少，但却是汉朝与匈奴争夺西域北道的重要政治和军事力理，其战略地位也备受关注。

---

① 李并成：《河西走廊历史地理》，第241页。

2. 金关、悬索关的设立

据居延汉简得知，汉朝在河西弱水一线设有金关、悬索二关，控扼走廊平原沟通蒙古高原的河谷大道要口。金关位于张掖郡肩水都尉肩水候官治地湾城（A33）北，夹黑河东、西两岸北延的两道塞垣交汇处，拱卫着南面不远的肩水都尉府、肩水侯官屯戍重地。取名"金关"，意为最重要的关口。金关由关门、坞和烽燧几部分构成①。

悬索关据分析应在居延都尉辖区内，关址的具体位置尚未有定论。吴礽骧先生认为在今额济纳旗南、额济纳河东岸布肯托尼（A22）附近的卅井塞上②，与其南部的金关遥相呼应，二关之间一河孤悬，烽燧绵延，居延道的军事防卫可谓严密。太初三年（前102），汉朝西伐大宛后，河西的军事战略地位日益突出，出于增强河西腹地安全的目的，修筑金关和悬索关两关，表明了朝廷对当地防务的高度重视。

（四）在居延、休屠建立攻防重点

元封六年（前105），匈奴遭遇天灾，牲畜损失无数，不久乌维单于死，匈奴元气大伤。儿单于乌师卢继位后，遂将其国更往西北迁，妄图依靠西域的人力、物力东山再起。河西毗邻西域，占据这一地区，控制西域就有了保证，否则也会得而复失。河西归汉后，汉朝虽然着力经营河西，至元封四年（前107）修筑了令居至玉门东西向的长城亭障、移民屯田，但要想在东西长约2000余里的长廊北部平均分配军事力量，实难做到。汉朝遂采取缩短正面防线，巩固某些边境地段，集中优势兵力的做法，主要部署表现在居延和休屠两个突出前沿上。

1. 居延

居延，位于今额济纳河下游，由于东西两侧巴丹吉林沙漠和北山山脉的天然遮挡，额河两岸成为河西与蒙古高原沟通的一条重要通道。

居延地区防务的加强始于武帝太初三年（前102），由"强弩都尉路博德筑居延泽上"③，修筑弱水两岸及居延泽地区的塞障亭隧。吴礽骧先生在《河西汉塞调查与研究》地图14标注清晰，可以说烽燧林立，城障众多。同年，汉武帝为支持李广利二伐大宛，"益发戍甲卒十八万酒泉、

---

① 甘肃居延考古队：《居延汉代遗址的发掘和新出土的简册文物》，《文物》1978年第1期。
② 吴礽骧：《河西汉塞的调查与研究》，第146页。
③ 《史记》卷110《匈奴列传》，第2916页。

张掖北,置居延、休屠以卫酒泉"。《集解》引如淳曰:"或曰置二部都尉"① 增置居延都尉府(治居延)和肩水都尉府(治肩水)。居延都尉府下设殄北、居延、甲渠、卅井四个侯官,肩水都尉府有广地、橐他、肩水和庾侯官四个侯官,侯官以下有部,部以下设隧。每一候官自成体系,众多的部和燧构成一个防御区,上级的命令由驿骑及时传达,若有边患则举烽火报警。居延地区的防御系统高效、严密。整个居延防区大约有3200人专职驻防②,后增发的十八万戍甲卒应有一多半被安置在此。

据李并成先生考证③,下图中的绿城位置当为汉居延县城遗址,K688城距离北、西两道塞防较近,便于统一指挥,及时传递警讯,调遣兵力,为汉居延都尉府城。K710城则有可能为路博德所筑的遮虏鄣。

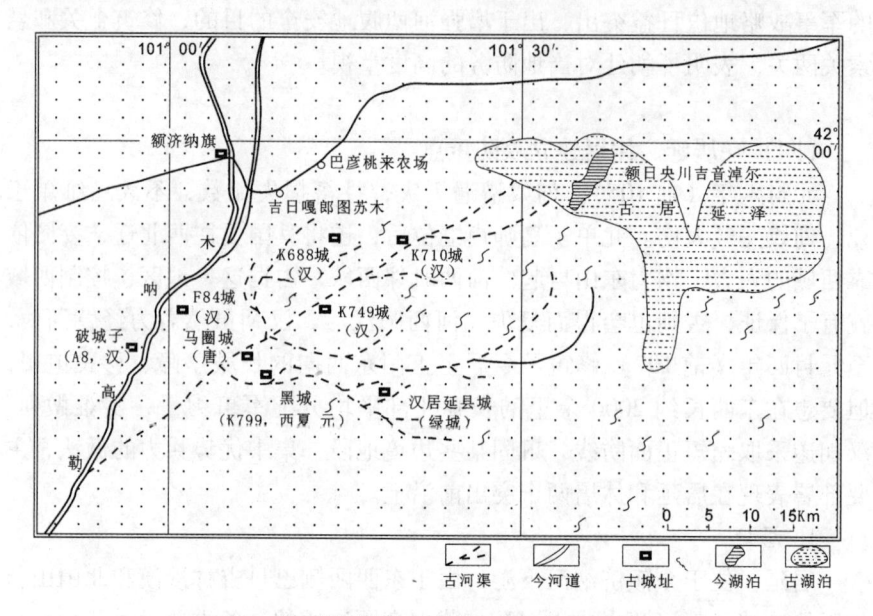

图九 古居延绿洲及汉居延县城位置示意图

2. 休屠

武帝太初三年(前102),在修筑居延塞的同时,还修建了休屠城至休屠泽的塞防,即在今大西河、内河和外河的东西两岸,修筑了一系列堑壕、障坞、亭燧,休屠都尉治熊水障。虽然史书对休屠塞防情况语焉不

---

① 《史记》卷123《大宛列传》,第3176页。
② 高荣:《先秦汉魏河西史略》,第121页。
③ 李并成:《汉居延县城新考》,《考古》1998年第5期,第85页。

详，田野调查也因年代久远，遗迹留存较少，难复其貌，但毫无疑问，它的防御系统当如居延塞。

本始二年（前72），汉与乌孙联合打击匈奴，汉匈战争进入白热化的段，河西的安全也更为重要。休屠所在的石羊河流域，与居延所在的弱水一线相比防御措施薄弱。宣帝地节元年（前69）或二年（前68），朝廷从张掖郡分置出武威郡①，并设置宣威县，武威县二县。武威远在石羊河下游的休屠泽附近，与休屠分据休屠塞的南、北两端，有力地加强了河西东部的攻防能力。

当然汉朝选择居延、休屠作为河西的攻防重心，无疑与两地的地理特点和匈奴的进攻路线有着密切的关系。匈奴南下河西一般选择两条道路：

一是居延道（弱水一线），这条道路通达性强，能够避开戈壁、沙漠的阻碍，弱水两岸水草丰美，利于沿途给养的补充。匈奴由蒙古高原顺势南下，到居延泽后，由于弱水一线一马平川，可迅速将兵力投入到河西的腹心地带，并保持一种进攻的态势，获得先发优势。

二是休屠道（石羊河一线）。从地形上看，休屠所在的石羊河流域与居延所在的弱水流域具有很大的相似性，均是明显突出于走廊北部，直面蒙古高原。石羊河下游的休屠泽周围群山环绕，一水纵贯。周围有十几座千余米或远或近的高山环绕，似乎高山大泽应是天然屏障，对匈奴的进攻产生阻碍作用，但是，匈奴由此进攻也有较强的隐蔽性。

终两汉之世，居延和休屠尤其是居延，在汉朝的对匈奴作战中经常作为北伐大军的集结地，是河西最为重要的主战场之一。

---

① 王宗维：《汉代丝绸之路的咽喉—河西路》，第238页。

第五章　西汉政府与匈奴以河西为中心的战事

一　元鼎五年匈奴与西羌联合反汉

（一）此战的起因

汉武帝元狩二年（前121），汉朝从匈奴手中夺取河西这一战略要地，并对河西进行移民实边、吏卒屯田、修筑汉塞等军事管理活动，相邻的河湟地区亦是进军的区域。

"河湟"本是流经黄河和湟水两条河流之间的区位名词，最先见于赵充国的《留田便宜十二事》："至春，省甲士卒，循河湟漕谷到临羌，以视羌虏，扬威武，传世折冲之具，五也。"其地理范围西起今青海湖，东至兰州市榆中、皋兰二县，北界祁连山，南达黄河①。汉时，河湟地区原始森林密布，草原绿茵似毯，是羌人的主要聚居区。该地因位于汉朝统治区以西，又把羌人称为西羌。

西羌部落繁杂，人口众多。《后汉书·西羌传》载："强则分种为酋豪，弱则为人附落，更相抄暴，以力为雄。……性坚刚勇猛，得西方金行之气焉"②，是一个崇尚武力的民族。西汉初，冒顿单于"破东胡，走月氏，威震百蛮，臣服诸羌"。汉景帝（前156—前141）时，羌人研种留何等不堪匈奴贵族的欺凌，"率种人求守陇西塞，于是徙留何等于狄道、安故，至临洮、氐道、羌道县"，迁移到今甘肃南部的岷县、临洮一带。但绝大多数部落还是与匈奴交好。

汉朝进军河西的举措必然压缩了西羌诸种的生存空间，故而引起羌民的强烈不满。匈奴因此改变与汉朝单对单作战的策略，利用西羌与汉朝之

---

①　侯丕勋、刘再聪：《西北边疆历史地理概论》，第8页。
②　《后汉书》卷87《西羌传》，第2869页。

间的矛盾，支持羌人凭借地理和骑兵优势，夺取金城，阻止汉军的西进，也为自己赢得夺回河西时间。为达此目的，匈奴与西羌盟约，试图依靠彼此的力量达到各自的目的。

（二）元鼎五年（前112）匈奴联合西羌攻令居、安故和枹罕

据《后汉书·西羌传》记载，元鼎五年（前112），即在漠北之战八年后，在匈奴的支持和策划下，世居青海赐支河曲的"先零羌与封养牢姐种，解仇结盟，与匈奴通，合兵十余万，共攻令居、安故，遂围枹罕"①。羌人的主攻目标集中在令居、安故和枹罕，但最终目标是抢占金城这一扼控东西的战略要地。

令居的位置历来众说不一。王宗维先生认为当在汉金城以北今小咸水河东岸地区，包括范围是小咸水河与庄浪河的平川地带②，大体在今甘肃永登县西北，地当湟水流域通往河西走廊的要冲，匈羌联系的孔道。而且令居一带地势平坦，水源丰富，利于屯田，如今也是一片沃野肥田③。东汉光武帝建武年间，护羌校尉的治所就在令居，常设重兵。东汉永初年间，在羌人起义的压力下，护羌校尉营被迫放弃令居迁往张掖，河西路遂告断绝。后重迁回令居，河西路得以畅通。其军事交通地位非常重要。

安故是关中地区经陇西郡通往河西的必经之地，控制着大夏河和洮河流域，掌握着沟通金城的两条主要路线。一是由安故沿洮河向北经狄道至永靖，在洮河与黄河的汇合处东北行可通金城；二是由安故至狄道渡洮水，经枹罕（今临夏）沿今大夏河直趋金城。沿洮河向北经狄道至枹罕的行程，可参见严耕望先生《唐代交通图考》第二卷"河陇碛西区"：

> 由临州临洮军（今临洮，旧狄道）渡洮水，西北行七十八里至大夏县（约今宁定），在大夏川（今三岔河）北岸。又西北五十五里至东谷。又十五里至河州治所枹罕县（今临夏），在灉水（今大夏河）北岸。有可蓝关④。

由此可见，羌人此战的第一步是夺取令居、安故和枹罕三个战略要地，然后沿东南、正北、东北三个方向围攻汉朝军事重地金城。金城

---

① 《后汉书》卷87《西羌传》，第2876页。
② 王宗维：《汉代丝绸之路的咽喉——河西路》，第71页。
③ 侯丕勋、刘再聪：《西北边疆历史地理概论》，第197页。
④ 严耕望：《唐代交通图考》第二卷"河陇碛西区"，第504页。

(今兰州)"地据南北之中,为东西咽喉扼塞之处",其得失事关重大。顾祖禹在《读史方舆纪要》卷60"兰州"条曾论:

> 州控河为险,隔阂羌戎。自汉以来,河西雄郡,金城为最,岂非以介戎夏之间,居襟喉之地,河西、陇右,安危之机,常以金城为消息哉?晋元康而降,河陇多事,金城左右,求一日之安,不可得也……穆衍言:兰州弃,则熙州(治狄道,今临洮)危,熙州危,则关中震动。唐失河湟,西边一有不顺,则警及京都……明时自州以北,常为寇冲,往往设重兵驻此,保障西陲。州诚自古捍围之地矣!

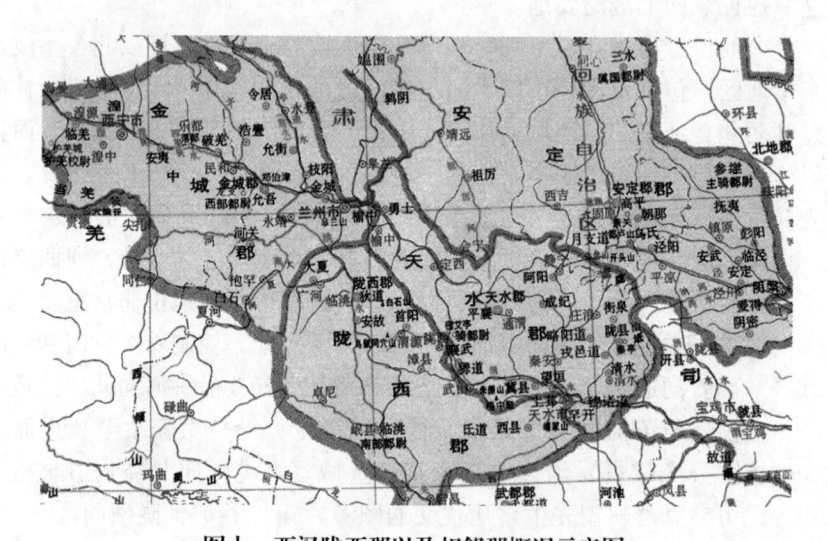

图十 西汉陇西郡以及相邻郡概况示意图

资料来源:谭其骧《中国历史地图集》第二册(秦·西汉·东汉时期)。

此战匈奴和羌人做了充分的准备。十月,在牛马肥壮之际,羌人出兵十万发起进攻,匈奴则"入五原,杀太守"①,来势异常凶猛,与之遥相呼应。五原郡位于汉关中北部边境,西邻朔方郡,南接上郡,东去云中,并向东南一直延伸到云中郡之南端,与定襄郡和雁门郡相接,处于沿边诸郡联系的交通枢纽位置。五原郡源于秦之九原郡。秦始皇三十三年,蒙恬北逐匈奴,"悉取河南地"置九原郡。秦末汉初,匈奴趁中原内战之机重新夺回河南地。汉初匈奴的几次大规模入侵,尤以通过河南地的侵扰威胁

---

① 《汉书》卷6《武帝纪》,第188页。

第五章　西汉政府与匈奴以河西为中心的战事　163

最大。武帝元朔二年（前127），在将匈奴势力逐出河南地后，汉朝在秦九原郡（治九原城，在今内蒙古包头西）的基础上分置五原和朔方二郡，加强了对这一地区的控制，使得匈奴从此线进攻的势头大为降低。而且在以后的汉匈战事中，汉朝多次从五原、朔方发动打击匈奴的军事行动，掌握着战争的主动权。东汉时期卢芳等割据势力依托五原等北部边郡，联合北匈奴不断扰边。建武二十四年（48），南北匈奴分裂，南单于比携众入五原附汉，移单于庭于五原，与汉合力共击北匈奴，不仅稳定了北边的局势，亦为最终击溃北匈奴创造了条件。足见五原军事战略地位的重要性。

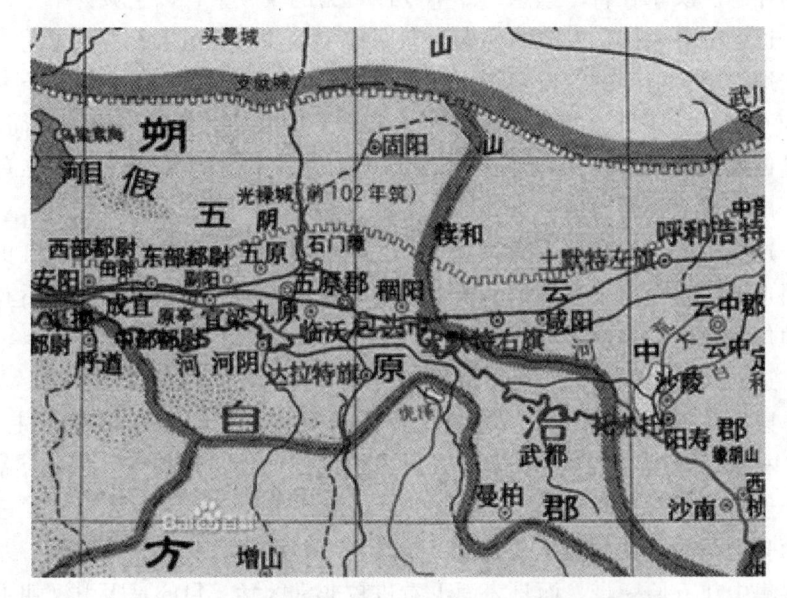

图十一　西汉之五原、朔方郡以及相邻郡概况示意图
资料来源：谭其骧《中国历史地图集》第二册（秦·西汉·东汉时期）。

汉廷得到战报后，随即调兵遣将，商议平定西羌陇西叛乱。《汉书·武帝纪》记其事曰："发陇西、天水、安定骑士及中尉，河南、河内卒十万人，遣将军李息、郎中令徐自为征西羌，平之。"① 《后汉书·西羌传》亦载："汉遣将军李息、郎中令徐自为将兵十万人击平之。"② 汉武帝紧急调集了陇西、天水、安定三郡的骑士，及河南（治今河南省武陟南）、河内（治今河南洛阳东）的郡兵共十万大军，以曾在金城修筑塞堡的李息

---

① 《汉书》卷6《武帝纪》，第188页。
② 《后汉书》卷87《西羌传》，第2876—2877页。

为统帅征讨西羌。与此同时，汉武帝还亲自巡行前线，《汉书·武帝纪》记："五年冬十月，行幸雍，祠五畤，遂逾陇，登崆峒，西临祖厉河而还。"① 汉武帝在雍城祭拜天地后，越过陇山（今六盘山），登上崆峒山，随即转向西南一直到达祖厉河边，而后折返长安。祖厉河是今靖远县境南北流向的一段黄河的别称，流经汉祖厉县城（今靖远县平堡乡驻地平滩堡）的西南侧。当时祖厉县归属汉之陇西郡，从此地"西北经永登通河湟，西经景泰、古浪去河西，东北经景泰趋宁夏"②，是汉朝北防匈奴、西御西羌的军事前沿。汉武帝此举意在表明对此战的重视，以鼓舞边疆将士的斗志。汉军在将军李息、郎中令徐自为的率领下，以金城为中心，很快击退了围攻令居、安故的羌人，夺回枹罕，并乘胜追击，占领了羌人的根据地湟中，败退的羌人一路西逃至西海（今青海湖）、盐池（今茶卡盐池）一带。至于五原的战事，史书并未给予过多的关注，记载较为简略，当是匈奴见既未能引来汉军主力，又遭遇边境军民的激烈抗击，难有所获，虚张声势一番而退。

这次镇压匈奴和羌人的联合反叛，是汉朝以金城作为桥头堡，维护河西附近地区安全而采取的第一次大规模的军事行动，也是河西归汉后其战略地位重要性的首次体现。

这次匈羌之间的联合反叛以失败告终，其主要原因有两方面：

第一，匈羌力量分散。匈羌此番联合反汉，可以看出西羌是主力，《汉书·武帝纪》："西羌众十万人反，与匈奴通使，攻故安，围枹罕。"③《史记·平准书》："其明年，南越反，西羌侵边为桀。……数万人发三河以西骑击西羌，又数万人度河筑令居。"④ 说明匈奴并无出兵河西，力量主要集中在五原一带，而且表面上看进攻非常凶猛，目的是吸引汉朝主力前来救援，借以扰乱汉朝的兵力调遣，响应西部西羌之乱。不可排除的是，匈奴不愿与汉军在主战场交锋，以免损伤兵马，借以保存实力。但此举无形中分散了联合部队的力量，仅仅依靠西羌去夺取金城这一战略意图难以实现。

第二，汉军镇压力量强大。针对匈羌的这次联合反汉，汉朝正确地把握了匈奴的作战意图，把金城作为反击的重点。因为此时大河两岸，河西的经营刚刚起步，相对于其他边郡地区力量比较薄弱，而战略地位的重要

---

① 《汉书》卷6《武帝纪》，第185页。
② 刘满：《西北黄河古渡考》（二），《敦煌学辑刊》2005年第4期。
③ 《汉书》卷6《武帝纪》，第188页。
④ 《史记》卷30《平准书》，第1438—1439页。

性，促使汉朝力保此地。汉政府对此事反应迅速，一接到陇西郡太守的报告，旋即派遣熟悉陇西郡地理情况的将军李息及郎中令徐自为将兵十万前来镇压，出动的兵力人数虽然与羌人相当，但武器装备、后勤辎重的配备远胜他们。

另外先零羌与封养牢姐种应一时之需，暂时解仇结盟组合的联合部队，军队的凝聚力和战斗力较差，自然难以抵抗汉军的十万正规之师，因此匈羌此次反叛便以失败告终。

汉朝通过这次事件，进一步认识到匈奴与羌人联合的严重性，于是加快了对湟中和河西的开发。正如《后汉书·西羌传》所言："始置护羌校尉，持节统领焉。……汉遂因山为塞，河西地空，稍徙人以实之。"① 同时在令居建立塞堡，派赵破奴率领万余骑兵出令居至匈河水一带巡逻，保证令居塞防的顺利建设。汉朝有了金城和令居的屏护，经由陇西郡进入河西的道路安全得到保证。

二　太初三年兵出敦煌伐大宛

自张骞通西域后，汉武帝频繁派出使团出使西域，加强与西域的联系。元封四年（前107），汉朝"击破姑师，虏楼兰王，酒泉列亭障至玉门矣"②！逐步加快了进军西域的步伐，但匈奴在西域依然保持较强的势力。如西域亲汉大国乌孙在与汉结亲的同时，以匈奴女为左夫人③，地位在汉女之上，更莫说其他国家。《史记·大宛列传》言：

> 宛以西，皆自以远，尚骄恣晏然，未可诎以礼羁縻而使也。自乌孙以西至安息，以近匈奴，匈奴困月氏也，匈奴使持单于一信，则国国传送食，不敢留苦；及至汉使，非出币帛不得食，不市畜不得骑用。所以然者，……以畏匈奴于汉使焉④。

西域诸国对汉朝"骄恣晏然"，其主要原因是地近匈奴而远汉，故而

---

① 《后汉书》卷87《西羌传》，第2877页。
② 《汉书》卷61《张骞传》，第2695页。
③ 《史记》卷123《大宛列传》载："乌孙以千匹马聘汉女，汉遣宗室女江都翁主往妻乌孙，乌孙王昆莫以为右夫人。匈奴亦遣女妻昆莫，昆莫以为左夫人。"第3172页。
④ 《史记》卷123《大宛列传》，第3173页。

有恃无恐。这种状况严重阻碍了汉朝西北战略的实施进程。进军西域，斩断匈奴右臂，是发动对匈奴战略决战的前提。

大宛（今中亚乌兹别克费尔干纳盆地）位于帕米尔西麓，锡尔河中上游。东临葱岭以东西域诸国，北邻乌孙、匈奴，南通大夏、身毒，西接安息、条支，所处位置恰似中国象棋对弈中的"棋眼"。一旦降服大宛，汉朝在西域的经略就会取得突破性的进展。太初元年（前104），汉武帝以取大宛汗血宝马为由，在外交手段失败后，决定以敦煌为出兵基地，用武力臣服大宛，以期进一步扩大在西域的影响力，扭转在西域的被动局面。武帝以宠妃李夫人的哥哥李广利为贰师将军，专统重兵数万人，自敦煌出发，欲扬威西域，谁料此战曲折颇多。

（一）第一次大宛之战

李广利率大军进攻大宛的兵力情况，见《史记·大宛列传》：

> 拜李广利为贰师将军，发属国六千骑，及郡国恶少年数万人，以往伐宛。期至贰师城取善马，故号"贰师将军"。赵始成为军正，故浩侯王恢使道军，而李哆为校尉，制军事①。

此战汉朝征发的数万人中，以属国骑兵和郡国恶少年为主，协助李广利制军事的只有校尉李哆一人，粮草辎重的情况也未提及。很显然，战争准备的不够充分，此种部署当是受到姚定汉等人的误导，史书言："诸尝使宛姚定汉等言宛兵弱，诚以汉兵不过三千人，强弩射之，即尽虏破宛矣。天子已尝使浞野侯攻楼兰，以七百骑先至，虏其王，以定汉等言为然。"② 表面上看，大宛之战与楼兰之战均是攻城作战，只要投入足够数量的兵力就能获取作战优势，前方又有楼兰、姑师、乌孙支持，胜算应该很大。而且汉武帝为稳妥起见，在姚定汉所言的三千人的基础上又增加到数万人，但从后面战事发展的情况看，情况远不如想象的那么简单。

大军从敦煌出发，出玉门关后，向西经过白龙堆、罗布泊，沿西域北道向西域进发，但初进西域，却遇到了始料未及的困难。首先是道路的艰难，其中玉门至楼兰段，要途经白龙堆、罗布泊，自然条件之恶劣如前所述，中原将士能活着走出来已属不易。即使侥幸到达楼兰，该国人口不过

---

① 《史记》卷123《大宛列传》，第3174—3175页。
② 同上书，第3174页。

万人，而且"地沙卤，少田，寄田仰谷旁国"，"楼兰国乏水草"，倾国之力也难解数万大军粮草匮乏之困。正如大宛贵族战前所分析的：

> 汉去我远，而盐水中数败，出其北有胡寇，出其南乏水草。又且往往而绝邑，乏食者多。汉使数百人为辈来，而常乏食，死者过半，是安能致大军乎？无奈我何。

过楼兰到姑师后，生态环境有一定的好转。姑师后称车师，位于今吐鲁番盆地，物产丰富，李广利大军在此应该能得到一定的补给。姑师过后，依次是焉耆、危须、尉犁、轮台、渠犁、龟兹、姑墨、温宿等西域北道诸国，皆水草丰饶、土肥地沃，但他们均是顽固的亲匈派，《汉书·李广利传》载：

> 既西过盐水，当道小国各坚城守，不肯给食，攻之不能下。下者得食，不下者数日则去①。

这些国家拒绝为李广利军提供粮草，而且坚壁清野。此时已到太初二年（前103）夏天，如果没有粮草，大军进退无据，数万大军将不战自灭。针对李广利军在西域的被动局势，汉朝以赵破奴为浚稽将军，带领二万骑兵从朔方出发，向西北奔驰两千余里，达到浚稽山（今蒙古境内阿尔泰山以北）一带，迎降匈奴左大都尉，欲乱匈奴，以减轻李广利在西域所面对的军事压力。但不成想事情败露，左大都尉被杀，赵破奴被儿单于率领的八万骑兵围攻，战败被俘，全军覆没，《史记·匈奴列传》载：

> 其明年春，汉使浞野侯破奴将二万余骑出朔方西北二千余里，期至浚稽山而还。浞野侯既至期而还，左大都尉欲发而觉，单于诛之，发左方兵击浞野。浞野侯行捕首虏数千人。还，未至受降城四百里，匈奴兵八万骑围之。浞野侯夜自出求水，匈奴间捕，生得浞野侯，因急击其军。军中郭纵为护，维王为渠，相与谋曰："及诸校尉畏亡将军而诛之，莫相劝归。"军遂没于匈奴。匈奴儿单于大喜，遂遣奇兵

---

① 《汉书》卷61《李广利传》，第2703、2699页。

攻受降城。不能下，乃寇入边而去①。

北边惨烈的战事，使李广利在西域这个复杂的环境中更加孤立无援，情急之下，"天子使使告乌孙大发兵击宛。乌孙发二千骑往，持两端，不肯前"②，汉朝在西域这唯一的同盟也在首鼠两端。此年秋，骑虎难下的李广利只好率孤军继续向西深入，并以惊人的毅力翻越葱岭（今帕米尔高原）。唐玄奘的《大唐西域记》对葱岭横绝东西的艰难险阻如此描述："崖岭数百重，幽谷险峻，恒积冰雪，寒风劲烈。"《汉书·西域传》对翻越葱岭的感受也有详细的记录："又历大头痛、小头痛之山，赤土，身热之阪，令人身热无色，头痛呕吐，驴畜尽然。"虽然翻越了葱岭，但人马却有更大的衰减，出征前的万余人现在只剩千余人，而且是疲敝之师，败局已定。《汉书·李广利传》曰：

比至郁成，士财有数千，皆饥罢。攻郁成城，郁成距之，所杀伤甚众。贰师将军与左右计："至郁成尚不能举，况至其王都乎？"引而还。往来二岁，至敦煌，士不过什一二③。

郁成是大宛国所辖的小城邦之一，位于今吉尔吉斯斯坦的乌兹根（奥兹根、欧兹根），距离大宛王城贵山城（今卡萨）东南约二百余里。从今克孜勒苏州阿图什市的图尔尕特山口翻越葱岭，首先到达的就是卡拉达里亚河冲积扇山前绿洲之城郁成，这是从葱岭以东到费尔干纳盆地最近且最便捷的道路④。攻下郁成，尽快解决这支远征之师的粮草问题，是决定这支大军能否继续前行的关键所在。但无奈李广利军久攻不下，而且又有大的人员伤亡，李广利只好率军而归。关于失败的原因，李广利给汉武帝的上书中言：

道远多乏食，且士卒不患战，患饥。人少，不足以拔宛。原且罢兵，益发而复往。

---

① 《史记》卷110《匈奴列传》，第2915页。
② 《汉书》卷61《李广利传》，第2703页。
③ 同上。
④ 天涯论坛：《汉武帝伐大宛探析》，http：//bbs.tianya.cn/post-worldlook－1066754－1.shtml，2014年3月26日。

分析的比较符合实际，找到了失败的主要原因，同时表明自己非畏难怯战之人，希望补充兵力挥师再战，但仍使武帝大为震怒。

  使使遮玉门关，曰："军有敢入，斩之。"贰师恐，因留屯敦煌。

李广利只能率兵屯驻敦煌待命。鉴于大宛去汉遥远，路途艰辛，粮草供应困难，而北部受降城又新失二万余士卒，河西右翼力量薄弱，军事安全面临严峻的威胁，朝中诸大臣提议应该把征战的重点转移到北部的匈奴上，《史记·大宛列传》载：

  汉亡浞野之兵二万余于匈奴，公卿及议者皆愿罢击宛军，专力攻胡①。

而汉武帝却更深刻地感受到，西域归属才是关系到汉匈斗争胜败的关键所在，因而力排众议，决意伐宛。

  天子已业诛宛，宛小国而不能下，则大夏之属轻汉，而宛善马绝不来，乌孙、仑头易苦汉使矣，为外国笑。乃案言伐宛尤不便者邓光等……②。

此次西征，汉朝失败的主要原因在于，执政者对西域局势的全面性把握不足，对地理因素对战争的作用认识欠缺，导致战略上轻敌，战术上孤军深入，盲目冒进，故未能取得预期的战果，反而遭受了极为惨重的损失。

（二）第二次大宛之战

太初三年（前102），针对初伐大宛失败暴露出的问题，汉政府认真总结，并有针对性地采取诸多措施来保护再伐大宛的成功。由于此战声势浩大，匈奴必定兴兵以声援大宛，所以汉朝首先完成对北部边郡的一级防御，《史记·匈奴列传》载：

---

① 《史记》卷123《大宛列传》，第3176页。
② 同上书，第3176页。

汉使光禄徐自为出五原塞数百里，远者千余里，筑城鄣列亭至庐朐，而使游击将军韩说、长平侯卫伉屯其旁，使强弩都尉路博德筑居延泽上①。

从汉之五原郡至居延全线北进数百里至千余里，深入匈奴腹地，从东到西构筑起一条新的长城，以阻挡匈奴铁骑的入侵。再把酒泉、武威作为二级防御重点，增加十八万人分屯居延、休屠两地，以应时变。

益发戍甲卒十八万，酒泉、张掖北，至居延、休屠以卫酒泉，如淳曰："立二县以卫边也。或曰置二部都尉，以卫酒泉。"

然后从兵力和后勤辎重上给予西征军充分的保证。

赦囚徒材官，益发恶少年及边骑，岁余而出敦煌者六万人，负私从者不与。牛十万，马三万余匹，驴骡橐它以万数。多赍粮，兵弩甚设，天下骚动。

武帝集团调集远征军六万人，除恶少年、赦免的囚徒外，增加了国防精锐边骑部队，领兵校尉五十人。国防精锐经过系统的军事训练，在复杂的作战环境中可有效实施战术配合。这一部署应是考虑到大宛辖有七十余个城邦，而且与康居是唇齿相依的关系，因而大宛之战并非是单对单的攻城作战，战略战术的运用也必不可少。

征发"七科谪""负私从者"负责转运粮草到敦煌，确保粮草按期到位。

而发天下七科谪，及载糒给贰师。转车人徒相连属至敦煌。而拜习马者二人为执驱校尉，备破宛择取其善马云②。

调配的"牛十万，马三万余匹，驴骡橐它以万数"，除用于粮草辎重的运输外，还能部分的解决道远乏食的实际问题。

另外，装备兵弩等先进武器。青铜弩机到西汉时期已发展到较为成熟

---

① 《史记》卷110《匈奴列传》，第2916页。
② 《史记》卷123《大宛列传》，第3176页。

的阶段，是当时最为先进的兵器装备，其射程长，穿透力强，杀伤力大，在汉朝的对外战争中已广泛使用，能够极大地提高汉军的战斗力。

同时对作战方案进行详细设计，对于大宛城依赖外城水源的情况，选派技工实施断水困城计划，欲使其内外混乱，不战自败。

> 宛王城中无井，皆汲城外流水，于是乃遣水工徙其城下水空以空其城。

为保证敦煌以西道路的畅通和安全，武帝还征调李陵军作李广利的后卫，一路护送至罗布泊。应该说，汉政府对再伐大宛做了充分的准备，从气势上表现了不取大宛誓不罢休的劲头。

李广利第二次西征大宛采取兵分两路的进军方式，《史记·大宛列传》："贰师起敦煌西，以为人多，道上国不能食，乃分为数军，从南北道。""南北道"是指《汉书·西域传》序中所载的西域南北道，两路大军约定在疏勒（今喀什）会合。北路军起初一路进展顺利，一改初伐大宛时的尴尬局面，所至国家莫不迎军给食，但到仑头（今新疆轮台）却遇到了劲敌。仑头史称"地广，饶水草，有溉田五千顷以上，处温和，田美"。在葱岭以东实力和影响力仅次于乌孙，背后又有匈奴的强力支持，故而不把汉军放在眼里，极力阻挠汉军西行。李广利率军"攻数日，屠之"，这一战极大地鼓舞了汉军的士气。

南路军进军途中未受阻力，但沿途国小民弱，军粮不足问题应始终存在。待行至于阗、莎车两个大国后才有可能获得一定的补给。疏勒是西域南北两道的交通枢纽，"户千五百一十，口万八千六百四十七，胜兵二千人"，人口不多，国力不强，但商贸经济还比较发达。李广利大军会合后在此补给休整，为翻越葱岭作最后的准备。

即便如此，翻越葱岭后汉军只剩下三万人，兵员缩减了一半，当然能坚持到此的也都是精兵强将。为顺利攻取大宛，李广利军采取化整为零、分而击之的策略，《史记·大宛列传》载："校尉王申生、故鸿胪壶充国等千余人，别到郁成"，牵制郁成军。李广利则率军主攻宛都贵山城（今卡萨）。贵山城中的宛军出城迎击汉军，汉军"射败之，宛走入保其城"。汉军使用杀伤力强大的弩机，很快击败了宛军，宛军退入城中依城抵抗，战事的发展完全符合汉军的作战预想，汉军掌握了作战的主动权，遂从城外层层围住宛城，派出技工截断城外进入宛城的水道，然后强攻四十余日，最终迫使大宛贵族杀其王献马投降，李广利率军进入贵山城（今卡萨），另立宛王，"与盟而罢兵"。

匈奴闻讯大惊，派兵大肆抄略，《汉书·匈奴传》载：

> 匈奴大入定襄、云中，杀略数千人，败数两千石而去，行破坏光禄所筑城列亭障。又使右贤王入酒泉、张掖，略数千人。会任文击救，尽复失所得而去①。

匈奴左右部同时倾力出击，声援大宛。左部入定襄、云中，势不可当，目的是吸引汉廷的注意力，保护右贤王对酒泉、张掖的侵袭，欲实施打乱汉军后方，以稳定西域局势，动摇李广利之军心，达到曲线救宛的目的。汉朝派出任文率兵回击，战前在河西增筑的防御设施和补充的兵力发挥了重要作用，右贤王无功而返。

但攻打郁成的王申生军却出师不利，《史记·大宛列传》载：

> 郁成城守，不肯给食其军。王申生去大军二百里，负而轻之，责郁成。郁成食不肯出，窥知申生军日少，晨用三千人攻，戮杀申生等，军破，数人脱亡，走贰师，贰师令搜粟都尉上官桀往攻破郁成，郁成王亡走康居，桀追至康居。康居闻汉已破宛，乃出郁成王与桀，桀令四骑士缚守诣大将军②。

上官桀，上邽人（甘肃天水），少为羽林期门郎，深受汉武帝信任。郁成之战，史书记载极为简略，想是上官桀乘新胜之威很快就攻破了郁成，不似贵山城（今卡萨）那般艰难。

李广利回军所走的路线，《汉书·西域传》载："李广利击大宛，还军过扜弥"，扜弥是西域南道小国，由此推测汉军东归的路线可能是，先走南道，抵达于阗后，经扜弥沿克里雅河北上，由北道龟兹转入玉门关，即南道西段—克里雅河—北道东段—玉门关，这条线路虽然路程远些，但沿线所经大多是西域相对富裕的国家，对于大军的补给有一定的优势③。

值得注意的是，大宛之战胜败如何，汉匈在河西地区，尤其是对酒

---

① 《汉书》卷94上《匈奴传》，第3776页。
② 《汉书》卷61《李广利传》，第2703页。
③ 天涯论坛：《汉武帝伐大宛探析》，http：//bbs.tianya.cn/post‐worldlook‐1066754‐1.shtml，2014年3月26日。

泉、张掖的争夺结果将直接影响到西域各国的向背。由于汉朝执政者军事战略措施运用得当，成功击败匈奴，使得李广利二征大宛终获胜利。

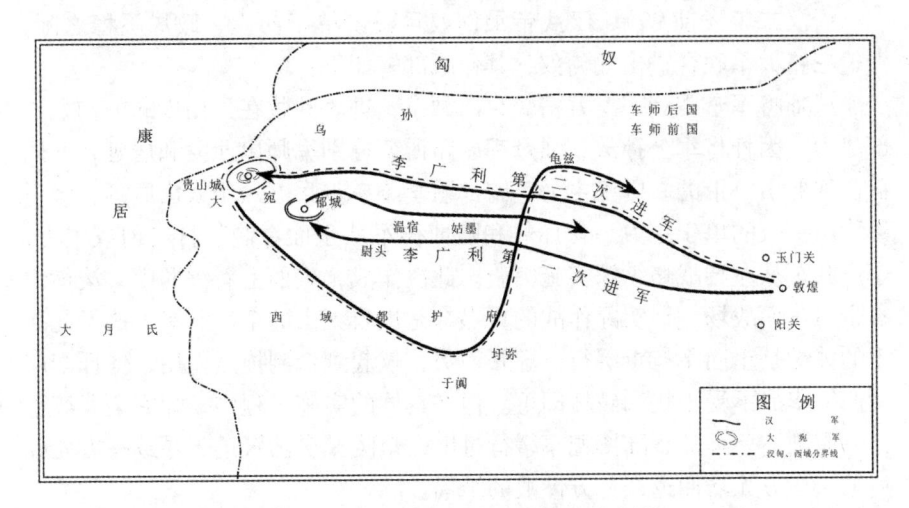

图十二　西汉远征大宛之战经过示意图
资料来源：武国卿《中国战争史》（三），第119页。

李广利再伐大宛成功，威震西域，西域诸国纷纷向汉，匈奴在西域的联盟不攻自破，战争的结果极大地改善了汉朝在西域的境况，"贰师将军之东，诸所过小国闻宛破，皆使其子弟从入贡献，见天子，因为质焉"①。此后，汉朝自敦煌以西至盐泽，沿途修建烽燧亭障，疏通道路。并在轮台、渠犁驻兵屯田，设立使者校尉，监护南北道②。河西由此逐渐成为汉匈战争的前沿阵地。李广利一战封侯，成为继卫青、霍去病之后另一位在汉匈战争中担当重任的军事统帅。

三　天汉二年兵出酒泉攻匈奴右贤王于天山

（一）天山之战的缘由与作战部署

太初三年（前102）的大宛之战和浚稽山之战，汉匈两国各有得失，战事仍处于胶着状态。此时匈奴右部已迁移至涿邪山地区，以位于西南的车师作为掌控西域的战略要地，并常以骑兵侵扰东南的酒泉、敦煌一带，

---

① 《汉书》卷61《李广利传》，第2703页。
② 《汉书》卷96上《西域传》，第3873页。

阻碍汉朝进军西域的步伐。如何消灭匈奴右贤王军，夺取车师，是汉朝亟待解决的问题。

天汉二年（前99），汉武帝乘匈奴且鞮侯单于初立、政局不稳之际，派遣三路大军联合进击北匈奴，其作战部署如下：

贰师将军李广利率三万精骑兵出酒泉，进攻驻牧在天山以北的匈奴右部势力；因杅将军公孙敖、强弩都尉路博德分别率师出西河和居延，共同截击涿邪山一带的右贤王主力；骑都尉李陵率步兵五六千人出居延，吸引浚稽山一带的单于主力。公孙敖和陆博德军从正面牵制、打击匈奴主力，李广利军从左翼战略纵深实施突袭。此次作战，表面上看涿邪山、浚稽山一带为正面战场，但实际作战的重点却是进攻天山的李广利军。执行此战术的关键是正面军持重缓行，虚张声势，仅起到牵制拖延作用，保证李广利西征作战不受干扰和破坏即可。但在具体的实施过程中，却完全背离了这一原则，公孙敖、陆博德军缓行过度，李陵军贪功冒进，导致一方先胜后败，一方无功而返，一方惨败的结局。

（二）三路大军联合作战的过程

1. 李广利的天山之战

主帅李广利率领三万精锐出酒泉塞后向西奔袭千余里，沿天山北麓进击匈奴右部，未待匈奴组织起反击，就迅速斩杀其部众万余人[①]。此战如此顺利，主要得益于战前武帝事先安排的一步棋，"武帝天汉二年，以匈奴降者介和王为开陵侯，将楼兰国兵始击车师，匈奴遣右贤王数万骑救之，汉兵不利，引去"[②]。武帝派出偏师佯攻车师，目的就是吸引右贤王来救，李广利则趁机从其后面发起冲击，打乱右贤王部的作战序列，导致其在混乱中败没。

车师位于今新疆吐鲁番盆地，分为车师前国和车师后国。车师前国王治交河城（今新疆吐鲁番西北），自古为沟通天山南北的重要孔道。由此北行可达车师后国王治务涂谷（今吉木萨尔县），西南行可通焉耆，东行可趋蒲类海。匈奴控制西域北道诸国，一向就是从右部南出车师前后庭，再自前庭达于焉耆，因而车师是匈奴进入西域的咽喉门户。据《汉书·西域传》载：

---

① 《汉书》卷94上《匈奴传》载："汉使贰师将军将三万骑出酒泉，击右贤王于天山，得首虏万余级而还。"第3777页。

② 《汉书》卷96下《西域传》，第3922页。

第五章　西汉政府与匈奴以河西为中心的战事

　　　　西域诸国，大率土著，有城郭田畜，与匈奴、乌孙异俗，故皆役属匈奴。匈奴西边日逐王置僮仆都尉，使领西域，常居焉耆、危须、尉犁间，赋税诸国，取富给焉①。

　　匈奴设僮仆都尉于焉耆、危须、尉犁之间，就是借助这个地理上的优势。如果汉朝取得车师，就可以彻底清除匈奴在西域的势力②。因而车师是汉匈必争之地。

　　但在李广利率部凯旋进至今新疆伊吾地区（今哈密）时，突然遭到前来救援右贤王的匈奴单于主力军的截击。两军虽然人数相当，但李军适在回军途中士气回落，且势孤力单，而匈奴寻战而来，严阵以待，李军处于下风。苦战数日，汉军士卒死伤十分之六七，仍无法撤离。幸有随军假司马赵充国率百余敢死队冲锋陷阵，"充国乃与壮士百余人溃围陷陈，贰师引兵随之，遂得解"③。"陷陈"，"陈"通"阵"，从文献记载来看，除泛指攻破敌阵外，在多数情况下还属于一种战术，即在对阵交锋或一方突围时，由少数精锐部队发起冲击，主力随后跟进，击溃敌阵，从而达到获胜或解围的目的④。此处当是一种战略战术的运用。赵充国为率军突围身受重伤二十余处，李广利紧随其后勉强得以脱身，可见当时这场战役进行的非常激烈。

　　2. 公孙敖、陆博德军在涿邪山不战而还

　　公孙敖和路博德按照预定计划分别出师西河和居延。公孙敖军从西河郡出师的路线，应是西行渡过黄河，经临戎、窳浑出鸡鹿塞后，长途奔袭至匈奴右部主力所在的涿邪山。从西河郡出师不但路途较为近捷，而且临戎、窳浑又是边郡大型的屯垦区，方便粮草辎重装备⑤。居延北近中蒙边界，路途较西河郡更为近捷。路博德自武帝太初三年（前102）起，就率兵活动在居延地区修筑鄣塞亭隧，护卫当地的军事安全，对大漠南北的军事地理形势非常了解，从居延出兵他当是最佳将领人选。

　　两路大军出塞后顺利会师于涿邪山（今蒙古西部、阿尔泰山东脉），在未发现匈奴主力的情况下却仓促回军。应该说，两路大军应是李广利天

---

① 《汉书》卷96上《西域传》，第3872页。
② 安作璋：《两汉与西域关系史》，山东人民出版社1959年版，第37—38页。
③ 《汉书》卷69《赵充国传》，第2971页。
④ 宋杰：《汉代的"陷陈都尉"与"陷陈士"》，《首都师范大学学报》（社会科学版）2003年第1期。
⑤ 鲍桐：《受降城和满夷谷考》，《中国历史地理论丛》1992年第1期。

山之战最重要的策应部队,负责截击由涿邪山向天山一带驰援的右贤王主力,武帝派遣两名大将合战即源于此。但从实际情况看,将帅远程作战缺少全局意识,没有及时做好调整作战目标的准备,既没有快速西援李广利军,也没有在回军途中寻击浚稽山一带的匈奴主力,接应以步兵为主的李陵军,空去空回,造成兵力和资源的极大浪费,更为严重的是,形成了李广利和李陵这两支部队独抗匈奴两大主力的局面,导致汉武帝对匈奴作战以来的第一次惨重失败。

3. 李陵军盲目冒进,遭到惨败

偏师统帅李陵奉命于九月率兵出居延,向北部浚稽山南龙勒水(今图音河)一带的匈奴单于庭进军。李陵,西汉著名抗匈将领李广的后代,将门虎子,自河西归汉后,一直率兵承担护卫酒泉、张掖一带的军事安全重任,"天子以为李氏世将,而使将八百骑。尝深入匈奴二千余里,过居延视地形,无所见虏而还。拜为骑都尉,将丹阳楚人五千人,教射酒泉、张掖以屯卫胡"①。颇得汉武帝的信任。

从史籍的记载来看,此路军反客为主,成为整个战役的焦点。李陵领兵一路北上,《汉书·李陵传》载:

> 陵于是将其步卒五千人出居延,北行三十日,至浚稽山止营,举图所过山川地形,使麾下骑陈步乐还以闻。步乐召见,道陵将率得士死力,上甚说②。

浚稽山位于燕然山(今杭爱山)中段山脉,今蒙古的图拉河与鄂尔浑河之间。燕然山(今杭爱山)东部支脉临近曼达尔戈壁的称涿邪山。由居延至浚稽山的道路里程,可参阅严耕望先生的《唐代交通图考》第二卷"河陇碛西区"所引:

> 军东北有居延海,又北三百里有花门山堡,又东北千里至回鹘牙帐。……花门山堡,在居延海北三百里,为唐与回纥国界,约在今诺颜博格多山脉西端南侧之鄂博图庙地区。……盖河套西北、居延以北之唐回境上,有阿尔泰山脉之余脉自西徂东,为自然国界,今名戈壁阿尔泰山、诺颜博格多山、古尔班察汗山,唐世花门山者殆指此条山

---

① 《史记》卷109《李陵传》,第2877页。
② 《汉书》卷54《李陵传》,第2451—2452页。

脉。居延北出路中之花门山堡乃据山之西南麓为守，去海三百里，不害山脉东段仍有花门之名也①。

唐时的回鹘牙帐位于今蒙古国鄂尔浑河谷，汉时的匈奴主力就在此地。李陵军越过汉匈天然分界线阿尔泰山，继续北上千余里，到达匈奴主力所在的浚稽山一带，不期遭遇匈奴三万骑兵的围攻。李陵于两山间列阵迎敌，一交战就斩杀匈奴数千之众，单于大惊，复又调集八万骑兵来攻，双方展开激烈的拼杀。

需要强调的是，李陵带领将士浴血奋战，人人悍勇，抗击数十倍于己的匈奴铁骑，一日数十战，连番作战八日，斩杀匈奴一万多人，但众寡悬殊，李陵的五千步卒怎能抵挡匈奴的八万精骑。匈奴军波浪推进，李陵带兵且战且退，引兵向东南行进，准备撤到卢龙城寻求救援。损兵折将的单于准备退兵，不料此时李陵军侯管敢因犯错被校尉责骂，投降匈奴，尽报汉军虚实（没有后援、没有箭）后，匈奴决心将此战进行到底。李陵率残军突围，由于东南退路已被匈奴截断，只得再次改向南行，将到鞮汗山（今戈壁阿尔泰山、距离居延海约200里）时，又被匈奴骑兵包围。李陵军箭矢已尽，兵力无几，后继无援，被迫投降。战役经过参见《汉书·李陵传》载：

> 是时陵军益急，匈奴骑多，战一日数十合，复伤杀虏二千余人。虏不利，欲去，会陵军候管敢为校尉所辱，亡降匈奴，具言："陵军无后救，射矢且尽，独将军麾下及成安侯校各八百人为前行，以黄与白为帜，当使精骑射之即破矣。"……单于得敢大喜，使骑并攻汉军，疾呼曰："李陵、韩延年趣降！"遂遮道急攻陵。陵居谷中，虏在山上，四面射，矢如雨下。汉军南行，未至鞮汗山，一日五十万矢皆尽，即弃车去，士尚三千余人，徒斩车辐而持之，军吏持尺刀，抵山入狭谷。单于遮其后，乘隅下垒石，士卒多死，不得行。昏后，陵便衣独步出营，止左右："毋随我，丈夫一取单于耳！"良久，陵还，大息曰："兵败，死矣！"军吏或曰："将军威震匈奴，天命不遂，后求道径还归，如浞野侯为虏所得，后亡还，天子客遇之，况于将军乎！"陵曰："公止！吾不死，非壮也。"于是尽斩旌旗，及珍宝埋地中，陵叹曰："复得数十矢，足以脱矣。今无兵复战，天明坐受缚

---

① 严耕望：《唐代交通图考》第二卷"河陇碛西区"，第623—624页。

矣！各鸟兽散，犹有得脱归报天子者。"令军士人持二升糒，一半冰，期至遮虏鄣者相待。夜半时，击鼓起士，鼓不鸣。陵与韩延年俱上马，壮士从者十余人。虏骑数千追之，韩延年战死。陵曰："无面目报陛下！"遂降。军人分散，脱至塞者四百余人①。

应该说，汉武帝潜意识中并没有将这支部队作为作战主力，只需它按照旨意"出遮虏鄣，至东浚稽山南龙勒水上，徘徊观虏，即亡所见，从浞野侯赵破奴古道抵受降城休士，因骑置以闻"②，即只要起到侦查或分散匈奴主力的作用就算达到目的，无须开战。实际上，汉武帝还附带安排了李陵另外一项任务，那就是如果条件允许，借机侦察浚稽山腹地的地形地貌，绘制军事地图以备后需，否则李陵无须深入匈奴腹地侦察匈奴单于主力动向。可是由几千人组成的行动迟缓的部队，难保不被敌人发现，全身而退的可能性太小了。

西汉早期由于军事需要，军事地图在精度、绘制层次安排、标绘符号设计、地物要素符号颜色配置、注记使用以及作战思想与地图表示的统一性等方面，已经达到较高的水平③。汉朝对匈奴的远程作战，需要深入了解匈奴腹地的山川情况，以便准确规划战略战术。早在河西建设初期，汉武帝曾派遣李陵"使将八百骑，深入匈奴二千余里，过居延视地形"，已经绘制了居延到浚稽山一带的部分地形图，这一次应是进一步的补充完善。但是李陵不顾实际情况，恃勇冒进，造成不应有的巨大损失。

天山之战从总体战略部署上来看无疑是正确的。武帝集团选择从酒泉、居延两地出兵，充分利用了河西的地理优势，而且采用主攻、策应、牵制等多种战术相配合，基本上能够掌握战争的主动权，但最终先胜后败的原因，在于实际操作中出现了种种问题，总结如下：

（1）战略轻敌，各自为战

兵出居延的李陵军兵力部署过于单薄，不仅兵员少，而且是行动迟缓、机动性小、突击力弱的步兵集团，深入匈奴腹地无异于"羊入虎口"，战略部署上存在明显的轻敌倾向。另外，名义上多路大军是远程奔袭联合作战，或分兵或截击敌人，或与其他战线汉军合兵一处，但各路将

---

① 《汉书》卷54《李陵传》，第2454页。
② 同上书，第2451页。
③ 卢良志：《汉代的军事地图》，《国土资源》2008年1月。

帅全局意识不足，没有主动寻找战机、相互驰援。更有甚者，仅仅满足到达指定地点，未见敌人不战而还，将其他战线推入危局。

(2) 主将相轻，调遣不利

对于这次战争前汉廷调兵遣将的情况，《汉书·李陵传》有详细的记载：

> 天汉二年，贰师将三万骑出酒泉，击右贤王于天山。召陵，欲使为贰师将辎重。陵召见武台，叩头自请曰："臣所将屯边者，皆荆楚勇士奇材剑客也，力扼虎，射命中，愿得自当一队，到兰干山南以分单于兵，毋令专乡贰师军。"上曰："将恶相属邪！吾发军多，毋骑予女。"陵对："无所事骑，臣愿以少击众，步兵五千人涉单于庭。"上壮而许之，因诏强弩都尉路博德将兵半道迎陵军。博德故伏波将军，亦羞为陵后距，奏言："方秋匈奴马肥，未可与战，臣愿留陵至春，俱将酒泉、张掖骑各五千人并击东西浚稽，可必禽也。"书奏，上怒，疑陵悔不欲出而教博德上书，乃诏博德："吾欲予李陵骑，云'欲以少击众'。今虏入西河，其引兵走西河，遮钩营之道。"诏陵："以九月发，出遮虏鄣，至东浚稽山南龙勒水上，徘徊观虏，即亡所见，从浞野侯赵破奴故道抵受降城休士，因骑置以闻。所与博鞮汉山云何？具以书对。"①

事实上，武帝虽然同意李陵率步兵五千出击，是因为后面安排了路博德军做后援，并非让其单打独斗。但强弩都尉路博德，早在任右北平太守时就因功封侯，又以卫尉为伏波将军，讨伐南越立大功，现在以强弩都尉身份屯驻居延，资历和军功远非李陵能比，故耻为李陵后援。主将调遣不顺，无形中挑战了武帝的权威，武帝遂强行下旨命令他们即刻出征，但殊不知，将在外君命有所不受。路博德从涿邪山回军途中虽经过浚稽山地带，却没有接应李陵军而独自返回，至于向武帝解释的理由，史书未载不得而知。正是由于主将相轻，调遣不利，失败也就不可避免了。

---

① 《汉书》卷54《李陵传》，第2451页。

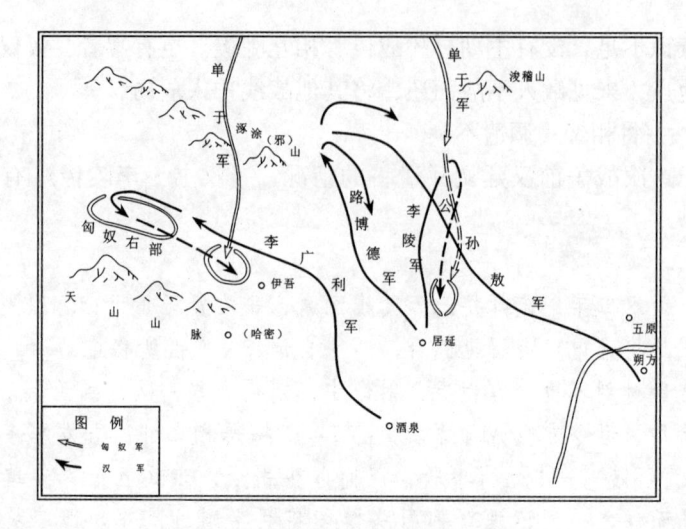

图十三 汉匈天山之战经过示意图

资料来源：武国卿《中国战争史》（三），第100页。

四 天汉四年路博德出兵居延协助李广利攻匈奴

天山之战，汉朝不但损失两万多兵力，而且最令武帝痛心的是得力战将李陵兵败投降，武帝自元封二年（前109）起安置在河西的常备军覆灭，对汉军的作战士气产生不小的冲击。武帝为休养士气，暂时减少对外征伐；匈奴实力不济，无力南攻。汉匈进入休战期。

天汉三年（前98）秋，匈奴又主动挑起战事，攻略雁门郡。汉朝为挽回败势，夺回战争的主动权，决定派兵讨伐。天汉四年（前97）正月，汉廷调发天下七科谪、召募天下勇士，集结兵力二十一万，分成四路大军，再次向涿邪山一带的匈奴主力出击。

四路大军的兵力分配情况如《汉书·匈奴传》所载：

> 汉使贰师将军六万骑，步兵七万，出朔方；强弩都尉路博德将万余人，与贰师会；游击将军说步兵三万人，出五原；因杆将军敖将万骑，步兵三万人，出雁门①。

---

① 《汉书》卷94上《匈奴传》，第3777页。

可以看出，此次出兵的规模是漠北之战以来所未有的。鉴于路博德所统率的万余人，史籍中未言明兵种配备情况，粗略统计，骑兵部队总数应不低于八万，步兵不低于十三万。步兵的人数远远超过骑兵，一方面说明天山之战后骑兵力量的不足，另一方面在匈奴腹地这种地形复杂的地区作战，兵骑协同配合更为有效，而且远涉大漠，保证粮草辎重的安全也是步兵的重要任务之一。

四路大军分别沿北部塞道的朔方、居延、五原、雁门等塞口列队集结。四地均是扼守北向草原大漠交通道路的城塞，长城防线守卫的要点，也是北边道与塞外交通联系的交点①。但此战汉军的作战部署并无新意，仍然沿袭多路大军同时出动，以贰师将军为主力、其他各路起配合和牵制作用的老套形式。匈奴对汉军的作战方式早有了解，应对方式也很简单，首先将其辎重、物资、家畜和家属远撤于燕然山余吾水北，然后单于亲率十万精锐陈兵于余吾水南，以逸待劳与贰师接战。

路博德率军长途奔袭到达涿邪山与李广利会师后，得知匈奴主力已撤往余吾水以南，于是转向东北直奔余吾水方向进击，双方一触即战，一时难分胜负。与此同时，兵出雁门的公孙敖军顺利截击了准备驰援单于主力的匈奴左贤王部，但随着时间的推移，公孙敖军渐感不支，于是引军撤退。兵出五原的韩说军到达目的地后未发现匈奴即引军退回。这样李、路两军就失去了侧翼的兵力保护，况且与匈奴已连战十余日，若无后援难以坚持，总体态势极为不利。二人不敢冒险，于是乘形势尚可及时率军南退。匈奴亦很谨慎，不再追赶，汉军得以全身而退。

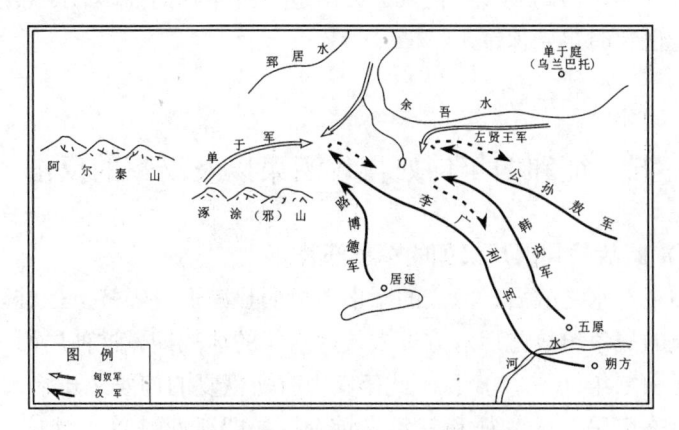

图十四　汉匈余吾水之战经过示意图

---

① 王子今：《秦汉长城与北边交通》，《历史研究》1988 年第 6 期。

资料来源：武国卿《中国战争史》（三），第 103 页。

很显然，此战汉军吸取了天山之战的失败教训，战略上重点明确了偏师的作战要求，实际作战结果有两点值得关注。

1. 从居延出兵的路博德加强与主力李广利军配合

居延是距离匈奴腹地最近的战略要地，此次路博德率万余人随李广利一同出兵，一方面承担军事作战任务，另一方面还承担给养供应、兵力补充和遇到不利情况及时掩护主力撤出的重任，可谓身兼数职。从后来战事发展的情况看，贰师将军率领的六万余骑和七万步兵与且鞮侯单于所率的十万大军在匈奴腹地激战，能够坚持十多天，不分胜负，最后安全撤离，路博德军应该在其中起了的重要作用。

2. 偏军及时收兵

游击将军韩说率三万步兵进至匈奴境后，未遇到匈奴抵抗，没有拖延扩大战事，即收兵回境。因杅将军公孙敖率一万骑兵、三万步兵，与匈奴左贤王接战后，不利，即引兵而还。因这两路大军主要以步兵为主，不具备与匈奴骑兵正面对抗的能力，仅起到扩大声势和分兵作用，完成任务即刻回师，减少了不必要的损失。

此战汉朝出动二十一万大军，可以说是倾全国之力远程作战，从作战的准备到战争的消耗，都是一个巨大的财政数字，但结果是仅能保证汉军未有较大的人员损失，并没有值得可圈可点的战果。当然，汉军重兵出击，对匈奴造成一种持续备战的态势，打乱了其民众正常的生产和生活状态，加剧了其实力的衰耗，使其无力南进，对车师的控制力必然减弱，河西的安全也暂时得到保证。

五　征和四年匈奴再攻酒泉以及汉军的反击

（一）此战的起因及汉朝的军事部署

汉匈余吾水之战后，双方的军事力量明显减退，经济上也难以继续支撑大规模的战争，故此后双方进入长达六年的休战期，这种局面一直持续到武帝征和二年（前91）秋。此年实力有所恢复的匈奴又开始入侵上谷、五原，杀略吏民。武帝征和三年（前90），即狐鹿姑单于继位后的第六年，随着双方国力的增长，战争的气氛又在积聚。此次，狐鹿姑单于决定主动出击，夺回战争的主动权，以鼓舞士气，遂派兵分两路抄掠汉之边防重镇五原和酒泉，杀两部都尉，气焰极其嚣张。寻歼逐邪山、浚稽山一带的匈奴主力，消灭其有生力量是汉廷解决问题的根本途径。

征和四年（前89）三月初，武帝调集三路大军共十四万人，分别从五原、西河、酒泉三地出兵，发起反攻，主要进攻方向相应为涿邪山、浚稽山和天山北部一带。主力为李广利率领的五原师，商丘成率领的西河师和莽通率领的酒泉师担任李广利军的左右翼，起迂回和保障作用。同时，为保证重合侯莽通的侧翼安全，避免车师遮掩莽通后路，遣原匈奴降将开陵侯成娩率楼兰、尉犁、危须等六国兵，先行进攻车师。

（二）汉匈速邪乌燕然山之战的作战过程

1. 速邪乌燕然山之战

涿邪山位于今蒙古国满达尔戈壁附近，远征涿邪山匈奴的为李广利统率的七万主力军。大军从五原出征后一路顺利，到达夫羊句山峡后，即遇到率领五千骑兵前来迎战的匈奴右大都尉和卫律，企图利用夫羊句山峡的有利地形阻击李广利大军。李广利先遣二千属国胡骑与之交战，匈奴难敌其锋，死伤数百人后退去，汉军乘胜北追，至范夫人城（今蒙古国南戈壁省达兰札达加德西）。恰在此时，西汉统治集团内部发生巫蛊之变，李广利曾参与密谋更换太子的事情败露，祸及妻子，消息传入军中，李广利为立功赎罪，遂率军深入寻战。长途跋涉一千余里北抵郅居水（今蒙古色楞格河），与狐鹿姑单于主力对阵。狐鹿姑单于派左大将率二万骑迎击，两军激战一天，结果左大将被杀，匈奴大败。《汉书·匈奴传》载：

> 逢左贤王左大将，将二万骑与汉军合战一日，汉军杀左大将，虏死伤甚众①。

但正当汉军士气正盛之时，李广利家眷被拘的消息在军中传开，引起军心动荡，李广利无心再战，只得从郅居水向西撤退到速邪乌燕然山，不料单于已察觉到汉军士气骤然回落，遂亲率五万精锐掩杀过来。《汉书·匈奴传》载：

> 引兵还至速邪乌燕然山。单于知汉军劳倦，自将五万骑遮击贰师，相杀伤甚众。夜堑汉军前，深数尺，从后急击之，军大乱败，贰

---

① 《汉书》卷94上《匈奴传》，第3779页。

师降①。

单于军将李广利军团团围住，阻断退路，然后从背后急攻。此地远离汉境3000多里，前无进路，后无援兵，汉军的体力和心理承受力都已达到极限，加上军心涣散，致使李广利溃不成军。历经两个月的汉匈速邪乌燕然山战役，以李广利十万之众覆灭告终，这是武帝自对匈奴用兵以来最惨重的失败，也是武帝当政期间与匈奴的最后一次大战。此战成为武帝晚年的心腹之痛，征和四年（前89），武帝为此特下罪己诏，两年后，即后元二年（前87）汉武帝病逝，可见此战对他的影响非同一般。

2. 浚稽山之战

御史大夫商丘成率三万余人作为李广利部队的右翼，出塞后一路搜寻至浚稽山一带，没有发现敌兵，正欲引兵南返，匈奴遣大将与降将李陵率三万余骑从后面掩杀而来。敌我双方因兵力相当，转战九天，难分胜负，战斗进行的非常激烈，"转战九日，汉兵陷陈却敌，杀伤虏甚众"②。但随着战事的发展，汉军日渐疲惫，最后被赶到了蒲奴水（今蒙古图音河）一带，匈奴便撤军北还。毫无疑问，匈奴的主要目标是李广利军，此战只是确保商丘成军无力北援，以达到各个击破的目的。但蒲奴水（今蒙古图音河）一带已经偏离了主战场，本早已打算回师的商丘成军，此时更有了退去的理由。

3. 天山北部之战

从酒泉出兵的重合侯莽通，率领四万余骑出酒泉千余里，从天山（博格达山）以北进击匈奴右贤王部。从汉武帝所给的四万余骑兵力的配备来看，汉廷对此线战事甚为重视。匈奴派大将偃渠与左右呼知王率二万余骑迎战。为防止车师从侧面与匈奴夹击莽军，武帝事先部署了另外一支部队，"复遣开陵侯将楼兰、尉犁、危须凡六国兵别击车师，勿令得遮重合侯。诸国兵共围车师，车师王降服，臣属汉"③。正是由于车师被围，匈奴的二万骑兵与汉军兵力相差悬殊，后面又无兵力驰援，只好不战而退。而北部的单于集中全力对付李广利军，没有组织起足够的力量支援右部对抗莽军，导致车师被夺，给了汉军一个意外的收获。

---

① 《汉书》卷94上《匈奴传》，第3780页。
② 同上书，第3779页。
③ 《汉书》卷96下《西域传》，第3922页。

（三）作战总结

速邪乌燕然山之战的失败与武帝天汉二年（前99）的天山之战有着惊人的相似之处，主帅盲目冒进是导致失败最重要的原因。

从作战过程看，李广利中了匈奴的诱敌深入之计。战前，匈奴已经根据汉军的作战部署作了充分的准备，《汉书·匈奴传》载：

> 单于闻汉兵大出，悉遣其辎重，徙赵信城北抵郅居水。左贤王驱其人民度余吾水六七百里，居兜衔山。单于自将精兵左安侯度姑且水①。

一切布置停当后，遣谋士卫律和匈奴右大都尉仅带五千骑兵半路前来诱敌，稍战即败；而作为统帅的李广利战前并没有周密筹划，甚至在前方敌情不明的情况下，率领大军盲目北进，直抵匈奴腹地余吾水、姑且水和郅居水三水之间。匈奴以逸待劳，单于派出二万骑兵与之交战，五万骑兵堵住后路，并且随着汉军进军的深度和疲敝程度不断加大投入的兵力，对李广利军形成瓮中捉鳖之势。从此战可以看出，单于指挥匈奴的左、中、右三军相互配合，滴水不漏，与李广利军的孤军奋战形成了鲜明对比。应该说，此战主战场的失败，源于作为主帅的李广利军事指挥上的错误。

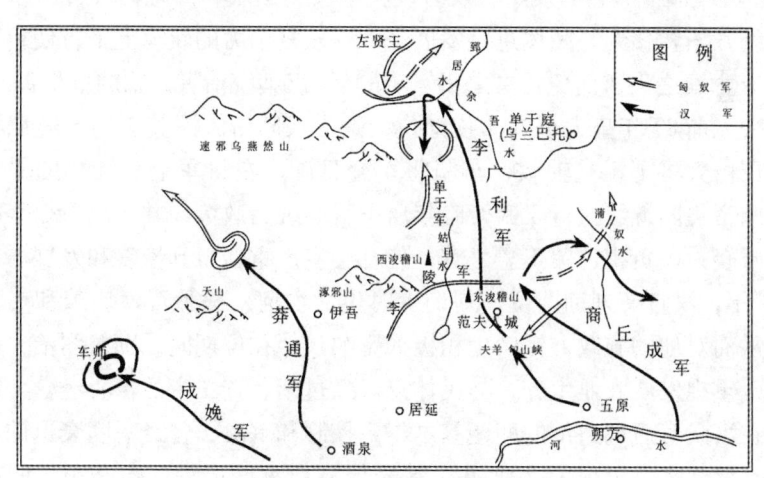

图十五　汉匈涿邪山之战经过示意图

资料来源：武国卿《中国战争史》（三），第109页。

---

① 《汉书》卷96下《西域传》，第3778页。

当然，燕然山之战的失败，并不标志着西汉王朝对匈奴战争的全面失败①，也不意味着汉匈战争的结束，汉朝这场统一大漠南北的战争，虽暂时遇到挫折，但前景依然乐观。

六 元凤三年汉匈酒泉、张掖之战

（一）昭宣中兴

武帝天汉二年（前99）的浚稽山之战，李陵败降；征和四年（前89）的燕然山之战，李广利十万之众全军覆没，汉朝的军事力量遭受重创。而此时的西汉王朝，由于连年战争的巨大消耗，国家府库空虚，民财穷尽，阶级矛盾加剧，政治局势动荡，农民暴动时有发生。征和四年（前89），即武帝去世的前两年，桑弘羊等上书汉武帝，建议在轮台（今新疆维吾尔自治区轮台县）驻兵以备匈奴。面对日益严峻的国家局势，汉武帝驳回桑弘羊等人的建议，并下罪己诏，即下达了一道自我反省、检讨自己过失的诏书，并言"当今务在禁苛暴，止擅赋，力本农。修马政复令以补缺，毋乏武备而已"②，这是中国历史上首份内容丰富、记述完整的"罪己诏"。它的发布，及时改变了汉朝当政者的统治方针，从之前的对外开拓转移到与民休息、发展经济、恢复国力的轨道上来，使得汉武帝"有亡秦之失，而免亡秦之祸"，扭转了汉朝统治者面临的危机局面。

公元前87年皇太子刘弗陵继位，是为汉昭帝。因其年幼，遵照汉武帝遗诏由大将军霍光辅政，车骑将军金日䃅、左将军上官桀协助霍光理政。昭帝集团继续执行汉武帝晚年所推行的统治政策，并多次下令轻徭薄赋，减轻人民负担，罢不急之官，使社会生产重新得到恢复和发展。公元前74年，汉宣帝刘询即位，刘询少时生活坎坷，深悉百姓疾苦和吏治得失，从而对他的施政方针产生积极的影响。他在位期间，励精图治，任用贤能，重视发展农业生产，与民休息。经过昭、宣二帝的苦心经营，西汉王朝在汉武帝后期遗留的问题基本得到控制和解决，曾经一度衰退的国力重新兴盛起来，出现了《汉书·霍光传》所称的："百姓充实，四夷宾服"，"于是为盛，称中兴焉"③ 的盛世局面。

---

① 武国卿：《中国战争史》（三），第108页。
② 《汉书》卷96下《西域传》，第3914页。
③ 《汉书》卷89《循吏传》，第3624页。

（二）汉匈酒泉、张掖争夺战

汉昭帝即位后，由于国家战略目标的转移，对匈奴一直采取守势，从始元元年（前86）至元平元年（前74）的十三年间，汉朝除派度辽将军范明友利用匈奴、乌桓交战之机，出辽东击匈奴外，未主动再对匈奴发起进攻，但对河西的武装力量、边防建设的投入从未放松。《汉书·昭帝纪》载："（始元二年）冬，发习战射士诣朔方，调故吏将屯田张掖郡。"始元六年（前81），朝廷"以边塞阔远，取天水、陇西、张掖郡各二县置金城郡"①，将原属陇西郡的枹罕、白石，天水郡的榆中、金城，张掖郡的令居、枝阳②六县分出，设置金城郡。进一步加强对河西及相邻区域的掌控力度。

匈奴经过汉武帝几十年的穷追猛打，元气大受损伤。但到昭帝始元四年（前83）实力有所恢复，遂又开始侵犯汉朝边郡，擒杀代郡都尉。始元六年（前81）秋，匈奴壶衍鞮单于命其左、右两部发兵二万骑，分四路同时进犯汉北部边境地区。汉军发兵迎击，追杀捕虏九千多人，并生擒其瓯脱王。匈奴惊恐，又往西北远徙。

昭帝元凤元年（前80）武都氐人反，紧接着元凤二年（前79）辽东乌桓反，汉朝不得不集中力量平息眼前的战事。

壶衍鞮单于闻风，遂派匈奴犁汙王侦察河西地区的军备情况，妄图趁此机会夺回河西。史载元凤三年（前78），"单于使犁汙王窥边，言酒泉、张掖兵益弱，出兵试击，冀可复得其地"③。犁汙王自公元前121年起就长期驻牧在河西走廊北侧斗地，这是匈奴失去河西时安置在此的军事力量，便于及时掌握河西情况。得到情报的匈奴单于旋即派出匈奴右贤王、犁汙王率四千骑兵分三队合攻张掖郡的日勒（今甘肃永昌西）、屋兰（今甘肃山丹县北）和番和（今甘肃永昌）三县。

汉日勒县位于今山丹县东南位奇乡五里墩古城，屋兰县位于今张掖市东之碱滩乡古城村，番和县位于今永昌县西之西寨古城，三县正处于河西走廊南北向最狭窄地带，向北经龙首山和合黎山中的谷口可达匈奴的斗地，即犁汙王的驻牧地。赵充国曾言"武威县、张掖、日勒皆当北塞，有通谷水草，臣恐匈奴与羌有谋，且欲大入，幸能要杜张掖、酒泉以绝西

---

① 《汉书》卷7《昭帝纪》，第221、224页。
② 陈梦家：《汉简缀述》，第188页。
③ 《汉书》卷94上《匈奴传》，第3783页。

域"。成帝时，汉朝曾遣使委婉向匈奴索要此地，《汉书·匈奴传》载：

> 时帝舅大司马票骑将军王根领尚书事，或说根曰："匈奴有斗入汉地，直张掖郡，生奇材木，箭竿就羽，如得之，于边甚饶，国家有广地之实，将军显功，垂于无穷。"根为上言其利，上直欲从单于求之，为有不得，伤命损威。根即但以上指晓藩，令从藩所说而求之。藩至匈奴，以语次说单于曰："窃见匈奴斗入汉地，直张掖郡。汉三都尉居塞上，士卒数百人寒苦，候望久劳。单于宜上书献此地，直断阏之，省两都尉士卒数百人，以复天子厚恩，其报必大。"……单于曰："父兄传五世，汉不求此地，至知独求，何也？已问温偶駼王，匈奴西边诸侯作穹庐及车，皆仰此山材木，且先父地，不敢失也"①。

单于以此地林木为匈奴制备帐篷、车辆等生活所需为由，委婉拒绝。但实际上这只是一种托词，此地军事战略地位的重要性更值得重视。

所幸的是，汉军从匈奴降者口中早知其谋。昭帝下令加强边备，并派张掖太守、郡国都尉率兵反击。实际上，日勒、屋兰、番和是汉朝在河西的防御重区，人防、物防、技防等防范措施齐全，匈奴的骑兵优势难以尽情发挥，结果"张掖太守、属国都尉发兵击，大破之，得脱者数百人。属国千长义渠王骑士射杀犁汗王，赐黄金二百斤，马二百匹，因封为犁汗王。属国都尉郭忠封成安侯。自是后，匈奴不敢入张掖"②。义渠本为战国秦穆公时居住于今庆阳地区的戎人部族，后分别归附秦人和匈奴的。以上所谓的属国千长义渠王当为归顺汉朝的匈奴义渠王③。自此，在斗地潜伏四十多年的匈奴犁汗王势力遭到彻底覆灭，匈奴失去了进攻河西最有利的跳板，短期内再也无力进攻河西。只是犁汗王势力消灭后，汉朝并没有及时在斗地安插军事力量，也没有将其作为张掖属国吏民的牧场，反而继而成为匈奴温偶駼王的驻牧地，至成帝时汉匈双方还在为此地发生摩擦，具体原因不得其祥。

值得关注的是，此战中，张掖郡的郡兵和属国兵在郡守、都尉的带领下，开始独立承担本郡的军事安全重任，并取得了胜利，汉政府在河西设置郡县、属国的意义，由此可见一斑。

---

① 《汉书》卷94下《匈奴传》，第3810页。
② 同上书，第3783页。
③ 刘光华主编，汪受宽著：《甘肃通史》（秦汉卷），第153页。

七 本始二年、地节三年兵出河西支援西域

宣帝元凤三年（前78），由于匈奴犁汙王被杀，匈奴军事势力彻底退出河西走廊，而汉在河西等边郡烽火候望精明，匈奴犯塞少利，不得不将目标转向西域，汉朝采取或联合乌孙等西域诸国夹击匈奴、或调动在西域的屯田吏士争夺战略要地等战略战术，逐渐驱逐匈奴在西域的军事力量，河西在其中发挥了难以替代的作用，主要有本始二年（前72）和地节三年（前67）两次较大的战役。

（一）本始二年（前72）汉朝支援乌孙之战

1. 战争背景

西域大国乌孙亲汉，不但使匈奴在西域的势力范围大为缩小，而且也直接影响到西域各国的向背，摆平乌孙对争夺西域至关重要。匈奴为了打压乌孙，于昭帝元平元年（前74），派使者出使乌孙，要求乌孙昆莫将其汉公主夫人转给匈奴单于为妻，昆莫拒绝接受这一无理要求。匈奴便以此为由，发兵乌孙，抢占乌孙的车师、恶师等地，抢掠人民，并威胁乌孙交出公主解忧、断绝与汉朝的关系，方才撤兵。与此同时，派出四千骑兵屯田车师，防止驻屯在楼兰的汉兵北上，阻断了汉通乌孙的交通道路。面对匈奴的武力威胁，解忧公主与昆莫连续上书向汉廷求救。时汉昭帝驾崩，汉宣帝继位。经过廷议，汉朝决定出兵解救乌孙，进一步加强与乌孙的政治、军事同盟关系，顺势击灭匈奴。

2. 作战部署

本始二年（前72）秋，朝廷从全国各地调兵遣将，厉兵秣马，准备出征，史书记载：

> 本始二年，汉大发关东轻锐士，选郡国吏三百石伉健习骑射者皆从军。遣御史大夫田广明为祁连将军，四万余骑，出西河；度辽将军范明友三万余骑，出张掖；前将军韩增三万余骑，出云中；后将军赵充国为蒲类将军，三万余骑，出酒泉；云中太守田顺为虎牙将军，三万余骑，出五原。凡五将军，兵十余万骑，出塞各二千余里。及校尉常惠使护发兵乌孙西域，昆弥自将翕侯以下五万余骑从西方入，与五

将军兵凡二十余万众①。

　　轻锐士,指轻装精锐的部队,速度快,进攻能力强,适合远程奔袭、迂回包抄,但抗打击能力较弱。与其对应的是重骑,指人马身披重甲,适合两军交战的正面冲锋,抗打击能力较强。在大规模军事作战中,轻骑、重骑联合作战,优势互补,战斗力倍增。"郡国吏三百石伉健习骑射者",三百石,《汉书·百官公卿表》颜师古注云:"三百石者(月各)四十斛。"相当于县级官吏。说明汉朝此次进一步扩大了征兵范围,将从军者提高到县一级官吏,一改前期作战中大量使用七科谪、恶少年之类的兵员。从整体上看,军队的正规化程度较高。

　　汉廷此次出动的十六万骑兵,分五路攻打匈奴,这不仅是武帝时期,也是终两汉之世规模最大的以骑兵为主的一次对外作战,足见经过昭、宣两帝十余年的休养生息,汉朝的经济和军事实力得到恢复和提升。

　　值得关注的是,宣帝此次出兵救援乌孙并没有采取直接进军乌孙,帮其收复失地的做法,而是开辟西部和北部两个战场曲线救国,逼迫匈奴退出乌孙。具体的战略部署是,西部战场由范明友和赵充国共率六万余骑兵出河西,与常惠使护的五万乌孙大军,东西并进,形成一个巨大的钳形攻势,共同夹击蒲类海(今新疆巴里坤附近)一带的匈奴;北部战场由另外三将军以十万之众向匈奴单于部作战略纵深,毕其功于一役,与匈奴进行军事决战。

　　战争详细经过见《汉书·匈奴传》载:

　　　　度辽将军出塞千二百余里,至蒲离候水,斩首捕虏七百余级,卤获马牛羊万余。前将军出塞千二百余里,至乌员,斩首捕虏,至侯山,百余级,卤马牛羊二千余。蒲类将军兵当与乌孙合击匈奴蒲类泽,乌孙先期至而去,汉兵不与相及。蒲类将军出塞千八百余里,西去侯山,斩首捕虏,得单于使者蒲阴王以下三百余级,卤马牛羊七千余。闻虏已引去,皆不至期还。天子薄其过,宽而不罪。祁连将军出塞千六百里,至鸡秩山,斩首捕虏十九级,获牛马羊百余。逢汉使匈奴还者冉弘等,言鸡秩山西有虏众,祁连即戒弘,使言无虏,欲还兵。御史属公孙益寿谏,以为不可,祁连不听,遂引兵还。虎牙将军出塞八百余里,至丹余吾水上,即止兵不进,斩首捕虏千九百级,卤马牛羊

①　《汉书》卷94上《匈奴传》,第3785页。

七万余，引兵还。上以虎牙将军不至期，诈增卤获，而祁连知虏在前，逗留不进，皆下吏自杀。擢公孙益寿为侍御史。校尉常惠与乌孙兵至右谷蠡庭，获单于父行及嫂、居次、名王、犁汙都尉、千长、将以下三万九千余级，虏马牛羊驴骡橐驼七十余万①。

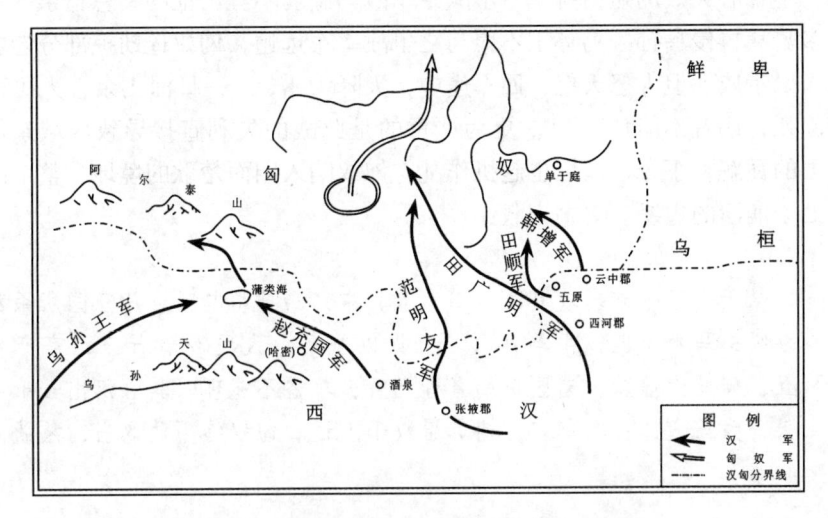

图十六　汉袭击匈奴战略纵深作战经过示意图

资料来源：武国卿《中国战争史》（三），第143页。

汉宣帝即位以来所发动的这次十六万大军远征匈奴之战，表明了宣帝急欲解决匈奴外患的迫切心情。在汉廷所发的五路大军中，发自河西的两路主力军深入敌境较远，斩获的敌人、俘获的马牛羊最多，尤其是兵出酒泉的蒲类将军赵充国率领的军队，按照计划与乌孙合击匈奴于蒲类海地区，但由于乌孙进军顺利，先期到达，未能与之会师，赵军并没有即刻返回，而是主动寻找战机，西至侯山，阻断匈奴援军。也正是由于河西两路军的牵制，乌孙昆弥的五万大军得以成功突袭匈奴右谷蠡王庭，获得了俘获三万九千人，缴获马牛羊等七十余万头的可喜战绩，几乎卷走了右谷蠡王部众的全部财产。而其他三路大军仅点到为止，没有根据情况及时调整战略部署，主动向匈奴本部作战略纵深，所以北部战场战果不甚理想，表明自武帝时期对外作战战略部署的僵化形式依然存在，宣帝集团并没有找出更为有效的改进措施。

---

① 《汉书》卷94上《匈奴传》，第3785—3786页。

3. 战争影响

汉军的这次大举进攻,对匈奴造成沉重地打击,而且后果极其严重。据统计,匈奴吏民在这次作战中,共损失牲畜八九十万头,而且在向后方逃跑的过程中,人员、牲畜的伤亡不可胜数,实力更加衰弱不堪。当年冬,不甘心失败的壶衍鞮单于不顾冬季战马羸弱不宜出征的禁忌,亲率一万多骑兵再侵乌孙。乌孙王不愿与之争战率军远遁,匈奴遂劫掠部分老弱之人以示威。但人怒天怨,回军途中,天降大雪,"一日深丈余,人民畜产冻死,还者不能什一"①。更为严重的是此战的失利直接导致西域亲匈势力的瓦解,丁令、乌桓也趁机作乱,匈奴陷入四面楚歌的境地,整个国家处于崩溃的边缘。史书记载:

> 于是丁令乘弱攻其北,乌桓入其东,乌孙击其西。凡三国所杀数万级,马数万匹,牛羊甚众。又重以饿死,人民死者什三,畜产什五,匈奴大虚弱,诸国羁属者皆瓦解,攻盗不能理。其后汉出三千余骑,为三道,并入匈奴,捕虏得数千人还。匈奴终不敢取当,兹欲向和亲②。

汉武帝派遣张骞联合乌孙"断匈奴右臂"的计划,经过整整半个世纪的经营终于取得突破性进展。

(二) 地节三年 (前67) 汉匈车师之争

1. 汉匈对车师的反复争夺

车师,原名姑师,这个名字最早出现在《史记·大宛列传》中,"而楼兰、姑师邑有城郭,临盐泽"。其地在今新疆奇台、鄯善一带,国都交河城(今新疆吐鲁番西北),共有胜兵4000人。元封三年(前108),汉武帝派遣将军赵破奴和中郎将王恢率兵击破姑师,改其国名为车师。车师地近匈奴,东南通敦煌,南通楼兰、鄯善,西通焉耆,西北通乌孙,东北通匈奴,扼守西域北道的交通要冲。昭帝元凤年间楼兰归汉,车师的军事战略地位日益突出。征和四年(前89)的速邪乌燕然山之战,莽通偏师成娩率领西域六国兵包围车师,车师降汉。汉昭帝时,匈奴又降服车师,并遣四千骑兵效仿西汉在车师屯田监护。宣帝本始二年(前72),汉遣田

---

① 《汉书》卷94上《匈奴传》,第3787页。
② 同上。

广明等五将军共击匈奴,匈奴车师屯田兵逃走,车师又臣属于汉。匈奴对车师反复降汉极为不满,召令车师太子军宿入匈奴为质,军宿逃走。车师王便改立乌贵为太子,后立为车师王,臣属匈奴。由于车师扼控汉通西域的交通孔道,汉朝决意收复。随后,汉匈的车师争夺战达到了白热化的程度。

2. 长罗侯常惠兵发河西夺车师

汉宣帝地节二年（前68）,"汉遣侍郎郑吉、校尉司马憙将免刑罪人田渠犁,积谷,欲以攻车师"。渠犁（今新疆库尔勒市附近地区）,《汉书·渠犁国传》载:"渠犁,城都尉一人,户百三十,口千四百八十。胜兵百五十人,东北与尉犁、东南与且末,南与精绝接。西有河,至龟兹五百八十里。"西连乌垒、龟兹,南与且末、精绝相通,东南趋敦煌,东北经尉犁、焉耆、危须可达车师前国,是西域多条重要道路的交会地,而且孔雀河从其西流过,水流充足,土壤肥沃,农业生产条件良好。占据此地屯垦戍边,对掌控整个西域的局势至关重要,因而渠犁屯田是汉朝在西域最重要的屯田区。

关于渠犁屯田,《西域传下》"渠犁"条载:"自武帝初通西域,置校尉,屯田渠犁。"《郑吉传》亦载:"自张骞通西域,李广利伐大宛之后,初置校尉,屯田渠犁。至宣帝时,吉以侍郎田渠犁。"大约始于汉武帝太初四年（前101）至征和二年或三年（前91或前90）,武帝征和四年（前89）或前一年停止,至宣帝地节二年（前68）重开,且规模较武帝时进一步扩大①。

元康四年（前62）,"至秋收谷,吉、憙发诸国兵万余人,自与所将田士千五百人共击车师,攻交河城,破之"。当年秋收以后,汉军备齐粮草,郑吉和司马憙发动西域诸国兵一万多兵马和屯田吏士一千五百多人,一举攻占了车师前国都城交河城（今新疆吐鲁番西北）,车师复降。渠犁屯田直接为争夺车师提供兵力、粮草保障,达到了顺利夺取车师的目的。

为进一步巩固胜利成果,汉宣帝果断下诏,让郑吉"还田渠犁及车师,益积谷以安西国,侵匈奴",迈出在车师屯田的步伐。于是,郑吉"使卒三百人别田车师",控制了匈奴进入西域的天山通道。不久,匈奴即派左、右奥鞬王率六千骑与左大将来攻。郑吉与校尉司马憙率领屯田渠犁的一千五百屯田吏卒前来救援,《汉书·西域传》载:

---

① 李炳泉:《西汉西域渠犁屯田考论》,《西域研究》2002年第1期。

吉乃与校尉尽将渠犁田士千五百人往田，匈奴复益遣骑来，汉田卒少不能当，保车师城中。匈奴将即其城下谓吉曰："单于必争此地，不可田也。"围城数日乃解。后常数千骑往来守车师①。

匈奴不断增加进攻兵力，敌众我寡，郑吉等人退入车师城中，处境愈加危急，郑吉上书汉宣帝请求派兵援救。汉宣帝召集群臣商议，紧急之下决定征调河西兵力前往驰援，以解郑吉之围。

吉上书言："车师去渠犁千余里，间以河山，北近匈奴，汉兵在渠犁者势不能相救，愿益田卒。"公卿议以为道远烦费，可且罢车师田者。诏遣长罗侯将张掖、酒泉骑出车师北千余里，扬威武车师旁。胡骑引去，吉乃得出，归渠犁，凡三校尉屯田②。

长罗侯常惠率领张掖、酒泉两郡的骑兵，奔袭千余里直攻车师北，将匈奴兵逼出车师，救出被围困的屯田吏士。元帝初元元年（前48），汉朝将车师分为车师前国、车师后国及山北六国（东且弥、西且弥、前卑陆、后卑陆、前蒲类、后蒲类）共八个小国，并于车师前王庭设置戊己校尉③，进一步加强对车师的控制。值得注意的是，渠犁屯田与车师屯田，均是隶属于中央北军的屯田系统，虽有屯田任务，但属于驻军性质的屯田，并不归大司农管辖④。

在上述汉廷援救乌孙、争夺车师的汉匈战事中，汉朝以河西为基地始终掌控着战争的主动权，匈奴被动挨打的局面难以扭转，军事和经济力量更加衰弱，统治阶级内部矛盾不断激化。汉宣帝神爵二年（前60），匈奴日逐王降汉，匈奴势力被迫退出西域。汉朝遂在西域设立西域都护府，立都护，治乌垒城，负责统辖西域诸国。自此，"汉之号令班西域矣"⑤！甘露元年（前53）呼韩邪单于附汉，匈奴分裂为南北两部，汉元帝建昭三年（前36）北部郅支单于远遁康居被杀。自此汉匈两族人民暂时进入了和睦相处共同发展的历史时期，直到东汉汉明帝初年，河西战马嘶鸣、刀

---

① 《汉书》卷96下《西域传》，第3923页。
② 同上。
③ 《汉书》卷19上《百官公卿表》："戊己校尉，元帝初元元年置，有丞、司马各一人，候五人，秩比六百石。"第738页。
④ 孟宪实：《西汉戊己校尉新论》，《广东社会科学》2004年第1期。
⑤ 《汉书》卷70《郑吉传》，第3006页。

光剑影的战争场面少见于史册。

八 从军事地理角度分析西汉政府的河西战略

武帝元狩二年（前121）河西归汉后，直到西汉末，河西一直处于汉匈战争的最前沿。虽然史籍中仅记载了八次较大规模的战事，但毫无疑问，发生的战事远不止这些。汉政府在河西的战略部署具有显著的特点：敌人来攻时，汉军主力屯于张掖、酒泉、居延等地以逸待劳，伺机而动；主动出击时，又以这些地区为大军主要集结地之一，并与其他方向的部队相配合，寻歼匈奴主力或牵制匈奴援兵，西汉政府始终把握战争的主动权。

（一）在河西驻兵设防

自汉武帝元鼎五年（前112）匈奴仓促与西羌联合攻打河西失败以来，直到太初二年（前103），匈奴势力尚不及河西，为汉朝经营河西路赢得了宝贵的九年时间。太初三年（前102），为配合李广利伐大宛，河西路的建设呈现飞跃式的发展。汉廷派强弩都尉路博德率兵在广袤几百里的居延修筑防御工事，增加十八万戍甲卒驻守在酒泉、张掖地区，极大地增强了河西地区的防御力量。当敌人来攻时，即使突破防线或趁隙而入，如武帝太初三年（前102）、武帝征和三年（前90）和昭帝元凤三年（前78）的匈奴入侵，汉军采取以逸待劳，利用河西有利的地形、水文条件以及完善的防御措施，就能打退敌人的进攻，使对方难有所获。尤其元凤三年（前78），匈奴在经过长时间的准备后，派出右贤王率骑兵配合犁汙王突袭张掖一带，汉朝只派出张掖郡郡兵和属国兵就将匈奴右贤王部击败，并射杀犁汙王，取得反击的胜利。

（二）以河西为基地主动出击

自元狩二年（前121）至太初三年（前102），汉朝主要是沿河西走廊主干道进行鄣塞亭隧等防御措施的建设，太初三年（前102）汉武帝意伐大宛，河西的军事战略地位更加凸显，汉朝并未沿两千里的长廊平均用力，而是重点加大对居延、休屠两地的边防投入和兵力配置力度，"使强弩都尉路博德筑居延泽上""益发戍甲卒十八万酒泉、张掖北，置居延、休屠以卫酒泉"。此后，居延、酒泉等地成为汉军北伐或西征的桥头堡。

另外，从军事地理的角度看，两地还可与朔方、五原等关中北部的军事要地对匈奴腹地形成夹击之势。从史实来看，汉朝主动进攻的军事优势由此变得不可动摇。五原、朔方二郡地当匈奴南下的首侵之地，是汉武帝元朔二年（前127）派卫青夺取河南地后设立的。居延至单于庭的交通路线前有所述，五原、朔方至单于庭的详细路线（从中受降城开始），可参考严耕望先生《唐代交通图考》第二卷"河陇碛西区"所载：

> 中受降城正北如东八十里有呼延谷。谷南口有呼延栅，谷北口有归唐栅，车道也，入回鹘使所经。又五百里至鸊鹈泉，又十里入碛，经麚鹿山，鹿耳山，错甲山，八百里至山鹫子井。又西北经密粟山，达旦泊，野马泊，可汗泉，横岭，绵泉，镜泊，七百里至回鹘牙帐。又别道自鸊鹈泉北经公主城，眉间城，怛罗斯山，赤崖，盐泊，浑义河，爐门山，木燭岭，千五百里亦至回鹘牙帐，东有平野，西据乌德鞬山，南依嗢昆水。此为唐入回鹘之主道。以中受降城为起点，先东北行八十里出呼延谷，又西北行五百里鸊鹈泉，由此分东西两道至回鹘牙帐。西道由泉西北行经达旦泊，为主道；东道由泉北行经怛罗斯山，为别道；计程皆为一千五百里①。

嗢昆水即今鄂尔浑河，匈奴单于庭位于余吾水（今蒙古的土拉河，是鄂尔浑河的支流）之北，郅居水（今蒙古色楞格河）之南，与唐之回鹘牙帐位置相当，匈奴主力则主要集中在余吾水、郅居水之南的东西浚稽山和涿邪山一带，与汉朝的军事前沿相距一千至两千里间。

汉朝的军事战略部署正是基于这样一个地理条件。如果派出一支大军远涉大漠，寻歼匈奴，无异于羊入虎口，易受到匈奴的围攻，而多路大军从不同方向集中出击，可有效分散匈奴兵力，保证主攻方向的锐势，取得预期战果，并在可能的情况下进一步扩大战果。由于河西距离匈奴腹地和西域路途较近，所以远程联合出击时，若有一路大军出自河西，要么承担主攻，要么迂回牵制匈奴主力，对稳定整个战局具有重要作用。天汉二年（前99）的天山之战、天汉四年（前97）的余吾水之战、征和四年（前89）的燕然山之战、本始二年（前72）汉与乌孙共击匈奴之战，汉廷均是采取了这一战略部署。

当然，从理论上分析这一战略部署是非常正确的，但在具体的实战过

---

① 严耕望：《唐代交通图考》第二卷"河陇碛西区"，第608页。

程中，因受将帅的指挥能力、作战思维等多种因素的影响，不一定获得理想的战果，上述几场战役均存在这样或那样的问题。

1. 各自为战，事倍功半

西汉中后期的几场较大规模的战役，汉朝出动的兵力在十几万至二十几万之间，一般采取多路大军远涉大漠，分路出击的战略。如此大规模的战役，将帅们的指挥水平、配合能力至关重要，否则就会形成前后无应，各自为战的局面，反而易被匈奴各个击破。李陵和李广利的兵败被俘，均是由于此种原因。而且，各路大军孤军奋战，导致不敢主动寻找战机，造成巨大的军事浪费。如天汉二年（前99）的天山之战，因杆将军公孙敖所率之军于西河郡出塞后，按计划进至涿邪山地区，未遇匈奴的反击，即转而回师；强弩都尉路博德从居延率军出塞后，也顺利进至涿邪山地区，同样不战而还。天汉四年（前97）的余吾水之战，游击将军韩说所率三万步兵，进至匈奴境后，未遇敌人即收兵回境。征和四年（前89）的燕然山之战，重合侯莽通率四万余骑兵出酒泉，进至天山以北地区攻击匈奴右部，匈奴避而不战，莽军亦没有主动出击即返。本始二年（前72）汉与乌孙共击匈奴之战，汉廷派出的五路大军，均未达到预定的歼敌地区，稍有所获，便相继罢兵而还，如前将军韩增率军出云中塞，北进一千二百多里，俘虏、斩首一百余人，获马牛羊二千余头，未遇匈奴主力，率军而归；蒲类将军赵充国率军出酒泉塞一千八百多里，斩获匈奴三百多人，获马牛羊七千余头，得知匈奴已退，便引军而归；祁连将军田广明由西河郡出塞一千六百里，至鸡秩山地区，斩获匈奴十九人，获马牛羊百余只，明知鸡秩山西有匈奴，田广明依然率军返回。更有甚者，虎牙将军田顺率三万多骑兵出五原，前进八百里，便领兵而还，诈称其斩俘一千九百人，获马牛羊七万余。司马迁曾对武帝后期对匈奴的作战情况给予总结，"尧虽贤，兴事业不成，得禹而九州宁。且欲兴圣统，唯在择任将相哉！唯在择任将相哉！"一言中的，明确指出了汉朝的对外征伐中缺乏军事指挥人才的要害①。

2. 敌之有备，兴兵不胜

汉军出征的作战方式、作战路线几乎一成不变，导致匈奴防备充分，也是汉军屡次战果不佳的重要原因。如汉匈余吾水一战，汉军虽出动二十一万大军，来势汹汹，且鞮侯单于得知汉大军出动的消息，便将辎重、物资、家畜和家属等，全部转移到余吾水以北地区（今蒙古鄂尔浑河以

---

① 武国卿：《中国战争史》（三），第108页。

北），然后组织十万精兵于余吾水南岸以逸待劳，与贰师将军决战，汉朝却分散兵力派出另外两路大军寻找匈奴援军。燕然山之战汉军分三路大军北进，狐鹿姑单于同样将辎重、物资、家属等迁往郅居水北岸（今蒙古色楞格河），左贤王将部众迁到余吾水（今蒙古土拉河）以北后，单于亲自统率精兵布阵于姑且水（今蒙古图音河）以西，等待汉军到达。交战后匈奴根据战事的发展变换战术，利则强攻，不利则退，逐渐变被动为主动，最终使李广利兵败被俘。宣帝本始二年（前72）汉与乌孙共击匈奴之战，同样如此，试想匈奴必定早已列阵而待，故汉五路大军皆畏战不前。相反宣帝地节三年（前67）营救郑吉之战，因情况紧急，汉廷来不及兴师动众，直接派长罗侯常惠率领张掖、酒泉骑兵奔袭千余里袭击车师的匈奴骑兵，竟使匈奴无备而败。

总结西汉这一时期在河西的军事战略部署，虽然不尽如人意，但汉朝始终以河西为军事前沿，使匈奴长期处于战争警备状态，无有喘息之机，从一定程度上对其军事力量的恢复和发展也起了极大的阻碍作用。

第六章　东汉时期河西的军事形势

一　两汉之际窦融统治下的河西

（一）出仕河西

两汉之际，西汉王朝潜在的社会矛盾进一步激化，农民起义此起彼伏，地方豪强拥兵自立，称王建制，史载"是时，长安政乱，四方背叛。梁王刘永擅命睢阳，公孙述称王巴蜀，李宪自立为淮南王，秦丰自号楚黎王，张步起琅邪，董宪起东海，延岑起汉中，田戎起夷陵，并置将帅，侵略郡县。又别号诸贼铜马、大肜、高湖、重连、铁胫、大抢、尤来、上江、青犊、五校、檀乡、五幡、五楼、富平、获索等，众合数百万人，所在寇掠"①。西汉王朝处于风雨飘摇之中。当时西北地区有两个最具影响的军事势力，一个是割据天水的隗嚣集团，另一个就是保据河西的窦融集团。

窦融（前16—62），字周公，扶风平陵（今陕西咸阳西北）人。史载"七世祖广国，孝文皇后之弟，封章武侯。融高祖父，宣帝时以吏二千石自常山徙焉"②，窦氏家族与刘汉王朝有着密切的关系。王莽居摄（6—8）间，窦融任强弩将军王俊的司马，后又随大司空王邑镇压翟义，因军功被封为建武男。王莽末年青、徐起兵，他以助军身份跟随王邑东征绿林军，后又被王邑保荐为波水将军，屯兵新丰。王莽败亡后，他率兵归附了更始政权，得到大司马赵萌的赏识，任校尉，不久又被推荐出任钜鹿太守。当时战乱连年，豪杰四起，政权更迭，未知天下所归的窦融不愿出关赴任，他想到"高祖父尝为张掖太守，从祖父为护羌校尉，从弟亦为武威太守，累世在河西，知其土俗"，而且"河西殷富，带河为固，张掖

---

① 《后汉书》卷1《光武帝纪》，第16页。
② 《后汉书》卷23《窦融列传》，第795页。

属国精兵万骑,一旦缓急,杜绝河津,足以自守,此遗种处也"①。故欲出仕河西静观其变,于是"(赵)萌为言更始,(融)乃得为张掖属国都尉"②。窦融因此举家而西,开始了其偏安河西、据境自保的历程。

(二) 窦融统治下的河西

1. 抚结群雄,政道宽和

更始元年(23)夏,窦融到达河西后,凭借"世任河西为吏,人所敬向"的政治优势,广泛结交地方官员、豪杰,"皆与为厚善",取得酒泉太守梁统、金城太守库钧、张掖都尉史苞、酒泉都尉竺曾、敦煌都尉辛肜等人的支持,很快形成以窦融为中心的政治军事集团。

更始三年(25)九月,赤眉军攻陷长安,更始灭亡。窦融召集梁统、库钧、史苞、竺曾、辛肜以及各郡豪杰计议,大家一致认为"河西斗绝在羌胡中,不同心戮力则不能自守;权钧力齐,复无以相率。当推一人为大将军,共全五郡,观时变动"③。共同推举窦融为河西五郡大将军,并置从事协助掌管河西的军政大事。窦融重新调整各郡长官,以梁统为武威太守、史苞为张掖太守、竺曾为酒泉太守、辛肜为敦煌太守、库钧为金城太守,进一步加强对河西的控制力。

但由于天下割据势力纷争不断,加之北匈奴的频繁寇掠,河西所面对的外部环境也非常严峻。鉴于河西是个多民族聚居区,窦融非常重视民族之间的和谐共处。对少数民族部众实行"怀辑"政策,"甚得其欢心"。其中专门针对卢水胡的保护政策是为一例。建武六年(30)颁布"毋作使属国秦胡、卢水士民者"令,居延新简 EPF22:43 记曰:

> 建武六年七月戊戌朔乙卯,甲渠鄣守候敢言之,府移大将军莫府书曰:属国秦胡、卢水士民从兵以来,困愁苦,多流亡在郡县,吏匿之,明告吏民,诸作使秦胡、卢水吏民畜牧田作不遣,有无?四时言。

以改变卢水胡长期以来,饱受汉民欺压奴役的状况。极大地缓和了民族矛盾。

---

① 《后汉书》卷23《窦融列传》,796 页。
② 同上。
③ 同上书,第797 页。

其次认真推行东汉初年人道宽和的政策法令，如居延新简 EPF22·162~164 简：

> 甲渠言府下赦令，诏书谨案毋应书。建武五年八月甲辰朔，甲渠鄣候敢言之，府下赦令。诏书曰：其赦天下，自殊死以下，诸不当赦者，皆赦除之，上赦者人数罪别之。

另外，还委派别驾、治中等从事，定期巡查郡县官吏，体察民情。窦融集团采取的以上种种措施，有效地增强了政权的凝聚力和向心力，稳定了河西局势。

2. 任用贤能，政治清明

窦融虚怀若谷，礼贤下士，广招贤达之人，班彪和孔奋均为其中的杰出代表。

班彪字叔皮，扶风安陵人。更始二年（24）为躲避战乱，投靠了在天水拥兵自重的隗嚣，后撰写《王命论》，规劝隗嚣东归光武未果，遂赴河西，为窦融从事。窦融接班彪以"师友之道"，班彪诚心为窦融出谋划策。他提出的"事汉总河西，以拒隗嚣"之策，使窦融所保据的河西遭逢乱世一方独安。另外，他的民族关系思想亦有独到之处。建武九年（33），司徒掾班彪上言：

> 今凉州部皆有降羌，羌胡被发左衽，而与汉人杂处，习俗既异，言语不通，数为小吏黠人所见侵夺，穷恚无聊，故致反叛。夫蛮夷寇乱，皆为此也。旧制益州部置蛮夷骑都尉，幽州部置领乌桓校尉，凉州部置护羌校尉，皆持节领护，理其怨结，岁时循行，问所疾苦。又数遣使驿通动静，使塞外羌夷为吏耳目，州郡因此可得徼备。今宜复如旧，以明威防①。

可见班彪洞悉少数民族特点和民族关系，对窦融推行的少数民族政策应是起了积极的引导作用。

孔奋字君鱼，扶风茂陵人。孔奋曾从刘歆受《春秋左氏传》，因战乱携母弟避难河西。建武五年（29），孔奋应窦融之邀出任姑臧长。孔奋不负重托，经营有方，建武八年（32），"姑臧称为富邑，通货羌胡，市日

---

① 《后汉书》卷87《西羌传》，第2878页。

四合,每居县者,不盈数月辄致丰积"①。而且孔奋为政清廉,"在职四年,财产无所增"。身处脂膏不自润,深受百姓的爱戴。史载,建武十二年(36):

> 陇蜀既平,河西守令咸被征召,财货连毂,弥竟川泽。唯奋无资,单车就路。姑臧吏民及羌胡更相谓曰:"孔君清廉仁贤,举县蒙恩,如何今去,不共报德!"遂相赋敛牛马器物千万以上,追送数百里。奋谢之而已,一无所受②。

窦融正是在这些有识之士的辅佐下,政治清明,政令畅通。

3. 发展农业,稳定经济

窦融保据河西期间,积极动员各族人民发展农业,稳定经济,并采取如下措施:其一,继续沿袭西汉的屯田制度,实行军屯、民屯并行,居延新简中不乏当时屯田情况的记载,内容详备;设专人负责水利灌溉事宜,大力推行先进的生产工具和耕作方法;下令禁止随意屠宰马牛,保护农耕之力,居延新简EPT22·47A~48A:

> 建武四年五月辛巳朔戊子,甲渠塞尉放行候事,敢言之,府移使者□所,诏书曰:毋得屠杀牛马,有无四时言。谨案部吏毋屠杀马牛者,敢□□。

最大限度地扩大农业生产的规模和成效。

禁止官吏铸钱经商,维护社会经济健康发展,据居延新简EPF22·38A:

> 建武六年七月戊戌朔乙卯,甲渠鄣守候,敢言之,府移大将军莫府书曰:奸黠吏。民作使宾客私铸作钱,薄小、不如法度,及盗发冢公卖衣物于都市,虽知莫谴苛,百姓患苦之。

禁止婚嫁铺张浪费,居延新简EPT22·44~45:

> 甲渠言部吏毋嫁娶过令者,建武四年五月辛巳朔戊子,甲渠塞尉

---

① 《后汉书》卷31《孔奋列传》,第1098页。
② 同上书,第1098—1099页。

放行候事，敢言之，诏书曰：吏三百石庶民嫁娶毋过，万五千关内侯以下至宗室及列侯子，娉娶各如令，犯者没入所齎奴婢财物，县官有无。

毋庸讳言，这些措施使得在天下纷乱之际，各地经济困顿，人民流离失所的情况下，河西的经济却保持良好的发展势头，史称河西"晏然富殖"，"安定、北地、上郡流人避凶饥者归之不绝"①。建武十二年（26），窦融及其同僚奉诏由河西至京城奏事，当时的场景《后汉书·窦融列传》记载：

> 及陇、蜀平，诏融及五郡太守奏事京师，官属宾客相随，驾乘千余辆，牛、马、羊被野②。

4. 明烽燧之警，扬杀敌报国之气

两汉之际，北部的匈奴趁王莽之乱略有西域，羌人各部争相"还居西海为寇。更始、赤眉之际，羌遂放纵，寇金城、陇西"③。河西作为匈奴和羌人必争之地，在中原力量势不及此的情况下，此地的安全更具有特别重要的意义。因此窦融非常重视"修兵马，习战射，明烽燧之警"，加强边塞的防御能力，遇有"羌胡犯塞，融辄自将与诸郡相救，皆如符要，每辄破之"④。

1974年在破城子遗址出土的《塞上烽火品约》简册（E. P. F16：1—17），详细记录了居延甲渠、卅井和珍北三侯官所属各塞，根据匈奴犯塞的不同时间、地点、人数多少以及在异常天气状况下，及时发出不同的警报以相互联络应敌，该简被断定为新莽或东汉初所制⑤，兹引简文如下：

> 简3.·匈人奴昼入珍北塞，举二烽□，煩烽一，燔一积薪；夜入，燔一积薪，举燋上离合苣火，勿绝至明，甲渠、三十井塞上和如品。·匈人奴昼（入）甲渠河北塞，举二烽，燔一积薪；夜入，燔一积薪，举堠上二苣火，勿绝至明，珍北、三十井塞和如品。·匈奴

---

① 《后汉书》卷23《窦融列传》，第797页。
② 同上书，第807页。
③ 《后汉书》卷87《西羌传》，第2878页。
④ 《后汉书》卷23《窦融列传》，第797页。
⑤ 薛英群：《居延汉简通论》，甘肃教育出版社1991年版，第282页。

人昼入甲渠河南道上塞，举二烽，坞上大表一，燔一积薪；夜入，燔一积薪，举堠上二苣火，勿绝至明，殄北、三十井塞上和如品。·匈奴人昼入三十井降虏燧以东，举一烽，燔一积薪；夜入，燔一积薪，举堠上一苣火，勿绝至明，甲渠、殄北塞上和如品。·匈奴人昼入三十井候远燧以东，举一烽，燔一积薪，堠上烟一；夜入，燔一积薪，举堠上一苣火，勿绝至明，甲渠、殄北塞上和如品。·匈奴人渡三井县索关、门外道上燧天田失亡，举一烽，坞上大表一，燔二积薪；不失亡，毋燔薪，它如约。·匈奴人入三十井诚（上赦下力）北燧、县索关以内，举烽燔薪如故，三十井县索关、诚（上赦下力）燧以南，举烽如故，毋燔薪。·匈奴人入殄北塞，举三烽。后复入甲渠部，累举旁河烽；后复入三十井以内，部累举堠上直上烽。·匈奴人入塞，守亭鄣不得下燔薪者，旁亭为举烽燔薪，以次和如品。·塞上亭隧见匈奴人在塞外，各举部烽如品，毋燔薪。其误，亟下烽灭火，候尉吏以檄驰言府。·夜即闻匈奴人及马声，若日且入时，见匈奴人在塞外，各举部烽，次亭晦不和。夜入，举一苣火，毋绝尽日，夜灭火。·匈奴人入塞，候、尉吏亟以檄言匈奴人入，烽火传都尉府，毋绝如品。·匈奴人入塞，承塞中亭隧举烽燔薪，□□□□烽火品约，官□□□举□□烽，毋燔薪。·匈奴人即入塞，千骑以上，举烽燔二积薪。其攻亭鄣坞壁田舍，举烽燔二积薪，和如品。·县田官吏、令、长、丞、尉见烽火起，亟令吏民□烽□□诚（上赦下力）北燧部界中民田畜牧者，□□……为令。·匈奴人入塞，天大风，风及降雨，不具烽火者，亟传檄告，人走马驰以急疾为□。·右塞上烽火品约。E. P. F16·11~7

"烽火品约"是西汉时期对烽火的品种、品数及其施放办法的规定，是边塞烽燧举烽报警的基本准则。上述"品约"记述得如此细致，毫无疑问，当是根据长期以来匈奴对河西侵犯的具体情况制定的。说明当时除了朝廷有相关的烽燧举烽律令外，不同边郡都有针对自己防区实际情况的具体规定。河西各郡和障塞要严格遵循"符要"（品约），并由此联结成一个有机的防御整体，提高了攻防的及时性、灵活性和有效性。"烽火品约"可以说是我国古代边防史上较为成功的军事信息传递模式[①]，再加上

---

① 裴永亮：《新莽末期东汉初期西北豪强割据初探》，《重庆科技学院学报》（社会科学版）2008年第10期。

由窦融率领的恪尽职守、英勇杀敌的广大官兵，使犯塞羌胡无隙可乘，保证了河西路的安全。

与此同时，窦融集团还积极加强边塞吏员管理，如对吏员的考核相较内郡吏员内容更加复杂，而且还要通过循行、推辟验问、检举揭发、奖惩等方式提高执行力度①。

此外，窦融集团还颁布实施了《捕斩匈奴虏反羌购赏科别》，根据捕斩匈奴、反羌者的不同情况给予不同的奖赏，以鼓励吏卒奋勇杀敌，从而有效地遏制了羌、胡对河西的侵扰势头。史称"匈奴惩艾，稀复侵寇"②。

建武五年（29）窦融担任东汉政府任命的凉州牧之职后，还利用河西的区位优势，与匈奴争夺对西域的控制权。同年，窦融征得刘秀的同意，立莎车王康为汉莎车建功怀德王、西域大都尉称谓，让其统领西域各国，暂时稳定了西域的局势。

二 东汉时期的河西局势

（一）东汉前期凉州地区的稳定和发展

从西汉平帝时王莽称制，到刘秀统一陇右，全国经历了30余年的政治动乱和兵燹，人口锐减，经济萧条。凉州地区情况大体亦是如此，史书称："陇西虽平，而人饥，流者相望。"为迅速安定地方，恢复和发展凉州的经济，东汉政府采取了一系列行之有效的措施，具有一定的影响力③。

1. 擢用良吏

吏治的好坏是影响社会稳定和经济发展的重要因素之一。光武帝集团深知"张官置吏，所以为人也"，"明政无大小，以得人为本"④的道理，因而自立国之初就非常重视地方官吏的选拔任用，强调"有司明慎选举，进柔良，退贪猾"，"数诏有司，务择良吏"⑤，一批有胆识、有魄力、有能力、肯作为的官员被选派到凉州各地担任郡县长官。如东汉开国功臣马

---

① 齐银生：《从甲渠候官简牍探析候部的运作》，西北师范大学2015年硕士学位论文，第55—57页。
② 《后汉书》卷23《窦融列传》，第797页。
③ 刘光华主编，汪受宽著：《甘肃通史》（秦汉卷），第327—329页。
④ 《后汉书》卷3《孝章帝纪》，第133页。
⑤ 《后汉书》卷3《孝章帝纪》、卷4《孝和帝纪》，第133页、186页。

援于建武十一年（35）任陇西太守，"政严猛，好申、韩法，善恶立断"①的樊晔担任天水太守，"为政明断，甄善疾非，见有美德，爱之如亲，其无行者，忿之若仇"②的孔奋为武都太守。对于河西四郡的太守亦是精心挑选，如以在九真太守任上政绩突出的任延为武威太守。任延到任后，首先打击地方豪强，"时将兵长史田绀，郡之大姓，其弟子宾客为人暴害。延收绀系之，父子宾客伏法者五六人。绀少子尚乃聚会轻薄数百人，自号将军，夜来攻郡。延即发兵破之。自是威行境内，吏民安息"。"郡北当匈奴，南接种羌，民畏寇抄，多废田业。延到，选集武略之士千人，明其赏罚，令将杂种胡骑休屠黄石，屯据要害，其有警急，迎击追讨，虏恒多残伤，遂绝不敢出"③。永平末，又以"谨修边备，虏不敢犯"的郑众为武威太守。汉章帝时，张掖太守邓训"晓羌胡方略"，"以身率下，河西改俗，邻郡则之"④。

相反，对于那些在其位不谋其政的庸吏，则予以罢免治罪，如汉章帝时，凉州刺史尹业因"不务奉事尽心为国"而被免官。

2. 推行宽和的政策

除挑选郡县官吏致力于安定社会和发展经济外，朝廷也针对凉州的具体情况制定了一些宽和的政策。一是释放奴婢，省轻刑罚。《后汉书·光武帝纪》载，建武十四年（38），"十二月癸卯，诏益、凉二州，女婢自八年以来自讼在所官，一切免为庶人，卖者无还直"。建武五年（29），诏"令中都官、三辅、郡国出系囚，罪非犯殊死一切勿案，见徒免为庶人"。此令在河西也得到深入地贯彻执行，如居延汉简载：

简5. ·甲渠言：府下赦令诏书·谨案勿应书。建武五年八月甲辰朔，甲渠鄣候敢言之：府下赦令诏书曰：其赦天下，自殊死以下诸不当得赦者皆赦除之；上赦者人数，罪别之。会月廿八日·谨案毋应书，敢言之　E. P. F22：162～165

简6. 八月戊辰张掖居延丞司马武以近秩次行都尉文书事，以居延仓长印封、丞邯下官县，承书从事，下当用者，上赦者人数，罪别之，如诏书，书到言，毋出月廿八。掾阳、守属恭、书佐况　E. P. F22：68

---

① 《后汉书》卷77《酷吏樊晔列传》，第2491页。
② 《后汉书》卷31《孔奋列传》，第1099页。
③ 《后汉书》卷76《循吏任延列传》，第2463页。
④ 《北堂书钞》卷75设官部二十七他"太守·中"引《东观汉记》。

建武十八年（42），又下诏废除原边郡盗谷五十斛罪死的苛令。其后的明、章两朝，此类记载也是屡见不鲜。尤其是汉章帝时，"事从宽厚""务休力役"，废除酷刑50余条，使更多的人免除了奴婢、罪人身份，成为自耕农，有效增加了农业生产劳动力。

二是将逃亡在外的凉州百姓遣回故地。建武十一年（35），光武帝诏令武威太守，遣返因战乱而逃亡在武威的三千多户金城百姓，让他们都返回旧邑。明帝永平五年（62）又"发遣边人在内郡者，赐装钱人二万"，鼓励其回到边郡。对充实和稳定凉州人口起到了重要作用。

经过数十年的努力，东汉政府逐步使凉州地区社会得以安定，河西经济也得到逐渐恢复和发展。

（二）河西四郡军政概况

1. 郡县变更

东汉朝廷在建国之初实行的地方行政管理制度，大体沿袭西汉而略有更异。首先是监察区的划分。东汉凉州刺史部，因原属朔方刺史部的北地郡和原益州刺史部的武都郡改隶凉州，凉州辖区有所扩大。东汉献帝建安初年，朝廷因"河西四郡以去凉州治远，隔以河寇，上书求别置州。诏陈留人邯郸商为雍州刺史，别典四郡"①。将河西四郡从凉州划出，另设雍州，以邯郸商为雍州刺史。其次，合并县国，裁减吏员。东汉初年，鉴于长期战乱导致郡县人口大量减少，建武六年（30），光武帝下诏："夫张官置吏，所以为人也。今百姓遭难，户口耗少，而县官吏职所置尚繁。其令司隶、州牧各实所部，省减吏员。县、国不足置长吏可合并者，上大司徒、大司空二府。"由此，全国共合并或废省了400多个县，吏员数因而比西汉也大为减少②。河西郡县人口虽有大幅度减少，但可能由于战略前沿的缘故，郡县并未省并，有的只是个别属县地域的调整、名称的改变和县治的迁移上。河西四郡各郡县情况如下表所示③。

武威郡，郡治姑臧，辖14县。

---

① 《三国志·庞育传》注引《典略》。
② 刘光华主编，汪受宽著：《甘肃通史》（秦汉卷），第330—331页。
③ 河西四郡县城址的确定除非特别注明，均采用高荣在《先秦汉魏河西史略》中所引用的研究成果，第92—94页。

表 6—1　　　　　　　武威郡属县表

县名	县治今所在地
姑臧	武威市西北之锁阳城
张掖	武威市东河乡王景寨古城
武威	武威市东北之连城
休屠	武威市四坝乡三岔古城
揟次	古浪县土门镇西
鸾鸟	武威市西北沙城子古城
朴𡋸	古浪县大靖［景］镇北之古城头
媪围	景泰县卢阳镇吊沟古城
宣威	民勤县大坝乡文一古城
苍松	古浪县城北之一堵城古城
鹯阴	靖远县平川区
租（祖）厉	靖远县平堡乡平摊堡
显美	武威市西之朵浪城
左骑	高台县境①

其中，鹯阴、租（祖）厉二县西汉时本属安定郡，东汉改属武威郡。显美原属张掖郡，改辖武威郡。左骑应属张掖属国，《郡国志》将其置于武威郡内，具体原因不详②。

张掖郡，郡治觻得，辖 8 县。

表 6—2　　　　　　　张掖郡属县表

县名	县治今所在地
觻得	张掖市甘州区西北黑水国北城遗址
昭武	临泽县东北之昭武古城
删丹	山丹县南霍城乡双湖古城
氐池	张掖市东南梁家墩镇
屋兰	张掖市碱滩乡东古城
日勒	山丹县城东南位奇乡五里墩古城
骊靬	永昌县城西南之焦家庄乡南古城
番和	永昌县西之西寨古城

---

① 刘光华主编，汪受宽著：《甘肃通史》（秦汉卷），第 337 页。
② 同上。

献帝兴平元年（194），分置居延为西海郡。

酒泉郡，郡治福禄，辖9县。

表6—3　　　　　　　　　　酒泉郡属县表

县名	县治今所在地
福禄	酒泉市肃州区
表氏	高台县城西之新墩子城
乐涫	肃州区下河清乡皇城遗址
玉门	玉门市赤金镇
会水	金塔县金塔乡东沙窝西古城
沙头	玉门市花海乡比家滩古城
安弥	肃州区临水乡古城村古城
乾齐	门市玉门镇东南之回回城
延寿	玉门东南清泉乡骟马村

福禄县、安弥县分别为西汉时的禄福县、绥弥县。表氏县为西汉时的表是县，县址遭地震破坏而迁移。《续汉书·五行志四》："光和三年自秋至明年春，酒泉表氏地八十余动，涌水出，城中官寺民舍皆顿，县易处，更筑城郭。"关于表氏县城故址和新址的位置，有李并成、郝树声两位学者的研究成果，本书以李并成的结论为是①。东汉废天依县，另置延寿县，其位置在今嘉峪关黑山和石关峡之西的玉门市白杨河旁侧的清泉乡骟马村的骟马城②。

敦煌郡，郡治敦煌，辖6县。

表6—4　　　　　　　　　　敦煌郡属县表

县名	县治今所在地
敦煌	敦煌市西
冥安	瓜州县桥子乡政府南之锁阳城遗址
效谷	敦煌市东北郭家堡乡墩墩湾古城
拼（渊）泉	瓜州县河东乡东之四道沟屯庄古城
广至	瓜州县踏实乡西北之破城子
龙勒	敦煌市南湖乡寿昌古城

① 李并成：《河西走廊历史地理》，第88—89页；郝树声：《敦煌悬泉里程简地理考述》（续），《敦煌研究》2005年第6期；刘光华主编，汪受宽著：《甘肃通史》（秦汉卷），第338页。

② 李并成：《东汉酒泉郡延寿县城考》，《西北史地》1996年第4期。

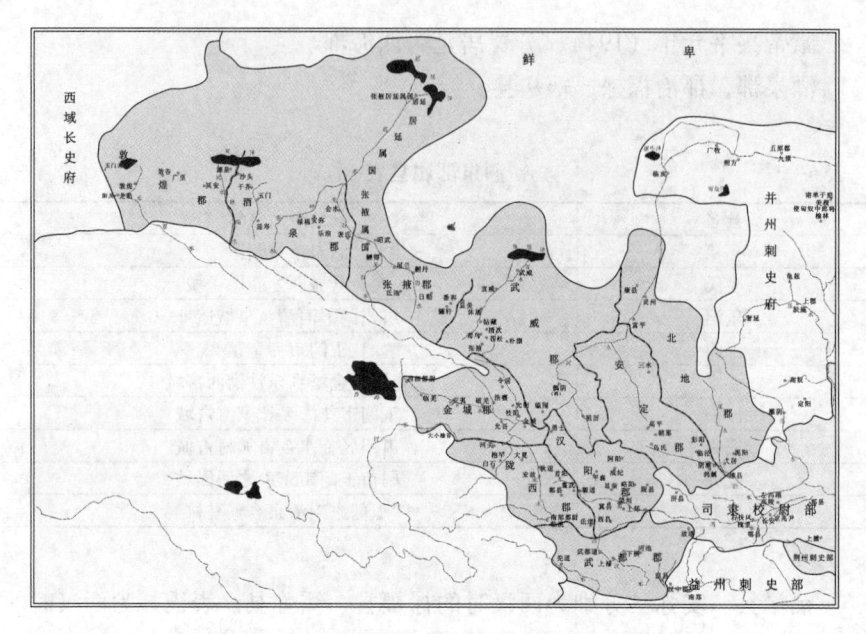

图十七 东汉河西四郡概况图

资料来源：谭其骧《中国历史地图集》第二册（秦·西汉·东汉时期）及《中国行政区划通史·秦汉卷》（东汉部分）集刊。

2. 军事屯田

东汉有关河西屯田事宜传世文献中记载甚少，故后世学者对其存在情况认识不一。如《中国屯垦史》[①] 认为，东汉屯田主要有四部分，其一是在建国初年光武帝刘秀支持下的内地屯田；其二是自明帝起的西域屯田，地点主要在伊吾卢和柳中；其三是针对羌民在陇右和湟中的屯田；其四是为了应对乌桓、鲜卑而在东北地区的屯田，而对河西地区的屯田情况并未提及。《古代西北屯田开发史》[②] 指出，东汉时期河西屯田依然存在，是西汉时期的自然延续，只是总体规模逊于西汉。笔者对后者观点比较认同。

建武二十四年（48）匈奴分裂为南、北两部，南匈奴内附，徙居于缘边诸郡，建王庭于西河郡，汉朝北部边境局势稍缓，东汉政府遂将云中、五原、朔方、北地、定襄等八郡居民迁还本土。北匈奴"却地千里"，统治中心西移至河西以北地区的浚稽山、燕然山一带，河西成为汉

---

① 李晓杰著：《中国行政区划通史·秦汉卷》（东汉部分）集刊。
② 赵俪生：《古代西北屯田开发史》，甘肃文化出版社1997年版，第29页。

匈斗争的前沿。此后，汉朝北伐和西击北匈奴多从河西集结军队，转运粮草。因此，东汉在河西保持相当的屯田规模应是无疑的，原有的屯田管理体制也未发生根本变化，河西的军事长官仍然兼管屯田事务。居延汉简记载：

> 十一月丙戌，宣德将军张掖太守苞、长史丞旗，告督邮□□□谓部农都尉官，写移书到肩水视亭市里显见处，令民尽知之商县起察有毋四时言。如所书律令（16·4A）

该简虽然记述的两汉之际的情况，但当时的政治形势是汉势力鞭长莫及，河西弧悬于外，想来尚能如此，更毋庸说东汉立国之后了。东汉自建武六年（30）以来，裁省各郡都尉，并职太守，太守掌管一切军政大事。至于农都尉，《汉书·百官公卿表》载："武帝初置。"《后汉书·百官志》亦云："边郡置农都尉，主屯田殖谷。"河西农都尉的始置时间为汉武帝元狩四年（前119）后不久，最早设置在令居一带，以后大致形成每一边郡设置一个农都尉的格局。两汉河西农都尉在行政上由郡太守领导，屯田事务上则由大司农掌管[①]。

东汉河西屯田的劳动者主要有普通吏卒、弛刑和免刑罪人等。《后汉书》诸帝纪中不乏有减囚徒之罪，徙凉州诸地戍守屯田的记载[②]。如"（永平十七年）秋八月丙寅，令武威、张掖、酒泉、敦煌及张掖属国，系囚右趾已下任兵者，皆一切勿治其罪，诣军营"。"夏四月丙子，令郡国中都官系囚减死一等，诣金城戍"。"壬子，诏郡国中都官系囚皆减罪一等，诣金城戍"等等，不一而足。而东汉的弛刑、减罪戍边、诣军营者，政府有时令其"妻子自随，占著所在，女子勿输"，在使他们安心服役的同时，无形中也扩充了一部分劳动力，优化了劳动力结构。

河西屯田是东汉王朝西北战略的重要内容，对本地区乃至国家的安全意义重大。但是，由于东汉的屯田都是从适应当时的政治和军事需要建立的，所以随着政府在该地统治力量的削弱或军事地位的下降，屯田必然受到相应的影响和制约。汉和帝永元三年（91），耿夔大破北匈奴，北匈奴从此丧失了侵扰西北边郡的能力。而从安帝开始，连年不断的羌人起义使陇右长期陷于混乱状态，河西的屯田规模应是处于不断缩小的状态中。

---

① 李炳泉：《两汉农都尉的设置数额及其隶属关系》，《中国边疆史地研究》2005年6月。
② 刘光华主编，汪受宽著：《甘肃通史》（秦汉卷），第342—343页。

(三) 羌民大起义间的河西

东汉时期，湟中羌民反抗汉朝统治者的武装起义从未间断，几乎贯穿了整个东汉历史，其规模之大、波及范围之广、持续时间之长和影响力之深都是空前的①。羌民起义的中心主要集中在陇西、湟中、武都、三辅等地，但在起义的高潮时期，羌民除占领汉通河西的交通干道外，还进一步深入河西，疯狂寇略河西郡县，以致范晔有"自西戎作逆，未有凌斥上国若斯其炽也"的感叹。现据《后汉书·西羌传》和多个人物传记，简要梳理几次大起义中羌民对河西的进攻和汉政府的军事征伐如下：

羌民起义首次大规模爆发发生在汉安帝永初元年（107），"时诸降羌布在郡县，皆为吏人豪右所徭役，积以愁怨。安定永初元年夏，遣骑都尉王弘发金城、陇西、汉阳羌数败千骑征西域。弘迫促发遣，群羌惧远屯不还，行到酒泉，多有散叛。诸郡各发兵徼遮，或覆其庐落。于是勒姐、当煎大豪东岸等愈惊，遂同时奔溃。麻奴兄弟因此遂与种人俱西出塞。先零别种滇零与钟羌诸种大为寇掠，断陇道"②。详细记述了这次羌民起义发生的原因、经过和结果。此后羌诸种万余人"攻亭侯，杀略吏人。懂进兵击，大破之，乘胜追至昭武。虏遂散走，其能脱者十二三"。"及至姑臧，羌大豪三百余人诣懂降，并慰譬遣还故地，河西四郡复安"③。永宁元年（120）春，"上郡沈氏种羌五千余人复寇张掖其夏，马贤将万人击之……破之，斩首千八百级……余虏悉降。"同年，"烧当、烧何种闻（马）贤军还，率三千余人复寇张掖，杀长吏"；建光元年（121）秋，烧当麻奴"又败武威、张掖郡兵于令居，因胁将先零、沈氏诸种四千余户，缘山西走，寇武威"。延光三年（124），"叛羌千余骑徙敦煌来钞郡界酺赴击，斩首九百级，羌众几尽，威名大震。"④阳嘉六年（141），"武威太守赵冲追击巩唐羌，……诏冲督河西四郡兵为节度……秋，"诸种八九千骑寇武威，凉部震恐"⑤。建康元年（144），武威太守"赵冲复追叛羌到建威鹯阴河，军渡未竟，所将降胡六百余人叛走"。永寿二年（156），

---

① 高荣：《先秦汉魏河西史略》，第244页。
② 《后汉书》卷87《西羌传》，第2886页。
③ 同上书，第1592页。
④ 《后汉书》卷48《翟酺列传》，第1605页。
⑤ 《后汉书》卷87《西羌传》，第2896页。

"羌虏及疏勒、龟兹数出攻抄张掖、酒泉、云中诸郡，百姓屡被其害"①。延熹三年（160）春，"余羌复与烧何大豪寇张掖，攻没钜鹿坞，杀属国吏民……颎下马大战……展转山谷间，自春及秋，无日不战，虏遂饥困败散。"②延熹五年（162），"至冬，滇那等五六千人复攻武威、张掖、酒泉，烧民庐舍"③。延熹九年（166），"于是上郡沈氏、安定先零诸种共寇武威、张掖，缘边大被其毒"④。永康元年（167），"当煎羌寇武威，护羌校尉段颎追击于鸾鸟，大破之。西羌悉平。"等。

起义军虽然没有最终占领河西，但所到之处杀掠不可胜数，使河西地区长期陷入动荡和战乱之中。汉政府在道路受阻，输送兵力困难的情况下，全力调集河西军力保卫河西路。但河西社会的经济衰败已非常严重。早在汉章帝时，"比年水旱，人不收获，凉州缘边，家被凶害。男子疲于战陈，妻女劳于转运，老幼孤寡，叹息相依"⑤。"农功消于转运，资材竭于征发。田畴不得垦辟，禾稼不得收入，搏手困穷，无望来秋。百姓力屈，不复堪命"⑥。汉和帝永元十二年（100）后，河西甚至要依赖朝廷的赈贷和救济，汉顺帝时，由于饥荒"粟石数千"⑦。朝廷不堪重负，朝堂上下屡有弃凉之议。

如建武十一年（35），"朝臣以金城破羌之西，途远多寇，议欲弃之"。引发第一次弃凉之议。时任陇西太守的马援认为"破羌以西城多完牢，易可依固；其田土肥壤，灌溉流通。如令羌在湟中，则为害不休，不可弃也"⑧，力陈经营湟中地区的可能性和必要性，最终改变了朝廷的初衷。

永初四年（110），"羌胡反乱，残破并、凉，大将军邓骘以军役方费，事不相赡，欲弃凉州，并力北边，乃会公卿集议"⑨，"议者咸同"。后因郎中虞诩晓以利害，"夫弃沃壤之饶，损自然之财，不可谓利；离山河之阻，守无险之处，难以为固。今三郡未复，园陵单外，而公卿选懦，

---

① 《后汉书》卷67《党锢列传》，第2192页。
② 《后汉书》卷65《段颎列传》，第2146页。
③ 《后汉书》卷87《西羌传》，第2898页。
④ 《后汉书》卷65《段颎列传》，第2139页。
⑤ 《后汉书》卷43《何敞列传》，第1481页。
⑥ 《后汉书》卷51《庞参列传》，第1687页。
⑦ 《后汉书》卷76《第五访传》，第2475页。
⑧ 《后汉书》卷24《马援传》，第835页。
⑨ 《后汉书》卷58《虞诩列传》，第1866页。

容头过身，张解设难，但计所费，不图其安。宜开圣德，考行所长"①。遂平息了这次"弃凉"之议。

中平二年（185），"西羌反，边章、韩遂作乱陇右，征发天下，役赋无已"，朝堂之上第三次"弃凉"之议甚嚣尘上。后因议郎傅燮厉言"凉州天下要冲，国家藩卫"，断不可弃"，才使凉州再次免遭弃之如敝屣的厄运②。

东汉羌乱之盛，学术界多认为汉政府实施了错误的治羌政策，如侵占了羌人的生存空间，强迫降羌内徙，对起义羌人进行残酷镇压等，总之，主观因素占主流。对此，笔者认为虽不能排除以上情况的存在，但客观地讲，东汉政府延续了自先秦至西汉以来实行的民族政策，具有一定的合理性和可行性。只是值得注意的是，整个东汉时期的民族关系的确堪忧，北有匈奴，东北有乌桓、鲜卑、朝鲜，西南有百越、西南夷，实力均不容小觑。尤其是到了东汉后期，西北地区的民族格局发生了新的变化。随着匈奴政权的衰微，北匈奴不断西迁，游牧于东北地区的鲜卑族顺势逐渐向西、向西南迁徙，与漠北地区的匈奴残部逐渐融合③。到了桓帝、灵帝时期，鲜卑大人檀石槐统一漠北，也分其地为东、中、西三部，"从上谷以西至敦煌，西接乌孙为西部，二十余邑"。鲜卑势力进入西北地区，联合诸羌，南略汉边，北拒丁零，东却扶余，西击乌孙，仿佛汉初的匈奴，横行在东亚大陆，河西地区侵掠亦甚。如桓帝延熹九年（166），"鲜卑复率八九千骑入塞，诱引东羌与共盟诅。于是上郡沈氏、安定先零诸种共寇武威、张掖，缘边大被其毒。朝廷以为忧"④。

毋庸置疑，东汉政府与北匈奴持久的争战，加之鲜卑的日渐强盛，导致东汉政府力量分散，羌人伺机争夺河西路，加强与鲜卑、匈奴的联系，遥相呼应，这也是东汉时期羌人暴乱不止的一个不可忽视的重要因素。

（四）北匈奴对河西的争夺

更始帝时，天下大乱，群雄纷争，匈奴单于借机坐大，要求更始向其称臣。建武五年（29），又支持安定三水人卢芳在北方沿边建立割据政权，与之联合入寇，"杀略抄掠甚众，北边无复宁岁"。建武二十年

---

① 《后汉书》卷87《西羌传》，第2893页。
② 高荣：《先秦汉魏河西史略》，第244页。
③ 王伟：《东汉治羌政策之检讨》，《中国边疆史地研究》2008年第1期。
④ 《后汉书》卷65《张奂传》，第2139页。

(44),匈奴更加猖狂,竟深入到上党、扶风、天水等地。当时东汉初建,人口大减,经济凋敝,边境"障塞破坏,亭隧绝灭",汉政府迫于形势只得遣使交好匈奴。

此时的西域,由于王莽时期贬易侯王,"西域怨叛,与中国遂绝,并复役属匈奴"。但匈奴借机"敛税重刻,诸国不堪命"。东汉立国后,西域各国多次遣使贡献,请立恢复都护管辖,但均被光武帝以"中原初定,北边未服"为由拒绝了。建武二十二年(46),不愿臣服匈奴的鄯善、焉耆等国再次请愿,光武帝仍不为所动,曰:"今使者大兵未能得出,如诸国力不从心,东西南北自在也。"①鄯善、车师等国无奈之下遂"复附匈奴"。同年,匈奴单于舆死,蒲奴继立,遭到统管匈奴南边八部及乌桓各部的右奥鞬日逐王比的不满。建武二十四年(48),右奥鞬日逐王率部降汉,"款五原塞,愿永为蕃蔽,扞御北虏"②。至此,匈奴分裂为南、北两部。东汉政府徙南匈奴居西河美稷,协助汉朝防守沿边郡县。北匈奴则依靠西域的力量继续与汉为敌。明帝永平五年(62)冬,"北匈奴六七千骑入五原塞,遂寇云中至原阳,南单于击却之,西河长史马襄赴救,虏乃引去"③。

东汉统治者在建国初期奉行以安内为主的政策的确是明智之举。但在统治基本稳定后,对西域的重要性认识不到位,导致北匈奴重新控制西域,"自建武至于延光,西域三绝三通"④,使河西成为北匈奴进攻的重点。尤其是永平年间,河西遭受了自归汉以来最为严重的边患,当时的情景史书中多次提道:

《后汉书·南匈奴列传》载永平八年秋,复数寇钞边郡,焚烧城邑,杀略甚众,河西城门尽闭。帝患之。

《后汉书·西域传》载永平中,北虏乃协诸国共寇河西郡县,城门尽闭。

《后汉书·班超传》载建初七年,诏曰:往者匈奴独擅西域,寇盗河西,永平之末,城门尽闭。

《后汉书·班勇传》载班勇上议曰:光武中兴,未遑外事,故匈奴负强,驱率诸国。及至永平,再攻敦煌,河西诸郡,城门

---

① 《后汉书》卷65《张奂传》,第2949页。
② 《后汉书》卷89《南匈奴列传》,第2942页。
③ 同上书,第2948页。
④ 同上书,第2912页。

尽闭。

直到安帝时期,班勇还重提此事,足见当时形势的严峻性。

明帝永平末,鉴于北匈奴对河西的频繁侵扰,严重破坏了国家的安宁和百姓正常的生产、生活。汉明帝遂遵武帝故事,决定进军西域,北伐匈奴,河西地区狼烟再起。

但是,自永平十五年(72)至永元三年(91)汉朝的一系列军事打击并没有彻底击败北匈奴,北匈奴仍然保持着较强的势力,并不时伺机活动于蒲类海一带。蒲类海指今巴里坤湖,位于新疆巴里坤县西北约十八公里处,四周山峦起伏,水草丰美。古代湖面更为宽广,从此湖向东南六十公里处,为天山东段的一道谷口,期间河流纵贯,绿草如茵。沿谷口南行,可直达伊吾(今哈密绿洲)。伊吾南接敦煌,西通车师,是汉匈争夺西域的军事战略要地之一,对河西的安全也至关重要。关于伊吾(今哈密)与巴里坤之间的地理状况斯坦因有过详细的描述:

> 因为哈密北方无天然屏障,所以北方游牧民族很容易入侵。由于这里的气候不太干旱,所以这一带的天山北部的坡地上草木茂盛。……这里四季都能通行,无论向库鲁克塔格山以西,或以东地区,并为由北部通往哈密平原提供了通道,无疑大大便利了入侵。而且马车能轻易通过巴里坤达阪,只要走一天即可抵达中央绿洲地带①。

正是由于伊吾(今哈密)不利于防守的地理特点,使得汉匈围绕该地发生的争夺战一直处于胶着状态。

但是连年的战争对河西的军事和经济造成了极大破坏,东汉政府想方设法极力挽救。《后汉书·和帝纪》载永元八年,"八月辛酉,饮酎。诏郡国中都官系囚减死一等,诣敦煌戍"。永元十二年,"闰月,赈贷敦煌、张掖、五原民下贫者谷"。永元十三年,"丙午,赈贷张掖、居延、朔方、日南贫民及孤、寡、羸弱不能自存者"。永元十三年,"庚辰,赈贷张掖、居延、敦煌、五原、汉阳、会稽流民下贫谷,各有差"。永元十五年,

---

① [英]斯坦因:《西域考古图纪》,中国社会科学院考古研究所译,广西师范大学出版社1998年版,第665页。

"二月,诏禀贷颍川、汝南、陈留、江夏、梁国、敦煌贫民"①。但河西承担大规模战争负累的能力已明显不足。北匈奴正是看准了这一点,联合西域的亲匈势力对河西的进攻不断升级。

元初六年(119),迫于北匈奴与车师对河西的联合"侵暴","(邓太后)但令置护西域副校尉,居敦煌,复部营兵三百人,羁縻而已。其后北虏连与车师入寇河西,朝廷不能禁,议者因欲闭玉门、阳关,以绝其患"②。永平年间的棘手状况再度出现。河西遭遇了自归汉以来有可能失手的严重局面。敦煌因地处河西的最西端,所承受的军事压力更为巨大。鉴于此,朝中的保守派主张应放弃西域,退居河西。延光二年(123),深谙河西局势的敦煌太守张珰大胆上疏:

臣在京师,亦以为西域宜弃;今亲践其土地,乃知弃西域则河西不能自存③。

并提出解决边患的上中下三策。

尚书陈忠也认为,若弃西域,局势将更加被动,他说:

则虏财贿益增,胆势益殖,威临南羌,与之交连。如此,河西四郡危矣。河西既危,不得不救,则百倍之役兴,不訾之费发矣。议者但念西域绝远,卹之烦费,不见先世苦心勤劳之意也。方今边境守御之具不精,内郡武卫之备不修,敦煌孤危,远来告急,复不辅助,内无以慰劳吏民,外无以威视百蛮④。

最终导致"蹙国减土",由此河西与西域之间的战略关系一目了然,也充分证明了汉政府自汉武帝起对河西经营的远见卓识。东汉政府遂以班勇为西域长史,领兵五百人,依托河西,西屯柳中。柳中城位于今新疆吐鲁番地区鄯善县鲁克沁镇,距离车师前国的交河城较近。占据此地屯垦戍边,一可与车师前国互为照应,争取北道诸国;二可与河西的汉军对蒲类海一带的匈奴形成夹击之势,阻遏其对河西的侵扰势头,一定程度上可暂时缓解河西的被动局面。顺帝永建元年(126),"夏五月丁丑,诏幽、

---

① 《后汉书》卷4《和帝纪》,第182、187、188、190、191页。
② 《后汉书》卷88《西域传》,第2911页。
③ 《资治通鉴》卷50《汉纪四十二》安帝延光二年(123)夏四月条,第1625页。
④ 《后汉书》卷88《西域传》,第2912页。

并、凉州刺史，使各实二千石以下至黄绶，年老劣弱不任军事者，上名。严斥障塞，缮设屯备，立秋之后，简习戎马"①。河西地区随时处于备战状态。

虽然如此，汉朝与北匈奴在西域的较量至少延续到汉灵帝后期（180）左右，甚至更晚一些②，对河西的争夺始终未离开北匈奴的视野。只是由于日渐势弱，趋于奢望而已。

东汉时期，由于北匈奴政治、军事中心曾两次西移，河西的军事战略地位较前汉时期更为突出，与西域的关系更为密切。由此河西不但成为北匈奴频繁侵暴之地，而且也是东汉政府争夺西域、北击匈奴的战略前沿。动荡的河西局势进一步坚定了汉政府抗击北匈奴的决心。

三　东汉政府以河西为基地的北伐与西征

河西自建武以来就面临着来自匈奴的严重军事威胁。建武二十四年（48），南北匈奴分裂，从而为东汉王朝实施扶持南匈奴抗击北匈奴的"以夷制夷"政策成为可能奠定了基础。终东汉之世，汉廷审时度势，在河西发动了五次较大规模的战役，使北匈奴势力遭到沉重的打击，再也难以构成对汉王朝实质性的威胁，从而确定了汉匈战争的最终结果。

东汉王朝对北匈奴的战争，分为两个阶段、五大战役。分别发生在汉明帝永平十六年（73）至十八年（75）间、汉和帝永元元年（89）至永元三年（91）间。

（一）汉明帝北伐战略思想的改变

汉光武帝经过十余年的异己征伐，统一天下，又经过二十余年的与民休息等政策，国力渐盛。他在位期间，北匈奴虽时派使节向汉请和，但仍不间断地侵扰汉之北部边郡，对河西也是"寇钞不息"。明帝刘庄继位后，此种状况不但没有改变，反而侵掠益盛，南匈奴的部分贵族也有叛汉迹象。如果不及时加以震抚，任其发展，无形中会助长其嚣张气焰，形势将更加难以控制。此时的东汉王朝，经过光武帝和明帝两朝政府的潜心经

---

① 《后汉书》卷6《顺帝纪》，第252页。
② 高荣：《先秦汉魏河西史略》，第240页。

营，百姓殷富，府库充实，已具备了相当雄厚的战争实力。另外南匈奴、乌桓、鲜卑等周边民族也相继附汉，正可谓内外因条件均已具备，汉明帝遂决定讨伐匈奴，重振国威。当时的臣僚中谒者仆射耿秉"多简帝心"。关于耿秉，《后汉书·耿秉列传》载：

> 秉字伯初，有伟体，腰带八围。博通书记，能说《司马兵法》，尤好将帅之略。以父任为郎，数上言兵事。常以中国虚费，边陲不宁，其患专在匈奴。以战去战，盛王之道。显宗即有志北伐，阴然其言。永平中，召诣省闼，问前后所上便宜方略，拜谒者仆射，遂见亲幸。每公卿会议，常引秉上殿，访以边事，多简帝心①。

他自幼深受父亲的影响，对汉匈关系有着清醒的认识，是"以战去战"政策的积极支持者，因而深得明帝的欢心，逐渐成为东汉中兴后杰出的谋略型军事人物②。据《资治通鉴》"明帝纪永平八年"记载，明帝召集了当时汉廷中的几位军事要员商讨北匈奴问题，有"明习边事"的显亲侯窦固，威震北方的太仆祭肜以及虎贲中郎将马廖、下博侯刘张、好畤侯耿忠等，耿秉列席。耿秉言：

> "昔者匈奴援引弓之类，并左衽之属，故不可得而制。孝武既得河西郡及居延、朔方，虏失其肥饶畜兵之地，羌、胡分离；唯有西域，俄复内属；故呼韩邪单于请事款塞，其势易乘也。今有南单于，形势相似；然西域尚未内属，北虏未有衅作。臣愚以为当先击白山，得伊吾，破车师，通使乌孙诸国以断其右臂；伊吾亦有匈奴南呼衍一部，破此，复为折其左角，然后匈奴可击也"。上善其言。议者或以为"今兵出白山，匈奴必并兵相助，又当分其东以离其众"。

他首先回顾和肯定了孝武时期汉朝图制匈奴所采取的种种措施，指出当前的汉匈形势类比当年，对我方非常有利，认为可采取断敌右臂，斩其左角，再发兵直捣匈奴腹地的策略。

耿秉的作战思想有理有据，而且周密可行。其战略部署大体分三步

---

① 《后汉书》卷19《耿秉列传》，第716页。
② 卢星、赵明：《论耿秉在汉灭北匈奴之战中的战略思想》，《江西社会科学》2011年第12期。

走。第一，先击白山（天山），占据伊吾（今哈密）。伊吾位于天山东北部，"地宜五谷、桑麻、蒲萄，其北又有柳中，皆膏腴之地"①，能够满足长期的军事斗争对经济的要求；而且这里地当汉匈争夺车师的要冲，汉朝若占领此区域，就有了与匈奴争夺车师的跳板。第二，北匈奴呼衍王部长期游牧于伊吾地区，为北匈奴控制西域门户、监视西域动态的常驻武装力量。要巩固伊吾，必须将其清除，是为折匈奴"左角"。第三，以伊吾为前进基地，夺取扼控天山南北重要通道的车师，进而联系西域大国乌孙，稳定西域各国向汉之心，孤立瓦解西域的亲匈势力，斩断匈奴右臂，削弱其反击的力量。最后，再全力发起对浚稽山一带北匈奴主力的战略决战。

经过反复讨论，东汉统治集团进一步坚定了打通西域，北伐匈奴，再振国威的信念，遂积极筹划北伐事宜。永平十五年（72）十二月，汉廷遣奉车都尉窦固、驸马都尉耿秉出屯凉州，为即将发动的大战作准备。

（二）汉匈第一阶段的战争

1. 天山之战

汉明帝永平十六年（73）春二月，按照既定的作战部署，汉朝集合四路大军共四万四千人，厉兵秣马，准备向天山进击。《后汉书·窦固列传》记载此战汉廷的出兵情况：

> 固与忠率酒泉、敦煌、张掖甲卒及卢水羌胡万二千骑出酒泉塞，耿秉、秦彭率武威、陇西、天水募士及羌胡万骑出居延塞。又太仆祭肜、度辽将军吴棠将河东、北地、西河羌胡及南单于兵万一千骑出高阙塞，骑都尉来苗、护乌桓校尉文穆将太原、雁门、代郡、上谷、渔阳、右北平、定襄郡兵及乌桓、鲜卑万一千骑出平城塞②。

可以说，东汉政府对此次出兵非常重视，这是东汉自建国以来对匈奴的首次大战，意义非同小可。此战由窦固与耿忠率部担任主攻，另派遣三路大军分别兵出居延塞、高阙塞和平城塞，作为偏师阻击匈奴的援助。窦固（？—88），扶风郡平陵（今陕西咸阳西北）人，窦融之侄，世袭父亲显亲侯爵位。祭肜（？—73），颍川颍阳人，云台二十八将之一，范晔曾评价他："武节刚方，动用安重，虽条侯、穰苴之伦，不能过也。且临守

---

① 《后汉书》卷88《西域传》，第2914页。
② 《后汉书》卷23《窦固列传》，第810页。

偏海，政移狂俗，徼人请符以立信，胡貊数级于郊下，至乃卧鼓边亭，减烽幽障者将三十年。古所谓必世而后仁"①。可见，此战选派的将领要么是皇亲国戚，要么是久经沙场的名将，声势浩大。

兵出酒泉塞（今甘肃酒泉地区）的主力之师窦固、耿忠军顺利进至天山北麓，将士求战而来，士气旺盛，驻守在伊吾（今哈密）的匈奴呼衍王部毫无招架之力，被汉军将士迅速斩首数千人，并一路追杀至蒲类海（今新疆巴里坤湖）地区，呼衍王余部仓皇向北逃窜而去。汉军占领伊吾卢城（今哈密），迅速实现了此战的主要目标。

耿秉、秦彭军出居延塞后深入大漠600多里，击败了准备西援的匈林王部，并一路追至三木楼山（似涿邪山西部），驱逐匈奴后回军。骑都尉来苗与护乌桓校尉文穆军，进抵匈河水附近，祭肜与南匈奴左贤王信军出高阙塞900里，准备阻止匈奴主力伺机救援呼衍王部的行动。但从后面战事发展的情况看，北匈奴面对汉军强大的攻势，采取了避而不战的策略，把全部军队集中在浚稽山一带，并未向天山一带移动，从而坐失伊吾（今哈密）。

值得注意的是，汉廷此次用兵除同时调用河西四郡的兵力外，还征调了陇西、天水、河东、北地、西河、太原、雁门、代郡、上谷、渔阳、右北平、定襄等郡兵、甲卒、募士等，并动用了卢水羌胡、陇西羌胡、西河羌胡、南单于兵及乌桓、鲜卑的部分兵力联合作战，这在西汉时期的对匈奴作战中是从未有过的，出动的兵力达四万四千余骑，规模较大，从作战势头上与北匈奴相比占有绝对优势，故而北匈奴不敢救援呼衍王。另外值得一提的是，此次战役河西的酒泉塞和居延塞作为大军集结地之一，一次集结兵力二万余骑，说明此时河西的应战能力已得到很好地恢复，完全能够承担大规模的军事征伐任务。

东汉夺取伊吾后，伊吾成为东汉政府在玉门关外建立的一个新基地，为进一步经营西域起到了重要的保障作用。《后汉书·西域传》载永平十六年（73）：

> 明帝乃命将帅，北征匈奴，取伊吾卢地，置宜禾都尉以屯田，遂通西域，于窴诸国皆遣子入侍。西域自绝六十五载，乃复通焉。

东汉以攻取伊吾（今哈密）而使西域复通，说明了伊吾（哈密）军事战略地位的重要性。

---

① 《后汉书》卷20《祭肜列传》，第747页。

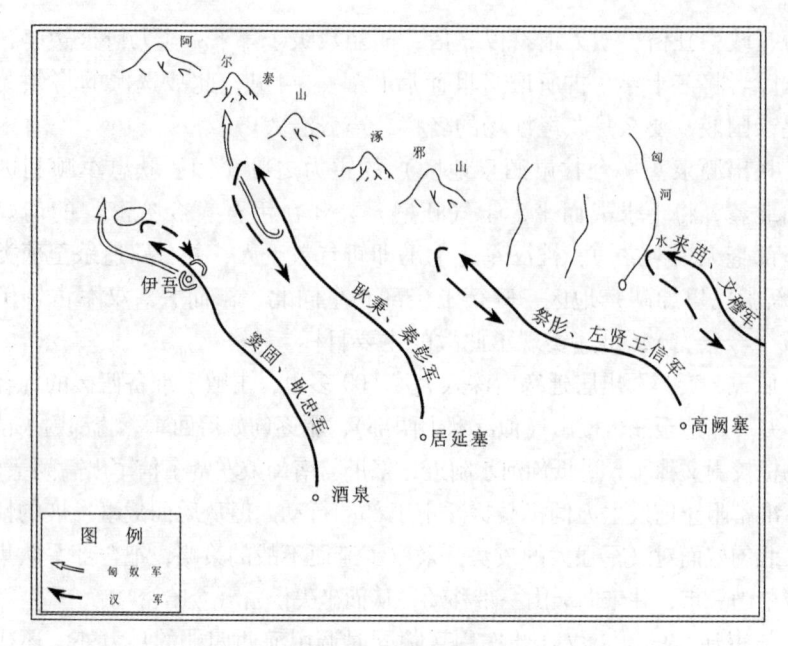

图十八 东汉征北匈奴的白山之战示意图

资料来源：武国卿《中国战争史》（三），第367页。

2. 车师之争

汉明帝永平十六年（73）的天山之战，汉朝顺利夺取了北匈奴在西域的军事基地伊吾（今哈密），使北匈奴大为恼怒，随后大入云中寇略报复。《资治通鉴》卷45《汉纪三十七》"明帝永平十六年"载：

> 是岁，北匈奴大入云中，云中太守廉范拒之；吏以众少，欲移书傍郡求救，范不许。会日暮，……范令军中蓐食，晨往复赴之，斩首数百级，虏自相轔籍，死者千余人，由此不敢复向云中。

两汉时期的云中郡大约相当于今内蒙古土默特右旗以东、大青山以南、卓资县以西、黄河南岸及长城以北地区，南接西河、上郡，西近朔方，东连雁、代，北邻匈奴，是关中与塞外沟通的交通要津[①]，汉朝的北部重防之地。

永平十七年（74），云中太守廉范面对强敌率众还击，斩首数百级，死者千余人，给匈奴入侵者以沉重的打击。同年十一月，汉明帝遣奉车都

[①] 杨丽：《汉代云中郡的交通及其军事战略价值》，《兰州学刊》2013年第11期。

尉窦固率驸马都尉耿秉、骑都尉刘张共一万四千骑,乘去年天山之战的胜利之威,再聚河西,准备夺取车师,进一步巩固胜利成果。

此次出兵的集结地选择在敦煌的昆仑塞(今敦煌安西县长城以南),出兵路线是从昆仑障出发,西北趋伊吾,过天山,又向西折而达车师。这条道路不仅路途较为近捷,而且沿途水草丰富,便于部队给养,此路的开通就是始于这次战役。大军在主帅窦固的率领下作战迅速,首先将重新积聚在天山一带的北匈奴击败于蒲类海上,接着转而向车师进攻。战事经过详见《后汉书·耿秉列传》载:

> 车师有后王、前王,前王即后王之子,其廷相去五百余里。固以后王道远,山谷深,士卒寒苦,欲攻前王。秉议先赴后王,以为并力根本,则前王自服。固计未决。秉奋身而起曰:"请行前。"乃上马,引兵北入,众军不得已遂进,并纵兵抄掠,斩首数千级,收马牛十余万头。后王安得震怖,从数百骑出迎秉。而固司马苏安欲全功归固,即驰谓安得曰:"汉贵将独有奉车都尉,天子姊婿,爵为通侯,当先降之。"安得乃还,更令其诸将迎秉。秉大怒,被甲上马,麾其精骑径造固壁。言曰:"车师王降,讫今不至,请往枭其首。"固大惊曰:"且止,将败事!"秉厉声曰:"受降如受敌。"遂驰赴之。安得惶恐,走出门,脱帽抱马足降。秉将以诣固。其前王亦归命,遂定车师而还①。

可以看出,前线的局势复杂多变,对将帅临阵的决策水平和果敢力是严峻的考验。如果按照窦固的建议,先攻前国,那么后国必然拼死相救,而且北窜的北匈奴还会纠集力量卷土重来,形势将会对我方极为不利。耿秉力主全力先取后国,他认为,后国若降,前国难与北匈奴相呼应,孤军奋战,不能不有所顾虑。窦固犹豫不决,战机稍纵即逝,耿秉奋然请战,遂引兵北入车师后国,迅速斩首数千级,车师后王安得为避其锋芒、保全兵力,领兵请降。前王也正如耿秉所料,不战而降。车师既破,东汉王朝遂依西汉旧制设置西域都护和戊己校尉,以陈睦为都护,驻守龟兹;司马耿恭为戊校尉,谒者关宠为己校尉,分驻车师前、后部,基本上控制了西域北道。

但是长期以来,西域在匈奴的眼里是匈奴人的势力范围,此番被汉军

---

① 《后汉书》卷19《耿秉列传》,第717页。

抢占了车师这一重要的战略要地，他们怎能轻言放弃。

永平十八年（75）春二月，窦固奉诏罢兵回京。三月，北匈奴单于便命左鹿蠡王率领两万骑兵反攻车师，车师后国首当其冲。左鹿蠡王在匈奴的职官系统中，无论在西汉时期还是东汉时期，是仅次于左贤王的地方上的最高首领（长官），皆由单于子弟担任。此番由其亲率大军气势汹汹而来，大有不夺回此地誓不罢休之势。耿恭得知消息后，即命司马率三百余名将士紧急驰援车师后王安得，但不巧途中遭遇前来支援左鹿蠡王的匈奴大军，敌众我寡，难当其锋，三百余名将士全部遇难。匈奴一举击破车师后国军队防线，杀死安得，乘胜进逼金满城（今新疆吉木萨尔）。

由于驻留在金满城（今新疆吉木萨尔）中的汉兵仅有数百人，汉匈双方实力相差悬殊，此时依城而战是不二之选。首先，汉军在依靠城墙作战的情况下，匈奴兵力尽收眼底，这样即使匈奴拥有较大的兵力优势，也难以施展，可有效挫伤匈奴的战斗士气。其次，汉军在依托城墙护卫的情况下，能最大限度地拖延战斗时间，等待援军加以包抄，迫使匈奴稍攻即退，不敢多做停留。当然，守城而战并不囿于一味地坚守，可根据战事的发展情况随机而动。如汉匈双方在攻守拉锯战中，突然天降暴雨，匈奴猝不及防，一时陷入混乱之中，耿恭立即下令打开城门，纵马率军冲入敌阵，左突右冲，致使匈奴溃不成军，仓皇退去。

耿恭考虑到，未达到目的的匈奴必定会厉兵秣马卷土重来，因此他积极做好长久作战的准备。一是招募勇士补充兵力，二是将部队转移至水源较为丰富的疏勒城。疏勒城位于天山的北坡上，居高临下，而且城旁有涧水流过，能够满足守城将士日常生活用水所需，表面上看防御条件优于金满城（今新疆吉木萨尔）。

七月，匈奴复来。汉军数千名敢死队员率先发起进攻，如离弦之箭呼啸着冲入敌阵，匈奴还未及组织起反击就被一冲而散，死伤数十人。只是始料未及的是，匈奴败退时截断了通往疏勒城的涧水，口渴难耐的汉军将士只得从马粪中榨取可怜的水滴，但终非长久之计。要想活命，唯一的办法就是城中打井。由于疏勒城建于山坡上，井打了十五丈深，仍无任何出水的迹象。耿恭诚心为众人祈祷，并亲自动手打井，借以鼓励部下。苍天不负有心人，最终泉水喷涌，汉军困境得以稍缓。

但此时汉朝在西域的形势已非常危急。匈奴在其西域盟友焉耆、龟兹的支持下攻陷西域都护驻地，杀害都护陈睦，副校尉郭恂等两千余名将士殉国，戊己校尉关宠驻守的柳中城处在匈奴的包围之中，疏勒城周围的匈奴兵也越聚越多。就在朝廷准备发兵救援西域将士之际，汉明帝病故，朝廷一时无暇西顾，救援计划暂时搁浅，西域将士们处于孤立无援的境地。

在此情况下，车师复叛，转而与匈奴联合攻打疏勒城。数月后，耿恭及将士们弹尽粮绝，只好煮铠甲、食筋革勉强维持生命。期间匈奴数次劝降，均被耿恭力拒，并亲手杀死前来诱降的单于使者以表心志，凝聚士气。单于大怒，率部疯狂围攻，疏勒城朝不保夕。

所幸的是章帝刘炟即位后，踌躇满志，对西域问题非常重视，待朝政稍稳后便组织朝臣商议如何解决西域当前的危势。司空第五伦认为国事刚定，不宜劳师远征。司徒鲍昱则晓以利害，并提出具体的解决方案，曰："今使人于危难之地，急而弃之，外则纵蛮夷之暴，内则伤死难之臣。诚令权时后无边事可也，匈奴如复犯塞为寇，陛下将何以使将？又二部兵人裁各数十，匈奴围之，历旬不下，是其寡弱尽力之效也。可令敦煌、酒泉太守各将精骑二千，多其幡帜，倍道兼行，以赴其急。匈奴疲极之兵，必不敢当，四十日间，足还入塞。"① 章帝甚以为然。十一月，章帝遂以耿秉为征西将军屯兵酒泉，行太守事，稳定局势。命酒泉太守段彭与谒者王蒙、皇甫援调发敦煌、张掖、酒泉三郡兵及鄯善兵共七千人，商定在柳中集结，全力救援关宠、耿恭部。

柳中（今新疆鄯善西南鲁克沁镇）位于吐鲁番盆地东部，西北距高昌（今高昌故城）约30公里。东接伊吾（今哈密），东南越过库鲁克山可趋敦煌，西南经罗布泊至楼兰，向北穿过天山连接车师后部金满城（今新疆吉木萨尔）。西汉宣帝初元元年（前48），汉朝在车师前部设立戊己校尉，率军屯田驻守，治所在高昌壁（今高昌故城），作为阻止匈奴进入塔里木盆地地区的要枢。东汉永平十七年（74），鉴于柳中是敦煌出玉门关西北越库鲁克山后的第一个口岸②，距离敦煌更为近捷，而且地肥美，宜屯田，因而将戊己校尉治所从高昌移至柳中，成为汉朝控制东天山南北的新基地。

援军从酒泉集结出塞，当是先经伊吾（今哈密），再转去柳中（今新疆鄯善西南鲁克沁镇），这条线路比从敦煌直趋柳中，沿途条件更为优越。援军一举击破车师，斩杀三千八百人，俘虏三千余人，北匈奴军惊退，车师复降。援军乘胜北越天山进攻疏勒城，解救出被围困的耿恭军，但军中活着的只剩26人。战斗还远没有结束，耿恭等人在撤退途中，北匈奴派兵一路追杀，次年三月他们抵达玉门关时，这支部队又减员一半，

---

① 《后汉书》卷19《耿恭列传》，第722页。
② 苏北海：《吐鲁番盆地柳中城的发展》，《西北民族研究》1992年第2期。

只剩下 13 人。"耿恭以单兵固守孤城,当匈奴之衝,对数万之众,连月逾年,心力困尽。凿山为井,煮弩为粮,出于万死无一生之望。前后杀伤丑虏数千百计,卒全忠勇,不为大汉耻"①。足见汉朝经营西域的艰难,汉军将士之忠勇。

  章帝建初元年(76),匈奴皋林温禺犊王率众还居涿邪山,充实北匈奴主力的力量,加强对东天山北部地区的军事控制。由于汉军暂时无力与北匈奴争锋,章帝不得不诏罢西域都护和戊己校尉,并撤回在伊吾(今哈密)的屯垦部队,汉朝进军西域的步伐受阻。

  可以看出,东汉政府在与北匈奴争夺车师的战争中,河西军由于占据先天的地理优势,调发方便,而且可与西域的亲汉力量如鄯善等协同作战,在紧急关头承担着不可替代的作用。敦煌与酒泉由于地近西域,军事前沿地位更加突出。

(三) 汉匈第二阶段的战争

1. 北伐之议

  章和二年(88)二月汉章帝病故,太子刘肇即位,称汉和帝,因其年幼,政权实际掌握在其母窦太后手中。此时,汉匈之间的斗争形势发生了新的变化,一是班超在西域凭借出色的外交和军事才能,再次打通西域;二是北匈奴内部纷争不断,国力日趋衰弱。汉匈关系开始向有利于汉朝的方向发展。

  明帝永平十六年(73),班超跟随奉车都尉窦固兵出酒泉塞发动天山之战,深得窦固赏识,后窦固派他和郭恂一道出使西域。班超凭借智勇,先后降服鄯善、于阗,平定疏勒,逐渐清剿了北匈奴在南道的势力。但永平十八年(75)年,西域都护陈睦被北匈奴攻没,汉朝在西域的势力遭到沉重打击,无奈之下诏罢都护官及戊己校尉,并令班超回国。但班超不想前功尽弃,仍然坚持留在西域,利用西域微弱的亲汉力量独撑危局。章帝建初三年(78),班超率领疏勒、康居、于阗、拘弥等国士兵1万多人,攻破姑墨,威震龟兹,再次疏通北道。章和元年(87),班超又调发于阗等国士兵2.5万人,收复莎车,南道亦通。基本上扭转了汉朝在西域的被动局面。

  不可否认的是,班超在西域的成功,与北匈奴内忧外患的严峻形势也有一定的关系。自建初元年(76)始,北匈奴统治集团内部就纷争不断,

---

  ① 《后汉书》卷19《耿恭列传》,第723页。

不少部落纷纷叛离。建初八年（83）夏六月，北匈奴三木楼訾大人稽留斯等率 3.8 万人，马 2 万匹，牛羊 10 余万，至五原塞向东汉政府称臣。元和二年（85）正月，北匈奴大人车利、涿兵等率部降汉，前后降服者 70 余批。此年秋，南匈奴见北匈奴人心涣散，政局不稳，趁机进击温禺犊王部，双方激战于涿邪山，温禺犊王被杀，北匈奴局势更为动荡。章和元年（87），兴起于漠北东部的鲜卑族，出兵进击北匈奴左地，大败之，并杀死了北匈奴优留单于，"取其皮而还"北匈奴实力大衰。而恰在此时，漠北又发生了大面积蝗灾，人民饥馑，屈兰、储卑、胡都须等 58 部共 20 余万人至五原、朔方、北地郡降汉。北匈奴再也无法控制局面，"党众离叛，南部攻其前，丁零寇其后，鲜卑击其左，西域侵其右，不复自立，乃远引而去"①。

章和二年（88）七月，已四面楚歌的北匈奴再次遭遇饥乱，更加衰弱不堪。南单于屯屠何单于见状，欲趁此良机发兵消灭北匈奴，统一匈奴全境，遂上书汉廷请求发兵予以协助：

> 今年正月，骨都侯等复共立单于异母兄右贤王为单于，其人以兄弟争立，并各离散。臣与诸王骨都侯及新降渠帅杂议方略，皆曰宜及北虏分争，出兵讨伐，破北成南，并为一国，令汉家长无北念。又今月八日，新降右须日逐鲜堂轻从虏庭远来诣臣，言北虏诸部多欲内顾，但耻自发遣，故未有至者。若出兵奔击，必有响应。今年不往，恐复并壹。……愿发国中及诸部故胡、新降精兵，遣左谷蠡王师子、左呼衍日逐王须訾将万骑出朔方，左贤王安国、右大且渠王交勒苏将万骑出居延，期十二月同会虏地。臣将余兵万人屯五原、朔方塞，以为拒守。臣素愚浅，又兵众单少，不足以防内外。愿遣执金吾耿秉、度辽将军邓鸿及西河、云中、五原、朔方、上郡太守并力而北，令北地、安定太守各屯要害，冀因圣帝威神，一举平定。臣国成败，要在今年。已敕诸部严兵马，讫九月龙祠，悉集河上。唯陛下裁哀省察！②

从上述文献记载中可以看出，东汉时期南匈奴左贤王的游牧地，就在汉朝朔方与居延之间的边境地区，部众有 2 万余骑，已是汉朝重要的边防

---

① 《后汉书》卷 89《南匈奴列传》，第 2950 页。
② 同上书，第 2952 页。

卫成力量。

面对南单于的请求，朝中三公九卿力劝窦太后不要出兵，《资治通鉴》卷47《汉纪三十九》载：（和帝永元元年）"窦宪将征匈奴，三公、九卿诣朝堂上书谏，以为：'匈奴不犯边塞，而无故劳师远涉，损费国用，徼功万里，非社之计'。书连上。"而且认为南北匈奴的分裂状态对我方更为有利。而耿秉却力排众议，坚持出兵，《后汉书·南匈奴列传》载其事：

秉上言：昔武帝单极天下，欲臣虏匈奴，未遇天时，事遂无成。宣帝之世，会呼韩来降，故边人获安，中外为一，生人休息六十余年。及王莽篡位，变更其号，汉赐单于印文曰"匈奴单于玺"，无"汉"字。王莽改曰"新匈奴单于章"。耗扰不止，单于乃叛。光武受命，复怀纳之，缘边坏郡得以还复。乌桓、鲜卑咸胁归义，威镇西夷，其效如此。今幸遭天授，北虏分争，以夷伐夷，国家之利，宜可听许①。

耿秉在此明确提出了"以夷制夷"的对外政策，顺着历史发展脉络梳理了实施这一战略的可行性和必要性。所谓"夷"是指外族，"以夷制夷"，是指古代中原王朝利用少数民族之间的矛盾，引导或支持他们相互攻伐，以达到坐收渔利的战略目的，是解决民族矛盾的一种有效手段。

尚书宋意也表示赞同，着重强调了"以夷制夷"战略措施的重要性。他说：

今鲜卑奉顺，斩获万数，中国坐享大功，而百姓不知其劳，汉兴功烈于斯为盛。所以然者，夷虏相攻，无损汉兵者也②。

他们的远见卓识得到了窦太后的赞许。窦太后不愧是一位有胆有识、聪明智慧的女主，决意按照耿秉、宋意的提议，抓住时机，发兵北匈奴，但同时也有意调整南北匈奴之间的关系，避免二者合为一国，以利分而治之。如将大部分北匈奴的归附者，接收安置在沿边诸郡，并不完全充归南匈奴，甚至诏令南匈奴将所获"生口"归还北匈奴，以保证南北匈奴力

---

① 《后汉书》卷89《南匈奴列传》，第2952—2953页。
② 《后汉书》卷41《宋意列传》，第1416页。

量的相对均衡①。此后,"以夷制夷"思想在东汉中后期的对匈作战中,得到汉朝统治者有意识的运用②,为战胜北匈奴发挥了重要作用。

章和二年(88)十月,窦太后以其兄窦宪为车骑将军,耿秉为副帅,调兵遣将,准备出征。

2. 稽落山之战

南匈奴主动请战北匈奴揭开了汉匈第二阶段大战的序幕。汉和帝永元元年(89)六月,车骑将军窦宪,执金吾耿秉,征调缘边十二郡、羌胡兵及北军五校、黎阳、雍营骑士共4.6万人,编成三路大军,分别集结在鸡鹿塞、满夷谷和稒阳塞,整装待发。"宪与秉各将四千骑及南匈奴左谷蠡王师子万骑出朔方鸡鹿塞,南单于屯屠河,将万余骑出满夷谷,度辽将军邓鸿及缘边义从羌胡八千骑,与左贤王安国万骑出(稒)阳塞,皆会涿邪山。"③ 计划毕其功于一役,一举歼灭北匈奴的有生力量。

汉政府从出征部队的选派、编制及作战计划,都进行了详细的策划和周密的安排,有以下几个明显的特点:

第一,出动的兵力大、征兵范围广、民族兵占主体。此次出动的总兵力达4.6万余骑,征调范围涉及缘边十二郡,包括云中、定襄、雁门、代郡、朔方、五原、上郡、西河、安定、北地、渔阳、上谷等,另外还有南匈奴、鲜卑、乌桓等羌胡骑兵,是一支由多民族精锐组成的联合部队,其中汉军8千骑,南匈奴兵3万骑,杂胡兵8千骑,民族兵占总兵力的82.6%,具有绝对优势。充分体现了"以夷制夷"思想在实战中的具体运用。

西汉时期,边防武装力量的主体是边郡兵、屯田兵和属国兵,他们虽彼此不相统属,各司其职,但都共同担负着保卫边疆的军事战斗任务。对于规模较大的外敌入侵或对外征伐,朝廷一般临时增派将屯兵,或协助边郡太守、农都尉、属国都尉加强阻击,或率领他们远程作战。东汉以降,汉光武帝刘秀改革兵制。建武六年(30),"初罢郡国都尉官。"同年,又下诏:"今国有众军,并多精勇,宜且罢轻车、骑士、材官、楼船士及军假吏,令还复民伍。"④ 由此造成地方各郡兵力削弱。而南匈奴、鲜卑等

---

① 闵海霞、崔明德:《试析南匈奴未能实现统一的原因》,《烟台大学学报》(哲学社会科学版)2009年第4期。
② 黄今言:《两汉边防战略思想的发展及其主要特征》,《中国边疆史地研究》2004年第1期。
③ 《后汉书》卷23《窦宪列传》,第814页。
④ 《后汉书》卷1下《光武帝纪》,第51页。

少数民族的归附，使朝廷在边防上倚重将屯兵的同时，也将民族兵作为重要的武装力量①。民族兵的加入，将汉朝先进的治军作战思想、先进的兵器，与羌胡骑兵的勇猛彪悍揉为一体②，实现了兵力的最优组合，就边防整体实力而言，反而比西汉时期更具优势。另外，民族兵参战，也给同属游牧民族的北匈奴以众叛亲离的强大精神压力，极大地挫败其战斗士气。

第二，出动北军五校、黎阳营、雍营等中央军。东汉初年，光武帝省罢执掌地方兵权的郡国都尉，削弱地方郡兵力量，与此同时，逐步建立和扩大了中央军，如在内郡和边郡增设屯驻营兵，作为常备军补充国家地方武装力量，以强化中央集权。北军、黎阳营、雍营之兵就是中央军的重要组成部分。

东汉北军是指西汉武帝时的八校尉军，但已压缩到五营，包括屯骑、越骑、步兵、长水、射声，由五校尉分统。北军原本常驻洛阳，是天子的仪仗队兼都城洛阳的警卫部队，编制大约在3500人至4000人，远低于西汉时的数万人之众，但却拥有优良的装备补给和显赫的地位③。

黎阳营设置于东汉初年。《后汉书》卷24《百官志一》刘昭注引应劭《汉官》："世祖以幽、并州兵骑定天下，故于黎阳立营，以谒者监之，兵骑千人。"黎阳营在黎阳县（今河南浚县），两汉时属魏郡。另据《浚县志》载："古代浚地，左右伾浮，襟带淇卫，东控黄河，西据黑山（大伾山又称黎山），形势险要，粮草充裕，古代卫河即是攻防天堑，又是军运要道，故战事频繁，屡为兵家所争。"可见，刘秀是利用幽、并骑兵的威名，在此屯驻营兵，以加强对军事重地黎阳的控制。

雍营设于汉安帝时期，《后汉书》卷5《安帝纪》载："（延平四年二月）乙丑，初置长安、雍二营都尉官。"同书注引《汉官仪》："京兆虎牙、扶风都尉以凉州近羌，数犯三辅，将兵戍卫园陵。"为保护三辅地区的安全，朝廷专设雍营长期驻兵守卫。

东汉设置营兵除作为常备军维持内郡的安定外，还经常作为主要的军事力量，与郡兵或虎贲、羽林等一道参与对外征伐④。史书中不乏此类记载，如永元五年（93）"遣行征西将军刘尚、越骑校尉赵代副，将北军五营、黎阳、雍营、三辅积射及边兵羌胡三万人讨之"⑤。建初二年（77），

---

① 陈晓鸣：《两汉北部边防若干问题之比较》，《中国边疆史地研究》2002年第3期。
② 武国卿：《中国战争史》（三），第376页。
③ 史仲文、胡晓林：《中国秦汉军事史》，人民出版社1993年版，第199页。
④ 吕昕：《东汉的北军与洛阳防务》，《首都师范大学学报》（社会科学版）2009年第6期。
⑤ 《后汉书》卷87《西羌传》，第2883—2884页。

"金城、陇西保塞羌皆反，拜防行车骑将军事，以长水校尉耿恭副，将北军五校兵及诸郡积射士三万人击之。"① 中平元年（184），"黄巾贼起，四府举植，拜北中郎将，持节，以乌桓中郎将宗员副，将北军五校士，发天下诸郡兵征之。"②

北军、黎阳营和雍营之兵，虽然人数不多，但实际上是天子之兵，它的出现代表的是皇威，既可以鼓舞我军士气，又可对敌人起到一定的威慑作用。所以东汉时期，凡有重要的军事活动，朝廷一般会加以征调。

第二，避开河西，兵出鸡鹿塞、满夷谷、稒阳塞，进攻目标锁定涿邪山。纵观西汉和东汉以来的汉匈战事，汉廷一般以河西的酒泉、敦煌、张掖、居延为出兵地，作为主攻或偏师与其他战场联合作战，进攻目标是西域（伊吾、车师、蒲类海地区等）和匈奴腹地（稽洛山、涿邪山等），虽然能够牵制西域与匈奴相互驰援，但无形中也使汉军兵力分散，难以取得实质性的战果，也使得汉匈战事长期处于胶着状态。建初二年（77）北匈奴呼衍王部虽重新占据车师，但由于北匈奴势力的衰退，对西域的控制力大为减弱，收复车师只是时间问题。东汉君臣决定改变以往的战术，保持河西兵力不动，以牵制、麻痹蒲类海一带的呼衍王势力，集中优势兵力，以北匈奴主力所在的涿邪山为唯一的进攻方向，最大可能地消灭其有生力量，如此，西域的北匈奴自然如无根之萍，不攻自破。

按照这样一个作战思路，三路大军分别从鸡鹿塞（今内蒙古磴口县）、满夷谷（今内蒙古固阳北）和稒阳塞（今内蒙古固阳县境）出兵，集中向涿邪山进发。

宪与秉各将四千骑及南匈奴左谷蠡王师子万骑出朔方鸡鹿塞，南单于屯屠河，将万余骑出满夷谷，度辽将军邓鸿及缘边义从羌胡八千骑，与左贤王安国万骑出（稒）阳塞，皆会涿邪山③。

鸡鹿塞属朔方郡，位于窳浑城西北约20公里哈隆格乃谷口处，向北通行20公里与一条名叫大坝沟的山谷相合后，再向北可穿越阴山，是从河套地区通往蒙古高原比较近捷的通道。满夷谷也属朔方郡，位于阳山（今狼山）中的乌不浪山口处，西距鸡鹿塞约190公里，东距今昆都仑口

---

① 《后汉书》卷24《马防列传》，第855页。
② 《后汉书》卷64《卢植列传》，第2118页。
③ 《后汉书》卷23《窦宪列传》，第814页。

165公里（古石门水）。乌不浪口沟谷宽阔，山势平缓，北部为一小平原，再往北为层状高原，汉朝从此塞口出师北伐的次数不多①，但该路为南匈奴所熟稔。稒阳塞属五原郡，位于大青山与乌拉山分界的山峡中，光禄塞是在稒阳塞的基础上修筑的，据《汉书》卷28下《地理志》"稒阳"注："北出石门障得光禄城，又西北得支就城，又西北得头曼城，又西北得虖河城，又西得宿虏城。"也是北出阴山的重要塞口。

三路大军涿邪山顺利会师后，窦宪命副校尉阎盘、司马耿夔、耿谭与左谷蠡王师子、右呼衍王须訾等，率领精骑万余，向北单于所在的稽落山（今蒙古吉尔连察汗岭西北）地区发起猛攻。稽落山位于涿邪山和浚稽山以北、燕然山以南，北部还有匈奴河（匈河或匈河水，即今蒙古拜达里格河）和安侯河（今鄂尔浑河）两条大河纵横，非常利于防御作战。但面对声势浩大、瞬息即至的汉朝联军，北匈奴无力招架，向北逃窜。窦宪率军一路追杀，跨越安侯河，追至私渠比鞮海（今蒙古邦察干湖），大获全胜。战争经过据《后汉书·窦宪列传》载：

> 宪分遣副校尉阎盘、司马耿夔、耿谭将左谷蠡王师子、右呼衍王须訾等，精骑万余，与北单于战于稽落山，大破之，虏众崩溃，单于遁走，追击诸部，遂临私渠比鞮海，斩名王已下万三千级，获生口马牛羊橐驼百余万头。于是温犊须、日逐、温吾、夫渠王柳鞮等八十一部率众降者，前后二十余万人。宪、秉遂登燕然山，去塞三十余里，刻石勒功，纪汉威德，令班固作铭②。

为确保此战的胜利，窦宪主要采取了以下几项措施：

敢于深入，穷追猛打。窦宪听从耿秉之议，派出副校尉阎盘、司马耿夔、耿谭（皆耿秉之弟）率左谷蠡王师子、右呼衍王须訾等一万精骑充当先锋，深入前方侦察敌情，寻找战机，并及时引导大部队跟进，北匈奴短时间内难以组织起有效的反攻力量，被汉军一路穷追猛打，溃不成军。汉军获得"斩名王已下万三千级，获生口马牛羊橐驼百余万头③"的可喜战果，也就是说，北匈奴的有生力量已经基本被扫平。

及时招降北匈奴所属部落。在汉军对北匈奴发动进攻的过程中，汉朝

---

① 鲍桐：《受降城和满夷谷考》，《中国历史地理论丛》1992年第1期。
② 《后汉书》卷23《窦宪列传》，第814页。
③ 同上。

及时招降北匈奴所属部落，消除对抗力量，"时虏中乖乱，汜、讽所到，辄招降之，前后万余人。""温犊须、日逐、温吾、夫渠王柳鞮等八十一部率众降者，前后二十余万人"①。有力地配合主力作战。

窦宪、耿秉等人信步登上燕然山（今蒙古杭爱山）。燕然山（今蒙古杭爱山）森林密布，河流纵横，水草丰茂，这里远离汉之边塞3000余里，是欧亚大草原的腹心地带，历史上各游牧民族活动的理想之所。窦宪等人站在山巅，回首中原，感慨万千，他们已经认识到此役的历史决定意义。为记述这一丰功伟绩，窦宪令中护军班固刻石作铭，昭告天地。班固称此役之后，汉朝可以"一劳而永逸，暂费而永宁②"。事实的确如此。此役是汉匈长达三百年战争中最后一次战略大会战。北匈奴经过这次沉重打击之后，在漠北的统治已经崩溃。

总之，汉朝发动的稽落山之战，是根据汉匈战争形势的变化，实施了不同于以往的战略部署，收到了令人满意的效果。而匈奴由于习惯了汉军多年一成不变的作战方式，对这次大战缺乏应变措施，致使惨败。

3. 汉朝攻克伊吾卢、南匈奴再攻北单于

稽落山之战重创北匈奴后，北单于请和并遣弟入侍。窦宪以北单于不是诚心归汉为由，决定发动第二次进攻，不给北匈奴以任何喘息和反击的机会。

此时，由于北匈奴远遁，驻守伊吾（今哈密）的呼衍王集团已处于孤立无援的境地，此时夺回伊吾如探囊取物，窦宪决定先拔掉这颗钉子。汉和帝永元二年（90）五月，窦宪派出副校尉阎盘统帅2000精锐，从朔方的鸡鹿塞出发，沿汉武帝太初三年（前102）修筑的"外城"，即光禄塞道，经居延，直奔伊吾。呼衍王军此时已是风声鹤唳，阎军很快将其击破，成功收复了伊吾。车师前后王随即遣子入侍，归附汉朝。自汉武帝以来汉朝苦心谋划的"斩断匈奴右臂"计划终于实现。

值得注意的是，汉朝五月发动的伊吾战役，窦宪调拨的副校尉阎盘统率的2000骑兵，既没有从河西调兵遣将，也没有从河西集结，而是兵出朔方鸡鹿塞（今内蒙古磴口县）。毫无疑问，从鸡鹿塞出发攻打伊吾卢，从路程上看优势远不及河西。原因可能是，此时窦宪正在统一调配凉州地区的兵力，为七月的汉匈决战作准备，河西四郡的兵力不便调动，而控制伊吾卢的呼衍王势单力薄，只需派出一支偏师就能解决。

---

① 《后汉书》卷23《窦宪列传》，第814、817页。
② 同上书，第815页。

南单于见状，上书请求再击北匈奴，汉廷诏令中郎将耿谭遣从事前往监护。南单于调发左谷蠡王师子率领左右两部 8000 骑兵，从鸡鹿塞（今内蒙古磴口县）出发，西北行，顺利进至涿邪山。此时北单于的牙帐已西移至金微山以北的私渠比鞮海（今蒙古邦察干湖）附近。为了加快行军速度，出奇制胜，师子命令部队留下辎重物品，分成两部轻兵疾进夹击北单于。左部兵从北面越过西海（今蒙古杜尔格湖和哈腊湖以北），进至河云（今蒙古乌布苏诺尔省沃勒吉附近）地区；右部兵从匈河水（今蒙古拜达里格河）以西，沿燕然山（今蒙古杭爱山东脉）南麓西行，南渡甘微河（今蒙古札布汗河）。北单于因复遣车偕储王至居延塞，请求汉朝遣使至北匈奴商议归附事宜，故此时此刻，他正在积极准备着归顺汉朝的各种事宜，毫无戒备之心。南匈奴两部顺利会合后，乘夜色迅速包围了北单于部。北单于惊慌中率千余人鼓起勇气与南匈奴匆忙作战，战乱中负伤坠马，轻骑数十人慌忙掩护才使其勉强脱身。此战南匈奴军取得了缴获北单于玉玺、俘获阏氏、斩首 8000 余人、俘虏数千人的战绩，再次沉重打击了北单于军事势力。详情见《后汉书·南匈奴列传》：

> 二年春，……南单于复上求灭北庭，于是遣左谷蠡王师子等将左右部八千骑出鸡鹿塞，中郎将耿谭遣从事将护之。至涿邪山，乃留辎重，分为二部，各引轻兵两道袭之。左部北过西海至河云北，右部从匈奴河水西绕天山，南度甘微河，二军俱会，夜围北单于。大惊，率精兵千余人合战。单于被创，堕马复上，将轻骑数十遁走，仅而免脱。得其玉玺，获阏氏及男女五人，斩首八千级，生虏数千口而还。是时南部连克获纳降，党众最盛，领户三万四千，口二十三万七千三百，胜兵五万一百七十①。

从此战看，南匈奴克获甚众，但直到此时，兵力也只有五万多。而北匈奴虽然经过连年的战争和动乱，仍有五、六十万人生活在漠北②，根据匈奴"五口而出介卒一人"③推算，北匈奴还保存有兵力十多万，所以南匈奴与北匈奴相比仍然处于弱势。

---

① 《后汉书》卷 89《南匈奴列传》，第 2953—2954 页。
② 闵海霞、崔明德：《试析南匈奴未能实现统一的原因》，《烟台大学学报》（哲学社会科学版）2009 年第 2 期。
③ （汉）贾谊：《新书》卷 4《匈奴篇》。

4. 金微山之战

汉和帝永元二年（90）七月，大将军窦宪统辖陇西、汉阳、武都、金城、安定、北地、武威、张掖、酒泉、敦煌等郡的武装力量，以侍中邓叠为征西将军，出屯凉州，兵锋再指北单于。此时的河西，已是与北匈奴对阵的唯一战场，旌旗蔽日，战马嘶鸣。连续遭受重创的北单于率残部躲于金微山（今阿尔泰山）一隅，退无可归，留亦不安，如鱼在网。窦宪再也不屑与北单于讲和，决定对北匈奴进行最后一击，彻底将其消灭。

永元三年（91）二月，窦宪派左校尉耿夔、司马任尚、赵博等率800精骑出居延塞。耿夔"字定公，少有气决，永元初，为车骑将军窦宪假司马，北击匈奴，转骑都尉"①。为东汉"中兴"时期名将耿秉之弟，在汉匈稽落山之战中以司马身份率领先锋作战，已显示出其勇敢果断的军事才能。耿夔率领大军昼夜兼行，穿越戈壁、沙漠，西北直趋金微山（今阿尔泰山），将梦想短暂休整的北单于部重重包围。

阿尔泰山横亘在俄罗斯、哈萨克斯坦、中国和蒙古之间，绵延纵横2000余公里，其南麓是准噶尔盆地北侧，向南穿过盆地可达车师后部金满城，西南可走乌孙，只是这两个昔日的盟友对其已是唯恐避之不及了。

此时北单于已没有任何抵抗能力，与汉军一触即溃，只得再次率残部突围而逃，而来不及逃走的母阏氏被汉军俘虏，五千多部众都被斩首。金微山（今阿尔泰山）远离汉境五千多里，是汉匈战争爆发以来汉军出塞作战行程最远的一次。值得思考的是，北单于手中的五千多部众，面对长途奔袭而来、人数只有800的汉军，竟被斩首，不能说是军事力量的失败，而是河西上万名战士厉兵秣马、磨刀霍霍的震慑，是心理的失败。

金微山（今阿尔泰山）之战后，北单于弟右谷蠡王于除鞬自立为单于，率右温禺鞬王、骨都侯以下数千人，暂驻于蒲类海（今新疆巴里坤湖）地区，为缓和与汉朝的关系遣使者入塞。永元四年（92），朝廷命耿夔出使北匈奴授北单于玺绶，并以中郎将任尚屯驻伊吾，持节护卫，与南单于同等对待。基本实现了朝廷既征服北匈奴，又对南北匈奴实行分而治之的战略设想。

金微山之战是汉匈最后一次战略大决战，延续了数百年的汉匈大规模的战争至此得以基本结束。

---

① 《后汉书》卷19《耿夔列传》，第718页。

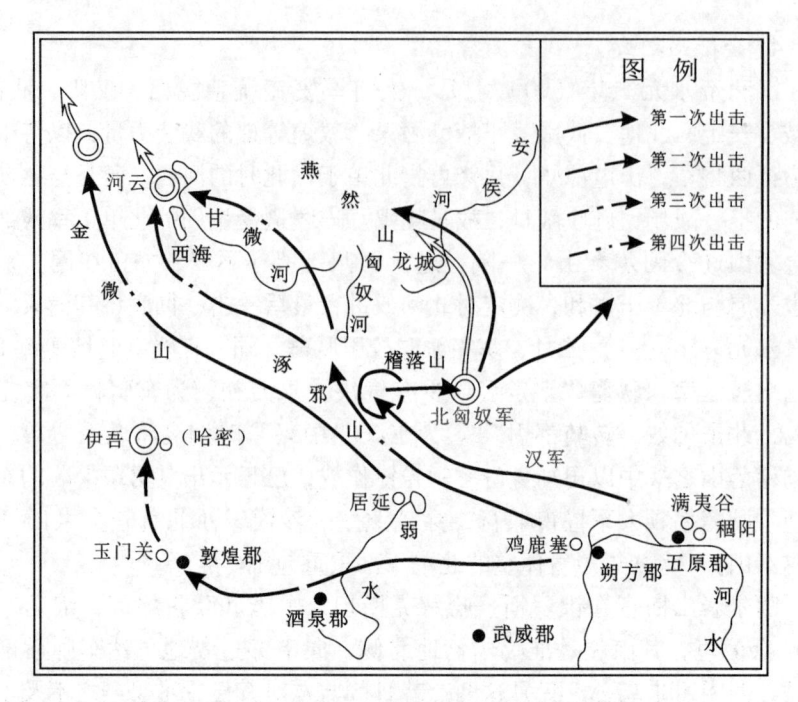

图十九　窦宪四次出击北匈奴之战示意图

资料来源：百度百科"窦宪破北匈奴之战"图册。

（四）汉匈第三阶段的战争

东汉中后期国势日衰，加之连绵不断的羌民起义，东汉经营边疆的力度每况愈下。公元94年，北匈奴经过两年的休整后，逐渐恢复元气，再次将势力推向西域。在公元94—135年的40多年的时间内，一直威胁着西域和河西四郡的军事安全[①]。汉朝以敦煌作为掌控西域，打击北匈奴的军事后盾和战略前沿，成为汉匈第三阶段战争最重要的特点。

永元十四年（102），西域都护班超告老还乡，新任都护任尚处事不利，遭到西域诸国的反叛围攻。延平元年（106），朝廷任命西域副校尉梁慬，率领河西四郡的羌胡骑兵五千人急速前往救援，从玉门关将其接回。永初元年（107），朝廷因无精力专事北匈奴和西域问题，"以其险远，难相应赴，诏罢都护"，并撤出伊吾、柳中的屯田吏士，西域事务暂且交由敦煌太守兼管，也就是说西域的军政中心后退至敦煌。北匈奴得以重新控制西域，河西地区安宁不再。

---

① 高荣：《先秦汉魏河西史略》，天津古籍出版社2007年版，第238页。

为阻止北匈奴对河西的频繁侵掠，元初六年（119），敦煌太守曹宗派长史索班带领一千多人出屯伊吾（今哈密），希望占据这一根据地，赢得回旋余地。但几个月后即被北匈奴联合车师后部攻没。曹宗上书朝廷请求发兵五千给索班报仇，邓太后遂诏班勇等诸大臣廷议。班勇认为，目前国家财力、军力条件有限，如果此时发兵西域可能会造成"兵连祸接"，但也不主张放弃西域，否则"示弱于远夷，暴短于海内"，他建议：

> 旧敦煌郡有营兵三百人，今宜复之，复置护西域副校尉，居于敦煌，如永元故事。又宜遣西域长史将五百人屯楼兰，西当焉耆、龟兹径路，南强鄯善、于阗心胆，北捍匈奴，东近敦煌，如此诚便①。

认为权宜之计，应先加强对敦煌管理，可效仿汉和帝永元年间，在敦煌设置西域副校尉，安置营兵三百人，扩大敦煌太守的军政职权，同时派西域长史率领500人屯驻楼兰（今新疆若羌县境内），以南强鄯善，西控焉耆、龟兹，安定西域诸国向汉之心，并与敦煌遥相呼应，再寻机向北驱逐北匈奴势力。

西域副校尉是以校尉担任的西域都护副使，其全称应是"使副都护西域"或"都护西域副使者校尉"，是在形势需要时临时增设的②。如汉元帝建昭三年（前36），即西汉在西域设置西域都护20年后，因匈奴郅支单于杀死汉使谷吉，并欺凌乌孙、大宛，为害西域，朝廷增派陈汤为西域副校尉，与都护甘延寿联合攻杀郅支单于，陈汤当为该官职的首任长官。至东汉时，由于西域"三通三绝"，局势不稳，西域副校尉一职发挥作用较为机动灵活，遂常设不止，或先于西域都护，或与都护相始终，其官署一般"通"时在车师③，"绝"时在敦煌。东汉最早在敦煌设置西域副校尉，是在章和二年（88），当时匈奴内部矛盾激化，朝廷欲乘机恢复对西域的管制，便任命冯豹为"河西副校尉"，驻节敦煌，"和帝初，数言边事，奏置戊己校尉，城郭诸国复率旧职"。因官署在河西称河西副校尉，实际上是西域副校尉，专门负责西域事务。此当班勇所说的"永元故事"④。

---

① 《后汉书》卷47《班勇列传》，第1587页。
② 李炳泉：《两汉"西域副校尉"略考》，《史学月刊》2008年第12期。
③ 《后汉书》卷47《班勇传》："昔永平之末，始通西域，初遣中郎将居敦煌，后置副校尉于车师"，第1588页。
④ 刘光华主编，汪受宽著：《甘肃通史》（秦汉卷），第389页。

朝中公卿对班勇所言虽有不同的意见，但权衡再三，基本认可了班勇的主张，随后，在敦煌设置西域副校尉，敦煌成为东汉政府中后期统辖西域的军政中心。但遗憾的是，以西域长史出屯楼兰的建议不知何故搁置，导致"其后匈奴果数与车师共入寇钞，河西大被其害①"。

为了从根本上改变河西的被动局面，延光二年（123），敦煌太守张珰上书陈"三策"：

> 北虏呼衍王常展转蒲类、秦海之间，专制西域，共为寇钞。今以酒泉属国吏士二千余人集昆仑塞，先击呼衍王，绝其根本，因发鄯善兵五千人胁车师后部，此上计也。若不能出兵，可置军司马，将士五百人，四郡供其犁牛、谷食，出据柳中，此中计也。如又不能，则宜弃交河城，收鄯善等悉使入塞，此下计也。

尚书陈忠给予积极支持。经过一番辩论，安帝集团最终采纳张珰之中策，于当年夏天以班勇为西域长史，率领弛刑士500人出屯柳中（今新疆鄯善西南鲁克沁镇），由此，首开西域长史行都护之职的先例。班勇等人依靠柳中这一据点，经过一系列的军事和外交行动，使西域局势有所缓和。第二年，为配合班勇打击车师后部的计划，敦煌太守张珰调发敦煌、张掖、酒泉六千骑，与班勇组织的鄯善、疏勒、车师前部兵，一举击败车师后部，夺取北匈奴进入西域的门户。顺帝永建二年（127），班勇又顺势降服焉耆，"于是龟兹、疏勒、于阗、莎车等十七国皆来服从。"

直到桓帝元嘉元年（151）史籍中还有呼衍王的记载，但汉政府始终以敦煌桥头堡，极力维护西域的安全和稳定。

四 从军事地理角度分析东汉政府的河西战略

东汉政府决定对北匈奴采取战略决战，最初源于北匈奴对河西各郡县的疯狂进攻。史籍中记载了五次较大规模的战事，战役过程较为详尽。仔细分析这些战役，可以明显看出，东汉政府与西汉政府采取的战略战术有明显的不同，原因不外乎作战目标的转变和作战经验的不断总结。终东汉之世，北匈奴对东汉再也没有组织起强劲的攻势，所发生的五大战役，均

---

① 《后汉书》卷47《班勇列传》，第1589页。

是由汉军主动出击，始终掌握战争的主动权，这与东汉政府重视和善于利用河西的军事价值是分不开的。

（一）天山之战和车师之争

建武二十四年（48），南北匈奴分裂，南单于势弱，依靠汉政府的保护入居西河美稷，缘边八郡成为南匈奴的主要驻牧地，而北单于则率从众在涿邪山（今阿尔泰山东部）附近建立单于庭。涿邪山南面正对河西北部的居延和东天山的伊吾（今哈密）之间，对打击河西、掌控西域非常有利。永平年间的北匈奴胁迫车师等西域诸国对河西频繁侵掠，正是得益于这样一个优势地理位置。永平十五年（72），基于对河西军事战略地位重要性的充分认识，耿秉提出的"先击白山，得伊吾，破车师，通使乌孙诸国"，以断匈奴"右臂"、"左角"的战略设想，为东汉政府打击北匈奴制定了可行性方案。然而汉朝发动的永平十六年（73）的天山之战，并非尽如人意。从出征的四路大军的战绩来看，除天山一线取得战果外，其他三路收效甚微。究其原因，应该说战略思路没有问题，只是汉明帝的保守思想使其在实施的过程中出现了偏差，西汉时期的战略思维还在起作用。下面略作分析：

耿秉的作战方案虽然受到了汉明帝的推崇，但最后的定案还参考了诸位大臣的建议，即前引的"今兵出白山，匈奴必并兵相助，又当分其东，以离众。"在真正的实施过程中把耿秉的建议作为补充性意见。耿秉强调的是集中兵力，先击天山，以观其变，而执行的是分散兵力，多路出击。除窦固军负责攻取天山东段南麓的伊吾（今哈密）外，其他三路大军的进攻目标分别是涿邪山、三木楼山和匈奴河附近。而且在兵力分配上没有明显的正、偏师之分，调发的四万四千军队几乎平均分配，除窦固军多得一千外，兵出居延塞的驸马都尉耿秉只有一万人，承担着截击三木楼山一带匈奴主力南援的任务，而其他两路却配备了一万一千人，这种分击战术，即把部队分成若干部分，在不同区域部分投入兵力实施对敌阻击，以达成迟滞敌人进攻、消耗敌军有生力量的目的，在依托阵地的防御战中，分击战术能够发挥一定的作用，但对于在大漠中飘忽不定、来去无踪的匈奴来说，反而出现虽劳师动众，却难以形成优势兵力，收效甚微的缺陷。

天山之战后，窦固军班师回朝。北匈奴趁机又在天山东麓集结势力，觊觎伊吾和车师地区。汉廷认真总结了天山之战的经验教训，决定调整作战部署，遵从耿秉之议，集中兵力再聚天山。永平十七年（74），奉车都尉窦固与驸马都尉耿秉、骑都尉刘张率一万四千骑，同出敦煌的昆仑塞，成功收复车师诸国。车师之战使东汉的统治者开始认识到,河西地区在一定条件下具备独立作战的地缘优势。

(二) 稽落山之战和金微山之战

从表面上看,由东汉政府发起的汉匈稽落山之战好像与河西并无直接的关系,而且汉政府还否决了章和二年(88)南单于主动兵出居延的作战计划,《后汉书·南匈奴传》载:

> ……原发国中及诸部故胡新降精兵,遣左谷蠡王师子、左呼衍日逐王须訾将万骑出朔方,左贤王安国、右大且渠王交勒苏将万骑出居延,期十二月同会虏地。……①

居延作为河西的军事战略前沿,在没有汉廷军事护卫的情况下,一般不会轻易允许异族在此调兵遣将。另外,河西经过汉明帝永平十五年(72)的天山之战和永平十六年(73)的车师之争,其经济、军事力量的恢复都需要一定的时间,蒲类海一带的呼衍王势力因受到汉军的两次重击,短时间内也无力对河西构成实质性的威胁。所以此次大战汉廷改变以往大战河西必定参战的战斗模式,保持河西兵力不动,既可以迷惑敌人,又能为河西赢得宝贵的休养生息的时间。从史书记载看,北匈奴盲目为避河西军的正面进攻,提前退至稽落山一带,不期为兵出朔方、满夷谷和稠阳塞的汉朝与南匈奴联军提供了有利的进攻条件,不但路途缩短,而且周围的地理条件更便于大军围歼北匈奴军。所以,稽落山之战的胜利,与河西战略的正确实施密切相关。

稽落山之战后,北单于庭继续西迁,金微山已是远离西域,更是远离了汉之北方军事重地朔方、五原,若以朔方、五原为出兵基地,粮草辎重携带不便。而河西尤其是居延,从距离上来说更具优势。因此,汉匈最后决战地非居延莫属。汉和帝永元二年(90)七月,大将军窦宪调集十郡(陇西、汉阳、武都、金城、安定、北地、武威、张掖、敦煌、酒泉)兵马,驻屯凉州。

永元三年(91)二月,左校尉耿秉等率精骑八百出居延塞,寻击逃遁在金微山一带的北单于军。史书中对此次作战情况介绍的极为简略,就是一场普通的"闪电战",但我们知道,它的身后有河西上万将士做后

---

① 《后汉书》卷89《南匈奴传》,第2952页。

盾，北单于没有选择，只有撤退。金微山之战，东汉朝廷没有任何悬念的胜利了。

综上所述，东汉与北匈奴的战争，历经明帝与和帝两代帝王的共同努力，终于在和帝永元三年（91），将北匈奴彻底击败，从而使汉朝长达三百年的边患基本解除。虽然此后西域的局势还有过多次的反复，但北匈奴已经是强弩末势，再也构不成实质性的威胁。究其原因，与东汉政府充分认识到河西战略地位的重要性，审时度势实施的战略措施密不可分。当然，还与东汉国力的强盛、将帅的谋略以及匈奴统治集团的分裂有关。

附　东汉时期张珰经营西域之"三策"及相关史实的分析[①]

在东汉王朝与匈奴的战争史上，西域一直是双方争夺的焦点。作为延光初年担任敦煌太守的张珰，曾在西域局势最为严峻的时候上书"三策"，提出解决西域问题的上、中、下三策，为有效解决该问题起了重要的推动作用。毋庸置疑，从汉匈百年战争大尺度视角来看，此举好像不足为挂，文献检索也表明，迄今为止，还未有专家学者对此表示关注，但管中窥豹。笔者试图从历史军事地理角度，深入分析张珰"三策"产生的历史背景、内涵，力求还原东汉政府君臣苦心经营西域的那段历史。

一　张珰"三策"产生的历史背景

经过汉明帝至汉和帝三朝政府与匈奴长达 18 年（73—91）的战争，尤其是汉和帝永元三年（91）的金微山之战，北匈奴势力遭到沉重打击，短期内难以组织起力量与汉朝抗衡。但连年的战争也使汉朝国势大衰，东汉政府经营西北的规模和力度大幅度减小[②]。永元十四年（102），西域都护班超告老还乡，新任都护任尚措置失当，汉朝在西域人心渐失。元兴元年（105），汉和帝驾崩，西域局势更加动荡不安。公元 110 年左右，北匈奴经过近 20 年的休整，逐渐恢复元气，再次将势力推进到蒲类海一带，控制了车师后国，西域随之叛汉，汉之西北边境狼烟四起。汉安帝元初六年（119），迫于北匈奴与车师对河西四郡的频繁侵扰，时为敦煌太守的

---

① 贾文丽：《对东汉时期张珰经营西域之"三策"及相关史实的分析》，《新疆大学学报》（哲学社会科学版）2016 年第 4 期。

② 高荣：《先秦汉魏河西史略》，第 235 页。

曹宗建议派行长史索班率千余人驻屯伊吾，以期招抚西域诸国。但数月后，即被北匈奴击败。曹宗为报索班之仇，遂请求出兵五千，打击蒲类海一带的北匈奴，遭到朝中保守派势力的一致反对，后仅依班超之子班勇之计，采取折中的办法，即"但令置护西域副校尉居敦煌，复部营兵三百人，羁縻而已。其后北虏连年与车师入寇河西，朝廷不能禁，议者因欲闭玉门、阳关，以绝其患"①。实际上就是主张放弃西域，退守河西，权作消极防御。河西尤其是敦煌仍置于北匈奴与车师联合进攻之下，但朝中的保守派依然坐视，形势非常危急。

延光初年就职敦煌太守的张珰非常清楚西域和河西唇齿相依的关系，于是在延光二年（123）上书朝廷，力陈弃西域则河西不能自存的利害关系，提出了经略西域，保卫河西的上、中、下三策。其文字内容参见《后汉书·西域传》中所载，兹摘引如下：

> 延光二年，敦煌太守张珰上书陈三策，以为"北虏呼衍王常展转蒲类、秦海之间，专制西域，共为寇钞。今以酒泉属国吏士二千余人集昆仑塞，先击呼衍王，绝其根本，因发鄯善兵五千人胁车师后部，此上计也。若不能出兵，可置军司马，将士五百人，四郡供其犁牛、谷食，出据柳中，此中计也。如又不能，则宜弃交河城，收鄯善等悉使入塞，此下计也"②。

面对张珰的这份表面上步步退让，实际上以退为进、思维缜密的奏疏，安帝集团经过慎重抉择，最终决定采纳第二策，但派出的班勇不是以军司马的身份，而是以西域长史（相当于副都护）的头衔，率领弛刑士卒五百人，屯驻柳中（故址在今新疆鄯善西南鲁克沁）。

二 张珰"三策"的战略思想

从张珰的这篇奏疏来看，他把第一策定为"上计"，即主张立即讨伐活动在蒲类海一带的北匈奴呼衍王部，从根本上改变东汉在西域的被动局面，其作战思路可作如下分析：

其一，进攻方向直逼北匈奴活动中心蒲类海。蒲类海即今天的巴里坤湖，古代湖面较今更为宽广。从此湖向西北可达车师前国、车师后国，进

---

① 《后汉书》卷88《西域传》，第2911页。

② 同上。

入西域腹地；向东南沿天山东段一山口往南，可直通伊吾（今哈密绿洲）。早在西汉时期，这一带就是匈奴控制西域的重要军事基地。卷土重来的北匈奴呼衍王集团，一方面利用亲匈的车师后国掌控西域，另一方面以蒲类海一带为战略要点，兵锋直指河西。河西最西端的敦煌所承受的军事压力最大，敦煌一旦失手，整个河西危在旦夕。故张珰认为应当趁北匈奴势力没有完全壮大之时，迅速派兵西征，打掉盘踞在蒲类海一带的北匈奴势力，以利夺回西域，保证敦煌的军事安全。

其二，大军的出发地选择在敦煌郡广至县的昆仑塞。这里是宜禾都尉治所，为敦煌郡所辖四个都尉之一（其他三都尉分别是中部都尉、玉门都尉、阳关都尉）。从今安西县长城以南的昆仑塞，西北行经伊吾（今哈密）可直达蒲类海（今巴里坤湖）地区。这条道汉时称为新道或五船（传）道。在该道未开通之前，汉朝的官吏、将领、屯田卒前往车师，一般是从玉门关出发，经"死亡之海"罗布泊转而北向车师，道远路艰。《汉书·西域传》载："元始中，车师后王国有新道，出五船北，通玉门关，往来差近。戊己校尉徐普欲开以省道里之半，避白龙堆之厄。车师后王姑句，以道当为拄置，心不便也。"① 徐普的开通计划遭到车师后王姑句的抵制而失败。直到汉明帝永平十七年（74），新道才因一次战争得以正式开通。《后汉书·明帝纪》载：（永平十七年）"冬十一月，遣奉车都尉窦固、驸马都尉耿秉、骑都尉刘张出敦煌昆仑塞，击破白山虏于蒲类海上，遂入车师。"② 沿该道前往蒲类海地区不但路途较近，而且沿途有五处水草丰美之地（"五传道"中"传"即"驿站"之意），还有一定的农业基础（伊吾绿洲），是较为理想的大军行军路线。

其三，征发酒泉属国的吏民为作战主力。酒泉属国的吏民组成史籍没有明确记载，根据《汉书·武帝纪》：（元封三年）"武都氐人反，分徙酒泉郡。"③ 那么氐人当为其中的一部分，另外原酒泉地区的土著小月氏、匈奴等也应在其列。与汉军相比，他们不但远程作战水平高、战斗力强，而且两军对垒时可给同属游牧民族的匈奴造成巨大的心理压力。同时征调鄯善兵作为偏师，攻打匈奴盟军车师后部，以牵制和消耗车师兵力，使其无力增援北匈奴，保护汉军主攻方向的顺利推进。

第二策为延缓之计。建议如果朝廷不能立即出兵，可派军司马一人，

---

① 《汉书》卷96下《西域传》，第3924页。
② 《后汉书》卷2《西域传》，第122页。
③ 《汉书》卷6《武帝纪》，第194页。

率领五百名将士在柳中屯驻。柳中城位于今新疆吐鲁番地区鄯善县鲁克沁镇，距离交河城（今新疆吐鲁番西北约 5 公里处，曾为车师前王国都城）东南很近。《读史方舆纪要·陕西十四》"高昌废县"条顾祖禹引胡氏曰："柳中在车师中最为膏腴，宜桑麻五谷，故汉常与匈奴争车师、伊吾以制西域"，历史上其军事战略位置非常重要。占据此地交好鄯善，联络北道诸国，夺取车师前国，再以车师前国为战略基地，利用西域亲汉诸国和河西四郡的军事力量控制车师后国，阻断匈奴进入西域的重要通道，稳定西域形势，孤立匈奴，可一定程度上扭转目前的被动局势。之所以选择该地，张珰无疑吸取了当年曹宗的教训。元初六年（119），曹宗曾派长史索班率千余人屯田伊吾，惨遭失败，主要是因为伊吾（今哈密）地近匈奴，而离汉朝的军事力量较远；而柳中与蒲类海一带的匈奴之间有天山相隔，又与亲汉的车师前国、鄯善相邻，方便根据形势的变化选择进退。

第三策是关门自保。即放弃交河城，将鄯善、车师前王国的人口全部内徙，保全他们，以定西域诸国向汉之心。交河城是车师前国都城，自古为沟通天山南北的重要孔道。由此北行可达车师后国王治务涂谷（今吉木尔县），南出西南行可达焉耆，东行可达蒲类泽。匈奴控制西域北道诸国，一般就是由伊吾（今哈密）南出车师后国，再经前国到焉耆。可见交河城是匈奴进入西域的咽喉门户。另外，两国民众内徙后，可在两地造成广大的无人区，形成隔离带，当匈奴呼衍王部来攻时，因无势可依，亦可减弱匈奴对西域各国的侵暴。此议表面上看似无不妥之处，重要的是完全考虑到朝廷的颜面，迎合了朝中的"弃凉"派，但张珰却称之为"下策"，也就是最差的选择，这个称谓使朝廷不便在"下策"上再做文章，把众人的注意力转移到怎样积极解决西域问题的方向上来。

张珰把三种方案提供给汉安帝供其决策选择，实在也是一种无奈之举。他非常希望安帝能采纳第一策，即立即出兵，尽快解决西域问题，使敦煌早日摆脱战火的纷扰，故把它放在首位，也说明张珰此时满怀一腔报国之心。但由于当时国势日衰，加之连绵不断的羌民起义，使得东汉朝廷府帑空竭，无暇西顾，更有一些不明边事的朝臣错误地认为西域"无益于中国而费难供也"①，屡有"弃凉之议"。张珰清楚地知道朝中公卿大臣的舆论导向，也深知朝廷目前未有西征的意图，况且自己远在边关，朝廷政治变幻莫测，万一不合圣意，后果难料。所以他列出了进兵、缓兵和退兵三种战略方案，并策略性地分为上、中、下三策，请朝廷定夺，应该说

---

① 《后汉书》卷 47 《梁慬列传》，第 1588 页。

是明智之举，这也是中国古代封建官僚用于自保的惯用伎俩。史书中不乏这方面的记载，如《史记·平津侯主父列传》中言公孙弘，"每朝会议，开陈两端，令人主自择，不肯面折廷争"①。又如，周武帝建德五年（576）二月，镇守河东的玉璧总管韦孝宽给朝廷上奏，提出著名的"平齐三策"②，均是此种上疏方式的典型案例。

汉安帝看了这份奏疏后，难以决断，随即召集朝臣商议此事。尚书陈忠果断上疏，对张珰的建议给予积极的支持。陈忠是安帝比较信赖的大臣之一，在打击邓氏一族中立过大功，而且他礼贤下士，多次推举正直贤能之人，在朝廷中威望甚高。他在奏折中对张珰"三策"做进一步阐述：

> 臣闻八蛮之寇，莫甚北虏。汉兴，高祖窘平城之围，太宗屈供奉之耻。故孝武愤怒，深惟久长之计，命遣虎臣，浮河绝漠，穷破虏庭。当斯之役，黔首陨于狼望之北，财币糜于庐山之壑，府库单竭，杼柚空虚，算至舟车，贳及六畜。夫岂不怀，虑久故也。遂开河西四郡，以隔绝南羌，收三十六国。断匈奴右臂。是以单于孤特，鼠窜远藏。至于宣、元之世，遂备蕃臣，关徼不闭，羽檄不行。由此察之，戎狄可以威服，难以化狎。西域内附日久，区区东望扣关者数矣，此其不乐匈奴慕汉之效也。今北虏已破车师，势必南攻鄯善，弃而不救，则诸国从矣。若然，则虏财贿益增，胆势益殖，威临南羌，与之交连。如此，河西四郡危矣。河西既危，不得不救，则百倍之役兴，不訾之费发矣。议者但念西域绝远，恤之烦费，不见先世苦心勤劳之意也。方今边境守御之具不精，内郡武卫之备不修，敦煌孤危，远来告急，复不辅助，内无以慰劳吏民，外无以威示百蛮。蹙国减土，经有明诫。臣以为敦煌宜置校尉，案旧增四郡屯兵，以西抚诸国。庶足折冲万里，震怖匈奴③。

首先从武帝至宣元时期与匈奴作战的情况进行梳理回顾，可谓字字珠玑，引人深思，令人振奋；而后对河西四郡和西域的战略地位及关系进行了准确定位；最后提出为保证敦煌的军事安全，在敦煌增置校尉，增加四郡屯兵以安抚西域诸国，震慑北匈奴的建议。他的上疏自始至终避口不谈

---

① 《史记》卷112《平津侯主父列传》，第2950页。
② 《资治通鉴》卷172《陈纪六》，中华书局1976年版，第5341页；令狐德棻等：《周书》卷31《韦孝宽传》，第540—541页。
③ 《后汉书》卷88《西域传》，第2911—2912页。

出兵与否的问题，只分析河西和西域战略地位的重要性，至于最后的决策仍由人主定夺，与张珰的上疏方式可谓殊途同归。

三 对张珰"三策"的分析

对于张珰"三策"，朝廷最终选择了第二策。第一策之所以被否定，想来不外乎以下几个原因：

首先，立即出兵进攻蒲类海聚歼北匈奴呼衍王部，从敦煌当时所面临的处境来看，这条建议非常契合边帅将士的心情。但是仔细分析，事情远不是想象的那么简单。当时呼衍王部的活动范围，已经从蒲类海（今巴里坤湖）扩展到秦海（今博斯腾湖）间，秦海是焉耆绿洲最大的一个内湖，北匈奴控制了焉耆，也就意味着同时掌控了西域北道诸国。但作为远征西域军事前沿和基地的河西，却自顾不暇。史载，自汉安帝永初元年（107）至灵帝建宁二年（169），大规模的羌民武装反抗连绵不绝，与起义中心相近的河西饱受战争摧残，起义羌民甚至深入河西腹地。《后汉书·梁慬传》记载：

> 会众羌反叛，朝廷大发兵西击之，逆诏慬留为诸军援。慬至张掖日勒。羌诸种万余人攻亭侯，杀略吏人。慬进兵击，大破之，乘胜追至昭武。虏遂散走，其能脱者十二三①。

再加上地震、干旱、冰雹等自然灾害频繁发生，仅永初三年（109），就出现"京师及郡国四十一雨水雹，并凉二州大饥，人相食"的悲惨局面②。河西已是残破不堪，不再具备承担对外战争负累的能力。

其次，以敦煌昆仑塞作为大军集结地直攻蒲类海，确实是一种较为理想的选择。前述汉明帝永平十七年（74），奉车都尉窦固、驸马都尉耿秉、骑都尉刘张曾兵出昆仑塞，击败北匈奴于蒲类海上即是一成功的战例。但此一时彼一时也，当时的情况是，汉军已经占据了西域门户重地伊吾卢城，能够有效阻挡匈奴援军于外。而此时的张珰，欲在前方一无基地二无作战联盟的情况下，派遣部队出击，即使能够顺利到达蒲类海，北匈奴或以逸待劳，组织力量联合夹击；或选择退出，让汉军无功而返。这是匈奴的惯用战术，"故其战，人人自为趋利，善为诱兵以包敌。故其逐

---

① 《后汉书》卷47《梁慬列传》，第1592页。
② 《后汉书》卷5《安帝纪》，第214页。

利,如鸟之集;其困败,瓦解云散矣"①。那么汉朝派出的二千兵力难以取得有效战果。总之,理论上分析可以,实战不行。

再次,以酒泉属国吏士为主力攻打蒲类海,同时征调鄯善兵为偏师攻车师后部,此用兵方案值得商榷。酒泉属国的吏士战斗力虽强,但主要体现在抢占领土、争夺财物上,若要完全依赖他们代替汉军远征作战,一来他们不愿消耗本族的军事实力,二来惧怕远征不还,所以难保他们会愿意为朝廷舍命拼杀。《后汉书·西羌传》中曾载一事,"安帝永初元年夏,遣骑都尉王弘发金城、陇西、汉阳羌数百千骑征西域,弘迫促发遣,群羌瞿远屯不还,行到酒泉,多有散叛"②。虽事隔十六年,安帝应该不会忘记此事。另外,鄯善国是西域的门户,汉匈必争之地,它的向背直接关系到双方在西域的成败,只可拉拢争取,不可指望它为朝廷卖命。早在武帝元封三年(前108),鄯善国的前身楼兰就曾一子质匈奴,一子质汉,首施两端。当汉使为此责问时,楼兰国王理直气壮地答复:"小国在大国间,不两属无以自安。"③ 由此看来,张珰第一策有效实施起来难度较大。

至于第三策,既然张珰称之为"下策",必是不宜实行。原因显而易见,一是如何妥善安置鄯善国和车师前国的内迁移民,这不是短时间内就能解决的问题;二是如果选择此方案,汉朝将彻底失去进入西域的跳板,那么汉朝自武帝以来对西域的经营成果将功亏一篑,一切都要从头再来,后果将如陈忠所言"内无以慰劳吏民,外无以威示百蛮。蹙国减土,经有明诫"。妥协退让的被动结果,两汉的大多数帝王都曾经历过。

东汉政府经过再三权衡,决定选择第二策,但改之以西域长史带队担此重任。西域长史,官名,东汉后期统领西域诸国的长官,秩禄未祥。章帝建初八年(83),班超以西域将兵长史身份,带领36名吏卒屯驻西域,联合西域诸国反击北匈奴,西域长史之设始于此。和帝永元三年(91),在控制西域南道、匈奴势力远徙的情况下,又任命班超为都护,徐幹为长史(长史之职大体相当于副都护),领辖西域。安帝永初元年(107)西域反叛,安帝"以其险远,难以应赴,诏罢都护。自此遂弃西域。"东汉势力退出西域。此次复以班勇为西域长史,治柳中城,执行都护任务,始开长史行都护之职先例,一直到灵帝时延续不断。军司马亦是官名,《周礼·夏官》谓周大司马属官有军司马下大夫,而未言其职责。汉代的军

---

① 《汉书》卷94上《匈奴传》,第3752页。
② 《后汉书》卷87《西羌传》,第2886页。
③ 《汉书》卷96上《西域传》,第3877页。

司马，是大将军的属官。大将军营（即大将军直属部队）分五部，每部置校尉一人，秩比两千石；军司马一人，秩比千石。可见，都护是军政长官，而军司马只是单纯的军事长官。所以，西域长史的身份更有利于班勇在西域进行政治、军事和外交活动。当然第二策也并非万全之策，安帝元初六年（119）行长史索班率千余人西屯伊吾，被北匈奴围攻，索班被杀。如今派出五百人的微弱兵力，深入西域无疑是虎口拔牙，后果真是难料。但是既然不能短时间内彻底解决西域问题，只有尽可能地占据战略要点，稳定局势，再做筹谋。

综上所述，张珰所提的"三策"，他力主第一策，虽困难重重，但以此表明边帅将士的斗志，坚定汉安帝西向解决西域问题的决心。第二策虽有不尽如人意之处，但相比第一策和第三策更为稳妥，较易尽快实施，故受到安帝集团的青睐。

四 张珰"三策"的历史意义

应该看到，张珰在当时朝中保守派占上风的情况下，勇于上书，力陈己见，阻止了事态的进一步恶化，对有效解决西域问题起了积极作用，这一点是极为难能可贵的。但是多年来此举并未得到史家的认同，甚至认为张珰、陈忠眼光不及甘英，有诗为证："西域纵横尽百城，张陈远略逊甘英。千秋壮观君知否，黑海东头望大秦。"① 有失公允。当然不能排除的是，诗人借此抒发的只是一种爱国情怀，并没有虑及当时的历史背景，所以我们也不能妄自非议。

我们知道，甘英当时能够出使大秦，是基于汉匈军事关系的改变和西域形势的根本好转。汉和帝永元元年（89），大将军窦宪大破北匈奴，第二年夺回伊吾地，汉朝遂以班超为西域都护，进驻龟兹，并在车师前部的高昌壁驻扎戊己校尉，于车师后部增设戊部侯，监视山北的形势，驱逐北匈奴势力，东汉在西域的统治威力达到历史的顶峰。远至条支（阿拉伯国家）的西方诸国，争先恐后与东汉政府建立友好关系。在这种大好形势下，班超派甘英出使大秦（罗马帝国），行抵条支，为风浪所阻，"临西海而还"。莫任南在《甘英出使大秦的路线及其贡献》一文中提出甘英出使大秦的目的有二：一是打破安息垄断，探寻直接同大秦贸易的商道；二是宣扬汉威，招徕外域使臣②，即主要是经济和外交层面的交通。而

---

① 王国维：《王国维诗词全编校注·咏史·第十二》，广州中山大学出版社2000年版。
② 莫任南：《甘英出使大秦的路线及其贡献》，《世界历史》1982年第2期。

三十年后的张珰所面临的是什么样的形势呢？其情如前所述，早已今非昔比，掌控鄯善、车师前国这两个小国已是力不从心，阳关、玉门关都到了要关闭的程度，张珰、陈忠纵有远略，也难以奢望此时遥不可及的大秦。

值得欣喜的是，延光二年（123）六月，班勇率领五百名弛刑士，屯兵柳中，以河西四郡为后盾，一面安营扎寨，开荒屯田，安定西域诸国向汉之心；一面利用此地的地理优势，联合西域亲汉力量，按计划有步骤地扩张势力。延光三年（前124）年正月，班勇对鄯善国采取怀柔政策，特加三绶以安其意。随后又对迟疑不决的龟兹王白英恩威并举，致使白英率姑墨、温宿等国一同归服。在初步稳定局势后，班勇趁机发动鄯善、姑墨、龟兹、温宿兵步骑共万余人进攻车师前王庭，把匈奴伊蠡王于伊和谷赶出车师前国，收前部五千余人，车师前部得以复通。延光四年（125）秋天，班勇乘胜发动鄯善、疏勒、车师前部的胡兵，并调发敦煌、张掖、酒泉六千余骑，兵分两路进攻车师后部王军就，一举将其击败，斩杀降敌八千余人，缴获马畜五万余头，生擒车师后部王军就和匈奴持节使者，控制了车师后部，基本稳定了西域的局势。汉顺帝永建元年（126），班勇立后部故王子加特奴为王，派人诛杀了和东汉王朝作对的东且弥王，更立他王。同年冬，班勇再次发动西域诸国兵，集中兵力联合攻打北匈奴呼衍王部，呼衍王不敌败走，远徙枯梧河，其余部二万余人皆降，北匈奴单于的从兄被擒，车师归汉。永建二年（127），班勇又降服焉耆，随后龟兹、疏勒、于阗、莎车等十七个小国皆来归降。彻底扭转了东汉政府在西域政治和军事方面的被动局面，较好地实现了东汉政府的战略意图。

虽然史书缺载，但毫无疑问，张珰作为敦煌太守，从军队的征调、后勤保障等方面无疑给予班勇全方位的支持，保证其在西域进行一系列政治、军事和外交活动的顺利进行。张珰是延光初年始到敦煌的戍边将领，虽然做敦煌太守不过四年左右的时间，但他忠于朝廷，尽职尽责，颇具战略家的眼光和敏锐的洞察力。当然张珰策略的实现也得益于执行者的正确实施。安帝所派出的班勇是班超之子，生长于西域，深谙边情，有勇有谋，其胆略酷似其父，正所谓"虎父无犬子"。东汉时西域"三通三绝"，至班勇以长史重平西域，自此遂不复绝。由此也可看出，安帝政府在力所不及的情况下，对西域问题还是非常重视的，从人员的选用上可见一斑，足见统治者经营西域之良苦用心。

第七章 两汉时期河西军事战略价值的特点与分析

一 两汉时期河西军事战略价值的特点

两汉时期，汉匈所面对的政治、军事形势是长期的南北对抗。武帝元狩二年（前121），河西归汉，汉王朝借助河西的地理优势，争取西域，打压匈奴，可以说在汉朝打击匈奴的多次战争中，河西均发挥了无可替代的作用。失去河西的匈奴，整体实力江河日下，时时处于被动防御的局面，再无汉初的雄风。可见，河西的军事战略价值，对汉匈双方都具有同等重要的作用。河西的得失，关乎汉匈之盛衰，故成为双方势所必争之地。总之，河西在汉匈百年战争史上曾经发挥过重要作用，但是，其战略地位的重要性并不是一成不变的，而是处在一个动态的变化之中，变化规律具有非常明显的特点，下面以汉朝为视角分析概括如下：

（一）汉初至武帝前期（前206—前133）

前面已经提到，匈奴趁楚汉战争之际，南下夺回秦时蒙恬所取的河南地，势力达到朝那（今甘肃平凉县）、肤施（今陕西榆林县）一带。汉文帝时期，匈奴日益强盛，东征东胡，西击走月氏，势力越过大河扩展到大河以西，并将其作为养精蓄锐的战略基地，派匈奴右部所属的浑邪王和休屠王统治。虽然临近的狄道（今甘肃临洮）、阿阳（今甘肃静宁西南）和萧关（今甘肃固原南）时有匈奴挑起战事，但直到汉武帝前期，汉匈最为激烈的交战地点主要集中在关中的北部、东北部一线，也就是说，此时的河西是匈奴军事战略格局中的一枚重要棋子，但对汉王朝来说还是一个难以企及之地，其军事价值无从谈起。

（二）武帝前期至宣帝末（前133—前49）

这一阶段是汉匈战争全面爆发时段，也是河西军事战略地位首次达到高峰时期，共有13次较大规模的战事直接与河西有关，约占此阶段汉匈战争的81%。

汉武帝元光二年（前133）汉朝发动马邑之战，拉开了汉匈开战的序幕。元狩二年（前121）的河西之战，使河西由匈奴的军事基地转化为汉王朝隔绝匈羌、联络西域、打击匈奴的战略要地。元狩四年（前119）汉匈漠北之战后，匈奴实力大衰，暂时无力与汉朝争锋，不得不向西北转移，主力聚集于河西北部两千余里的浚稽山一带，伺机再夺河西。另外，匈奴要想长久有效地控制西域，也必须夺回河西走廊，阻断汉朝势力的西进。正所谓得之者昌，失此者蹙，先至者胜，后至者覆，河西成为双方反复争夺的军事重地。

元狩二年（前121）春，霍去病首战匈奴休屠王胜利后，汉政府即开始了对河西的大规模经营，至太初三年（前102）以配合李广利西伐大宛为契机，从人力、设施、后勤保障等各个方面又重点加强居延、武威两个突出前沿的攻防能力。经过十几年的经营，河西实现了由战略防御向战略进攻性质的根本转变。从此以后，汉军从河西集结兵力，主动出兵塞外寻歼匈奴主力，或与其他方向主力配合联合夹击匈奴，发动战争的规模和频率都是比较大的。

昭帝元凤三年（前78），由于滞留在河西"斗地"的匈奴犁汙王集团被灭，匈奴势力彻底退守到遥远的浚稽山地区被动防守，战略优势丧失殆尽。宣帝时期，河西的军事能力进一步辐射到西域，本始二年（前72）、地节三年（前67）汉朝两次兵出河西进军西域，打击匈奴，直接导致了宣帝神爵二年（前60）的匈奴日逐王降汉汉匈关系进入相对友好发展阶段。

（三）元帝前期至明帝前期（前48—72）

河西有零星小规模战事。两汉之际，匈奴势力到达关中腹地、河东诸郡、天水一带，河西亦是匈奴争夺的军事要地。由于内乱更息，东汉政府政治上对匈奴采取遣使交好的策略，以赢得喘息之机，军事上则重点加强边郡的防守。河西大将军窦融为保障河西路的安全，打通高平道，从受正朔；颁布科条，加强塞防。虽然传世文献中河西并未有大规模战事的记载，但出土的居延汉简则证实，匈奴突破河西塞防的情况也有发生，但汉军并无主动出击的战例,能在汉匈抗衡中争取到攻防相持的局面已实属不易。

东汉初立,百废待兴,汉政府无暇而顾,对西域采取冷处理的办法,招致西域叛汉。窦融深知边情,于建武五年(29)奏准以东汉朝廷的名义立康为汉莎车建功怀德王、西域大都尉,西域五十五国皆听其号令,以河西为纽带基本恢复了西域与中原的联系,但主要是基于政治方面的意义,此状况一直维持到明帝前期。

(四)明帝中至安帝末年(73—125)

汉匈战事主要分为两个阶段、五大战役,分别发生在汉明帝永平十六年(73)至十八年(75)间、汉和帝永元元年(89)至永元三年(91)间。河西的军事战略价值再次达到高峰,占整个汉匈战事的53%。其中汉匈决战燕然山之战、金微山之战即发生于此时段。

(五)安帝末年至汉末(125—)

汉匈战事主要集中在关中北部一线如美稷(今内蒙古伊克昭盟准格尔旗西北)、常山(今河北元氏西北)等地。由于东汉王朝后期国势不振,西域形势亦不稳定,以河西敦煌为基地在公元127年、129年、151年和170年虽分别用兵西域,平复西域叛乱和击退北匈奴的进攻,但这一阶段主要以羌乱为主,兼有鲜卑、高句丽的侵扰以及频繁的农民起义贯穿始终。

由此看出,两汉时期的河西是汉匈战争的高发区,决定着汉匈战争的最终走向,具有重要的军事战略价值,但其军事价值呈现出由低到高、由高到低循环往复的特点。

二 影响两汉时期河西军事战略价值的因素分析

两汉时期河西地区具有重要的军事战略价值,究其原因,不外乎主要受汉朝综合国力、地理形势等因素综合作用的影响,试述如下:

(一)综合国力的作用

河西战略地位重要性的演变特点在两汉时期有着惊人的相似之处,集中体现在:武帝前期至宣帝末(前133—前49)和明帝中至安帝末年

(73—125）这两个时段，是河西战事最为频繁的时期，也是两汉国力最为强盛的阶段；汉初至武帝前期（前206—前133）、元帝前期至明帝前期（前48—72）、安帝末年至汉末（125—），这三个时期河西军事战略价值较低，基本无战事或有零星小规模战事，而此时的汉政府不是提倡休养生息，就是统治者腐朽没落，国势不振，对外难以有所作为的时期。

综合国力是一个国家政治、军事和经济力量的集中体现，它的强弱直接影响到国家边防的强弱，边防的强弱又直接左右着战争的胜负，即综合国力愈强，国家对边防重地的投入愈多，军队对外作战的能力愈强，发生在该地的战事就愈多，军事战略地位相应的愈高，反之亦然。

1. 西汉时期

西汉立国之初，由于经过长期的国内战争，整个社会"满目疮痍"，经济萧条，人口锐减，国库空虚，正如《史记·平准书》所言：

> 汉兴，接秦之弊，丈夫从军旅，老弱转粮饷，作业剧而财匮，自天子不能具钧驷，而将相或乘牛车，齐民无藏盖①。

面对如此的经济困境，汉政府维持国家基本运转已属不易，再加上国内政局不稳，先有诸旧功臣与诸吕集团的权力之争，后有同姓诸侯王尾大不掉之祸。这种状况无疑严重制约着汉政府的对外政策。而北边的匈奴，利用楚汉相争、中原内乱之机，已迅速崛起于漠北，拥有"控弦之士三十余万"，虎视汉廷边境。高祖七年（前200）的平城之战，汉匈双方的军事实力得以全面展示，汉军所能出动的兵力为32万，以步兵为主，匈奴精骑40余万，力量之悬殊可见一斑。此后，在汉匈南北对峙的边界线上，匈奴的兵力主要集中在关中东北部的燕、代，北部的朔方、上郡、定襄、五原，西北部的陇西、北地等地，对关中地区形成半包围之势。汉朝的西、北边防设施基本沿袭了秦时的状况，"自榆中并河以东，属之阴山，以为十四县，城河上为塞。又使蒙恬度河取高阙、阳山、北假中，筑亭障以逐戎人"②。此处所说的"榆中"位置，指《汉书·地理志》中金城郡的属县③。

汉朝边防军的数量，文献记载较为疏落，《史记·平准书》载："（文

---

① 《史记》卷30《平准书》，第1417页。
② 《史记》卷6《秦始皇本纪》，第253页。
③ （北魏）郦道元：《水经·河水注》，据（清）王先谦《合校水经注》卷二，第32b页；辛德勇：《秦汉政区与边界地理研究》，中华书局2009年版，第207页。

帝时）屯戍者多，边粟不足给当廪者。"① 可资参证，但相对匈奴的侵暴，当时的边防状况捉襟见肘、触目惊心，有史为证：

《汉书·高后纪》载"高后六年春，匈奴寇狄道，攻阿阳"。"七年冬十二月，匈奴寇狄道，略二千余人"。
《汉书·文帝纪》载"文帝三年五月，匈奴入居北地、河南为寇"。"十一年夏六月，匈奴寇狄道"。"十四年冬，匈奴寇边，杀北地都尉印"。"后元六年冬，匈奴三万骑入上郡，三万骑入云中"。
《汉书·景帝纪》载"中元二年春二月，匈奴入燕"。"中元六年六月，匈奴入雁门，至武泉，入上郡，取苑马。吏卒战死者二千人"。"后元二年春，匈奴入雁门，太守冯敬与战死"。

尤为值得关注的是，孝文帝十四年，匈奴单于十四万骑轻而易举大人朝那、萧关，杀北地都尉印，虏获人民畜产甚多，火烧回中宫，候骑直至甘泉宫，而孝文帝除派十万余骑保护京都长安外，根据有限的财力和兵力，另派五位大将历时月余逐渐驱除匈奴出塞即还，毫无反攻之力。

所以早在高祖时期，边将屡有反叛，如高祖六年秋九月，匈奴围韩王信于马邑，信降匈奴；高祖六年十二月，匈奴攻代，代王喜弃国，自归洛阳；高祖十年九月，代相国陈豨反。他们均采取不战而降、不战而逃的策略，也就不足为怪了。

西汉经过高帝、惠帝、吕后、文帝、景帝五朝帝王近六七十年的发展，到武帝时期，社会状况有了根本好转，经济发达，国力强盛，正如《史记·平准书》所云：

汉兴七十余年之间，国家无事，非遇水旱之灾，民则人给家足，都鄙廪庾皆满，而府库余货财。京师之钱累巨万，贯朽而不可校。大仓之粟陈陈相因，充溢露积于外，至腐败不可食。众庶街巷有马，阡陌之间成群，而乘字牝者傧而不得聚会②。

《汉书·西域传》亦载：

---

① 《史记》卷30《平准书》，第1419页。
② 同上书，第1420页。

第七章 两汉时期河西军事战略价值的特点与分析

遭值文、景玄默,养民五世,天下殷富,财力有余,士马强盛①。

综合国力的提升使汉初以来匈强汉弱的被动局势得以扭转,武力解决匈奴问题成为汉朝统治者的共识。文帝时,调兵遣将,任用优秀的军事将领;推行马政,提升军事装备实力;精心挑选,组建训练有素的骑兵部队;移民实边,寓兵于农抗击匈奴;积粟塞下,储存边郡之粮。武帝建元三年(前138)派遣张骞联络月氏,沟通西域;元光元年(前134),命令李广屯云中,程不识屯雁门,加强边郡的军事力量。但外部环境(军事形势)依然没有得到突破性进展。从传世文献记载来看,汉朝在相继取得河南、漠南、河西之战大捷后,匈奴右部虽遭受重创,但整体实力依然强大,对边郡的侵暴仍很猖獗,《汉书·武帝纪》对此有详细记载,列表如下:

时　间	匈奴入侵情况
元朔三年夏	匈奴入代,杀太守;入雁门,杀掠千余人
元朔四年夏	匈奴入代、定襄、上郡,杀掠数千人
元朔五年秋	匈奴入代,杀都尉
元狩元年五月	匈奴入上谷,杀数百人
元狩二年夏	匈奴入雁门,杀掠数百人
元狩三年秋	匈奴入右北平、定襄,杀掠千余人

武帝元狩二年(前121)河西归汉,匈奴从西、北方向对汉朝形成的包围圈被撕开,基本丧失了牵制汉军两线作战的地理优势;元狩四年(前119)汉匈漠北大战,匈奴主力遭到毁灭性的打击,不得不向西北方向转移。史载元封六年(前105),"单于益西北,左方兵直云中,右方兵直酒泉、敦煌"②。匈奴主力迁移到河西北部二千余里的浚稽山一带,妄图依靠西域的亲匈势力夺回河西,与汉廷抗衡。以河西为基地,进军西域,"斩断匈奴右臂",彻底击败匈奴成为汉武帝此后的战略目标,河西的军事价值首次被推到了历史的最前沿。

汉政府为提高河西的攻防能力,从武帝元狩二年(前121)河西归汉

---

① 《汉书》卷96下《西域传》,第3928页。
② 《汉书》卷94上《匈奴传》,第3774页。

后，即在此地开始大规模的经营。其发展大体经历了初创和成熟两个阶段，论述如下①。

（1）河西防务的初创

此阶段大约从武帝元狩二年（前121）一直到太初三年（前102），共十九年的时间，期间汉政府所采取的措施主要包括以下内容。

甲、占据金城临河要津

武帝元狩二年（前121）春，霍去病进军河西，击败位于河西东部的匈奴休屠王部凯旋后，汉武帝即派大行李息带兵在黄河沿岸修筑金城，建立进一步夺取河西的桥头堡。同年夏，霍去病与公孙敖率军再征河西，彻底击败了盘踞在河西中西部的匈奴浑邪王部及休屠王残余势力，二王降汉，被引渡过河。《史记·骠骑列传》载：

> 其秋，……浑邪王与休屠王等谋欲降汉，使人先要边。是时，大行李息将城河上，得浑邪王使，即驰传以闻。……遣浑邪王乘传先诣行在所；尽将其众渡河。降者数万，号称十万②。

说明不到半年的时间，汉朝已完全掌控了金城要津。

乙、移民屯田

自元鼎六年（前111）移民令居起，汉政府向河西进行不间断的移民，如"河西开田官""索氏徙居河西""徙武都氏人于酒泉"等③。

粮食是开发河西的物质基础，河西路建设需要长期而稳定的粮食供应。移民政策能够在较短时间内集中起所需的人力、物力，方便兴修较大的水利工程，推广先进的生产技术，促进当地经济的迅速发展。另外，大量移民以准军事化的形式组织起来，有力地补充了河西的武装力量，对于巩固边防也有积极的作用。因此，移民屯田政策具有双重意义，使汉王朝在较短时间内掌控河西成为可能。

丙、修筑障塞亭隧

汉政府巧妙利用河西的山川险阻、地形地物，修筑鄣塞亭隧，从元鼎六年（前111）"数万人渡河筑令居"起，"始筑令居以西"，至元封三年、四年（前108、前107）间，"酒泉列亭鄣至玉门"，边塞已东西纵贯

---

① 贾文丽：《汉朝在河西的防御与战略演变研究》，《南都学坛》2010年第4期。
② 《史记》卷111《卫将军骠骑列传》，第2933页。
③ 王宗维：《汉代丝绸之路的咽喉——河西路》，第207—208页。

整个河西走廊。与此同时,在祁连山和北山山脉的多个谷口处亦修建了塞桓,从而形成了一套较为严密的防御体系和军事交通系统①,为河西路的安全提供了基本保证。

丁、精锐部队作为护卫军

从元鼎六年(前111)数万人始筑令居塞时起,汉廷即派遣从票侯赵破奴率万余骑作为河西路建设的护卫军,《汉书·匈奴传》载:

出令居数千里,至匈奴河水,皆不见匈奴一人而还②。

同时还承担着河西路的开路先锋,《汉书·张骞传》记:

楼兰、姑师小国当空道,攻劫汉使王恢等尤甚……于是,天子遣从票侯破奴将属国骑兵及郡兵数万以击胡,胡皆去。明年,击破姑师,虏楼兰王,酒泉列亭障至玉门矣!③

降伏姑师、楼兰,西域大门洞开。元封二年(前109),汉廷又派李陵将兵八百余骑,深入匈奴地二千余里,"过居延视地形"。后拜李陵为骑都尉,"将勇敢五千人,教射酒泉、张掖以备胡",重点加强河西走廊腹心地带酒泉、张掖的军事安全。也就是说,当时朝廷共派出15000精兵负责河西路的军事安全任务。

戊、建立酒泉郡

随着河西防务设施的修筑以及人口的快速增长,处于交通枢纽的酒泉逐渐成为河西的政治、经济和军事中心,急需建立相应的管理机构,遣官治民,部署防务。《史记·大宛列传》载:

而汉始筑令居以西,初置酒泉郡,以通西北国④。

建立时间大约在武帝元封三、四年间(前108、前107)。酒泉郡郡治禄得位于河西走廊的中心地带,处于东行西去、南来北往的十字交叉路口,军事交通位置非常重要。当时酒泉地区的人员组成主要是疏通交通道

---

① 吴礽骧:《河西汉塞调查与研究》,第182页。
② 《汉书》卷94上《匈奴传》,第3771页。
③ 《汉书》卷61《张骞传》,第2695页。
④ 《史记》卷123《大宛列传》,第3170页。

路和修筑汉塞的吏卒,因此文献也是从交通的角度对酒泉郡进行记载①。当然还有一些屯田的移民,人员数量当不在少数。初设的酒泉郡管辖范围为整个河西走廊,这是汉政府在河西建立的第一个行政管理机构,为进一步开发河西创造条件。

以上史实表明,河西路的初建阶段得到了汉政府的大力支持,修建临河要津、移民屯田、修筑障塞亭隧、调集精锐部队护卫、设置酒泉郡,一切都在紧张有序地进行着,一切进行得非常顺利。至元封三年、四年,河西的防务已初具规模,但防守能力依然非常薄弱,有得而复失的危险。

(2)河西防务的强化

太初三年(前102),以配合李广利兵出敦煌伐大宛为契机,河西的防务措施得到进一步强化,主要体现在行政机构的进一步完善、北部塞防的增建和兵力的大规模投入上。基本格局对后世产生深远的影响,具体内容如下:

甲、建立河西四郡

从元封三年、四年(前108、前107)到地节元年、二年(前69、前68),汉政府经过40年左右的时间,在酒泉郡建立的基础上,进一步分置出张掖郡、敦煌郡、武威郡,《汉书·西域传》载:

> 其后,骠骑将军击破匈奴右地,降浑邪、休屠王,遂空其地,始筑令居以西。初置酒泉郡;后稍发徙民充实之,分置武威、张掖、敦煌。列四郡,据两关焉②。

河西四郡全部建起,辖境东起大河,西至玉门关、阳关。四郡的空间布局合乎河西的地理条件,武威郡位于石羊河流域,东临黄河,西通张掖,南依祁连,北接腾格里沙漠,素有"通一线于广漠,控五郡之咽喉"的重地之称。张掖郡置于黑河流域的中部,郡治觻得扼控居延南北道与河西走廊东西大道的交会点。酒泉郡位于黑河流域西部和疏勒河流域东部,郡治禄福,东接张掖,西达伊吾,南望祁连,北通蒙古。敦煌郡分布于疏勒河流域,位于河西走廊的最西端,是西域南北两道的分合点。四郡的逐渐分化表明汉政府对河西控制力量的逐步增强,有史家称:"汉武帝开河西四郡,立酒泉以为中权重镇,北控居延,南枕祁连,西有敦煌以为前

---

① 王宗维:《汉代丝绸之路的咽喉——河西路》,第226页。
② 《汉书》卷96上《西域传》,第3873页。

卫，东有武威、张掖以为后路，卒能击破匈奴，以雪高祖之耻。时移代异，而形势依然。"①

乙、设立张掖属国

汉政府在河西推行郡县制的同时，为了安置归附汉朝的少数民族部众，在河西又并行设立张掖属国。张掖属国的民族成分复杂，有匈奴、义渠戎、卢水胡等；人口情况据《后汉书·郡国志》记载："户四千六百五十六，口万六千九百五十二"，与张掖郡大体相当，而且由于少数民族的游牧特点，没有划分固定的地域范围，而是散布于整个张掖郡内。属国的设立不但有利于河西这个多民族地区的稳定，更重要的是增加了一支可与匈奴抗衡的军事力量。《汉书·匈奴传》记载，昭帝元凤二年（前79），匈奴右贤王、犁汙王四千骑，分三队入日勒、屋兰、番和，张掖太守、属国都尉立即发兵出击，属国千长义渠王骑士射杀犁汙王，极大地削弱了匈奴对河西的侵扰势头。

丙、增筑居延塞、休屠塞

河西走廊东西纵横两千余里，地形复杂，防御力量难以平均配置，汉政府把防御的重点北移到居延、休屠两个突出前沿上，以加强河西北部地区的防御纵深。武帝太初三年（前102），"使强弩都尉路博德筑居延泽上"②，并沿弱水两岸向西南延伸到酒泉附近，与河西路的东西塞防连为一体。同时修建了从休屠城至休屠泽的塞防，即在今大西河、内河和外河的东西两岸，修筑了一系列堑壕、障坞和亭燧。这两条塞防的修筑把汉朝的防御前沿至少北移了三百余公里，对有效阻滞匈奴南进，保证酒泉、张掖、武威等地的军事安全具有重要作用。

丁、修筑敦煌至盐泽塞防

李广利太初四年（前101）二伐大宛胜利后，敦煌在河西的军事前沿地位日益突出。敦煌是河西走廊的西部门户，临近西域，而西域的大部分地区还在匈奴的势力范围内，所以敦煌的军事安全至关重要。"而敦煌置酒泉都尉，西至盐水，往往有亭。而仑头有田卒数百人，因置使者，护田积粟"③。此时敦煌郡还未成立，因而敦煌，仍属于酒泉郡的管辖范围，那么当由酒泉都尉全权负责修建敦煌至盐泽的交通设施及塞防工程。

---

① 向达：《唐代长安与西域文明》，第342页。
② 《史记》卷110《匈奴列传》，第2916页。
③ 《史记》卷123《大宛列传》，第3179页。

戊、配置雄兵强将

河西的兵力状况史籍无明确记载，只知汉朝在太初三年（前102）对河西进行过大规模的兵力投入。《史记·大宛列传》载：

> 益发戍甲卒十八万，酒泉、张掖北，至居延、休屠以卫酒泉①。

十八万戍甲卒以绝对的人员优势，一次性被安置在河西的腹心地带，相信能够迅速改变河西建设初期兵力分散、兵员不足的状况。

另外，从河西历次出兵的情况也可作一个大概的统计。李广利伐大宛之时，"强弩都尉路博德筑居延泽上"，兵力情况并未介绍，但天汉二年（前99）李广利从酒泉出动三万兵力西征天山。天汉四年（前97）的"天山之战"中，路博德将万余人与贰师会，可印证路博德在居延的兵力至少有万余骑；李陵军五六千骑兵几乎全军覆没，只有四百人得以逃回。征和四年（前89）重合侯莽通率领四万余骑出酒泉千余里。太初三年（前102），赵破奴离开河西，但万余骑兵员不会带走。本始二年（前72），度辽将军范明友三万余骑出张掖；后将军赵充国为蒲类将军三万余骑出酒泉。可知酒泉的兵力大约三四万骑，张掖有三万骑，居延万余骑，那么河西能够同时出动的兵力大约有八万骑之多。

史籍中所载的河西军将领，主要有李广利、李陵、路博德、范明友、赵充国等，既有皇亲国戚又有久经沙场、作战经验丰富的军中宿将。由他们率领的河西军既可应对敌寇的大规模入侵，又能主动出击，北伐或西征。

毋庸置疑，河西强大边防力量的建设和不断的对外征伐，都要依赖于汉政府国力的支撑。汉武帝为配合对匈奴战争而进行的经济改革虽然为国家聚集了大量钱财，但仍然不能满足日益庞大的军费开支。正如尚书陈忠所言，汉武帝时对匈奴用兵"财币糜于卢山之壑"②。到武帝晚年，汉朝已是"海内虚耗，户口减半"③，"民力屈，财用竭，因之以凶年，寇盗并起，道路不通"④。经济的虚耗导致国内形势不稳，西羌、西南夷、乌桓等外族骚乱频起。武帝末年不得不弃轮台之地，下哀痛之诏，缩减军费，与民休息，以期稳定政治统治，发展经济。河西的战火硝烟渐渐消散。

---

① 《史记》卷123《大宛列传》，第3176页。
② 《后汉书》卷88《西域传》，第2912页。
③ 《汉书》卷7《昭帝纪》，第233页。
④ 《汉书》卷96下《西域传》，第3929页。

汉武帝的"与民休息"政策在昭、宣二帝时得到进一步贯彻，所以很快又出现了繁荣兴旺的社会景象，"百姓安土，岁数丰穰"①，史称"昭宣中兴"。伴随着国力的恢复，统治者力主伐胡、开拓边疆的思想逐渐萌动，突出地表现在对河西边备的重视上。昭帝始元二年（前85）冬，"发习战射士诣朔方，调故吏将屯田张掖郡"。始元六年（前81），"以边塞阔远，取天水、陇西、张掖郡各二县置金城郡"。宣帝本始二年（前72），匈奴在河西无力与汉争锋，只好向西域进逼乌孙，而汉廷在较短时间内集结十六万大军征讨匈奴，其中有六万人兵出河西②，此战后匈奴精锐几乎全军覆没，元气大伤。

西汉末期，由于宦官外戚专权、政治腐败，元帝、成帝、哀帝、平帝至新莽篡位，君主一代比一代荒淫昏庸，挥霍无度，百姓的生活每况日下。西汉王朝早已失去了进行大规模长期战争最起码的经济实力，不得不收缩边防，以应付国内的政治和经济危机，如成帝河平元年（前28）六月，汉政府因无暇西顾，罢典属国并大鸿胪③。

而所幸的是此时的匈奴，因连遭失败，其内部矛盾进一步激化，直接影响到匈奴政权局势的稳定，最终导致五单于争立，内部混乱不堪。所以，西汉王朝尽管临近末日，尚能保持河西的完整，但该地的军事战略价值与武帝、昭、宣时代已不可同日而语，仅仅出于战略防御的需要，派兵驻守而已。

两汉之际，北匈奴趁王莽之乱而"略有西域"，河西虽无大规模战事，但匈奴的小规模入侵也时有发生。窦融集团在中原力量势不及此的情况下，补充完备边塞的戍所、防御器物和马匹、给养。颁布《捕斩匈奴虏反羌购赏科别》，对捕斩匈奴、反羌者予以奖赏，调动本郡民众参与到保家卫国的战争中来，保住了这块战略要地，但限于自身力量的薄弱，并无主动出击寻歼匈奴主力的举动。

2. 东汉时期

东汉初年，经过西汉末年农民大起义的打击，国家国力空虚，人口锐减，百姓稼穑艰难。自汉光武帝始，明帝、章帝、和帝三朝皆推行偃武修文，以"柔道"治天下的政策，"虽颇有弛张，而俱存不扰"，这对尽快稳定社会秩序、恢复社会经济起了积极的推动作用。体现在边防问题上，

---

① 《汉书》卷24上《食货志》，第1141页。
② 《汉书》卷94上《匈奴传》，第3785页。
③ 《汉书》卷10《成帝纪》，第309页。

就是奉行保境安民、重守而非攻的战略思想。

明帝永平末年，社会经济得到了较大的恢复和发展，一扫立国之初衰微破败的局面，进入了一个国富兵强的兴盛时期，战争潜力重新积聚。在延续西汉在河西边备投入的基础上，也增加了一些新的内容。

（1）加大屯田力度

两汉之际窦融保据河西期间，利用屯田机构组织管理屯田事宜，以其作为保卫河西路安全的经济基础。如出土的居延新简 EPF22·825A 记载：

> □月甲午朔己未，行河西大将军凉州牧守张掖属国都尉融使告部从事□城武威、张掖、酒泉农都尉、武威太守言官二大奴许岑①

简中提及河西四郡中武威、张掖、酒泉三郡的农都尉，农都尉是专职田官，主屯田殖谷，兼受大司农和本郡太守节制。正是由于屯田成效显著，使得在天下纷乱，各地经济困顿，人民流离失所的情况下，河西的经济却依然保持良好的发展势头，史称河西"晏然富殖"，"安定、北地、上郡流人避凶饥者归之不绝"②。

东汉时期，汉政府在河西继续推行屯田制度，而且由于战事较为集中，规模较大，屯田力度也应不小。

（2）进一步调配罪人徙边

东汉在河西屯田的劳动者有吏卒、降羌、弛刑和免刑罪人及其家属。值得关注的是，相较西汉，东汉调拨弛刑和免刑罪人徙边的现象非常普遍，《后汉书》诸帝纪中有诸多减囚徒之罪徙河西及其临近地区的记载，此不一一赘述。从一个侧面可以反映出，汉朝统治者更加重视河西的军事战略地位，利用一切可以利用的人力资源，加大河西移民投入，满足河西作为军事战略前沿地位所应具备的人力条件。

（3）增设属国

根据战争形势发展的需要，汉政府在河西又相继增设张掖居延属国和酒泉属国。

甲、张掖居延属国

东汉时期频繁的羌民起义是设置张掖居延属国的一个重要因素，设置

---

① 参考刘光华《汉代西北屯田研究》，兰州大学出版社1988年版。
② 《后汉书》卷23《窦融列传》，第797页。

时间大约在东汉安帝永初年间①。起义羌民攻击的重点主要集中在陇西、安定、金城二郡，而在羌乱高峰时期，河西亦是他们的必侵之地。另外，此时的匈奴借中原内战之际，势力转盛，西域为匈奴重新控制。永平中，北虏胁诸国共寇河西郡县，河西的安全形势非常严峻。所以在当时有些边郡内迁的情况下，为加强河西腹心地带的武装力量，建立张掖居延属国确有必要。

居延属国作为比郡建置，属国上层的权力有所扩大，由原来西汉时受张掖郡守管辖的二级机构，变为与郡并列平行的独立行政区划，直接接受州和朝廷的调遣。所辖人口为户一千五百六十，口四千七百三十二。

乙、酒泉属国

酒泉属国设置的具体时间大体划定在建初元年（76）至延光二年（123）之间。酒泉属国的设立当与"瓜伊道"的开通和汉匈激烈的军事斗争有关。它的形成与居延属国一样，也是从张掖属国中自然分离而来。

酒泉属国的吏民组成，主要有土著小月氏、匈奴和氐人等，管辖的人口大约有两千多人。

根据史书记载，自明帝永平十五年至十八年间，河西烽烟再起，战事集中、规模较大，其军事价值再次达到高峰：

> 永平十五年（72）十二月，明帝遣奉车都尉窦固、驸马都尉耿秉屯凉州。
>
> 永平十六年（73）春二月，明帝遣太仆祭彤出高阙，奉车都尉窦固出酒泉，驸马都尉耿秉出居延，……伐北匈奴。
>
> 永平十七年（74）夏，窦固率军复出玉门击西域，诏耿秉及骑都尉刘张皆去符传以属固，遂定车师而还。
>
> 永平十七年（74）冬十一月，遣奉车都尉窦固、驸马都尉耿秉、骑都尉刘张出敦煌昆仑塞，击破白山虏于蒲类海上，遂入车师。
>
> 永平十八年（75）秋，肃宗即位，拜秉征西将军。遣案行凉州边境，劳赐保塞羌胡，进屯酒泉，救戊己校尉。
>
> 永平十八年（75）十一月，显宗召郑众为军司马，使与虎贲中郎将马廖击车师。至敦煌，拜为中郎将，使护西域。会匈奴胁车师，围戊己校尉，郑众发兵救之。迁武威太守，谨修边备，虏不敢犯。
>
> 永平十八年（75）十一月，遣征西将军耿秉屯酒泉，行太守事，

---

① 王宗维：《汉代河西走廊的咽喉——河西路》，第 256 页。

遣秦彭与谒者王蒙、皇甫援发张掖、酒泉、敦煌三郡及鄯善兵，合七千余人，建初元年正月，会柳中击车师，攻交河城，斩首三千八百级，获生口三千余人，驼驴马牛羊三万七千头。北虏惊走，车师复降。

永平十八年（75）十一月，先是耿恭遣军吏范羌至敦煌迎兵士寒服，羌因随王蒙军俱出塞……三月至玉门，唯余十三人。

东汉军队在河西不断的北伐和西征，虽然沉重地打击了北匈奴势力，但与北匈奴在西域的争夺也日益严酷。建初二年（77）三月，东汉在西域的军事争夺受挫，暂时撤回伊吾卢屯兵，北匈奴遂又占据车师诸国。十年后，即章和二年（88），东汉统治集团再次调兵遣将，意欲彻底消灭北匈奴，河西迎来自东汉以来的第二次战争高峰。

章和二年（88）十月，窦太后以窦宪为车骑将军，耿秉为副帅统筹方略，调发缘边十二郡精骑，选拔边境郡县的鲜卑、乌桓等羌胡骑兵和主动请缨的南匈奴精锐，征发北军五校及黎阳营和雍营之军，总兵力达四万六千余骑，发动稽落山之战。

汉和帝永元二年（90）七月，窦宪以侍中邓叠为征西将军，调动武威、张掖、酒泉、敦煌以及金城、陇西、汉阳、武都、安定、北地等郡的兵马，再次出屯凉州。

汉和帝永元三年（91）二月，窦宪派左校尉耿夔、司马任尚，率军出居延塞，长途奔袭五千余里，大破北单于部于金微山（即今阿尔泰山）。

但与此同时，自东汉建武十年（34）的第一次羌民大起义起，近130多年的时间内，羌民起义连绵不绝，湟中、陇右、河西等地区是羌民作乱的中心，几乎贯穿了整个东汉历史，东汉政府对羌族各部的军事征伐也旷日持久。

另外，乌桓、鲜卑趁机入塞，寇掠沿边诸郡。据《后汉书》卷90《鲜卑列传》记载，汉灵帝即位后，"幽、并、凉三洲缘边诸郡无岁不被鲜卑寇钞，杀略不可胜数"，整个西北地区被拖入战争的泥潭中难以自拔。

长期的战争消耗使东汉经济严重衰退，应该说，东汉政府自汉和帝时就已经开始呈现滑坡迹象，后期的殇帝、安帝、顺帝、冲帝、质帝、桓帝、灵帝到献帝，统治阶级日益腐败，政治昏暗，对人民极尽搜刮之能事，社会生产破坏严重，整个国家呈现一片残破景象，"男寡耕稼之利，女乏机杼之饶"①，桓帝时"天下饥馑，帑藏虚尽"②，社会财富丧失殆尽，人民贫困到无以复加的地步。内地不断爆发的农民起义已如星星之火，正在形成燎原之势，东汉王朝时刻处于风雨飘摇之中。所以自殇帝起，河西渐渐不再是一个战马嘶鸣、烽火硝烟的战场。元初六年（119），朝廷采取"置护西域副校尉居敦煌，复部营兵三百人，羁縻而已"③的策略，将敦煌作为东汉王朝统辖西域的军政中心④，权作消极防御。

综上所述，两汉时期，河西军事价值的高低直接与王朝是否兴盛有关。每当中原王朝政治稳定、国力强盛之时，君王勇于开拓，调动人力、物力、财力积极主动与匈奴争战，河西作为对外出兵的重要军事基地，自然战事频繁；而当中央政权衰弱之时，往往由于经济残破、国力空虚不得不收缩防线，减少戍守物资和兵力，河西的军事价值随之削弱。两汉时期国力的强弱与河西军事价值的高低呈明显的正相关，正是这种状况的反映。

（二）地理形势的作用

英国近代地理学鼻祖哈·麦金德在其代表作《历史的地理枢纽》中提出："地理与历史之间有着某种密切的相互关系，世界舞台上各种特征和事件与地理之间有着规律性的东西，以此可透视当时国际政治斗争中地理因素对敌对势力之间的影响力。"⑤强调地理因素对历史发展的重要作用。河西地处我国西部边疆，从经济特征上看，它是一个相对独立的经济区域，农牧业发达、资源丰富；从政治和军事环境上看，它位于中原、西域、青海和蒙古高原之间的结合地带，是一个战略枢纽；从交通特点上看，它纵贯东西，中间又有河谷通道沟通南北。这些特点决定了它在两汉时期成为各方军事势力争夺的焦点，具有重要的军事战略价值。

1. 河西是几大区域的经济核心地带

河西是一个相对独立的经济单元。该地区气候温和，土壤肥沃，水草丰茂，发展农业、畜牧业条件优良。《汉书·地理志》曾言："是以其俗风雨时节，谷籴常贱，少盗贼，有和气之应，贤于内郡"⑥，"凉州之畜为

---

① 《后汉书》卷51《陈龟列传》，第1692页。
② 《后汉书》卷38《冯绲列传》，第1283页。
③ 《后汉书》卷88《西域传》，第2911页。
④ 刘光华主编，汪受宽著：《甘肃通史》（秦汉卷），第390页。
⑤ ［英］哈·麦金德：《历史的地理枢纽》，商务印书馆1985年版，第50—60页。
⑥ 《汉书》卷28下《地理志》，第1645页。

天下饶"之说自古有之。这些有利的自然经济条件，走廊以南的青海地区，以北的蒙古高原，西部的西域，东边的陇右均相去甚远，因而是不同军事势力梦寐以求的战略要地。谁占有了它，谁就有了对外征伐的可靠物质基础。当然，相邻经济区的势力也必然与其展开激烈地争夺。

文帝前元四年（前176）匈奴击败月氏占据河西，河西成为匈奴继阴山之外的另一个重要的生产、生活基地。元狩二年（前121），河西归汉，匈奴丧失了这片丰饶疆土和数万之众，司马贞《索引》引《西河旧事》云："匈奴失二山，悲叹曰：'亡我祁连山，使我六畜不蕃息；失我燕支山，使我嫁妇无颜色'"。匈奴不甘心河西易手，一再反扑，并策动甘青河湟地区的羌民叛乱。

河湟地区的羌民是我国西部最古老的游牧民族，在祁连山南北打猎放牧，南来北往，潜意识中，早已把河西和湟中当作自己的家园，汉朝的进入无疑要抢夺其宝贵的经济资源。元鼎五年（前112），先零羌与封养、牢姐诸羌解仇结盟，合兵十余万，进攻令居、安故，围困枹罕（今临夏），意在攻占进入河西的桥头堡金城。同时匈奴在北部大入五原、杀太守，与之遥相呼应。最终汉武帝"发陇西、天水、安定骑士及中尉，河南、河内卒十万人，遣将军李息、郎中令徐自为征西羌，平之"①。解除了枹罕（今临夏）的危险，并一路追剿，将羌人赶到西海（今青海湖）、盐池（今茶卡盐池）等高寒地带。

征和五年（前88），先零种豪封煎派使者与匈奴交好，狐鹿姑单于随即向诸羌传话："汉贰师将军众十余万降匈奴，羌人为汉事苦。张掖、酒泉本我地，地肥美，可共击居之。"②以共享河西的丰美水草为诱饵吸引诸羌一起反汉，但未能如愿。

元狩四年（前119）汉匈漠北大战后，匈奴向西北方向迁移，移居至河西以北两千余里的浚稽山一带，妄图依靠西域的人力、物力、财力东山再起，汉朝于是将更多的注意力集中于对西域的经营。但前提是经营河西，取其粮秣，才能成征伐之事。

汉政府开发河西经济的方式是在发展河西原有畜牧业的基础上，在河西全面开展农业生产。经过大约20年的经营，河西农业经济已初具规模③。首先是不间断的移民，包括元狩四、五年（前119、前118）的移

---

① 《汉书》卷6《武帝纪》，第188页。
② 《汉书》卷69《赵充国传》，第2973页。
③ 王宗维：《汉代丝绸之路的咽喉——河西路》，第295页。

民至令居，元鼎四年（前113）南阳新野暴利长屯田敦煌界，元封三年（前108）徙武都氐人到酒泉，元封六年（前105）济南崔不意任渔泽尉，征和二年（前91）"巫蛊狱"胁从吏士徙敦煌郡等，太初三年（前102）更是一次性征发十八万人，安置在居延、休屠等地。这些移民进入河西，大部分是作为通渠置田的劳动力使用的，河西走廊的天然河流、大泽等丰富的水资源，为农业发展提供了优越的自然条件。另外，为了更充分地利用水资源，汉政府还大兴水利工程建设，利用沟渠灌溉农田，如史籍中所载的千金渠，居延汉简中记录的甲渠、泾渠等，极大地提高了粮食生产量。其中，弱水流域的居延地区成为河西最大的屯田区。据居延汉简112·2："今余谷万二千四百七十三石"条，可知仅一普通粮仓就存有余粮一万多石。更有专家推算，河西四郡粮食年产量为1600多万石，丰年还要超过这个数字①，其生产力不容小觑。

当然，河西丰富的粮食生产也为羌人所觊觎，早在神爵初年，"羌人当获麦，已远其妻子，精兵万人欲为酒泉、敦煌寇，边兵少，民守保不得田作"②。

从武帝天汉年间征伐匈奴、西域始，到东汉末年，汉朝大多以河西为大军集结地，兵出居延、张掖、酒泉、敦煌等，一次用兵动辄三四万，多至六七万。毫无疑问，均要从河西就近调用大部分粮草。深谙羌族事务的赵充国曾言："籴二百万斛谷，羌人不敢动矣。"可见，河西的粮食生产为汉朝的对外战争提供了基本保证。

2. 河西是几大区域的军事战略重心

河西东连关陇，西通西域，北当匈奴，南接种羌，在汉代就被称为"天下要冲，国家藩卫"。其独特的地理位置成为汉朝与匈奴、西羌和西域之间的军事战略重心。本书第五章、第六章已详细叙述和分析过围绕河西发生的诸多战争，集中反映了其重要的军事战略价值。

首先，河西是汉、匈西北边防的重点。武帝元狩二年（前121）前，匈奴右贤王部所属的浑邪王和休屠王占领着河西，南连河湟，北通大漠，西制西域，东逼陇右。在军事地理上，与北部匈奴单于部和左贤王部对汉朝的关中地区形成夹击之势，并频繁侵略汉之北部和西北部边境，汉朝被长期拖入多线战争、被动挨打的境地。元狩二年（前121）河西归汉，汉朝终于撕开了匈奴的包围圈，切断了匈奴与西羌的联系，控制了河西与蒙

---

① 王宗维：《汉代丝绸之路的咽喉——河西路》，第345页。
② 《汉书》卷69《赵充国传》，第2979页。

古大漠间的交通线，掌握了进出西域的门户，并将汉朝的西北防线向西前移至两千里以外，匈奴因此丧失了汉初的战略优势，后曾企图利用安插在河西"斗地"的犁汙王部众伺机夺回，终未如愿。

其次，河西是汉朝北伐匈奴、西征西域的战略基地。武帝元狩四年（前119）汉匈漠北大战后，匈奴大败，遂向西北转移，至元封六年（前105），"单于益西北，左方兵直云中，右方直酒泉、敦煌郡"，也就是说，河西作为匈奴单于部和右部的正面对抗力量，牵制着匈奴近三分之二的兵力。汉朝北伐匈奴，实施战略纵深，须远涉大漠，但匈奴骑兵机动灵活，故汉朝的军事战略部署一般采取几路大军联合作战的方式，由河西方面军承担主攻或偏师任务。

如武帝天汉二年（前99）的天山之战，主力李广利军兵出酒泉攻打车师，公孙敖军、路博德军（李陵军）分别兵出西河、居延，作为偏师牵制涿邪山一带的匈奴；天汉四年（前97）路博德军、韩说军、公孙敖军分别兵出居延、五原、雁门，作为偏师协助兵出朔方的李广利军进攻余吾水；征和四年（前89）莽通军、商丘成军分别兵出酒泉、西河，作为偏师支援兵出五原的李广利军进攻燕然山。

宣帝本始二年（前72），范明友军、赵充国军共出河西，作为偏师攻打蒲类海一带的匈奴，而韩增军、田顺军、田广明军则分别兵出云中、五原、西河向匈奴单于部作战略纵深；地节二年（前68），长罗侯常惠率张掖、酒泉两郡骑兵，直攻车师北，将匈奴兵逼出车师。

明帝永平十六年（73），窦固、耿忠军率主力之师兵出酒泉塞攻天山，耿秉、秦彭出居延塞，祭肜、吴棠出高阙塞，来苗、文穆出平城塞牵制匈奴主力；永平十八年（75），酒泉太守段彭与谒者王蒙、皇甫援发张掖、酒泉、敦煌及鄯善兵攻打车师救援耿恭军。

和帝永元三年（91），左校尉耿夔、司马任尚、赵博等率800精骑出居延塞，与匈奴决战金微山。

再次，河西是匈奴与汉朝争夺西域的战略要地。河西和西域的战略关系，尚书陈忠曾站在汉朝的角度有过精辟的论述："西域内附日久，区区东望扣关者数矣，此其不乐匈奴，慕汉之效也。今北虏已破车师，势必南攻鄯善；弃而不救，则诸国从矣。若然，则虏财贿益增，胆势益殖，威临南羌，与之交通，如此，河西四郡危矣！"[①] 河西与西域有着唇齿相依的

---

① 《后汉书》卷88《西域传》，第2912页。

利害关系①，反之对匈奴亦然。

漠北之战后，匈奴失去了漠南和河西两个战略基地，但在西域仍保存着一定的势力。为长久有力地控制西域，必须夺回河西，阻碍汉朝的西进计划。所以终两汉之世，匈奴一直反复争夺该地。

汉昭帝元凤三年（前78），匈奴单于派犁汙王侦察汉朝在河西的军备情况，发现酒泉、张掖兵力不足，遂发兵袭击，结果汉朝已得到情报，提早做好防备，导致匈奴损失惨重。

两汉之际，北匈奴趁王莽之乱略有西域，在中原力量衰微的情况下，河西成为匈奴频繁侵扰之地。破城子遗址出土的《塞上烽火品约》简册（E.P.F16：1—17），详细记录了居延甲渠、卅井和珍北三侯官所属各塞，根据匈奴犯塞的不同时间、地点、人数多少以及天气异常状况下，河西各郡和障塞要所严格遵循的"符要"（品约）。保据河西的窦融"修兵马，习战射，明烽燧之警"，遇有"羌胡犯塞，融辄自将与诸郡相救，皆如符要，每辄破之"②。

另外，自建武至延光年间，西域"三通三绝"，河西遭到北匈奴的疯狂进攻，尤其是永平年间，出现了城门尽闭的严重边患。

最后，河西是匈羌军事联合的战略通道。河西是青海与蒙古高原沟通的必经之地。河西归汉后，汉政府为隔绝匈羌之间的联系，采取了一系列的措施。一是从内地移民，用以充实河西人口；二是构筑从令居到盐泽东西绵延千余里的郵塞亭隧，增强攻防能力；三是设置河西四郡（酒泉郡、张掖郡、敦煌郡、武威郡）和三属国（张掖属国、张掖居延属国和酒泉属国），加强地方掌控力度，使"南北不得交关"。

自武帝元鼎五年（前112）河湟羌人在匈奴的支持下围攻令居、安故、枹罕被汉朝击败后，鉴于河西防务措施的严密，匈羌基本无隙可乘，仅有的沟通见于宣帝元康三年（前63），"（匈奴）遣使至羌中，道从沙阴地，出盐泽，过长阬，入穷水塞，南抵属国，与先零直"③。匈奴通过狼何羌地，借羌中道北支线沿祁连山南麓东行，再越过祁连山经张掖一带的沙阴地、盐泽、穷水塞等地，基本上是绕开了酒泉、敦煌两郡，并选择经由张掖郡人迹罕至的偏僻地带，与活动于金城、北地、三辅一带的先零

---

① 王宗维：《汉代河西与西域之间的相互关系》，《新疆社会科学》1985年第3期。
② 《后汉书》卷23《窦融列传》，第797页。
③ 《汉书》卷69《赵充国传》，第2973页。

羌取得联系①。王莽当政后，在西海设置郡县，进一步压缩羌人的生存空间。东汉时期，汉政府对羌人实行强制迁移政策，引起羌人的不断反抗，临近的河西也大受其害，起义羌民甚至一度深入到张掖昭武，欲与北部的匈奴势力连成一片，终被镇压。

3. 河西是几大区域的交通枢纽②

汉代酒泉郡地处河西走廊的腹心地带，是多条交通道路的汇集之地。从汉初匈奴威胁关中、掌控西域，到汉朝争夺西域、北伐匈奴，以酒泉郡为中心的四条交通干线均起着举足轻重的作用，河西的战略价值一定程度上就体现在以酒泉郡为中心的军事交通价值上。

西汉武帝时期设置的酒泉郡位于凉州刺史部所辖区域的中部偏西。郡治为禄福（今酒泉市肃州区），下设9县，分别是表是（今高台县城西之新墩子城）、乐涫（今肃州区下河清乡皇城遗址）、天依（今玉门市昌马乡政府驻地东）、玉门（今玉门市赤金镇）、会水（今金塔县金塔乡东沙窝西古城）、沙头（今玉门市花海乡比家滩古城）、绥弥（今肃州区临水乡古城村古城）和乾齐（今玉门市玉门镇东南之回回城）③。酒泉郡所属的地域范围，大致相当于今甘肃省高台县、临泽县以西，疏勒河流域（古籍端水、冥水）以东，南以祁连山为界，北以巴丹吉林沙漠为缘的广大地区。

从西北地区这一大的地理范围来看，该郡无疑是多条道路的汇集中心，是兵家所谓的"衢地"，即现代军事地理学所谓的交通枢纽。另外，该郡山水相隔，形成一个相对独立的地理空间，高山峻岭、高原大漠无疑是天然屏障，其对外交通主要依靠山间河谷或官修驿道。只要守战方把住要径、设城置关，就能有效阻断通道；而外部势力若要强攻，因粮草难继或退路不畅，即使侥幸获得战果也难以维持，也就是说酒泉郡的防御优势非常突出。但是，酒泉郡在战略上也有先天缺憾，它孤悬于外，又夹在西羌与匈奴两强之间，一旦河西路被阻断，将和中原难以联系。顾祖禹在《读史方舆纪要》卷63《陕西十二·肃州卫》中，对肃州（酒泉）的军事地理特点有着精确的概括：

---

① 李健胜：《汉代丝路青海道述略》，《青海师范大学学报》（哲学社会科学版）2015年7月。

② 贾文丽：《汉代酒泉郡的交通及其军事战略地位》，《内蒙古社会科学》（汉文版）2012年第1期。

③ 高荣：《先秦汉魏河西史略》，第94页。

第七章 两汉时期河西军事战略价值的特点与分析

卫（指肃州卫，治今酒泉）迫临边徼，通道羌戎，河山环带，称为要会。《边略》：甘肃边自金城至嘉峪，长一千六百余里，西控西域，南迫羌界，北当要冲，而肃州地居绝塞，孤悬天末，尤为控扼之要①。

相邻区域的军事势力也必然深谙此道。因此，酒泉郡自古以来即为兵家必争之地。

酒泉郡沟通内外的交通道路雏形，最早形成于先秦时期。河西的山水养育了戎、羌、氐、月氏、乌孙和匈奴等十几个游牧民族。司马贞《史记索隐》引《西河旧事》云："（祁连）山在张掖、酒泉二界上，东西二百余里，南北百里，有松柏五木，美水草，冬温夏凉，宜畜牧。"多民族长期的游牧生活对河西走廊道路的形成和开发起了重要作用。汉文帝前元四年（前176），匈奴独霸河西走廊后，遂派休屠王和浑邪王率兵驻牧此地，进一步加强对交通道路的开通和控制。霍去病元狩二年（前121）春率兵初战河西，一路上遭遇五个小王国的顽强抵抗，他们控制着大河以西至酒泉的交通道路。霍去病元狩二年（前121）夏再战河西，是从北地（今庆阳市境）出发，在今宁夏灵武渡过黄河，越过贺兰山，沿腾格里沙漠南缘转入巴丹吉林沙漠北缘，长途奔袭至居延泽后，沿弱水由北向南，经今甘肃酒泉南山下的小月氏地，再由西北转向东南，至弱水上游的浑邪王驻牧地（今张掖市境）。酒泉以西的道路由小月氏掌控，弱水一线是居延戎的驻牧地。但月氏与匈奴有世仇，必定不会拼死抵抗；居延戎部可能调拨出去协助匈奴浑邪王加强酒泉地区的防御力量，导致弱水一线力量空虚，所以霍军一路进展顺利。

河西归汉后，酒泉周围的道路得到进一步的开发，而汉匈双方军事形势的变化也加快了其开发的速度，以酒泉郡郡治禄福为中心的交通网络逐渐形成。东出表是可达张掖去关中，为关中道；向西在今安西分为西南、西北两条路，西南可直达敦煌，由敦煌出阳关或玉门关后进入西域的南、中两道，西北行可通今哈密（古伊吾）为西域北道；向南穿越祁连山间的河谷通道可达青海，为酒泉南山道；向北在今金塔县以北一线洞开，黑河纵贯，是北趋蒙古高原的居延道。这几条道路构成了河西的主要军事交通线，有史家称："汉武帝开河西四郡，立酒泉以为中权重镇，北控居延，南枕祁连，西有敦煌以为前卫，东有武威、张掖以为后路，卒能击破

---

① （清）顾祖禹：《读史方舆纪要》卷63《陕西十二》"肃州卫"条，第2981页。

匈奴，以雪高祖之耻。时移代异，而形势依然"①。

（1）关中道

由酒泉郡郡治禄福向东经汉之绥弥，转东南至乐涫，再转东进入古谷水岸边的表是县，据出土汉简，媼围至表是驿路的大体情况如下：

> 媼围至居延置九十里，居延置至觻里九十里，觻里至揟次九十里，揟次至小张掖六十里。删丹至日勒八十七里，日勒至钧著置五十里，钧著置至屋兰五十里，屋兰至氐池五十里。（居延新简 EPT59：582）

> 仓松去鸾鸟六十五里，鸾鸟去小张掖六十里，小张掖去姑藏六十七里，姑藏去显美七十五里。氐池去觻得五十四里，觻得去昭武六十二里府下，昭武去祁连置六十一里，祁连置去表是七十里。（悬泉置Ⅱ0214①：130 牍）

这条道路是东去关中的重要通道，也是连接河西走廊核心地带的核心道路，在汉代是以驿道的形式沟通的。

武帝元鼎六年（前111），汉朝首先在大河以西的令居修筑堡塞，随后向西不断扩展，至元封初年（前110）塞防已达酒泉。元封二年（前109），汉廷拜李陵为骑都尉，"将勇敢五千人，教射酒泉、张掖以备胡"。这五千精兵在李陵的带领下，活动在酒泉、张掖，积极抵御匈奴的侵扰，为汉廷疏通该路赢得宝贵的时间。

元狩二年（前121）河西归汉，匈奴势力被迫退出河西走廊，但在谷水平原以西，弱水下游居延海以东，龙首山、合黎山以北，阿拉善台地以南区域，即所谓的"斗地"，及时安插了匈奴犁汗王军事集团。其间有谷口通向张掖郡，这些峡谷通道是巴丹吉林沙漠南通走廊的捷径，也是匈奴入侵河西走廊腹心地带的重要关口。由于该地地势较高，张掖处于其俯瞰之下，战略上处于被动的态势。匈奴只要通过这些关口，就可以迅速控制黑河南岸的县城，兵锋直指张掖郡治觻得。正如熟悉河西地形的赵充国所言"武威县、张掖、日勒皆当北塞，有通谷水草，臣恐匈奴与羌有谋，且欲大入，幸能要杜张掖、酒泉以绝西域"。

元凤三年（前78）匈奴利用"斗地"中的犁汗王部众伺机侵袭张掖郡的屋兰、日勒、番和，即为此目的，《汉书》卷94上《匈奴传上》载：

---

① 向达：《唐代长安与西域文明》，第342页。

明年，单于使犁汙王窥边，言张掖、酒泉兵益弱，出兵试击，冀可复得其地。时汉先得降者，闻其计，天子诏边警备。后无几，右贤王、犁汙王四千骑分三队，入日勒、屋兰、番和。张掖太守、属国都尉发兵击，大破之，得脱者数百人。属国千长义渠王骑士射杀犁汙王①。

《汉书·地理志》中所记日勒县为都尉治所，正是为了防守这些关口。犁汙王集团被灭后，该地又成为匈奴温偶余王的驻牧地，始终威胁着此路的安全，以致成帝绥和年间，汉朝欲求此地，以减轻戍卒候望之苦，却遭到乌珠留单于的断然拒绝。

另外，位于黑河和合黎山之间的昭武也是一个重要的交通要地。东汉永初元年（107），叛羌诸种数万人在张掖日勒烧杀抢掠，欲抢占河西北联匈奴，对抗汉廷，叛军在梁慬的追击下，一路向昭武深入。《后汉书》卷47《梁慬传》载永初二年（108）春：

（梁慬）还至敦煌。会众羌反叛，朝廷大发兵西击之，逆诏慬留为诸军援。慬至张掖日勒。羌诸种万余人攻亭侯，杀略吏人。慬进兵击，大破之，乘胜追至昭武。虏遂散走，其能脱者十二三②。

羌民只要控制昭武，就能迅速将兵力运送到黑河岸边，直逼禄福，那么汉之酒泉、敦煌将与张掖、武威前后分离、首尾无应。所以，朝廷及时大发军队与敦煌组织的部分力量，东西夹击羌人，控制昭武，避免了事态的进一步恶化。

（2）西域道

由酒泉郡郡治禄福向西，渡呼蚕水（今北大河）向西北，出玉石障峡口（位于今嘉峪关市西北），经天依县（今玉门市昌马乡政府驻地东），至玉门县（今玉门市赤金镇）。据出土汉简，玉门至渊泉的驿路里程为：玉门去沙头九十九里，沙头去乾齐八十五里，乾齐去渊泉五十八里。（悬泉置Ⅱ0214①：130牍），由此再分为西南和西北两道。

甲、西南道

沿籍端水（今疏勒河）南岸向西南经广至县（今瓜州县踏实乡西北

---

① 《汉书》卷94上《匈奴传》，第3783页。
② 《后汉书》卷47《梁慬传》，第1592页。

之破城子）、冥安县（今瓜州县桥子乡政府南之锁阳城遗址），出三危山，经效谷县（今敦煌市东北郭家堡乡），渡氐置水（今党河）至敦煌郡治敦煌县（今敦煌市西），出阳关或玉门关西去西域。敦煌，自古以来就是西去西域的必经之地，有河西"锁钥"之称。汉代由酒泉通往西域也有驿道沟通，道路的修筑分为两个阶段。

早在汉初，占据河西的匈奴就以酒泉为基地，向西追击遁于西域的大月氏。两汉时期，该道的重要性更是为汉朝与匈奴所重视。汉朝若扼此道，就可以向西耀武西域；坚守就可将河西置于翼下。元封三年（前108），赵破奴击败姑师、楼兰后，在回师途中降服了活动在酒泉以西的小月氏部落，消除了西通道路的障碍，汉朝遂把交通设施由酒泉推向玉门。《汉书》卷61《张骞传》载：

> 天子遣从票侯破奴将属国骑及郡兵数万以击胡，胡皆去。明年，击破姑师，虏楼兰王，酒泉列亭障至玉门矣！

此路的建设状况，从太初三年（前102）李广利二伐大宛之战中，可以看出有较强的承载能力。《史记》卷123《大宛列传》载：

> 赦囚徒材官，益发恶少年及边骑，岁余而出敦煌者六万人，负私从者不与。牛十万，马三万余匹，驴骡橐它以万数。多赍粮，兵弩甚设，天下骚动，传相奉伐宛凡五十余校尉。……而发天下七科適，及载糒给贰师。转车人徒相连属至敦煌。

大量的人力、物力、财力源源不断地运送到敦煌，进而对西域形成兵临城下之势，导致亲匈势力纷纷瓦解，广利大军"所至国家莫不迎军给食"，而且，为保证该路的安全，汉廷派出军正任文率兵屯守玉门关，李陵率领轻骑五百人沿途巡逻，直至盐水。

此战后，该路的交通得到进一步拓展，向西远远延伸到西域腹地。

> 《史记·大宛列传》记："汉已伐大宛，立昧蔡为宛王而去……而敦煌置酒泉都尉，西至盐水，往往有亭。而仑头有田卒数百人，因置使者，护田积粟，以给使外国者。"

仑头即轮台，在今新疆轮台东南，由此西经龟兹、姑墨、温宿、疏勒、翻越葱岭是为西域中道,也可循克里雅河南下,穿越塔里木盆地,与南道扜弥相接,地理位置非常重要。而且该地史称"地广,饶水草,有溉田五千顷以上,处温和,田美,可益通沟渠,种五谷"。是当时葱岭以东国力较强的西域大国,也是匈奴在西域重要的政治、军事同盟。李广利回师途中屠轮台,在此安置吏士,屯田积谷,加强了对该道的控制。

乙、西北道

从今安西县城以东约80公里的布隆吉乡西北行,可直趋哈密(古伊吾),这条道路直到清末仍为通往新疆的必经之路,亦即今天的国道G312沿线。汉时,布隆吉以东及其北部地区曾有面积较广的冥泽,泉水众多,水草丰茂,而西北方向是一条绵延近百公里的山脉,布隆吉正位于东西交通的襟喉之地。两汉时期汉军多次从酒泉塞经由此路西北出,反映了其往来利用的频繁性和重要性。这条道路早在武帝天汉二年(前99)就已开辟,《汉书》卷94上《匈奴传》载:

> 其明年,汉使贰师将军将三万骑出酒泉,击右贤王于天山,得首虏万余级而还。

以后更是屡见史册:

> 征和四年(前89),汉遣贰师将军七万人出五原,御史大夫商丘成将三万余人出西河,重合侯莽通将四万骑出酒泉千余里。
>
> 本始二年(前72),遣……后将军赵充国为蒲类将军,三万余骑,出酒泉……凡五将军,兵十余万骑,出塞各二千余里。
>
> 永平十六年(73),固与忠率酒泉、敦煌、张掖甲卒及卢水羌胡,万二千骑出酒泉塞……固、忠至天山,击呼衍王,斩首千余级。呼衍王走,追至蒲类海。留吏士屯伊吾卢城。

这条道路的开通,使酒泉郡由战略后方变为战略前沿,推动了汉朝向西、向北解决匈奴问题的步伐。

东汉时期,随着战争情况的变化,汉政府还开辟了由敦煌昆仑障趋向车师的路线。《后汉书》卷2《明帝纪》载:

> (永平十七年)冬十一月,遣奉车都尉窦固、驸马都尉耿秉、骑都尉刘张出敦煌昆仑塞,击破白山虏于蒲类海上,遂入车师。初置西

域都护、戊己校尉。

进军路线是从今安西县长城以南的昆仑障出发，西北趋伊吾，过白山，又折西而达车师①。该路与上述经由酒泉塞的道路基本一致，只不过出发地不同罢了。道路的连接将敦煌和酒泉构成一个相当严密的战略攻防体系。

(3) 酒泉南山道

酒泉南山道是汉代酒泉郡连接祁连山南青海湖地区最直接的交通路线，因道路途经酒泉南山谷口而名。

酒泉南山道，主要指汉呼蚕水（今托兰河）谷口道，谷口位于祁连山脉中段。这条道路的大致走向为：从酒泉郡郡治禄福出发，向南沿呼蚕水（今托兰河）河谷，逆流而上，于祁连山中行数百里，越过分水岭，即可到达青海湖西北②。这条道路两侧的河谷地带是汉代羌民游牧的重要区域，也是羌民与匈奴联系的重要孔道。

汉初留驻河西的小月氏就活动在呼蚕水谷口一带，《汉书·赵充国传》载征和五年（前88），"先零豪封煎等通使匈奴，匈奴使人至小月氏，传告诸羌"③。充当匈奴和西羌联系的使者。西汉宣帝时，游牧在这一带的罕开羌朝夕为寇，"羌人当获麦，已远其妻子，精兵万人欲为酒泉、敦煌寇，边兵少，民守保不得田作"④。此路一直威胁着汉之酒泉郡的军事安全。故酒泉太守辛武贤曾上奏从张掖、酒泉两地合力发兵击羌，一路清扫，直达鲜水（今青海湖）。

由于祁连山脉高峻陡峭、逶迤连绵，是一条南北大防，酒泉南山道的地理位置使它自然而然地成为匈奴和西羌联系的重要通道之一，也是羌人与汉朝争夺河西的重要突破口，所以两汉时期都曾重兵屯备南山，控制此路的交通安全。

(4) 居延道

由酒泉郡郡治禄福出发，向东北沿呼蚕水（今北大河）、弱水穿越巴丹吉林沙漠到古居延海（今内蒙古额济纳旗北），再向北进入蒙古高原，这条道路在汉代称为居延道。

武帝元封二年（前109），赵破奴西征楼兰、姑师后，纵贯河西走廊

---

① 李正宇:《昆仑障考》,《敦煌研究》1997 年第 2 期。
② 王宗维:《汉代丝绸之路的咽喉——河西路》, 第 99 页。
③ 《汉书》卷 69《赵充国传》, 第 2973 页。
④ 同上书, 第 2979 页。

的东西路不断向西延伸，但此时防御力量还非常薄弱，掌握居延道，防止匈奴从北部进攻河西提到议事日程。汉廷遂派李陵将兵800余骑"过居延视地形"，后拜李陵为骑都尉，"将勇敢五千人，教射酒泉、张掖以备胡"，重点承担此路的军事安全任务。太初三年（前102）李广利二伐大宛前，汉廷"使强弩都尉路博德筑居延泽上"①。"筑居延泽"是指构筑弱水两岸与居延泽之间的军事交通保障设施，沿线设置居延和肩水两都尉分段管辖。同年，朝廷"益发戍甲卒十八万酒泉、张掖北，置居延、休屠以卫酒泉"，进一步加强居延线道路的疏通和安全保障。

汉朝在居延道南北还设有金关和悬索关两个重要关隘，扼控弱水河谷大道的要口。据田野调查和居延汉简得知，金关属肩水都尉所辖，位于肩水侯官治所地湾城（A33）北约600米，弱水东、西两岸北延的两道塞垣交汇处，拱卫着南面不远的肩水都尉府。悬索关在居延都尉辖区内，在今额济纳旗南、额济纳河东岸布肯托尼（A22）附近的卅井塞上②。金关与悬索关南北呼应，中间烽燧绵延，居延道有了此两关的双重防御，军事交通意义更为突出。

居延与浚稽山几乎在一条正南正北的直线上，是河西距离匈奴最近的地方。汉朝只要控制了居延道，出动的铁骑就可风驰电掣般地冲向敌营，找到进击匈奴的最佳点位，方便掌握战争的主动权，如：

《后汉书·窦融列传》载："明年（73）……耿秉、秦彭率武威、陇西、天水募士及羌胡万骑出居延塞……耿秉、秦彭绝漠六百余里，至三木楼山……虏皆奔走。"

《后汉书·耿夔列传》载（永元）三年："宪复出河西，以夔为大将军左校尉。将精骑八百，出居延塞，直奔北单于廷，于金微山斩阏氏、名王已下五千余级，单于与数骑脱亡，尽获其匈奴珍宝财畜，去塞五千余里而还，自汉出师所未尝至也。"

另外由居延西行，有一条与河西走廊大致平行的戈壁之路可通天山北麓，与酒泉西北道殊途同归。故当汉军作战西域时，往往从居延道与酒泉西北道同时发兵，一方负责截击浚稽山一带的匈奴，阻止其驰援蒲类海或车师一带的北匈奴部众，一方则集中优势兵力给予猛烈打击。如天汉二年

---

① 《史记》卷110《匈奴列传》，第2916页。
② 吴礽骧：《河西汉塞调查与研究》，第146页。

（前99），路博德与李陵分别兵出居延，配合兵出酒泉的贰师将军李广利的天山之战，就是利用了这一地理优势。

由居延向东，横亘着两道塞外长城，这是太初三年（前102）驻守五原的光禄勋徐自为等负责修筑的。这条交通线把汉朝北部边防重地五原、朔方、雁门等与居延连为一体，方便多线进击。《汉书·匈奴传》载天汉四年（前97）：

> 汉使贰师将军六万骑，步兵七万，出朔方；强弩都尉路博德将万余人，与贰师会；游击将军说步兵三万人，出五原；因杅将军敖将万骑，步兵三万人，出雁门。匈奴闻，悉远其累重于余吾水北。

征和四年（前89）：

> 汉遣贰师将军七万人出五原，御史大夫商丘成将三万余人出西河，重合侯莽通将四万骑出酒泉千余里。单于闻汉兵大出，悉遣其辎重，徙赵信城北邸郅居水。左贤王驱其人民度余吾水六七百里，居兜衔山。单于自将精兵左安侯度姑且水。

当然，北方铁骑若沿此道进入河西，就有可能与祁连山南麓的羌民势力相合，"杜张掖、酒泉以绝西域"，但所幸的是匈奴在元狩四年（前119）漠北大战后，实力不济，没有及时趁汉廷在河西立足未稳之际，控制这条重要的交通线，失去了重新夺回河西的最佳时机。直到太初三年（前102）秋，匈奴趁汉伐大宛之机，"行坏光禄所筑亭障。又使右贤王入酒泉、张掖，略数千人"①，被任文率兵及时打退。终两汉之世，这条交通线始终牢牢地掌握在汉朝手中。

当然，河西的军事战略价值除与上述两个因素有关外，其他诸如汉朝统治集团政治的清明、将帅的谋略以及匈奴国力的强盛、政权的稳定与否等情况，也会对河西的军事战略价值产生直接或间接的影响。也就是说，各种因素并不是单独发生作用的，而是同时存在、相互影响的，两汉时期河西军事战略价值正是上述各种因素综合作用的结果。

---

① 《汉书》卷94上《匈奴传》，第3776页。

参考文献

一 基本史料
（一）正史类
1. （汉）司马迁：《史记》，中华书局1959年版。
2. （汉）班固：《汉书》，中华书局1962年版。
3. （南朝·宋）范晔：《后汉书》，中华书局1965年版。
4. （晋）陈寿：《三国志》，中华书局1959年版。
5. （宋）欧阳修、宋祁：《新唐书》，中华书局1975年版。
6. （宋）司马光：《资治通鉴》，中华书局1956年版。

（二）地理类
1. （北魏）郦道元著：《水经注》，上海古籍出版社1990年版。
2. （唐）李吉甫：《元和郡县图志》，中华书局2005年版。
3. （宋）乐史：《太平寰宇记》，中华书局2007年版。
4. （宋）王应麟：《通鉴地理通释》，广文书局（台北）1971年版。
5. （清）顾祖禹：《读史方舆纪要》，中华书局2005年版。

（三）其他
（唐）杜佑：《通典》，中华书局1988年版。

二 研究著作
（一）历史类
1. 曾问吾：《中国经营西域史》，商务印书馆1936年版。
2. 张春澍：《汉代边疆史论集》，食货史学丛书1977年版。
3. 何滋全：《秦汉史略》，上海人民出版社1955年版。
4. 吕思勉：《秦汉史》，上海古籍出版社1983年版。
5. 林幹：《匈奴史》，内蒙古人民出版社1979年版。
6. 林幹：《匈奴历史年表》，中华书局1984年版。

7. 林幹：《匈奴通史》，人民出版社 1986 年版。
8. ［日］江上波夫：《骑马民族国家》，张承志译，光明日报出版社 1988 年版。
9. 武沐：《匈奴史研究》，民族出版社 2005 年版。
10. 陈序经：《匈奴史稿》，中国人民大学出版社 2007 年版。
11. 马长寿：《北狄与匈奴》，上海生活·读书·新知三联书店 1962 年版。
12. 谷苞：《西北通史》（第一卷），兰州大学出版社 2004 年版。
13. 刘光华、汪受宽：《甘肃通史》（秦汉卷），甘肃人民出版社 2009 年版。
14. 刘光华：《汉代西北屯田研究》，兰州大学出版社 1988 年版。
15. 赵俪生：《古代西北屯田开发史》，甘肃文化出版社 1994 年版。
16. 吴廷桢、郭厚安：《河西开发史研究》，甘肃教育出版社 1996 年版。
17. 高荣：《先秦汉魏河西史略》，天津古籍出版社 2007 年版。
18. 顾颉刚、史念海：《中国疆域沿革史》，中国出版集团商务印书馆 2004 年版。
19. 郭厚安、陈守忠：《甘肃古代史》，兰州大学出版社 1989 年版。
20. 纪庸：《汉代对匈奴的防御战争》，新知识出版社 1955 年版。
21. 台湾三军大学：《中国历代战争史》，军事译文出版社 1983 年版。
22. 宋超：《汉匈战争三百年》，华夏出版社 1996 年版。

（二）历史地理类

1. 路宝千：《中国史地综论》，广文书局 1962 年版。
2. 王恢：《中国历史地理》（上册），台湾学生书局 1976 年版。
3. 黄文弼：《西北史地论丛》，上海人民出版社 1981 年版。
4. 葛剑雄：《西汉人口地理》，人民出版社 1986 年版。
5. ［日］松田寿男：《古代天山历史地理学研究》，中央民族学院出版社 1987 年版。
6. 周振鹤：《西汉政区地理》，人民出版社 1987 年版。
7. 张步天：《中国历史地理》（上册），湖南大学出版社 1987 年版。
8. 史念海：《河山集》（第四集），陕西师范大学出版社 1991 年版。
9. ［日］前田正明：《河西历史地理学研究》，陈俊谋译，中国藏学出版社 1993 年版。
10. 李晓杰：《东汉政区地理》，山东教育出版社 1999 年版。
11. 王宗维：《汉代丝绸之路的咽喉——河西路》，昆仑出版社 2001 年版。
12. 陈良伟：《丝绸之路河南道》，中国社会科学出版社 2002 年版。

13. 李孝聪：《中国区域历史地理》，北京大学出版社 2004 年版。
14. 侯甬坚：《历史地理学探索》，中国社会科学出版社 2004 年版。
15. 侯丕勋、刘再聪：《西北边疆历史地理概论》，甘肃人民出版社 2008 年版。

（三）地图与交通类

1. 谭其骧：《中国历史地图集》第二册（秦·西汉·东汉时期），中国地图出版社 1982 年版。
2. 甘肃公路交通史编写委员会：《甘肃公路交通史》，人民交通出版社 1987 年版。
3. 冯绳武：《甘肃地理概述》，甘肃教育出版社 1989 年版。
4. 严耕望：《唐代交通图考》（二、五），上海古籍出版社 2007 年版。

（四）军事类

1. ［英］哈尔福德·麦金德：《历史的地理枢纽》，商务印书馆 1985 年版。
2. ［美］路易斯·C. 佩尔蒂尔、G. 艾特泽尔·帕西：《军事地理学概论》，解放军出版社 1988 年版。
3. 吴松第：《无所不在的伟力——地理环境与中国政治》，吉林教育出版社 1989 年版。
4. 陈力：《战略地理论》，解放军出版社 1990 年版。
5. 王普丰：《现代军事学》，重庆出版社 1990 年版。
6. 军事科学院军事历史研究部：《军事史学理论与方法研究》，军事科学出版社 1990 年版。
7. 武国卿：《中国战争史》（三），金城出版社 1990 年版。
8. 史仲文、胡晓林：《中国秦汉军事史》，人民出版社 1993 年版。
9. 郑文瀚：《军事科学概论》，军事科学出版社 1994 年版。
10. 胡阿祥：《兵家必争之地》，河海大学出版社 1996 年版。
11. 陈梧桐等：《中国军事通史》第五卷《西汉军事史》，军事科学出版社 1998 年版。
12. 董良庆：《战略地理学》，国防大学出版社 2000 年版。
13. 饶胜文：《布局天下》，解放军出版社 2001 年版。
14. 《中国军事史》编写组：《中国历代战争年表》（上），解放军出版社 2002 年版。
15. 黄朴民：《秦汉统一战略研究》，中国人民大学出版社 2007 年版。
16. 金玉国：《中国战术史》，解放军出版社 2008 年版。

17. 中国军事史编写组:《中国历代军事战略》,解放军出版社 2002 年版。

（五）汉简资料类

1. 薛英群:《居延汉简通论》,甘肃教育出版社 1991 年版。
2. 李均明:《甲渠侯官规模考》(上、下)编入《文史》第三十四、三十五辑,中华书局 1992 年版。
3. 李均明:《居延汉简编年——居延编》,新文丰出版公司 2004 年版。
4. 初世宾:《悬泉汉简羌人资料补述》,《出土文献研究》第六辑,上海古籍出版社 2004 年版。
5. 《中国简牍集成》第 3 册《甘肃卷》(上、下),敦煌文艺出版社 2001 年版。
6. 胡平生、张德芳:《敦煌悬泉汉简释粹》,上海古籍出版社 2001 年版。

（六）田野调查类

吴礽骧:《河西汉塞调查与研究》,文物出版社 2005 年版。

三 研究论文

1. 王宗维:《汉代祁连山路考述》,《西北师大学报》(社会科学版) 1983 年第 3 期。
2. 王宗维:《汉代河西四郡设置年代考》,《西北史地》1985 年第 1 期。
3. 李并成:《汉张掖属国考》,《西北民族研究》1995 年第 2 期。
4. 理力:《金城属国》,《青海民族研究》(社会科学版) 1990 年第 3 期。
5. 王宗维:《汉代令居塞的地理位置》,《兰州学刊》1985 年第 1 期。
6. 史念海:《河西与敦煌》(上篇),《中国历史地理论丛》1988 年第 4 期。
7. 史念海:《河西与敦煌》(下篇),《中国历史地理论丛》1989 年第 1 期。
8. 李并成:《汉敦煌郡广至县城及其有关问题考》,《敦煌研究》1991 年第 4 期。
9. 李并成:《汉敦煌郡的乡、里、南境塞墙和烽燧系统考》,《敦煌研究》1993 年第 2 期。
10. 李并成:《汉唐冥水(籍端水)冥泽及其变迁考》,《敦煌研究》2001 年第 2 期。
11. 赵评春:《西汉玉门关、县及其长城建置时序考》,《中国历史地理论丛》1994 年第 2 期。
12. 李并成:《新玉门关位置再考》,《敦煌研究》2008 年第 4 期。

13. 李并成：《河西走廊西部汉长城遗迹及其相关问题考》，《敦煌研究》1995年第2期。
14. 李正宇：《昆仑障考》，《敦煌研究》1997年第2期。
15. 刘满：《西北黄河古渡考》（一），《敦煌学辑刊》2005年第1期。
16. 刘满：《西北黄河古渡考》（二），《敦煌学辑刊》2005年第4期。
17. 张海楠：《"河西"含义在汉魏六朝的变迁》，《甘肃联合大学学报》（社会科学版）2005年4月。
18. 王宗维：《秦汉之际河西地区的民族及其分布》，《兰州大学学报》（社会科学版）1985年第3期。
19. 钱伯泉：《乌孙和月氏在河西的故地及其西迁的经过》，《敦煌研究》1994年第4期。
20. 郝树生：《汉初的河西匈奴》，《甘肃社会科学》1997年第6期。
21. 王宗维：《秦汉时期匈奴与西羌的关系》，《西北大学学报》（哲学社会科学版）1986年第2期。
22. 初师宾：《丝路羌中道小议》，《西北师院学报》1982年第2期。
23. 王宗维：《汉书·赵充国传中的鲜水》，《西北史地》1983年第2期。
24. 陈新海：《西汉时期湟中地区的交通》，《中国历史地理论丛》1997年第1期。
25. 刘满：《再论萧关的地理位置》，《敦煌学辑刊》2000年第2期。
26. 陈秀实：《汉将霍去病出北地行军路线考》，《西北师范大学学报》（社会科学版）1998年第6期。
27. 黄兆宏：《元狩二年霍去病西征路线考释》，《兰州大学学报》（社会科学版）2006年第6期。
28. 王宗维：《论霍去病在祁连山之战》，《西北大学学报》（哲学社会科学版）1982年第3期。
29. 葛业文：《霍去病第一次河西之战史实考辨》，《军事历史研究》2014年第1期。
30. 张启琛：《论窦宪击北匈奴》，《安徽史学》1993年第3期。
31. 钮仲勋：《论汉代经营西域之战略形势》，《山西大学师范学院学报》1989年第1期。
32. 高荣：《汉代对西北边疆的经营管理》，《中国边疆史地研究》1994年第4期。
33. 唐国军：《论西汉王朝对匈奴的政策与其国力兴衰的关系》，《广西社会科学》1996年第2期。

34. 白音查干：《论汉武帝对匈奴的征服战争》，《内蒙古社会科学》（汉文版）1997年第5期。
35. 高荣：《论汉武帝"图制匈奴"战略与征伐大宛》，《西域研究》2009年第2期。
36. 陈胜武：《汉武帝时期汉匈战争双方战略运用比较》，《军事历史研究》2011年第2期。
37. 杨建宏：《汉和帝时期汉匈战争新析》，《吉首大学学报》1994年第3期。
38. 余太山：《西汉与西域关系述考》，《西北民族研究》1994年第1期。
39. 王宗维：《汉代河西与西域之间的相互关系》，《新疆社会科学》1985年第3期。
40. 郝树生：《汉河西四郡设置年代考辨》，《开发研究》1996年第4期。
41. 安梅梅：《也谈"五属国"——与龚荫教授商榷》，《民族研究》2010年第4期。
42. 陈梦家：《汉简所见居延边塞与防御组织》，《考古学报》1964年第1期。
43. 孙占宇：《敦煌汉简王莽征伐西域战争史料研究综述》，《西域研究》2006年第3期。
44. 杨芳：《汉简所见汉代河西边郡人口来源考》，《敦煌研究》2010年第3期。
45. 刘磐修：《汉代河西地区的开发》，《史学研究》2002年第11期。
46. 刘光华：《西汉边郡屯田的管理系统及其有关问题》，《敦煌学辑刊》1988年第1、2期。
47. 徐乐尧、余贤杰：《西汉敦煌军屯的几个问题》，《西北师范学院学报》1985年第4期。
48. 李炳泉：《两汉农都尉的设置数额及其隶属关系》，《中国边疆史地研究》2005年第2期。
49. 彭慧敏：《两汉在西域屯田论述》，《新疆大学学报》（哲学社会科学版）1985年第1期。
50. 刘光华：《西汉西北边塞》，《西北民族大学学报》（哲学社会科学版）2005年第1期。
51. 宋超：《汉匈战争与北边郡守尉》，《南都学坛》（人文社会科学学报）2005年第3期。
52. 万雪玉：《试论匈奴政权在西域的统治》，《新疆大学学报》（哲学社会科学版）1989 年第 4 期。
53. 晓克：《论新莽时期的汉匈关系》，《内蒙古社会科学》（汉文版）1991 年第 2 期。
54. 上官绪智：《两汉政权"以夷制夷"策略的具体运用及其影响》，《南阳师范学院学报》（社会科学版）2003 年第 4 期。
55. 李三谋：《东汉王朝的边疆经略》，《中国边疆史地研究》1997 年第 3 期。
56. 同利军：《汉朝与匈奴战争述评》，《军事历史》2009 年第 1 期。
57. 胡玉春：《南匈奴与东汉的政治关系及其社会变革》，《内蒙古社会科学》（汉文版）2007 年第 6 期。
58. 卢星、赵明：《论耿秉在汉灭北匈奴之战中的战略思想》，《江西社会科学》2001 年第 12 期。
59. 黄今言：《两汉边防战略思想的发展及其主要特征》，《中国边疆史地研究》2004 年第 1 期。
60. 尚志迈：《两汉时期河西走廊的战略地位》，《张家口师专学报》2000 年第 1 期。
61. 陈晓鸣：《两汉边防兵制若干问题之比较——以西、北地区为中心》，《史学月刊》2001 年第 2 期。
62. 高荣：《论两汉对羌民族政策与东汉羌族起义》，《广东社会科学》1998 年第 3 期。
63. 杨永俊：《对东汉"羌祸"的重新审视》，《西北史地》1999 年第 1 期。
64. 赵明：《东汉对西羌长期作战的原因与教训》，《中国史研究》1994 年第 1 期。
65. 杨永俊：《论西汉的"隔绝羌胡"政策对两汉西羌之"祸"的影响》，《宜春师专学报》1998 年第 4 期。
66. 贾文丽：《汉朝在河西的防御与战略演变研究》，《南都学坛》2010 年第 4 期。

四 博士、硕士学位论文

1. 王庆宪：《匈奴与西汉关系史研究》，内蒙古大学 2003 届博士学位论文，指导老师薄音湖教授。
2. 特日格乐：《西北简牍所见汉匈关系若干问题研究》，内蒙古大学 2007 届博士学位论文，指导老师齐木德道尔吉教授。

3. 刘永强：《两汉时期的西域及其经济开发研究》，西北师范大学 2009 届博士学位论文，指导老师李清凌教授。
4. 闵海霞：《匈奴发展史研究》，兰州大学 2010 年博士学位论文，指导老师崔明德教授。
5. 谢绍鹢：《秦汉西北边地治理研究》，西北大学 2010 年博士学位论文，指导老师余华青教授。
6. 安梅梅：《两汉魏晋属国制度研究》，中央民族大学 2012 届博士学位论文，指导老师尚衍斌教授。
7. 付火水：《东汉的边防政策》，江西师范大学 2003 届硕士学位论文，指导老师卢星教授。
8. 牧仁：《两汉时期匈奴两次大内乱与分裂》，内蒙古师范大学 2003 届硕士学位论文，指导老师白音查干教授。
9. 胡玉春：《南匈奴附汉若干问题研究》，内蒙古大学 2005 届硕士学位论文，指导老师黄留珠教授。
10. 索明杰：《匈奴对西汉王朝的政策》，内蒙古师范大学 2005 届硕士学位论文，指导老师白音查干教授。
11. 王力：《两汉王朝与羌族关系研究》，西北师范大学 2005 届硕士学位论文，指导老师胡小鹏教授。
12. 余兆木：《论两汉对匈奴政策的演变——西汉初期至东汉前期》，华东师范大学 2006 届硕士学位论文，指导老师张耕华教授。
13. 杨龙：《新莽末、东汉初西北地区割据势力研究——以隗嚣集团和窦融集团为中心》，吉林大学 2006 届硕士学位论文，指导老师张鹤泉教授。
14. 王平：《论东汉对匈奴的政策》，吉林大学 2006 届硕士学位论文，指导老师张鹤泉教授。
15. 李宗俊：《唐前期河西军事地理研究》，2006 年兰州大学硕士学位论文，指导老师陆庆夫教授。
16. 乌仁陶德：《"河南地"略考》，内蒙古大学 2007 届硕士学位论文，指导老师张久和教授。
17. 邝盛彦：《东汉民族政策研究》，苏州大学 2008 届硕士学位论文，指导老师臧知非教授。
18. 屈罗木图：《匈奴对西域的统治及统治措施》，内蒙古师范大学 2008 届硕士学位论文，指导老师白音查干教授。
19. 范香立：《汉代河西戍边军队后勤保障考述》，西北师范大学 2009 届硕士学位论文，指导老师李宝通教授。
20. 刘子英：《西汉属国问题探讨》，内蒙古大学2009届硕士学位论文，指导老师王庆宪教授。
21. 武鑫：《两汉之际河西窦融保据政权研究》，西北师范大学2009届硕士学位论文，指导老师张德芳教授。
22. 谢道光：《汉宣中兴研究》，西北师范大学2009届硕士学位论文，指导老师郝树生教授。
23. 牟雪松：《汉代西北屯田问题探析》，青海师范大学2010届硕士学位论文，指导老师张德祖教授。
24. 孟庆璟：《汉武帝时期汉匈战争战略研究》，陕西师范大学2011届硕士学位论文，指导老师商国君教授。
25. 王冠辉：《汉代河西邮驿研究》，兰州大学2013届硕士学位论文，指导老师吴景山教授。
26. 王斌彬：《河西走廊与汉代西北边防经略研究》，扬州大学2014年硕士学位论文，指导老师曹金华教授。

附录　两汉时期河西军政大事年表

高祖时期
高祖三年（前204），大月氏本行国，居敦煌、祁连间，随畜移徙，与匈奴同俗。控弦十余万，故强轻匈奴。

文帝时期
文帝前元四年（前176），匈奴老上单于使右贤王西击月氏，杀其主，月氏西徙，其余小众不能去者，入祁连山与羌族杂居，号小月氏。河西属匈奴右贤王辖地。

武帝时期
建元三年（前138），张骞以郎应募，使月氏，与胡人堂邑氏奴甘父俱出陇西。途径河西被匈奴扣留十余年，后逃脱西行至大宛、康居、大月氏。元朔三年（前126），张骞从西域返回长安。

元狩二年（前121）春，武帝遣骠骑将军霍去病出陇西，至皋兰，斩匈奴首虏八千九百六十余级。

元狩二年（前121）夏，将军霍去病、公孙敖率军出北地二千余里，过居延，斩匈奴首虏三万余级。

元狩二年（前121）秋，匈奴浑邪王杀休屠王，并将其众四万余人来降，大行李息接匈奴降者过黄河，转内郡。

元狩四年（前119）后，汉渡河自朔方以西至令居，通渠置田，官吏卒五六万人。

元狩四年（前119），张骞"将三百人，马各二匹，牛羊以数万，赍贝币值数千巨万，多持节副使"，再次经由河西出使西域。

元鼎四年（前113）秋，南阳暴利长遭刑，屯田敦煌，于渥洼水畔得天马，献之。武帝喜，作《天马歌》。后建龙勒县。

元鼎六年（前111）秋，将军赵破奴率军出令居两千余里，不见虏而还。乃分武威、酒泉地置张掖、敦煌郡，徙民实之。赵破奴筑敦煌郡城。（P.2691《沙洲归义军图经略抄》）①

汉太中大夫索抚直谏忤旨，以是年徙边，从钜鹿南和徙于敦煌，抚原居钜鹿之北，号为北索。（P.2625《敦煌名族志》）②

元封二年（前109），李陵率兵深入匈奴腹地两千余里，过居延视地形，不所见虏而还。拜为骑都尉，将丹阳楚人五千人，教射酒泉、张掖以屯卫胡。

元封三年（前108），武都氐人反，分徙酒泉郡。

元封三年—元封四年（前108—前107），河西设置酒泉郡。

元封四年（前107），从票侯赵破奴率兵击破姑师，虏楼兰王，酒泉列亭鄣至玉门。

元封六年（前105），单于益西北，左方兵直云中，右方直酒泉、敦煌郡。

元封六年（前105），崔不意，济南人，为敦煌渔泽障尉，教民力田，以勤效得谷。因改渔泽障为效谷县，以不意为令。

汉封江都王刘建之女细君为公主，由敦煌出塞，嫁乌孙王昆莫为右夫人。

太初元年（前104），蝗从东方飞至敦煌。

太初元年（前104），贰师将军李广利兵出敦煌伐大宛，往来二岁，士卒不过十分之一，上书请求罢兵，汉武帝大怒，使使遮玉门，贰师恐，因留敦煌。

太初三年（前102），武帝使强弩都尉路博德筑居延泽上；赦囚徒材官，益发恶少年及边骑，岁余而出敦煌者六万人，负私从者不与。牛十万，马三万余匹，驴骡橐它以万数，多备粮，兵弩甚设，天下骚动，传相奉伐宛，凡五十余校尉。益发戍甲卒十八万酒泉、张掖北，置居延、休屠以卫酒泉。

太初三年（前102）秋，匈奴单于派右贤王入酒泉、张掖，略数千人。会任文击救，尽复失所得而去。

太初三年（前102），敦煌置酒泉都尉。修筑自敦煌西出玉门关，过白龙堆北头，绕罗布淖尔北岸向西延伸的亭障。

---

① 姜德治：《敦煌大事记》，甘肃人民出版社2008年版，第3页。
② 同上。

太初三年—太初四年（前102—前101），河西设置张掖郡。

太初三年（前102）春，贰师将军李广利西出敦煌，再伐大宛，获汗血宝马而归。武帝作西极天马之歌。

太初四年（前101），骑都尉李陵将兵五千，教射于张掖、酒泉，以防匈奴。

太初四年—天汉元年（前101—前100），河西设置敦煌郡。

天汉二年（前99）夏，汉武帝派贰师将军率领三万骑出酒泉，与匈奴右贤王战于天山，斩首虏数万余级。

天汉二年（前99）秋，汉武帝遣李陵率领步兵五千人出居延北千余里，以牵制匈奴主力。李陵兵败，降匈奴。

天汉四年（前97），强弩都尉路博德率领步兵万余人，出居延塞，欲与贰师将军会师余吾水北，远征匈奴。

天汉至太始年间，河西设置张掖属国。

征和二年（前91）秋，戾太子兵败，吏士劫略者，皆徙敦煌郡。

征和三年（前90）春，匈奴入五原、酒泉，杀两都尉。三月，武帝遣重合侯莽通率四万骑出酒泉，进击天山匈奴，匈奴退去，莽通无所得失。

昭帝时期

始元二年（前85）冬，朝廷调故吏率兵屯田张掖郡。

始元六年（前81）秋，以边塞阔远，朝廷取天水、陇西、张掖三郡各二县置金城郡。

元凤三年（前78），匈奴右贤王、犁汙王共四千骑分三队，入日勒、屋兰、番和。张掖太守、属国都尉发兵回击，大破之，得脱者数百人。属国千长义渠王骑士射杀犁汙王，朝廷赐黄金二百斤，马二百匹，并封其为犁汙王，属国都尉郭忠封成安侯。自是后，匈奴不敢入张掖。

宣帝时期

本始二年（前72），汉大发关东轻锐士，……度辽将军范明友三万余骑，出张掖；……后将军赵充国为蒲类将军，三万余骑，出酒泉；……

司隶校尉张襄惧霍光祸，自清河绎幕举家西奔，其子徙敦煌郡，家于北府，俗号北府张氏。（P. 2625《敦煌名族志》）[①]

[①] 姜德治：《敦煌大事记》，第4页。

地节元年—地节二年（前69—前68），河西设置武威郡。

地节二年（前68），郑吉迎车师王妻子至渠犁，东奏事，至酒泉，有诏还田渠犁及车师，益积谷以安西国。宣帝同时诏遣长罗侯常惠率领张掖、酒泉骑兵出车师北千余里，扬威武车师旁。

元康二年（前64），宣帝派长罗侯光禄大夫惠为副使，持节者共四人，送少主相夫至敦煌。未出塞，闻乌孙昆弥翁归靡死，天子征还少主。

元康二年（前64），汉遣破羌将军辛武贤率领兵卒一万五千人至敦煌，遣使者案行表，穿卑鞮侯井以西，欲通渠转谷，积居庐仓以讨乌就屠。

元康四年（前62），悬泉置《元康四年鸡出入簿》载：悬泉置本年供给重要食客使食用鸡88只①。

三月，敦煌太守口快巡视，见诸驿置"传车、被具多敝"，三月二十九日令主者坐罪，命易之以新，其敝被具送纳郡库。（悬泉汉简 I0309：236）②

神爵元年（前61）春，义渠安国派遣骑都尉率领骑兵三千至浩亹，为羌虏所击，损失惨重。安国引还至令居。

神爵元年（前61），赵充国至金城，率兵万骑，欲渡河，恐被羌虏袭击，即夜遣三校尉衔枚先渡，渡辄营陈，会明，毕，遂以次尽渡。充国子右曹中郎将印，将期门佽飞、羽林孤儿、胡越骑为支兵，至令居。有诏将八校尉与骁骑都尉、金城太守合疏捕山间虏，通转道津渡。此时朝廷已发三辅、太弛刑常徒，三河、颍川、沛郡、淮阳、汝南材官，金城、陇西、天水、安定、北地、上郡骑士及羌骑，与武威、张掖、酒泉太守率领的郡兵，共六万人，以备羌虏。并拜酒泉太守辛武贤为破羌将军。

神爵元年（前61），中郎安意，受命使领护敦煌、酒泉、张掖、武威、金城郡农田官，常平籴调均钱谷。以大司农丞印公文下敦煌、酒泉、张掖、武威、金城郡太守。十一月初十日丁巳公文抵达悬泉置。（Ⅱ0114②：293）（编号例：Ⅱ区位；0114，探方号；②层位号；293，简牍编号）③

神爵二年（前60）五月，宣帝罢遣辛武贤归酒泉太守官，充国复为后将军卫尉。

---

① 胡平生、张德芳：《敦煌悬泉汉简释粹》，第11—78页。
② 姜德治：《敦煌大事记》，第4页。
③ 同上书，第4—5页。

神爵二年（前60）秋，置金城属国以处降羌。

神爵四年（前58），丞相史李尊，护送河东、南阳、颍川、上党、东郡、济阴、魏郡、淮阳国戍卒，兼迎罢卒并督死卒传槥，十一月二十二日到达敦煌悬泉置。（Ⅰ0309：237）①

五凤二年（前56），敦煌太守书言："今年（敦煌）地动。"（Ⅱ0115③：77）②

五凤四年（前54），廷尉当恽大逆无道，要斩。妻子徙酒泉郡。

五凤四年（前54），乌孙昆弥翁归靡死，子狂王继位。翁归靡匈奴夫人所生子乌就屠，袭杀狂王，自立为昆弥，欲与匈奴联合，不利于汉。汉乃遣破羌将军辛武贤将兵万五千人至敦煌。通渠积谷，欲讨乌孙。

甘露二年（前52），二月二十七日丙戌，鱼离置啬夫□禹移书悬泉置，遣佐□光持传马十匹，为冯嫽夫人柱（柱为备用也）。冯夫人约于三月初抵敦煌。

甘露二年（前52），解忧公主在乌孙五十多年，年老思土，上书求返长安。所上书，甘露二年二月进至敦煌，二月十二日傍晚，敦煌平望驿骑当富传至悬泉驿骑朱定，朱定随即交付万年驿骑。（Ⅱ0133③：65）

甘露三年（前51），十月初一日辛亥，渊泉丞□贺移书广至、鱼离、悬泉、遮要、龙勒、厩啬夫□昌持传马送（解忧）公主以下过。（Ⅱ0114③：522）知解忧公主返国，于甘露三年十月由龙勒入敦煌，东经遮要、悬泉、鱼离、广至、渊泉而入酒泉郡。"……丞相属王彭，护乌孙公主及将军、贵人、从者……"（Ⅴ1412③：100）③

元帝时期

初元元年（前48），辛庆忌补金城长史，后转为校尉，迁张掖太守，徙酒泉。

永光五年（前39），六月初一癸酉，使主客部大夫谓郎，当移文敦煌太守，书到验问康居王使者杨伯刀等言状，着及时奏闻。前此，康居王使者杨伯刀、副使扁阗，苏薤王使者、姑墨副使沙囷、即（及）贵人为匿等诉冤：前数为王奉献橐驼入敦煌、酒泉，太守与杨伯刀等杂平直（值）肥瘦。今杨伯刀等复为王奉献橐驼入关，至酒泉。酒泉太守独与吏直

---

① 姜德治：《敦煌大事记》，第5页。
② 同上。
③ 同上书，第6页。

（值）畜，杨伯刀等不得见所献、橐驼。姑墨为王献白牡橐驼一匹，牝二匹，以为黄，及杨伯刀等献橐驼皆肥，以为瘦，不如实①。

建昭二年（前37），九月初三日，敦煌长史口渊以私印行太守事，令曰："敦煌酒泉地势寒不雨，早杀民田，贷种穛麦，皮芒厚，以廪当食者。"（Ⅱ0215③：46）②

成帝时期

建始元年（前32），辛庆忌坐子杀赵氏，左迁酒泉太守，在酒泉任职一年余，恪守职责，清正廉洁，保境安民，治理有方。

河平元年（前28），御史中丞氾雄因直道见悼，是年自济北卢县徙居敦煌。（S.1889《氾氏家传》）③

春三月，河决东郡，漂流二州。八月十五日，敦煌太守口贤，遣广至司空啬夫尹猛往东海、泰山二郡（东海、泰山二郡辖境包括今鲁南、苏北）招至流民，欲以安置敦煌。（Ⅱ0315②：）④

阳朔四年（前21），乌孙大昆弥使者西返，二月二十八日离悬泉置，西佢遮要置。（Ⅴ1812②：58）⑤ 预计二月二十日当抵敦煌。

鸿嘉三年（前18），三月初一日，乌孙大昆弥副使者薄侯、左大将掾使敞单奉贡汉朝，行至敦煌。敦煌太守遣守属单彭伴送，三月六日到悬泉置。（Ⅱ0214：385）⑥

鄯善王副使始毚、山王副使乌不豚奉贡汉朝返国，将过敦煌，敦煌长史口充国行太守事，令为驾、舍传舍、郡邸。六月二十日辛酉，自悬泉置启程往敦煌。（Ⅱ0214：78）⑦

永始二年（前15），匠作大将万年因佞邪不忠，徙敦煌郡。

永始二年（前15），谷永迁为凉州刺史。

永始二年（前15），陈汤与万年俱徙敦煌郡。久之敦煌太守奏"汤前亲诛郅支单于，威行外国，不宜近边塞"。诏陈汤徙安定。

---

① 胡平生、张德芳：《敦煌悬泉汉简释粹》，第118页。
② 姜德治：《敦煌大事记》，第6页。
③ 同上书，第7页。
④ 同上。
⑤ 同上。
⑥ 同上。
⑦ 同上。

哀帝时期

哀帝初即位，薛况减罪一等，徙敦煌。

哀帝即位，迁杜邺为凉州刺史。

建平四年（前3年），敦煌玉门都尉□忠自京赴任，六月十三日抵悬泉置（Ⅱ0112：18），预计一二日抵郡府①。

建平五年（前2），匈奴单于与乌孙大昆弥原拟建平五年入朝，后因单于患病，复遣使愿明年入朝。乌孙大昆弥所遣使于建平五年二月抵敦煌。（Ⅰ0114：70）②

建平五年（前2），十一月，大宛使者侯陵奉贡汉朝，至敦煌太守遣卒史赵平送之。（Ⅱ0114：57）③

乌孙大昆弥朝汉，闰十一月经过敦煌。（Ⅱ0114：53）④

哀帝时，皇上以唐林朋党比周，左迁敦煌鱼泽障候。

平帝时期

元始二年（2），敦煌郡有一万一千二百户，三万八千三百三十五口。

元始中，唐兜困急，怨但钦东守玉门关不纳，即将妻子人民亡降匈奴。

元始四年（4），朝廷置西海郡，徙天禧犯禁者处之。

元始五年（5），五月十四日丁丑，颁《四时月令诏条》五十条，敦煌悬泉置榜书于壁，使往来人等得共读之⑤。

新莽时期

始建国元年（9），郡县尽易其名，改张掖郡为设屏郡，觻得为官式；敦煌郡为敦德郡，敦煌县为敦德亭。

始建国二年（10）冬十二月，王莽下诏奋武将军王骏、定胡将军王晏出张掖。

天凤三年（16），鸣开都尉索骏西迁敦煌，骏原居钜鹿之南，号为南索。（P.262《敦煌名族志》）

---

① 姜德治：《敦煌大事记》，第7页。
② 同上书，第8页。
③ 同上。
④ 同上。
⑤ 胡平生、张德芳：《敦煌悬泉汉简释粹》，第192—198页。

新莽时期，河西驿路：媼围至居延置九十里，居延置至觻里九十里，觻里至揖次九十里，揖次至小张掖六十里。删丹至日勒八十七里，日勒至钧著置五十里，钧著置至屋兰五十里，屋兰至氐池五十里。（居延新简EPT59：582）

仓松去鸾鸟六十五里，鸾鸟去小张掖六十里，小张掖去姑藏六十七里，姑藏去显美七十五里。氐池去觻得五十四里，觻得去昭武六十二里府下，昭武去祁连置六十一里，祁连置去表是七十里……玉门去沙头九十九里，沙头去乾齐八十五里，乾齐去渊泉五十八里。（悬泉置Ⅱ0214①：130牍）

更始时期

更始新立，任窦融为张掖属国都尉，并行河西五郡大将军事。以梁统为武威太守，史苞为张掖太守，竺曾为酒泉太守，辛肜为敦煌太守，库钧为金城太守。

更始元年（23），隗嚣勒兵十万，击杀雍州牧陈庆；分遣诸将徇陇西、武都、金城、武威、张掖、酒泉、敦煌，皆下之。

更始二年（24），召补梁统为中郎将，使安集凉州，拜酒泉太守。

更始二年（24），拜郑兴为谏议大夫，使安集关西及朔方、凉、益三州，还拜凉州刺史。

更始三年（25）夏，隗嚣亡归天水，复招聚其众，据故地，自称西州上将军。

更始败，河西大将军窦融以班彪为从事。

光武帝时期

建武元年（25），光武帝拜任延为武威太守，当时武威将兵长史田绀，郡之大姓，其子弟宾客为人暴害。任延收绀击之，父子宾客伏法者五六人。绀少子尚乃聚会轻薄数百人，自号将军，夜来攻郡。延即发兵破之。自是威行境内，吏民累息。郡北当匈奴，南接种羌，民畏寇钞，多废田业。任延到后，选集武略之士千人，明其赏罚，令将杂种胡骑休屠黄石屯据要害，如有警急，逆击追讨。虏恒多残伤，遂绝不敢出。河西旧少雨泽，乃为置水官吏，修理沟渠，皆蒙其利。又造立校官，自掾子孙，皆令诣学受业，复其徭役。章句既通，悉显拔荣进之。郡遂有儒雅之士。

建武二年（26），邓禹承制遣使持节命隗嚣为西州大将军，得专制凉州、朔方事。

建武三年（27），西州大将军隗嚣奉奏。光武帝令各郡县恢复原名，河西亦然。

建武五年（29），河西大将军窦融始遣长史刘钧奉书献马于汉，梁统等各遣使随。刘秀也遣使出使河西，争取窦融等共同对付隗嚣、公孙述。

建武五年（29），河西大将军窦融请孔奋署议曹掾，守姑臧长。

建武五年（29），光武授窦融为凉州牧。

建武七年（31）夏，酒泉太守竺曾以弟报怨杀人而去郡，窦融承制拜竺曾为武锋将军，更以辛肜代之。

建武八年（32），光武帝使待诏马援招降隗嚣大将高峻，由是河西道开。光武帝车驾西征隗嚣，窦融率五郡太守及羌胡小月氏等步骑数万，辎重五千余辆，与大军会高平。光武帝封窦融为安丰侯，弟窦友为先亲侯。遂以次封诸将帅：武锋将军竺曾为助义侯，武威太守梁统为成义侯，张掖太守史苞为褒义侯，金城太守库钧为辅义侯，酒泉太守辛肜为扶义侯。及嚣败，光武拜梁统从弟腾为酒泉典农都尉。

建武九年（33），隗嚣死，高峻据高平，畏诛坚守。建威大将军耿弇率太中大夫窦士、武威太守梁统等围之，一岁不拔。

建武九年（33），光武帝拜马援为太中大夫，副来歙监诸将平凉州。

建武十一年（35），光武诏武威太守，令悉还金城客民，归者三千余口，使各返旧邑。

建武十二年（36），及陇、蜀平，光武帝诏窦融与五郡太守奏事京师洛阳，官属宾客相随，驾乘千余辆，马牛羊被野。

建武十四年（38）十二月癸卯，诏益、凉二州奴婢，自八年以来自讼在所官，一切免为庶人，卖者无还直。

建武十八年（42），隗纯与宾客数十骑亡入胡，至武威，捕得，诛之。

建武十八年（42）夏四月，诏曰："今边郡盗谷五十斛，罪至于死，开残吏妄杀之路，其蠲除此法，同之内郡。"

建武二十一年（45）十月，"诏罢诸边郡亭侯卒"。敦煌郡所属四部都尉当罢于是年。

建武二十一年（45）冬，莎车王贤与敦煌太守檄，愿留侍子以示莎车，天子许之。

建武二十七（51）年，北匈奴遣使诣武威乞和亲。

建武二十七（51）年，闭玉门以谢西域之质，卑词币以礼匈奴之使。

明帝时期

显宗初，西羌寇陇右，覆车杀将，朝廷患之，复拜马武捕虏将军，以中郎将王丰为副，与监军使者窦固、右辅都尉陈䜣，将乌桓、黎阳营、三辅募士、凉州诸郡羌胡兵及弛刑，合四万人击之。到金城浩亹，与羌战，斩首六百级。

永平八年（65）秋，北匈奴遣二千骑候望朔方，作马革船，欲渡迎南部畔者，以汉有备，乃引去。复数寇钞边郡，焚烧城邑，杀略甚众，河西城门尽闭。帝患之。

永平十五年（72）十二月，明帝遣奉车都尉窦固、驸马都尉耿秉屯凉州。

永平十六年（73）春二月，明帝遣太仆祭肜出高阙，奉车都尉窦固出酒泉，驸马都尉耿秉出居延，……伐北匈奴。

永平十七年（74）夏，窦固率军复出玉门击西域，诏耿秉及骑都尉刘张皆去符传以属固，遂定车师而还。

永平十七年（74）秋八月丙寅，令武威、张掖、酒泉、敦煌及张掖属国，系囚右趾已下任兵者，皆一切勿治其罪，诣军营。

永平十七年（74）冬十一月，遣奉车都尉窦固、驸马都尉耿秉、骑都尉刘张出敦煌昆仑塞，击破白山虏于蒲类海上，遂入车师。

永平十八年（75）秋，肃宗即位，拜秉征西将军。遣案行凉州边境，劳赐保塞羌胡，进屯酒泉，救戊己校尉。

永平十八年（75）十一月，显宗召郑众为军司马，使与虎贲中郎将马廖击车师。至敦煌，拜为中郎将，使护西域。会匈奴胁车师，围戊己校尉，郑众发兵救之。迁武威太守，谨修边备，虏不敢犯。

永平十八年（75）十一月，朝廷遣征西将军耿秉屯酒泉，行太守事。遣秦彭与谒者王蒙、皇甫援发张掖、酒泉、敦煌三郡及鄯善兵，合七千余人，往车师救戊己校尉耿恭。

永平十八年（75）十一月，耿恭遣军吏范羌至敦煌迎兵士寒服，羌因随王蒙军俱出塞……三月至玉门，唯余十三人。

永平十八年（75）冬，凉州刺史尹业等官免。

章帝时期

建初元年（76）春，酒泉太守段彭大破车师于交河城。章帝不欲疲敝中国以事夷狄，乃迎还戊己校尉，不复遣都护。

建初七年（82），以张掖太守邓鸿行度辽将军。

元和元年（84），武威太守上言北单于复愿与吏人合市，诏书听云遣驿使迎呼慰纳之。

元和二年（85）冬，武威太守孟云上书："北虏既已和亲，而南部复往抄掠，北单于谓汉欺之，谋欲犯边。宜还其生口，以安慰之。"

元和三年（86），卢水胡反叛，以邓训为谒者，乘传到武威，拜张掖太守。

章和元年（87），赦天下系囚在四月丙子以前减死罪一等，赦前犯死罪而系在赦后者，勿笞，诣金城。

章和元年（87）三月，傅育上请发陇西、张掖、酒泉各五千人，诸郡太守将之，傅育自领汉阳、金城五千人，合二万兵，与诸郡克期击之，令陇西兵据河南，张掖、酒泉兵遮其西。并未及会，傅育率军独进。

章和元年（87），迷吾既杀傅育，复与诸种步骑七千人入金城塞。

和帝时期

永元元年（89），寇纡坐徵，以张掖太守邓训代为护羌校尉。

永元二年（90），北单于遣使款居延塞，欲修呼韩邪故事，朝见天子，请大使。窦宪上遣班固行中郎将事，将数百骑与虏使俱出居延塞迎之。

永元二年（90），大将军窦宪将兵镇武威，窦宪以邓训晓羌胡方略，上求俱行。

永元二年（90），大将军窦宪西屯武威，马棱多奉军费，侵赋百姓。

永元三年（91）秋七月乙卯，大将军窦宪出屯凉州。

永元三年（91）二月，窦宪复出河西，以耿夔为大将军左校尉。率领精骑八百，出居延塞，直奔北单于廷，于金微山斩阏氏、名王以下五千余级，单于与数骑脱亡，尽获其匈奴珍宝财畜，去塞五千余里而还，自汉出师所未尝至也。

永元五年（93），聂尚坐徵免，居延都尉贯友代为护羌校尉。

永元八年（96）八月辛酉，饮酎。诏郡国中都官系囚减死一等，诣敦煌戍。

永元九年（97），汉遣将兵长史王林，发凉州六郡兵及羌胡二万余人，以讨涿鞮，获首虏千余人。

永元十二年（100），以酒泉太守周鲔代为护羌校尉。

永元十二年（100）闰月，赈贷敦煌、张掖、五原民下贫者谷。

永元十三年（101）丙午，赈贷张掖、居延、朔方、日南贫民及孤、寡、羸弱不能自存者。

永元十三年（101）丙辰，诏曰："幽、并、凉州户口率少，边役众剧，束修良吏，进仕路狭。抚接夷狄，以人为本。其令缘边郡口十万以上举孝廉一人，不满十万二岁举一人，五万以下三岁举一人。"

永元十三年（101）庚辰，赈贷张掖、居延、敦煌、五原、汉阳、会稽流民下贫谷，各有差。

永元十四年（102）八月，西域都护班超入玉门关还至洛阳。

永元十五年（103）二月，诏禀贷颍川、汝南、陈留、江夏、梁国、敦煌贫民。

元兴元年（105），匈奴遣使称臣，诣敦煌奉献。

殇帝时期

延平元年（106）九月，拜梁懂西域副校尉。梁懂行至河西，会西域诸国反叛，攻都护任尚于疏勒。尚上书求救，诏懂将河西四郡羌胡五千骑驰赴之，懂未至而尚已得解。

安帝时期

永初元年（107），西域反叛，以班勇为军司马。与兄班雄俱出敦煌，迎都护及西域甲卒而还。

永初元年（107），凉州先零种羌反畔，遣车骑将军邓骘讨之。

永初元年（107）夏，骑都尉王弘发金城、陇西、汉阳羌数百千骑征西域，弘迫促发遣，群羌罹远屯不还，行到酒泉，多有散叛。诸郡各发兵儌遮，或覆其庐落。

永初二年（108）春，梁懂还至敦煌。会众羌反叛，朝廷大发兵西击之，逆诏懂留为诸军援。懂至张掖日勒。羌诸种万余人攻听候，杀略吏人。懂进兵击，大破之，乘胜追至昭武，虏遂散走，其能脱者十二三。及至姑臧，羌大豪三百余人诣懂降，并慰譬遣还故地，河西四郡复安。

永初三年（109），京师及郡国四十一雨水雹，并凉二州大饥，人相食。

永初四年（110）春，徙金城郡居襄武（属陇西郡）。

安帝永初时期，设置张掖居延属国和酒泉属国。

安帝初，居延都尉范邠复犯臧罪，诏下三公、廷尉议。

元初元年（114）春，凉州刺史皮杨击羌于狄道，大败，死者八百余人，杨坐征免。

元初元年（114），庞参迁护羌校尉，畔羌怀其恩信。明年，烧当羌种号多等皆降，始复得还都令居，通河西路。

元初二年（115）春正月，诏禀三辅及并、凉六郡流冗贫人。

元初六年（119），邓太后但令置护西域副校尉，居敦煌，复部营兵三百人，羁縻而已。其后北房连与车师入寇河西，朝廷不能禁，议者因欲闭玉门、阳关，以绝其患。

永宁元年（120），车师后王军就及母沙麻反叛，杀后部司马及敦煌行事。

永宁元年（120）三月，沈氏羌寇张掖。

永宁元年（120）六月，沈氏种羌叛，寇张掖，护羌校尉马贤讨沈氏羌，破之。

建光元年（121）秋，诸种羌步骑三千人攻金城诸县，麻奴等又败武威、张掖郡兵于令居，又胁将先零、沈氏诸种四千余户，缘山西走，寇武威。马贤追至鸾鸟，招引之，诸种降者数千，麻奴南还湟中。

延光二年（123），敦煌太守张珰上疏陈三策，以为敦煌宜置校尉，帝纳之。

延光三年（124）乙巳，诏郡国中都官死罪系囚减罪一等，（诣）敦煌、陇西及度辽营；其右趾以下及亡命者赎，各有差。

延光三年（124），翟酺出为酒泉太守，叛羌千余骑徙敦煌来钞郡界，酺赴击，斩首九百级，羌众几尽，威名大震。

延光四年（125）秋，班勇发敦煌、张掖、酒泉六千骑及鄯善、疏勒、车师前部兵击后部王军就，大破之。首虏八千余人，马畜五万余头。捕得军就及匈奴持节使者，将至索班没处斩之，以报其耻。

顺帝时期

永建元年（126）夏五月丁丑，诏幽、并、凉州刺史，使各实二千石以下至黄绶，年老劣弱不任军事者，上名。严斥障塞，缮设屯备，立秋之后，简习戎马。

永建二年（127），西域长史班勇、敦煌太守张朗讨焉耆、尉犁、危须三国，破之，并遣子贡献。

永建四年（129）春，北匈奴呼衍王率兵侵后部，帝以车师六国接近北房，为西域蔽扞，乃令敦煌太守发诸国兵，及玉门关候、伊吾司马，合六千三百骑救之，掩击北房于勒山，汉军不利。

永建六年（131）九月，诸种羌寇武威。

永建六年（131），敦煌太守马达欲将诸郡兵出塞击于阗，桓帝不听，征达还，而以宋亮代为敦煌太守。

永和二年（137），敦煌太守裴岑发郡兵三千败北匈奴呼衍王于蒲类海，勒石纪功而还。

永和三年（138）冬，烧当种那离等三千余骑寇金城塞，马贤将兵赴击，斩首四百余级，获马千四百匹。

永和四年（139），徵刘秉为凉州刺史。

永和五年（140）夏，且冻、傅难种羌反叛，攻金城。

永和五年（140）秋，南匈奴左部背叛，寇掠并、凉、幽、冀四州。

永和六年（141）夏，武威太守赵冲追击鞏唐羌，斩首四百余级，得马牛羊驴万八千余头，羌二千余人降。诏冲督河西四郡兵为节度。

汉安二年（143），凉州地百八十震。

汉安二年（143），张掖大旱，民甚饥，太守第五访发粟先赈后奏，保全一郡百姓，受到顺帝嘉奖。

建康元年（144）春正月辛丑，诏曰："陇西、汉阳、张掖、北地、武威、武都，自去年九月已来，地百八十震，山谷坼裂，坏败城寺，杀害民庶。夷狄叛逆，赋役重数，内外怨旷，惟咎叹息。其遣光禄大夫案行，宣畅恩泽，惠此下民，勿为烦扰。"

桓帝时期

建和三年（149）五月，诏曰："……其自永建元年迄乎今岁，凡诸妖恶，支亲从坐，及吏民减死徙边者，悉归本郡；唯没入者不从此令。"

元嘉元年（151）夏，遣敦煌太守司马达将敦煌、酒泉、张掖属国吏士四千余人救伊吾，出塞至蒲类海，呼衍王闻而引去，汉军无功而还。

永兴元年（153）春二月，张掖言白鹿见。

永兴元年（153），敦煌太守宋亮上言立车师后部故王军就质子卑君为后部王。后更立阿罗多为王，将卑君还敦煌。

永寿四年（158），零吾复与先零及上郡沈氏、牢姐诸种并力寇并、凉及三辅。

延熹元年（158）闰月，烧何羌叛，寇张掖，护羌校尉段颎追击于积石，大破之。

延熹二年（159），沈氏诸种复寇张掖、酒泉，皇甫规招之，皆降。至冬，滇那等五六千人复攻武威、张掖、酒泉，烧民庐舍。

延熹二年（159），烧当、烧何、当煎、勒姐等八种羌寇陇西、金城塞，段颎将兵及湟中义从羌二千骑出湟谷，击破之。

延熹三年（160）春，余羌复与烧何大豪寇张掖，攻没钜鹿坞，杀属国吏民，……段颎率兵救之。

延熹四年（161），先零沈氏羌与诸种羌寇并凉二州，十一月，皇甫规击破之。

延熹五年（162）三月，沈氏羌寇张掖、酒泉。七月，鸟吾羌寇汉阳、陇西、金城。十一月，滇那羌寇武威、张掖、酒泉。

延熹六年（163），张奂复拜武威太守，平均徭赋，率厉散败，常为诸郡最，河西由是而全。

延熹七年（164），种暠薨，并、凉边人咸为发哀。

延熹九年（166）秋七月，沈氏羌寇武威、张掖。诏举武猛，三公各二人，卿、校尉各一人。

永康元年春（167）正月，当煎羌寇武威，护羌校尉段颎追击于鸾鸟，大破之。西羌悉平。

桓帝时期，陈龟上疏，桓帝下诏除并、凉一年租赋，以赐吏民。后龟自知必为梁冀所害，不食七日而死。西域胡夷，并、凉民庶，咸为举哀，吊祭其墓。

灵帝时期

建宁三年（170），凉州刺史孟佗遣从事任涉将敦煌兵五百人，与戊（己）司马曹宽、西域长史张晏，将焉耆、龟兹、车师前后部，合三万余人，讨疏勒，攻桢中城，四十余日不能下，引去。

灵帝初，赵咨举高第，累迁敦煌太守，以病免还，躬率子孙耕农为养。

光和元年（178），鲜卑寇酒泉。

光和三年（180），表是地震，涌水出。

中平元年（184），大将军何进举赵岐为敦煌太守，行至襄武，岐与新除诸郡太守数人俱为贼边章等所执。贼欲胁以为帅，岐诡辞得免，辗转还长安。

中平元年（184）冬，伯玉等乃劫致金城人边章、韩遂，使专任军政，共杀金城太守陈懿，攻烧州郡。

中平二年（185），张温以车骑将军出征凉州贼边章等。

中平三年（186）春，太守李相如反，与韩遂联合，共杀凉州刺史耿鄙。

中平四年（187）夏四月，凉州刺史耿鄙讨金城贼韩遂，鄙兵大败。

献帝时期

兴平元年（194）夏六月丙子，分凉州河西四郡为雍州；分张掖郡之日勒、山丹置西郡。

建安十年（205）秋七月，武威太守张猛杀雍州刺史邯郸尚。

建安十六年（211），马超攻杀凉州刺史韦康，复据陇右。

建安十七年（212）八月，马超破凉州，杀刺史韦康。

建安二十一年（216），酒泉黄华攻破效谷城，此城遂即破坏。唐代犹存北垣颓基数十步。（P.2005《沙州都督府图经》卷三）

建安二十四年（219）五月，武威颜俊、张掖和鸾、酒泉黄华、西平王麴演等，各据郡称将军，相互攻伐。张掖和鸾杀颜俊，武威王秘复杀和鸾。

建安二十五年（220），张掖张进执太守杜通，自称太守。武威太守毋丘兴告急于金城太守、护羌校尉扶风苏则，则与诸军围张掖、杀张进，平乱。

后　序

连我自己都难以置信，一位外形柔弱的女子从事的是历史军事地理学研究，说来这还有一段渊源。2008年我报考首都师范大学历史学院的博士研究生，基于中国史专业竞争激烈，且本人对地理兴趣浓厚，遂选择了关注度稍低的历史地理学专业，师从宋杰先生。宋师的历史军事地理学研究成果令人瞩目，但我由于缺乏军事理论相关知识的积累，对于能否胜任研究任务很是茫然。选题时，先生建议我任选汉代的河西、青州之一作为研究对象，原因是相关的研究资料比较丰富，但历史军事地理角度的探讨却是空白。青州曾是我长期生活的地方，自然地理较为熟悉，田野调查优势突出。但风景总在远处，我更倾向选择河西这个农牧皆宜、屏蔽关陇、隔绝羌胡、经略西域，能够左右汉匈战争百年进程的战略要地，遂定了博士论文题目《汉代河西军事地理研究》，但如何来做依然了无头绪。先生把他的《两魏周齐战争中的河东》以及系列地理枢纽与我国古代战争的专题研究介绍给我，让我认真研读，掌握其中的研究方法，推荐英国学者麦金德的名著《历史的地理枢纽》、美国学者路易斯·C.佩尔蒂尔和G.艾特泽尔·帕西的《军事地理学概论》、陈力的《战略地理论》以及王普丰的《现代军事学》，以夯实我的军事理论基础，并指定《河西开发史研究》《汉代丝绸之路的咽喉——河西路》《先秦汉魏河西史略》《河西走廊历史地理》《中国军事通史》等作为重要的参考书籍。他开设的《历史军事地理研讨》《中国历史的地理环境》等课程，高屋建瓴，纵论古今、中外军事形势之演进，进一步提升了我对军事枢纽问题的认识。与此同时，先生永不懈怠的科研热情和精益求精的工作态度，也深深感染着我。随着手中资料的日趋丰富和研究的逐步深入，我对汉代河西的军事战略地位有了更深刻地认识和理解，研究成果见诸刊物，并先后获得首都师范大学一等奖学金、优秀博士生资助和研究生科研奖励。

2011年6月我顺利取得博士学位后，在先生的鼓励和指导下，继续进行该项目的深入研究，并于2013年有幸获得国家社科基金后期资助项目。两年来，按照评审专家意见和项目预期研究计划，我在追踪最新研究成果，进一步拓宽学术视野的基础上，为获得更有说服力的第一手原始资料，亲临河西相关区域，调研高山、河流、道路和古战场、古遗迹现场，结合文献资料，深入思考两汉时期河西的地理环境对军事战略全局的影响，敌我双方战略战术的运用以及攻守得失；考证行军道路的具体走向，明晰部分学术争端和历史空白问题，增绘部分形势图和系列战图，进一步丰富和完善书稿内容。尽管如此，由于本人才疏学浅，书中错误肯定在所难免，恳请各位专家学者批评指正。

另外，本书在修改和完善过程中，得到了中国社会科学出版社郭沂纹副总编辑和张湉老师的精心指导，在此表示感谢！

贾文丽

2015年12月于青岛